JN123792

令和**5**年改訂版

所得税
重要項目詳解

小田　満 著

一般財団法人 大蔵財務協会

は　し　が　き

　所得税においては、有価証券、保険金・共済金、損害賠償金・補償金、所得区分、資産損失、損益通算など、掘り下げて理解しておかなければならない重要な項目が多数ある。こういった項目については一般的な解説書や質疑事例集では詳しく説明しきれない。そこで、こういった項目について掘り下げて勉強したい方々のために、著者なりに整理して解説したのが本書である。

　本書は、昭和63年9月から平成3年2月までの間、一般財団法人大蔵財務協会の「国税速報」紙上に連載したものを編集し直し、法令等の改正事項を織り込むとともに実務問答を追加するなどした上で、10章立てで平成3年5月に新刊書として発行したものであり、その後、新たな項目を追加するなどして平成4年版、平成5年版、平成6年版、平成9年版、平成12年版、平成16年版、平成20年版、平成23年版、新訂版として改訂した。

　今回は、「一時所得及び雑所得の所得区分をめぐる諸問題について」の章を追加するなどして、「令和5年改訂版」として発行することにした。

　今回の改訂の主な内容は、次のとおりである。

1　各種所得の所得区分は所得税制度導入以来の大問題であるが、一時所得や雑所得の所得区分が大きくクローズアップされたのは、近年の、ギャンブルによる所得や副業などによる所得の所得区分であり、取扱通達の改正や税制改正が相次いだ。そこで本書では、「一時所得及び雑所得の所得区分をめぐる諸問題について」を、

新たに**第5章**として章立てし、その経緯の解説を含め、本格的に解説した。

2　**第1章**「金融商品等に係る所得の課税制度について」は、改訂前は、金融所得の一体的課税の改正前後を比較対照することを主目的として解説していたが、今回は、改正後の制度の解説を主目的とし、かつ、内容の充実を図った。また、少人数私募債に係る新たな見直しや、大口株主等の範囲、株式交付によるM＆A、特定新規中小企業者の設立時発行株式の取得費の特例に係る税制改正などを織り込んだ。

3　**第2章**「保険金等に関する所得税の取扱いについて」は、①高額な保険金の受取人を親族とする介護保険、②低解約返戻金型保険等の名義変更、③個人事業主契約の福利厚生目的の生命保険、④第三分野保険に関する事項を織り込んだほか、前版以後の税制改正事項等を織り込んだ。

4　**第4章**「事業所得と事業の付随収入について」は、新設した第5章と関連する「業務に係る雑所得の例示」及び「一時所得の例示」の通達の解説を整理した。

5　**第12章**「損益通算及び純損失の繰越控除等について」は、①国外中古建物に係る不動産所得の赤字、②特定組合員の組合事業又は信託から生ずる不動産所得及び有限責任事業組合の事業に係る事業所得等の赤字、③特定管理株式又は特定口座内公社債の価値喪失による赤字、④特定中小会社の特定株式の価値喪失による赤字、⑤特定非常災害に係る純損失の繰越控除などの解説を整理した。また、解説の順序を、理解しやすいように整理し直した。

6　その他の章については、税制改正事項等を織り込むとともに、

解説内容の見直しを行った。

　なお、今回の改訂版の執筆に当たっては、奥付に紹介している佐々木信義先生に、第2章を中心として全体的に改訂すべき事項の見落としがないように整理をしていただいた。本書中、意見にわたる部分の文責は、筆者である。

　本書が、いささかなりとも読者の方々の所得税法の理解の資となれば幸いである。

　　令 和 5 年 10 月

　　　　　　　　　　　　　　　　　　著　者　小田　満

〔凡　例〕

○　本書中において引用する法令等の略称は、次のとおりである。

所法……………所得税法

所令……………所得税法施行令

所規……………所得税法施行規則

所基通…………所得税基本通達

措法……………租税特別措置法

措令……………租税特別措置法施行令

措規……………租税特別措置法施行規則

措通……………租税特別措置法（所得税）関係通達

相法……………相続税法

相令……………相続税法施行令

相基通…………相続税法基本通達

法法……………法人税法

法基通…………法人税基本通達

災免法…………災害被害者に対する租税の減免、徴収猶予等に
　　　　　　　　関する法律（災害減免法）

災免令…………災害減免法施行令

災免通達………災害減免法関係通達

所法9①十六……所得税法第9条第1項第16号

○　本書は、令和5年9月30日現在の法令・通達によっている。

【大 目 次】

第2章　保険金等に関する所得税の
取扱いについて

第3章　家屋の立退料をめぐる諸問題について

第4章　事業所得と事業の付随収入
について

第5章　一時所得及び雑所得の所得区分を
　　めぐる諸問題について

第6章　低額・高額・無償取引等の取扱いについて

第7章　家事関連費をめぐる諸問題について

第8章　損害賠償金等を支払った場合の取扱いについて

第9章　損害賠償金等の支払を受けた場合 の取扱いについて

第10章　政治資金に係る所得税の課税関係について

第11章 資産損失の必要経費算入等について

第12章　損益通算及び純損失の繰越控除等について

第13章　雑損控除及び雑損失の繰越控除等について

第 1 章

金融商品等に係る所得の課税制度について

はじめに

　平成25年の税制改正による金融所得課税の一体化により、平成28年以降の公社債等及び株式等（いずれも投資信託を含む。）に係る所得の課税方式は、①上場株式等と公募公社債等を合わせて「上場株式等」ということとし、②非上場株式等と私募公社債等を合わせて「一般株式等」ということとした上で、それぞれ原則として申告分離課税とすることとされた。改正後の上場株式等と一般株式等を合わせて「株式等」という。

　一方、金融所得課税の一体化の対象外（株式等以外）の、預貯金や先物取引、金融類似商品に係る所得などの課税方式は、別途、それぞれ独立して源泉分離課税又は申告分離課税等とすることとされている。

第1節　金融商品等の種類区分

　金融商品等の種類区分は、使用目的などによって異なると考えるが、筆者なりに区分すると、次の図表のようになる。

　これらの金融商品等のうち、平成25年の税制改正により、金融所得課税の一体化の対象となったのは、①から⑩までのものである。

　本書では、その①から⑩までと、⑪のa及びbについて解説する。

図表1　金融商品等の種類区分

①	株式及び出資	
②	公社債	
③	投資法人の投資口	
④	法人課税信託の受益権	
⑤	株式等証券投資信託の受益権	
⑥	公社債投資信託の受益権	
⑦	公社債等運用投資信託の受益権	
⑧	非公社債等投資信託の受益権	
⑨	特定受益証券発行信託の受益権	
⑩	特定目的信託の社債的受益権	
⑪	その他	
	a	先物取引
	b	金融類似商品
	c	預貯金
	d	合同運用信託（貸付信託等）の受益権
	e	受益者等課税信託

f	CP（コマーシャルペーパー）
g	CD（譲渡性預金）
h	金（ゴールド）
i	ビットコイン等
j	NISA
k	イデコ

第2節　金融所得課税の一体化の税制改正後の金融商品等に係る所得課税の概要

　金融所得課税の一体化における「株式等」及び「上場株式等」の具体的な金融商品の種類は、次に掲げる図表2及び図表3のとおりである。

　なお、上場株式等以外の株式等を「一般株式等」という。

　一方、金融所得課税の一体化の対象外（株式等以外）の、預貯金や先物取引、金融類似商品に係る所得などの課税方式は、別途、源泉分離課税又は申告分離課税等とすることとされている。

図表2　「株式等」の範囲

> 「**株式等**」とは、次に掲げるもの（外国法人に係るものを含み、ゴルフ会員権に類する株式又は出資者の持分を除く。）をいう。

① 株式（株主又は投資主となる権利、株式の割当てを受ける権利、新株予約権及び新株予約権の割当てを受ける権利を含む。また、投資法人の投資口及び新投資口予約権並びに法人課税信託の受益権を含む。）
② 特別の法律により設立された法人の出資者の持分、合名会社、合資会社又は合同会社の社員の持分、協同組合等の組合員又は会員の持分その他法人の出資者の持分（出資者、社員、組合員又は会員となる権利及び出資の割当てを受ける権利を含み、③及び④に掲げるものを除く。）
③ 協同組織金融機関の優先出資に関する法律に規定する優先出資（優先出資者となる権利及び優先出資の割当てを受ける権利を含む。）
④ 資産の流動化に関する法律に基づいてする特定目的会社（SPC）に対する優先出資（優先出資社員となる権利及び同法に規定する一定の引受権を含む。）
⑤ 投資信託の受益権
　i　株式等証券投資信託の受益権
　ii　非公社債等投資信託の受益権
　iii　公社債投資信託の受益権
　iv　公社債等運用投資信託の受益権
⑥ 特定受益証券発行信託の受益権
⑦ 特定目的信託の社債的受益権

⑧ 公社債（預金保険法に規定する長期信用銀行債等、農水産業組合貯金保険法に規定する農林債及び平成27年12月31日以前に発行された割引債でその償還差益が発行時に源泉分離課税の対象とされたものを除く。「上場株式等」において同じ。）

㊟ 特定目的会社に対する優先出資以外の出資（特定出資）は、法人の出資者の持分として、上記②に含まれる。

図表３ 「上場株式等」の範囲

「**上場株式等**」とは、「株式等」のうち、次に掲げるものをいう。

① 金融商品取引所に上場されている株式等
② 店頭売買登録銘柄として登録された株式等
③ 店頭転換社債型新株予約権付社債（新株予約権付社債（資産の流動化に関する法律に基づいて特定目的会社（SPC）が発行する転換特定社債及び新優先出資引受権付特定社債を含む。）で、認可金融商品取引業協会がその売買価格を発表し、かつ、発行法人に関する資料を公表するものとして指定したものをいう。）
④ 店頭管理銘柄として認可金融商品取引業協会の指定した株式等
⑤ 登録銘柄として認可金融商品取引業協会に備える登録原簿に登録された日本銀行出資証券
⑥ 外国金融商品市場において売買されている株式等
⑦ 公募の投資信託の受益権（特定株式投資信託の受益権は①に含まれる。）
　㊟ 投資信託の受益権の種類については、図表２の⑤参照
⑧ 特定投資法人の投資口（公募）
⑨ 公募の特定受益証券発行信託の受益権
⑩ 公募の特定目的信託の社債的受益権
⑪ 国債及び地方債
⑫ 外国又はその地方公共団体が発行し又は保証する債券
⑬ 会社以外の法人が特別の法律により発行する債券（外国法人に係るもの並びに投資信託及び投資法人に関する法律に規定する投資法人債・短期投資法人債、資産の流動化に関する法律に規定する特定社債・特定短期社債を除く。）
⑭ 募集が一定の取得勧誘により行われた公社債
⑮ その発行の日前９月以内（外国法人にあっては、12月以内）に有価証券報告書等を提出している法人が発行する社債
⑯ 金融商品取引所又は外国金融商品取引所において公表された公社債情報に基づいて発行する公社債
⑰ 国外において発行された公社債で、次に掲げるもの（取得後引き続き保管の委託がされているものに限る。）

　　A　国内において多数の者に対して売出しがされたもの（売出し公社債）

　　B　国内における売出しに応じて取得した日前9月以内（外国法人にあっては、12月以内）に有価証券報告書等を提出している法人が発行するもの。

⑱　次に掲げる外国法人等が発行し又は保証する債券

　　A　出資金額等の2分の1以上が外国の政府により出資等がされている外国法人

　　B　外国の特別の法令に基づいて設立された外国法人で、その業務がその外国の政府の管理の下で運営されているもの。

　　C　国際間の取極めに基づき設立された国際機関が発行し又は保証する債券

⑲　国内又は国外の法令に基づいて銀行業又は金融商品取引業を行う法人又はそれらの100％子会社等が発行した債券

⑳　平成27年12月31日以前に発行された公社債（その発行の際に同族会社に該当する会社が発行した社債は、一般株式等に含める。(注)参照）

(注)　上記⑳のかっこ書で除外された公社債の発行会社が、その公社債の譲渡又は元本の償還の日において同族会社に該当しないことになっている場合であっても、その公社債は⑳のかっこ書の公社債に該当する。

　　また、⑳のかっこ書で除外された公社債であっても、①から⑲までのいずれかに該当するものは、上場株式等に該当する（措通37の11―6の(1)）。

【参考】　信託及び投資信託等の種類

　信託及び投資信託等の種類を図示すると、次のようになる。

図表4　信託及び投資信託等の種類

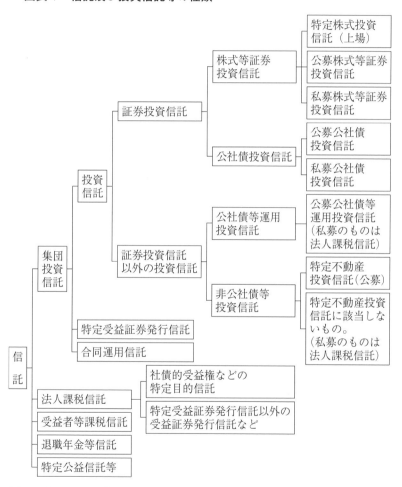

⑻　図表中、「株式等証券投資信託」及び「非公社債等投資信託」とあるのは、金融所得課税の一体化の改正前の租税特別措置法第37の10第2項第5号において使用されていた用語である。

第3節　株式等に係る所得の課税方式の概要

　上場株式等及び一般株式等に係る所得の課税方式は、次の図表のとおりである。

　なお、次の第4節から第8節までにおいて、所得種類別の課税方式等について詳述する。

図表5　株式等に係る所得の課税方式

区分		所得区分	課税方式
上場株式等	利子等	利子所得	申告分離課税＊1
	配当等	配当所得	申告分離課税＊1・4
	譲渡益等	譲渡所得等	申告分離課税＊2・6
一般株式等	利子等	利子所得	源泉分離課税＊5
	配当等	配当所得	総合課税＊3
	譲渡益等	譲渡所得等	申告分離課税＊5

　この図表の留意点は、次のとおりである。

＊1　申告不要あり。

＊2　源泉徴収選択口座は申告不要あり。

＊3　少額申告不要あり。

＊4　特定上場株式等の配当等については、総合課税を選択することができる（措法8の4②）。

　　「特定上場株式等の配当等」とは、次に掲げるものをいう。

　①　株式等で上場等がされているもの（図表3の①から⑥までに掲げるもの）の配当等のうち、大口株主等が支払を受けるもの以外の

もの。

②　公募の投資信託の収益の分配に係る配当等（公社債投資信託以
　　外の証券投資信託に係るものに限る。)

③　特定投資法人の投資口（公募）の配当等

＊5　特定の同族株主等が支払を受ける利子等及び償還金等については、
　　総合課税の対象とされる。

＊6　損益通算及び繰越控除の特例

　　イ　上場株式等の譲渡損益と一般株式等の譲渡損益とは、差引計算
　　　することができない。

　　ロ　上場株式等の譲渡損は、上場株式等の利子配当等との損益通算
　　　をすることができる。その損益通算後に残る上場株式等のの譲渡
　　　損は、翌年以後3年間の上場株式等の譲渡益及び上場株式等の利
　　　子配当等に繰り越して控除することができる。

＊7　ゴルフ会員権に類する株式等の譲渡益は、総合課税の対象とされ、
　　短期保有土地等に類する株式等の譲渡益は、土地建物等の譲渡益に
　　準じて、申告分離課税の対象とされる。

　なお、株式等のうち、公社債等運用投資信託及び社債的受益権に係る所得については、例外的な取り扱いになっている部分があるため、これを抜き出して整理すると、次の図表のようになる。

図表6　公社債等運用投資信託及び社債的受益権に係る所得の課税方式

種類区分		所得区分	課税方式
公社債等運用投資信託	公募	**利子所得**	申告分離課税＊2
		譲渡所得等	申告分離課税＊3・4
	私募	**配当所得**	**源泉分離課税＊1**
		譲渡所得等	申告分離課税
社債的受益権	公募	**配当所得**	申告分離課税＊2
		譲渡所得等	申告分離課税＊3・4
	私募	**配当所得**	**源泉分離課税＊1**
		譲渡所得等	申告分離課税

　この図表の留意点は、次のとおりである。

＊1　ゴシック部分が、例外的な取り扱いになっている部分である。

＊2　申告不要あり。

＊3　源泉徴収選択口座は申告不要あり。

＊4　損益通算・繰越控除あり。

第4節 株式等に係る利子所得の課税方式

1 利子所得の課税方式

　利子所得とは、公社債及び預貯金の利子（分離利子公社債に係るものを除く。34ページの(1)の②及び③、40ページの⑨参照）並びに合同運用信託、公社債投資信託及び公募公社債等運用投資信託の収益の分配（これを「利子等」という。）に係る所得をいう（所法23）。

　この利子等（公社債の利子で条約又は法律により源泉徴収されないものを除く。）については、従来、源泉分離課税とされてきたところであるが、平成28年以降、居住者又は恒久的施設を有する非居住者が支払を受ける次に掲げる特定公社債など（「特定公社債等」という。）の利子所得については、源泉分離課税の適用対象から除外された（措法3①）。

① 特定公社債の利子

　　(注) 「特定公社債」とは、4ページの図表2の⑧の公社債のうち、5ページの図表3の①から⑥まで又は⑪から⑳までに該当するものをいう（措法3①一）。

② 公社債投資信託で公募のもの又はその受益権が5ページの図表3の①から⑥までに該当するものの収益の分配

③ 公募の公社債等運用投資信託の収益の分配

④ 特定公社債以外の公社債の利子で、その利子の支払法人の特定の同族株主等が支払を受けるもの。

　これらのうち、①、②及び③は、申告分離課税の対象となり、④は、総合課税の対象となる（措法3①、8の4①）。

　なお、上記①から④までに掲げるもの以外のものの利子等を一般公社債等の利子等といい源泉分離課税制度の対象となる。

㊟　上記の利子が総合課税の対象となる「**特定の同族株主等**」とは、次のイ又はロに掲げる人をいう（措令1の4③）。
イ　同族会社の株主等
　①　同族会社に該当するときのその判定の基礎となる一定の株主（以下「特定個人」という。）
　②　特定個人の親族
　③　特定個人と婚姻の届出をしていないが事実上婚姻関係と同様の事情にある人
　④　特定個人の使用人
　⑤　上記以外の人で特定個人から受ける金銭等により生計を維持している人
　⑥　上記の人と生計を一にするこれらの人の親族
ロ　特殊の関係にある法人の株主等
　　次のようなケースにおける同族会社Aは、個人株主C（特殊関係個人を含む。以下同じ。）と「**特殊の関係にある法人**」といい、個人株主Cを「特殊の関係にある法人の株主等」という。

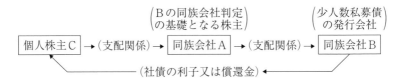

　　この場合、その「**特殊の関係にある法人**」とは、次に掲げる法人をいう。
　①　個人株主Cが法人を支配している場合における当該法人
　②　個人株主C及びイの法人が他の法人を支配している場合における当該他の法人
　③　個人株主C及びイ又はロの法人が他の法人を支配している場合における当該他の法人
　　㊟　この場合の「支配している場合」とは、原則として、発行済株式の総数の50％を超える数を有する場合をいう。

　公社債等に係る利子等の課税方式を整理すると、次に掲げる図表7のとおりである。

図表7　株式等に係る利子所得の課税方式

区　分	所得区分	源泉徴収	課税方式	
上場株式等 （特定公社債等） の利子等	利子所得 ＊1 ＊2 ＊3	所得税　15% 住民税　5%	選択	申告不要　＊4
				申告分離課税 ＊5・6・7 所得税　15% 住民税　5%
一般株式等 （一般公社債等） の利子等		所得税　15% 住民税　5%	源泉分離課税 ＊8・9・10 （同族の社債の利子は 総合課税）	

　この図表の留意点は、次のとおりである。

＊1　私募の公社債等運用投資信託の収益の分配及び社債的受益権の剰余金の配当は、配当所得に該当する。ただし、原則として預貯金利子並みの源泉分離課税の対象となる（措法8の2①、8の3①、10ページの図表6参照）。

＊2　割引債の償還金は、一般の公社債の利子に相当するものであるが、公社債の譲渡所得等に係る収入金額とみなして、源泉徴収の上、申告分離課税の対象となる。ただし、「特定の同族株主等」が受ける償還金は、雑所得として総合課税の対象となる（33ページの4参照）。

＊3　分離利子公社債に係る利子は、譲渡収入とみなして申告分離課税（40ページの⑨参照）

＊4　一定の利子所得は、納税者の選択により、確定申告をする所得に含めないことができる（14ページの2参照）。

＊5　源泉徴収されないものも、申告分離課税（措法3、3の3）

＊6　特定公社債等は特定口座に受入可（措法37の11の3①）。

＊7　特定公社債等に係る譲渡損益は、まず他の上場株式等の譲渡損益
　　と差引計算し、譲渡損失が残ったときは、上場株式等に係る配当所
　　得等と損益通算することができる。なお残った譲渡損失は、翌年以
　　後3年間の上場株式等に係る譲渡所得等及び配当所得等へ繰越控除
　　することができる（措法37の12の2①⑤）。

＊8　源泉徴収されないものは、総合課税（措法3、3の3、8の4）

＊9　一般株式等に該当する公社債の利子で「特定の同族株主等」が受
　　けるものは、利子所得として総合課税の対象（措法3①、3の3①）。

＊10　国外において発行され国外において支払われる国外一般公社債等
　　に係る利子等で国内の支払の取扱者を通じて居住者が交付を受ける
　　ものについても、源泉分離課税の対象となる（措法8の4①、3の
　　3①）。

2　申告不要を選択できる利子所得

　次に掲げる利子等については、原則として1回に支払を受ける配当等
ごとに、納税者の選択により、確定申告をする所得に含めないことがで
きる（措法8の5①、④）。

①　内国法人等から支払を受ける5ページの①から⑥までに掲げる上
　場株式等の利子等

②　内国法人から支払を受ける公募の投資信託の受益権の収益の分配
　に係る利子等

③　内国法人等から支払を受ける特定公社債の利子

㊟　申告不要の選択は、原則として1回に支払を受ける利子等ごとに選択するが、源泉徴収選択口座の場合には、口座ごとに選択することになっている（36ページの(2)参照）。

第5節　株式等に係る配当所得の課税方式

1　配当所得の範囲

　配当所得とは、法人（公益法人等及び人格のない社団等を除く。）から受ける次に掲げる配当等に係る所得をいう（所法24）。この場合の法人には、内国法人に限らず、外国法人も含まれる。

① 　剰余金の配当（株式又は出資（私募公社債等運用投資信託の受益権及び社債的受益権を含む。）に係るものに限るものとし、資本剰余金の額の減少に伴うもの並びに分割型分割（法人課税信託に係る信託の分割を含む。）によるもの及び株式分配を除く。）

② 　利益の配当（資産の流動化に関する法律に規定する中間配当に係る金銭の分配を含むものとし、分割型分割によるもの及び株式分配を除く。）

③ 　剰余金の分配（出資に係るものに限る。）

④ 　投資法人の金銭の分配（出資等減少分配を除く。）

⑤ 　基金利息（保険業法に規定する基金利息をいう。）

⑥ 　投資信託（公社債投資信託及び公募公社債等運用投資信託を除く。）の収益の分配（適格現物分配に係るものを除く。）

⑦ 　特定受益証券発行信託の収益の分配（適格現物分配に係るものを除く。）

上記の配当等には、次のようなものに係る収益の分配等も含まれる。

　(イ) 　投資法人の投資口

　(ロ) 　法人課税信託の受益権

　(ハ) 　特定目的会社（SPC）に対する出資

　(ニ) 　株式等証券投資信託の受益権

　㈭　私募の公社債等運用投資信託の受益権

　㈭　非公社債等投資信託の受益権

　㈭　社債的受益権

　なお、法人の解散による残余財産の分配や法人の出資の払戻し等の一定の事由により金銭等の交付を受けた場合、その交付される金銭等のうち資本金等の額を超える部分は、税務上、配当等とみなされ（所法25）、配当所得としての課税対象となる。これを「**みなし配当等**」という（詳しくは、23ページの**8**及び25ページの**9**参照）。

2　配当所得の金額の計算

　配当等の元本である株式等を借入金により取得している場合の配当所得の金額は、次の算式により、配当等の収入金額からその借入金の利子の額を控除して計算する。

$$
\begin{array}{l}
\text{配当所得} \\
\text{の金額}
\end{array}
=
\begin{array}{l}
\text{配当等の} \\
\text{収入金額}
\end{array}
-
\left(
\begin{array}{l}
\text{株式等を取得} \\
\text{するために要} \\
\text{した借入金の} \\
\text{利子の額}
\end{array}
\times
\dfrac{
\begin{array}{c}
\text{借入金により取得したそ} \\
\text{の株式等を所有していた} \\
\text{その年中の期間の月数} \\
\text{（1月未満は1月に切上げ）}
\end{array}
}{12}
\right)
$$

　ただし、その株式等を譲渡した場合は、その譲渡をした年の借入金の利子（その年中の株式等の所有期間に対応する借入金の利子）は、株式等の譲渡による所得の金額を計算する上で、その収入金額から控除することになっている（所法24②、措法37の10⑥二）。

3　配当所得の課税方式

　株式等の発行法人から支払われる配当等に対しては、支払の際に、原則として所得税と住民税の源泉徴収が行われる。

　その配当等の確定申告については、申告不要の選択をすることができるものを除き、総合課税によるのが原則であるが、上場株式等の配当等に該当するものについては、大口株主等が内国法人から支払を受けるものを除き、総合課税又は申告分離課税の対象となる。

　配当等の課税方式を図示すると、次に掲げる図表8のとおりである。

図表8　配当所得の課税方式

区　分	所得区分	源泉徴収		課税方式
・上場株式等の配当等 （大口株主等が内国法人から支払を受けるものを除く。）＊1	配当所得	所得税　15％ 住民税　　5％	選択	申告不要＊2
				総合課税＊3・4
				申告分離課税 ＊5・6・7 所得税　15％ 住民税　　5％
・上場株式等の配当等で、大口株主等が内国法人から受けるもの。 ・一般株式等の配当等		所得税　20％ 住民税　なし	選択	少額申告不要 ＊8・9
				総合課税 ＊10・11

　この図表の留意点は、次のとおりである。

＊1　「**大口株主等**」とは、その配当等の支払基準日においてその内国法人の発行済株式（投資法人にあっては、発行済みの投資口）又は出資の総数又は総額の3％以上に相当する数又は金額の株式（投資口

を含む。）又は出資を有する個人をいう（措法8の4①）。

　なお、その内国法人の公募上場等の株式等の保有割合が3％以上である人が、当該内国法人から支払を受ける配当等については、申告分離課税の対象外とし、総合課税の対象とすることとされているが、平成4年の税制改正により、その内国法人の株式等のその人の保有割合が3％未満である場合であっても、「その人が支配する同族会社」が保有する当該内国法人の株式等を合わせると、その保有割合が3％以上となるときには、その3％未満である保有株式等に係る配当等についても総合課税の対象とすることとされた。この改正は、令和5年10月1日以後に支払を受けるものについて適用される。

＊2　源泉徴収のない外国株式等については、申告不要不可

＊3　特定上場株式等の配当等については、総合課税を選択することができる（8ページの＊4参照）。

＊4　外国法人等に係るものは、配当控除不可

＊5　上場株式等は、特定口座に受入れ可

＊6　申告分離課税の配当等については、配当控除不可

＊7　上場株式等の譲渡損益は、まず他の上場株式等の譲渡損益と差引計算し、譲渡損失が残ったときは、上場株式等に係る配当所得等と損益通算することができる。なお残った譲渡損失は、翌年以後3年間の上場株式等に係る譲渡所得等及び配当所得等へ繰越控除することができる。

＊8　内国法人から支払を受ける配当等で、1回に支払を受ける金額が、10万円に配当計算期間の月数を乗じてこれを12で除して計算した金額以下のもの（いわゆる少額配当等）については、申告不要可

＊9　住民税については源泉徴収されていないので、所得税で申告不要としたとしても、住民税においては、原則として要申告

　　　源泉徴収のない外国株式等についても、申告不要不可

＊10　外国法人等に係るものは、配当控除不可

　　　なお、配当控除の対象とならない配当所得については、61ページ

　　の**2**参照

＊11　みなし配当等を含む。

㊟　次に掲げる受益権の収益の分配に係るもの（国内において支払を受ける
　　もの、及び国外において発行され国外において支払われるもので国内の支
　　払の取扱者を通じて居住者が交付を受けるものに限る。）については、一般
　　公社債等の利子等に含めて源泉分離課税の対象となる（10ページの図表6
　　参照。措法8の4①、8の2①、8の3①）。
　　① 　私募の公社債等運用投資信託
　　② 　私募の社債的受益権

4　申告分離課税の対象となる上場株式等に係る配当所得

　　居住者又は恒久的施設を有する非居住者が支払を受ける配当等で、申

告分離課税の対象となる上場株式等に係る配当所得とは、次に掲げる配

当等に係る配当所得をいう（措法8の4①）。

　①　株式等で上場等がされているもの（5ページの①から⑥までに掲げ

　　る上場株式等）の配当等で、内国法人から支払われるもののうち、

　　大口株主等が支払を受けるもの以外のもの。

　②　公募の投資信託の収益の分配に係る配当等（特定株式投資信託に

　　係る配当等は、①に含まれる。）

　③　特定投資法人の投資口（公募）の配当等

　④　公募の特定受益証券発行信託の収益の分配

　⑤　公募の社債的受益権の剰余金の配当

　　なお、申告分離課税を選択した上場株式等に係る配当所得については、

上場株式等の譲渡に係る損失との損益通算及び繰越控除の対象となる

（48ページの第7節参照）。

5　総合課税を選択できる上場株式等に係る配当所得

上記4に掲げる配当等のうち①、②（公社債投資信託以外の証券投資信託に係るものに限る。）及び③は、「**特定上場株式等の配当等**」（8ページの＊4参照）といい、これらに係る配当所得については、その年の確定申告において申告分離課税を選択した場合に限り、申告分離課税の対象とすることとされている（措法8の4②）。したがって、その確定申告の際に総合課税の適用を受けるか申告分離課税の適用を受けるかいずれかを選択することができることになる。

ただし、その年中に支払を受けるべき特定上場株式等の配当等の一部について総合課税の適用を受ける場合には、その年中に支払を受けるべきその他の特定上場株式等の配当等については、申告分離課税の適用を受けることができないこととされているので、要するに、特定上場株式等の配当等については、総合課税の適用を受けるか申告分離課税の適用を受けるかを「一括して選択する」ことになる。

公社債投資信託及び公募の公社債等運用投資信託に係る収益の分配は、利子所得に該当するため総合課税を選択することができない（10ページの図表6参照）。

また、非公社債等投資信託（7ページの図表4参照）に係る収益の分配は、配当所得に該当するが、公社債投資信託以外の証券投資信託（＝株式等証券投資信託、7ページの図表4参照）に該当しないため総合課税を選択することができない。

私募の公社債等運用投資信託に係る収益の分配及び私募の特定目的信託の社債的受益権の剰余金の配当も配当所得に該当するが、利子並みの源泉分離課税の対象となるため総合課税の対象外である（10ページの図

表6参照）（措法8の2①、8の3①）。

20ページの④及び⑤も総合課税を選択することができない。

6　申告不要を選択できる配当所得

次に掲げる配当等については、原則として1回に支払を受ける配当等ごとに、納税者の選択により、確定申告をする所得に含めないことができる（措法8の5①④）。

① 　内国法人から支払を受ける配当等（次の②から⑥までに掲げるものを除く。）で、1回に支払を受ける金額が、10万円に配当計算期間の月数を乗じてこれを12で除して計算した金額以下であるもの（いわゆる**少額配当等**）。

② 　内国法人から支払を受ける5ページの①から⑥までに掲げる上場株式等の配当等のうち、大口株主等が支払を受けるもの以外のもの。

③ 　内国法人から支払を受ける公募の投資信託の収益の分配に係る配当等（特定株式投資信託に係る配当等は、②に含まれる。）

④ 　特定投資法人から支払を受ける投資口（公募）の配当等

⑤ 　公募の特定受益証券発行信託の収益の分配

⑥ 　内国法人から支払を受ける公募の社債的受益権の剰余金の配当

(注) 申告不要の選択は、原則として1回に支払を受ける配当等ごとに選択するが、源泉徴収選択口座の場合には、口座ごとに選択することになっている（36ページの(2)参照）。

7　申告不要及び総合課税の選択

申告不要の選択ができる配当等については、まず、原則として一回の

支払ごとに、申告不要とするのか申告するのかを選択することになる。次に、申告しようとする配当等のうちの特定上場株式等の配当等については、原則として全銘柄につき一括して、総合課税を選択するのか申告分離課税を選択するのかを選択することになる。

　この場合、総合課税又は申告分離課税を選択して申告した配当等については、その後の修正申告又は更正の請求のときにおいても、これを除外して所得金額の計算をすることはできない（措通8の5－1）。

　また、総合課税の選択をして申告したときは、その後において申告分離課税に変更することはできないし、申告分離課税の選択をして申告したときは、その後において総合課税に変更することはできない（措通8の4－1）。いずれの選択もしないで申告しなかったときは、総合課税を選択したことになる。

8　みなし配当等

　配当所得の収入金額となる配当等の金額は、前記のとおりであるが、法人の次に掲げる事由により金銭その他の資産の交付を受けた場合において、その金銭等の価額（適格現物分配に係る資産にあっては、その法人のその交付の直前のその資産の帳簿価額に相当する金額）の合計額が、その法人の資本金等の額のうちその交付の基因となったその法人の株式又は出資に対応する部分の金額を超えるときは、その超える部分に係る金銭等は、配当等の金額とみなされる（所法25①）。これを「みなし配当等」という。

① 法人の合併（法人課税信託に係る信託の併合を含むものとし、適格合併を除く。）

② 法人の分割型分割（適格分割型分割を除く。）

③ 法人の株式分配（適格株式分配を除く。）

④　法人の資本の払戻し（株式に係る剰余金の配当（資本剰余金の額の減少に伴うものに限る。）のうち分割型分割によるもの以外のもの及び株式分配以外のもの並びに出資等減少分配をいう。）

⑤　法人の解散による残余財産の分配

⑥　法人の自己の株式又は出資の取得（25ページの **9** に掲げる場合における取得を除く。）

⑦　法人の出資の消却（取得した出資について行うものを除く。）、法人の出資の払戻し、法人からの社員その他の出資者の退社若しくは脱退による持分の払戻し又は法人の株式若しくは出資をその法人が取得することなく消滅させること。

⑧　法人の組織変更（組織変更に際して組織変更をしたその法人の株式又は出資以外の資産を交付したものに限る。）

そのみなし配当等が上場株式等について生じたものである場合は、上場株式等に係る配当等として総合課税又は申告分離課税の対象となる。

ただし、大口株主等が内国法人から支払を受けるみなし配当等については、申告分離課税の対象とすることはできない。

なお、みなし配当等の基因となる事由が生じた場合において、株主等が交付を受ける金銭等の価額のうちみなし配当等とされる金額を超える部分の金額があるときのその金額は、株式等に係る譲渡所得等の収入金額とみなされる（措法37の10③、37の11③）。したがって、その株式等の取得費との差額は、次の図表9に示すとおり、その株式等の譲渡損益となる。

図表9　交付額のうち譲渡所得等とされる部分

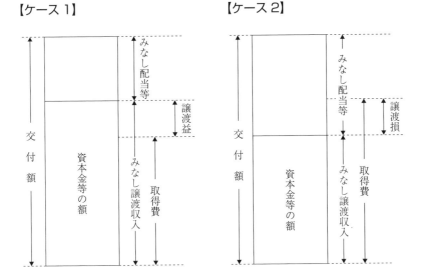

9　自己株式の取得でみなし配当等が生じないこととされる場合の課税関係

　法人の自己の株式等の取得に応じた株主等が交付を受けた金銭等の価額が、その法人の資本金等の額のうち、その交付の基因となったその法人の株式等に対応する部分の金額を超えるときは、その超える部分の金銭等は、24ページの⑥のとおり、配当等の金額とみなされる。

　ただし、その⑥のかっこ書で記述のとおり、法人の自己の株式等の取得が、次に掲げる場合に該当するときは、みなし配当等とはされず、その株式等に係る譲渡所得等の収入金額とみなされる。つまり、その交付を受ける金銭等の金額の全額がその株式等に係る譲渡所得等の収入金額とみなされる（所法25①五、57の4③一、二、三、所令61①、措法9の7）。

① 金融商品取引所が開設する市場（外国金融商品市場を含む。）における購入

② 店頭売買登録銘柄の株式の店頭売買による購入

③ 金融商品取引業者が、有価証券の売買の媒介、取次ぎ又は代理をする場合におけるその売買（顧客の間の交渉により売買価格が決定されるものを除く。）

④ 事業の全部の譲受け

⑤ 合併又は分割若しくは現物出資（適格分割若しくは適格現物出資又は事業を移転し、かつ、その事業に係る資産にその分割若しくは現物出資に係る分割承継法人若しくは被現物出資法人の株式が含まれている場合のその分割又は現物出資に限る。）による被合併法人又は分割法人若しくは現物出資法人からの移転

⑥ 分割承継親法人株式が交付される適格分社型分割による分割承継法人からの交付

⑦ 一定の株式交換による株式交換完全親法人からの交付

⑧ 合併に反対する被合併法人の株主等の買取請求に基づく買取り

⑨ 単元未満株式の買取請求による買取り又は1株に満たない端数の株式の買取り

⑩ 全部取得条項付種類株式に係る取得決議（その取得決議に係る取得価格決定の申立てをした者で、その申立てをしないとしたならば、その取得の対価として交付されることとなるその取得をする法人の株式の数が1に満たない端数となるものからの取得に係る部分に限る。）

⑪ 1株又は一口に満たない端数に相当する部分の対価としての金銭の交付

⑫ 取得請求権付株式に係る請求権の行使によりその取得の対価としてその取得をする法人の株式のみが交付される場合のその請求権の行使

⑬　取得条項付株式に係る取得事由の発生によりその取得の対価とし
　てその取得をされる株主等にその取得をする法人の株式のみが交付
　される場合（その取得の対象となった種類の株式のすべてが取得される
　場合には、その取得の対価としてその取得をされる株主等にその取得を
　する法人の株式及び新株予約権のみが交付される場合を含む。）のその
　取得事由の発生

⑭　全部取得条項付種類株式に係る取得決議によりその取得の対価と
　してその取得をされる株主等にその取得をする法人の株式（その株
　式と併せて交付されるその取得をする法人の新株予約権を含む。）以外
　の資産（その取得の価格の決定の申立てに基づいて交付される金銭その
　他の資産を除く。）が交付されない場合のその取得決議

⑮　相続又は遺贈による財産の取得（相続又は遺贈による財産の取得と
　みなされるものを含む。）をした個人でその相続又は遺贈につき納付
　すべき相続税額があるものが、その相続の開始があった日の翌日か
　らその相続税の申告書の提出期限の翌日以後3年を経過する日まで
　の間に行った、その相続税額に係る課税価格の計算の基礎に算入さ
　れた非上場会社の発行した株式のその非上場会社に対する譲渡

第6節　株式等に係る譲渡所得等の課税方式

1　株式等の譲渡による所得の課税関係の概要

居住者又は恒久的施設を有する非居住者が行った「株式等」の譲渡による所得については、次に掲げるものを除き、他の所得と区分して申告分離課税となる（措法37の10①②、37の11①②）。

(イ)　先物取引の方法による株式等の譲渡による所得……申告分離課税の株式等の譲渡による所得には、信用取引又は発行日取引の反対売買によるものは含まれるが、先物取引によるものは含まれず、別途「先物取引に係る雑所得等」として申告分離課税となる（第9節参照）。

(ロ)　ゴルフ会員権の譲渡に類する株式又は出資者の持分の譲渡による所得……原則として譲渡所得として総合課税となる。

(ハ)　短期保有の土地等の譲渡に類する株式又は出資等の譲渡による所得……土地等の短期譲渡所得として申告分離課税となる（措法32②）。

株式等の譲渡による所得の課税方式を図示すると、次に掲げる図表10のとおりである。

図表10　株式等の譲渡による所得の課税方式

区　分	所得区分	課税方式
①　下記②〜④以外の株式等の譲渡益	上場株式等に係る譲渡所得等	申告分離課税
	一般株式等に係る譲渡所得等	
②　先物取引の方法による株式等の譲渡益	先物取引に係る雑所得等	申告分離課税
③　ゴルフ会員権に類する株式等の譲渡益	総合課税の譲渡所得	総合課税
④　短期保有土地等に類する株式等の譲渡による譲渡益	土地建物等の短期譲渡所得	申告分離課税

上記の申告分離課税となっている3種類の所得については、それぞれの所得相互間において差引計算をすることはできない。

また、それぞれの申告分離課税の所得の計算上生じた損失については、申告分離課税の所得以外の各種所得との損益通算及び繰越控除をすることもできない。

逆に、申告分離課税の所得以外の各種所得の金額の計算上生じた損失については、申告分離課税の所得との損益通算及び繰越控除をすることはできない。

㊟　個人が法人に対して役務の提供をした場合において、その役務提供の対価として譲渡制限付株式等が交付されたときは、その株式の譲渡制限解除時の価額をその個人の給与所得等に係る収入金額とする（所令84①）。

2　株式等の譲渡による所得の計算の原則

　申告分離課税の株式等の譲渡による所得の所得区分としては、事業所得、譲渡所得及び雑所得に該当する。

　それぞれの所得の金額は、次により計算する。

株式等の譲渡による事業所得の金額　＝　株式等の譲渡に係る収入金額　－　株式等の譲渡に係る必要経費

株式等の譲渡による譲渡所得の金額　＝　株式等の譲渡に係る収入金額　－（株式等の所得費　＋　譲渡費用　＋　借入金利子）

株式等の譲渡による雑所得の金額　＝　株式等の譲渡に係る収入金額　－　株式等の譲渡に係る必要経費

株式等の譲渡による事業所得の金額　＋　株式等の譲渡による譲渡所得の金額　＋　株式等の譲渡による雑所得の金額　＝　株式等に係る譲渡所得等の金額

　株式等の譲渡が営利を目的として継続的に行われている場合は、それによる所得は事業所得又は雑所得となり、それ以外の場合は譲渡所得となる。

　株式等の譲渡が営利を目的として継続的に行われているかどうかは、株式等の売買を行う人の株式等の売買回数、売買数量又は売買金額、その売買についての取引の種類及び資金の調達方法等の状況に照らして、総合的に判定する。そしてその株式等の譲渡が事業的規模で行われる場合には事業所得とされ、それ以外の場合には雑所得とされる。

　これらの各種所得の計算上、期末有価証券の評価額は、事業所得の場合には総平均法又は移動平均法（申告分離課税の場合は、総平均法のみ）により計算し、譲渡所得又は雑所得の場合には総平均法に準ずる方法に

より計算する（所令105、118、措令25の8⑧）。

　なお、46ページの**8**の取得費の特例は、譲渡所得の基因となる資産に限り適用される。

　申告分離課税の株式等の譲渡による所得として同一年中に事業所得、譲渡所得又は雑所得の2種類以上があり、それらの所得の中にその金額の計算上損失の金額が生じた場合は、他の申告分離課税の株式等の譲渡による事業所得、譲渡所得又は雑所得の金額から控除する。

3　株式等に係る譲渡所得等の課税方式

　株式等に係る譲渡所得等の金額の計算は、「上場株式等」と「一般株式等」の別に行う（措法37の10①、37の11①）。要するに、二本立ての計算をする。

　二本立てでそれぞれその控除をしてもなお控除しきれない損失の金額が残る場合には、その損失の金額はないものとみなされ、上場株式等の譲渡損益と一般株式等の譲渡損益との相互間の差引計算をすることはできない。また、株式等に係る譲渡所得等以外の所得の金額から控除することはできない（措法37の10①、37の11①）。

　逆に、株式等に係る譲渡所得等以外の所得の金額の計算上損失の金額が生じた場合において、株式等に係る譲渡所得等の金額があるときにも、その損失の金額はその所得の金額から控除することはできない。

　ただし、上場株式等の譲渡による損失の金額については、上場株式等に係る配当所得等（特定公社債等の利子所得を含む。以下同じ。）の金額との損益通算することができる。また、翌年以後3年間の上場株式等に係る譲渡所得等の金額及び上場株式等に係る配当所得等の金額との繰越控除をすることができる（措法37の12の2①⑤）。

　株式等に係る譲渡所得等の課税方式を図示すると、次に掲げる図表11のとおりである。

図表11　株式等に係る譲渡所得等の課税方式

区　分		所得区分	源泉徴収	譲渡所得等の計算	課税方式	
上場株式等の譲渡	特定口座　源泉徴収選択口座	譲渡所得等＊4	所得税　15% 住民税　5%	報告書あり特定口座年間取引	選択	申告不要＊1
						申告分離課税＊2 所得税　15% 住民税　5%
	特定口座　簡易申告口座		源泉徴収なし		申告分離課税＊2 所得税　15% 住民税　5%	
	一般口座					
	相対取引					
一般株式等の譲渡				報告書なし特定口座年間取引	申告分離課税＊3 所得税　15% 住民税　5% （特定の同族株主等の償還金は雑所得として総合課税）	

　この図表の留意点は、次のとおりである。

＊1　源泉徴収選択口座の場合は、源泉徴収の上、申告不要の選択をすることができる（36ページの(2)参照）。

＊2　上場株式等の譲渡による損失の金額については、上場株式等に係る配当所得等の金額との損益通算並びに上場株式等に係る譲渡所得等の金額及び上場株式等に係る配当所得等の金額との繰越控除の特例の適用を受けることができる（措法37の12の2①⑤）。

　　この場合の「譲渡」とは、①金融商品取引業者又は登録金融機関への売委託により行う譲渡や②金融商品取引業者に対する譲渡、③

登録金融機関又は投資信託委託会社に対する譲渡などの一定の譲渡
をいう（48ページの **2** 参照。措法37の12の2②⑥）。

* 3　　一般株式等の譲渡損益と上場株式等の譲渡損益の相互間で差引計
　　　算することはできない。また、一般株式等については、上記＊2の
　　　ような損益通算及び繰越控除をすることはできない。

　　　　ただし、特定中小会社の特定株式の価値が喪失した場合のみなし
　　　譲渡損失等については、その年分の株式等に係る譲渡所得等の金額
　　　との損益通算及び繰越控除の対象とすることができる（55ページの
　　　6 参照）。

* 4　　譲渡による所得とみなされるものを含み、なかったものとみなさ
　　　れるものを除く（38ページの **6** 及び43ページの **7** 参照）。

4　割引債の償還金の課税方式

　平成28年1月1日以後に発行される割引債の償還金については、償還
時に、その支払者において20％の税率による源泉徴収の上、公社債等の
譲渡所得等に係る収入金額とみなして、所得税15％、住民税5％の税率
による申告分離課税の対象とされる（措法37の10①③八、37の11③、41の
12⑦三）。

　ただし、一般株式等に該当するものに係る償還金でその償還金の交付
をした法人が同族会社に該当する場合において、その会社の特定の同族
株主等が交付を受ける償還金については、総合課税の対象とされる（39
ページの⑧参照、措法37の10③八、措通37の11—6(2)）。

⒡　上記の償還金が総合課税の対象となる「特定の同族株主等」とは、12ペ
　ージの⒡に掲げる人と同じである。

(1)　源泉徴収の対象となる割引債の範囲

　償還時に源泉徴収の対象となる割引債は、4ページの図表2の⑧の公社債のうち、次に掲げるものである（措法41の12の2⑥）。

　①　割引の方法により発行されるもの。

　②　分離元本公社債（公社債で元本に係る部分と利子に係る部分とに分離されてそれぞれ独立して取引されるもののうち、その元本に係る部分であった公社債をいう。）

　③　分離利子公社債（公社債で元本に係る部分と利子に係る部分とに分離されてそれぞれ独立して取引されるもののうち、その利子に係る部分であった公社債をいう。40ページの⑨参照）。

　④　利子が支払われる公社債でその発行価額が額面金額の90％以下であるもの。

(2)　償還金に対する源泉徴収の方法

　平成28年1月1日以後に発行される割引債の償還金に対する源泉徴収は、次の4つの方法によることとされている（措法41の12の2②～⑥）。

　①　源泉徴収選択口座に受け入れた割引債の償還金

　　　特定口座のうち源泉徴収選択口座に受け入れた割引債の償還金については、株式等の譲渡所得等に係る収入金額と同様、その口座を開設した金融商品取引業者等において20％の税率による源泉徴収をする。また、源泉徴収選択口座以外の特定口座に受け入れた割引債の償還金については、源泉徴収をしないままで申告分離課税の対象とする（措法41の12の2⑥一かっこ書）。

　②　特定割引債取扱者を通じて交付される特定割引債の償還金

　　　上場株式等に該当する割引債の償還金で国内における支払の取扱者（特定割引債取扱者）を通じて交付されるものについては、その支払の取扱者において源泉徴収する（措法41の12の2③）。

③　国外割引債取扱者を通じて交付される国外割引債の償還金

　　国外割引債の償還金で国内における支払の取扱者（国外割引債取扱者）を通じて交付されるものについては、その支払の取扱者において源泉徴収する（措法41の12の2④⑤）。

④　上記以外の割引債の償還金

　　上記以外の割引債の償還金で国内において支払われるもの（特定口座のうち簡易申告口座に受け入れたものを除く。）については、その支払をする者において源泉徴収する（措法41の12の2②）。

なお、上記②、③及び④の場合の20％の源泉徴収は、その償還金に対してではなく、その償還金に係る差益金額に対して行われる。この場合の償還金に係る差益金額とは、その償還金の額に次に掲げる「**みなし割引率**」を乗じて計算した金額である（措法41の12の2②～④）。

①　発行日から償還日までの期間が1年以内のもの……………0.2％

②　発行日から償還日までの期間が1年超のもの及び分割利子公社債……………………………………………………………25％

(3)　平成27年12月31日以前に発行された割引債等の償還差益の源泉分離課税

次に掲げる割引債以外の割引債について支払を受けるべき償還差益については、その発行時の18％又は16％の源泉分離課税とされ、その割引債の譲渡による所得については非課税とされる（措法41の12①、⑦、37の15①）。

①　平成28年1月1日以後に発行された公社債（預金保険法に規定する長期信用銀行債及び農水産業協同組合貯蓄保険法に規定する農林債を除く。）

②　特別の法令により設立された法人が発行する一定の債券

③　外貨公債の発行に関する法律に基づいて発行される外貨債

　この場合の「**償還差益**」とは、割引債の償還金額（買入消却が行われる場合は、その買入金額）がその発行価額を超える場合におけるその差益をいう。

5　源泉徴収選択口座内の上場株式等に係る所得の申告不要

(1)　源泉徴収口座と簡易申告口座

　金融商品取引業者、登録金融機関又は投資信託委託会社に設定した「**特定口座**」において、特定口座内保管上場株式等の譲渡又は信用取引等に係る上場株式等の譲渡をした場合には、その特定口座内の上場株式等の譲渡による所得については、その金融商品取引業者等が上場株式等の譲渡所得等の金額の計算を行い、「特定口座年間取引報告書」を作成して顧客に交付することになっており、その報告書を所得税の確定申告書に添付することができることになっているので、特定口座の利用は、所得税の確定申告の手数を軽減できるメリットがある（措法37の11の３）。

　特定口座には、特定口座内の上場株式等の譲渡による所得について所得税及び住民税の源泉徴収を行う「**源泉徴収選択口座**」と、源泉徴収を行わない「**簡易申告口座**」とがある（32ページの図表11参照）。

　この源泉徴収選択口座を利用した場合は、源泉徴収選択口座内の上場株式等の譲渡による所得について所得税・住民税の源泉徴収が行われ、確定申告不要の制度も利用できることから、納税そのものについても手数がかからないメリットがある。

(2)　源泉徴収選択口座内の上場株式等の譲渡所得等の申告不要

　上場株式等の譲渡による所得については、納税者の選択により、源泉徴収選択口座に受け入れることができる。この場合の源泉徴収税率は、所得税15％、住民税５％で、申告分離課税の場合の税率と同率となって

いる。このため、納税者の選択により、原則として確定申告をする所得に含めないことができることになっている（措法37の11の5①）。つまり、源泉徴収選択口座内の譲渡による所得については、確定申告不要を選択した場合には、源泉徴収だけで課税関係が完結することになる。

　なお、この申告不要の選択は、一回の支払ごとでなく、口座ごとに選択することになっている（措法37の11の6⑨）。また、その申告不要の選択ができる所得について、申告に含めた場合には、その後の修正申告又は更正の請求のときにおいても、これを除外することはできないことに留意する必要がある（措法37の11の5②、措通37の11の5—4）。

(3)　源泉徴収選択口座への配当所得等の受入れ及び申告不要

　納税者の選択により、支払を受ける上場株式等の配当等について、源泉徴収選択口座に受け入れることができる。そして、その受け入れた上場株式等の配当等については、所得税15%、住民税5%の税率により源泉徴収が行われる（措法37の11の6①、②）。

　また、その源泉徴収選択口座内の上場株式等の譲渡損失がある場合には、上場株式等の配当等の金額からその譲渡損失の金額を控除した残額について、所得税15%、住民税5%の税率により源泉徴収が行われる。この場合、年末において、源泉徴収選択口座内の配当等の年間合計額から上場株式等の譲渡損失の金額を控除して源泉徴収税額の再計算を行い、過払いとなった源泉徴収税額があるときは、源泉徴収選択口座においてその口座の開設者に還付される。

　上場株式等の配当等については、1回に支払を受ける配当等ごとに、納税者の選択により、申告不要の選択をすることができるのが原則である（15ページの㊟及び22ページの㊟参照）。これは、配当等について源泉徴収されていることが前提となっている。

　源泉徴収選択口座内へ受け入れる配当等は、すべて上場株式等の配当

等であり、適用される源泉徴収税率は、その配当等について申告分離課税を選択する場合の税率とも同率となっていることから、これについても原則どおり、納税者の選択により、確定申告をする所得に含めないことができる。

ただし、51ページの**5**に示すように、すべての上場株式等の配当等について確定申告をしなければならないケースがある。

6　譲渡による所得の収入金額とみなされる場合

(1)　自己株式の取得でみなし配当等が生じないこととされる場合の特例

法人の自己の株式等の取得に応じた株主等が交付を受けた金銭等の価額が、その法人の資本金等の額のうち、その交付の基因となったその法人の株式等に対応する部分の金額を超えるときは、その超える部分の金銭等は、配当等の金額とみなされる（23ページの**8**参照）。

ただし、法人の自己の株式等の取得が、25ページの**9**に掲げる場合に該当するときは、みなし配当等とはされず、その株式等に係る譲渡所得等の収入金額とみなされる。つまり、その交付を受ける金銭等の金額の全額がその株式等に係る譲渡所得等の収入金額とみなされる。

(2)　法人の合併等により交付を受ける金銭等の特例

次に掲げる金額は、株式等の譲渡による収入金額とみなして申告分離課税の規定を適用する（措法37の10③、37の11③）。

ただし、23ページの**8**に掲げるみなし配当等とされる金額は、配当所得に係る収入金額とされる。

①　法人の株主等がその法人の合併により交付を受ける金銭の額及び金銭以外の資産の金額の合計額

㊟　この場合の合併には、その法人の株主等に合併法人の株式若しくは

出資又はその合併法人と所定の関係がある法人の株式又は出資のいずれか一方の株式又は出資以外の資産の交付がされなかったものを含まない。

② 法人の株主等がその法人の分割により交付を受ける金銭の額及び金銭以外の資産の金額の合計額

　㊟ この場合の分割には、分割法人の株主等に分割承継法人の株式若しくは出資又はその分割承継法人と所定の関係がある法人の株式若しくは出資のいずれか一方の株式若しくは出資以外の資産が交付されなかったものを含まない。

③ 法人の株式等がその法人の行った株式分配で一定のものにより交付を受ける金銭の額及び金銭以外の資産の価額の合計額

④ 法人の株主等がその法人の資本の払戻しで一定のものにより、又はその法人の解散による残余財産の分配として交付を受ける金銭の額及び金銭以外の資産の金額の合計額

⑤ 法人の株主等がその法人の自己の株式又は出資の取得により交付を受ける金銭の額及び金銭以外の資産の金額の合計額

　㊟ 金融商品取引市場における購入や店頭売買登録銘柄株式のその店頭売買による購入などによる自己の株式又は出資の取得に係るものを除く（上記(1)のただし書参照）。

⑥ 法人の株主等がその法人の出資の消却、その法人の出資の払戻し、その法人からの退社若しくは脱退による持分の払戻し又はその法人の株式若しくは出資をその法人が取得することなく消滅させることにより交付を受ける金銭の額及び金銭以外の資産の金額の合計額

⑦ 法人の株主等がその法人の組織変更により交付を受ける金銭の額及び金銭以外の資産の価額の合計額

⑧ 公社債の元本の償還（買入れの方法による償還を含む。）により交付を受ける金銭の額及び金銭以外の資産の価額（その金銭又は金銭以外の資産とともに交付を受ける金銭又は金銭以外の資産で元本の価額の変動に基因するものの価額を含む。）の合計額

㊟　特定公社債以外の公社債の償還により交付を受ける金銭又は金銭以外の資産で特定の同族株主等が交付を受けるものの価額を除く。

なお、「特定の同族株主等」とは、12ページの㊟に掲げる人と同じである。

⑨　分離利子公社債（公社債で元本に係る部分と利子に係る部分とに分離されてそれぞれ独立して取引されるもののうち、その利子に係る部分であった公社債をいう。）に係る利子として交付を受ける金銭の額及び金銭以外の資産の価額の合計額

⑩　法人の合併によりその合併に係る被合併法人の新株予約権者又は新投資口予約権者がその合併によりその新株予約権者又は新投資口予約権者が有していたその被合併法人の新株予約権又は新投資口予約権に代えて金銭その他の資産の交付を受ける場合における金銭の額及び金銭以外の資産の価額の合計額

⑪　法人の組織変更によりその組織変更をした法人の新株予約権者がその組織変更によりその新株予約権者が有していたその法人の新株予約権に代えて交付を受ける金銭の額

⑶　合併等により外国親法人株式又は特定軽課税外国法人株式の交付を受ける場合の課税の特例

恒久的施設を有する非居住者が、特定合併等により外国親法人の株式の交付を受けるなどの場合には、株式等の譲渡があったものとみなし又は譲渡がなかったものとみなすなどの特例が設けられている（措法37の14の3）。

また、居住者又は恒久的施設を有する非居住者が、特定非適格合併等により特定軽課税外国法人の株式の交付を受けるなどの場合には、株式等の譲渡があったものとみなし又は譲渡がなかったものとみなす特例が設けられている（措法37の14の4）。

⑷　投資信託等の終了又は一部の解約等により支払われる金額の特例

　投資信託若しくは特定受益証券発行信託の受益権で株式等に該当する
もの又は社債的受益権で株式等に該当するものを有する人が交付を受け
る次に掲げる金額は、株式等の譲渡による収入金額とみなして申告分離
課税の規定を適用する（措法37の10④、37の11④）。

①　上場廃止特定受益証券発行信託の終了又は一部の解約により交付
を受ける金銭の額及び金銭以外の資産の価額の合計額

②　投資信託又は特定受益証券発行信託（上場廃止特定受益証券発行信
託を除く。）の終了又は一部の解約により交付を受ける金銭の額及
び金銭以外の資産の価額の合計額のうちその投資信託等について信
託されている金額（その投資信託等の受益権に係る部分の金額に限る。）
に達するまでの金額

(注)　その信託されている金額を超える部分の金額は、配当所得に係る収
入金額となる。ただし、上場株式等に該当するものについては、その
合計額の全額を株式等の譲渡による収入金額とみなして申告分離課税
の対象となる（42ページの図表12参照）。

③　特定受益証券発行信託に係る信託の分割（分割信託の受益者に承
継信託の受益権以外の資産の交付がされたものに限る。）により交付を
受ける金銭の額及び金銭以外の資産の価額の合計額のうちその特定
受益証券発行信託について信託されている金額（その特定受益証券
発行信託の受益権に係る部分の金額に限る。）に達するまでの金額

(注)　その信託されている金額を超える部分の金額は、配当所得に係る収
入金額となる。ただし、上場株式等に該当するものについては、その
合計額の全額を株式等の譲渡による収入金額とみなして申告分離課税
の対象となる（42ページの図表12参照）。

④　社債的受益権の元本の償還により交付を受ける金銭の額及び金銭
以外の資産の価額の合計額

　上記②及び③のとおり、投資信託及び特定受益証券発行信託で上場株
式等に該当するものの解約償還等の収入は、その全額が譲渡収入とみな

されるため、解約償還等の収入は譲渡収入に吸収され、配当所得として課税される金額はゼロになる。これを図示すると、次に掲げる図表12のとおりである。

図表12　特例により譲渡損益とみなされる部分

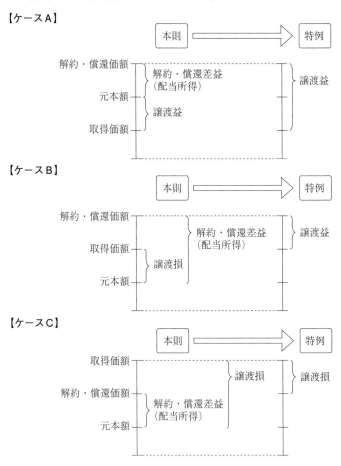

7　譲渡がなかったものとみなされる場合

(1)　株式交換又は株式移転があった場合の特例

イ　株式交換があった場合の特例

　　その有する株式（「旧株」という。）につき、株式交換に係る「株式交換完全親法人」に対し旧株の譲渡をし、かつ、その株式交換完全親法人の株式若しくは出資又はその株式交換完全親法人と所定の関係がある法人の株式若しくは出資のいずれか一方の株式若しくは出資の交付を受けた場合には、その旧株の譲渡がなかったものとみなす（所法57の4①）。

　　(注)　この特例の適用を受けた者が株式交換により取得をした株式交換完全親法人の株式をその後に譲渡した場合の収入金額から控除する取得費の価額は、その株式交換により株式交換完全親法人に譲渡をした旧株の取得価額となる。

ロ　株式移転があった場合の特例

　　その有する株式（「旧株」という。）につき、株式移転に係る「株式移転完全親法人」に対しその旧株の譲渡をし、かつ、その株式移転完全親法人の株式の交付を受けた場合には、その旧株の譲渡がなかったものとみなす（所法57の4②）。

　　(注)　この特例の適用を受けた人が株式移転により取得をした株式移転完全親法人の株式をその後譲渡した場合の収入金額から控除する取得費の価額は、その株式移転により株式移転完全親法人に譲渡をした旧株の取得価額となる。

(2)　取得請求権付株式等に係る特例

　　その有する次の①から⑥までに掲げる有価証券をそれぞれ次の①から⑥までに定める事由により譲渡をし、かつ、その事由により取得をする法人の株式（出資を含む。）又は新株予約権の交付を受けた場合には、その有価証券の譲渡がなかったものとみなす（所法57の4③）。

　なお、この特例の適用を受けた者が次の①から⑥までに掲げる事由により取得をした株式又は新株予約権をその後譲渡した場合の収入金額から控除する取得費の価額は、それぞれ次の①から⑥までの㊟に掲げる金額となる。

①　取得請求権付株式

　　取得請求権付株式について、その取得の対価としてその法人の株式のみが交付される場合のその請求権の行使

　㊟　引き継がれる取得費の価額は、取得請求権付株式の取得価額

②　取得条項付株式

　　取得条項付株式について、その取得の対価としてその法人の株式のみが交付される場合（その取得の対象となった種類の株式のすべてが取得をされる場合には、その取得の対価としてその法人の株式及び新株予約権のみが交付される場合を含む。）のその取得事由の発生

　㊟　引き継がれる取得費の価額は、取得条項付株式の取得価額
　　　なお、その取得の対価としてその法人の株式及び新株予約権のみが交付される場合については、その新株予約権に引き継がれる取得費の価額はゼロ

③　全部取得条項付種類株式

　　全部取得条項付種類株式について、その取得の対価としてその法人の株式（株式と併せて交付されるその法人の新株予約権を含む。）以外の資産（一定の金銭その他の資産を除く。）が交付されない場合のその取得決議

　㊟　引き継がれる取得費の価額は、全部取得条項付種類株式の取得価額
　　　なお、その取得の対価としてその法人の株式及び新株予約権のみが交付される場合については、その新株予約権に引き継がれる取得費の価額はゼロ

④　新株予約権付社債についての社債

　　新株予約権付社債に付された新株予約権の行使によりその取得の対価としてその法人の株式が交付される場合のその新株予約権の行

使

　㊟　引き継がれる取得費の価額は、新株予約権付社債の取得価額

　⑤　取得条項付新株予約権

　　　取得条項付新株予約権について、その取得の対価としてその法人
　　の株式のみが交付される場合のその取得事由の発生

　㊟　引き継がれる取得費の価額は、取得条項付新株予約権の取得価額

　⑥　取得条項付新株予約権が付された新株予約権付社債

　　　取得条項付新株予約権に係る取得事由の発生によりその取得の対
　　価としてその法人の株式のみが交付される場合のその取得事由の発
　　生

　㊟　引き継がれる取得費の価額は、新株予約権付社債の取得価額

⑶　**株式等を対価とする株式の譲渡（株式交付）があった場合の特例**

　会社法の改正により、「**株式交付**」の方法によってM＆Aを行うこと
ができることになった（会社法174の２）。

　この改正を受けて、所得税においては、令和３年４月以後に個人が、
株式交付の方法によりその所有株式を譲渡して、その譲渡対価として譲
渡先の株式の交付を受ける場合には、その譲渡がなかったものとみなす
こととされた（措法37の13の４）。つまり、その株式の譲渡損益の課税の
繰延べをすることができることとなった。

　ただし、株式交付割合が80％以上である場合に限られる。

⑷　**資産の譲渡代金が回収不能となった場合等の特例**

　次に掲げる事由に該当する場合には、それぞれ次に掲げる金額を所得
金額の計算上なかったものとみなす（所法64①②）。

　①　資産の譲渡代金の全部若しくは一部を回収することができないこ
　　ととなった場合又は返還すべきこととなった場合……その回収する

ことができないこととなった金額又は返還すべきこととなった金額
に対応する部分の金額

② 保証債務を履行するため資産の譲渡があった場合において、その
履行に伴う求償権の全部又は一部を行使することができないことと
なったとき……その行使することができないこととなった金額又は
回収することができないこととなった金額

8　譲渡による所得の計算に係る取得費の特例

(1) 相続（遺贈）又は個人からの贈与により取得した株式等の取得時期と取得費

　贈与、相続（限定承認に係るものを除く。）又は遺贈（包括遺贈のうち限定承認に係るものを除く。）により取得した譲渡所得の基因となる株式等の取得費は、被相続人が取得した価額を引き継ぐ（所法60①）。

　ただし、譲渡所得の基因となる株式等を相続又は遺贈によって取得した場合であっても、限定承認に係る相続又は限定承認に係る包括遺贈により取得したものであるときは、被相続人又は包括遺贈者は、相続開始の時において限定承認に係る相続人又は限定承認に係る包括受遺者にその株式等をその時の時価により譲渡したものとみなされる（所法59①。準確定申告が必要）。

　この場合、相続人又は包括受遺者は、その被相続人又は包括遺贈者の取得費を引き継ぐのではなく、その株式等の取得費は、その取得の時の時価によることになる（所法60④）。

(2) 相続又は遺贈により取得した株式等を譲渡した場合の取得費の特例

　相続又は遺贈により取得した譲渡所得の基因となる株式等を、相続の日の翌日から3年10か月以内に譲渡した場合、その譲渡所得の計算上、

取得費に算入する価額は、被相続人から引き継いだ取得費に、相続税額のうち譲渡した株式等に対応する相続税額を加算した価額とする（措法39①）。

第7節　株式等に係る譲渡損失の損益通算・繰越控除

1　上場株式等に係る譲渡損失の損益通算及び繰越控除

　株式等に係る譲渡所得等の課税方式は、上場株式等と一般株式等の二本立ての申告分離課税とすることとされており、各年分の上場株式等に係る譲渡損益の金額と一般株式等に係る譲渡損益の金額との相互の差引計算はできないこととされている。

　各年分の「上場株式等に係る譲渡損失の金額」については、①その年分の上場株式等に係る譲渡損失の金額は、その年分の上場株式等に係る配当所得等の金額（申告分離課税を選択したものに限る。以下同じ。）を限度として、その年分の上場株式等に係る配当所得等の金額の計算上控除（損益通算）し、②なお控除しきれない「上場株式等に係る譲渡損失の金額」は、翌年以降3年内の各年分の上場株式等に係る譲渡所得等の金額及び上場株式等に係る配当所得等の金額への繰越控除の適用を受けることができることとされた（措法37の12の2①⑤）。

(注)　上場株式等の配当等であっても、大口株主等に係るものは、株式等の譲渡損との損益通算の対象とならない（18ページの図表8参照）。

　一方の「一般株式等に係る譲渡損失の金額」については、同様の損益通算及び繰越控除の対象とすることはできないこととされた。

2　適用対象となる上場株式等の譲渡損失の範囲

　損益通算及び繰越控除の適用対象となる「上場株式等に係る譲渡損失」とは、次に掲げる譲渡等による損失をいう（措法37の12の2②⑥）。

(イ)　金融商品取引業者又は登録金融機関への売委託により行う譲渡

(ロ)　金融商品取引業者に対する譲渡

(ハ)　登録金融機関又は投資信託委託会社に対する譲渡で一定のもの。

(ニ)　38ページの(2)及び41ページの(4)に掲げる事由による譲渡

(ホ)　上場株式等を発行した法人の行う株式交換又は株式移転による株式交換完全親法人又は株式移転完全親法人に対する譲渡

(ヘ)　上場株式等を発行した法人に対して会社法の規定に基づいて行う単元未満株式の譲渡その他これに類する譲渡

(ト)　上場株式等を発行した法人に対して旧商法の規定に基づいて行う端株の譲渡

(チ)　上場株式等を発行した法人が行う会社法の規定その他一定の規定による1株又は1口に満たない端数に係る上場株式等の競売等によるその上場株式等の譲渡

(リ)　信託会社（信託業務を行う金融機関を含む。）の国内の営業所等に信託されている上場株式等の譲渡で、その営業所等を通じて外国証券業者への売委託により又は外国証券業者に対して行うもの。

(ヌ)　信託会社の営業所等に信託されている上場株式等の譲渡で、その営業所等を通じて外国証券業者に対して行うもの。

(ル)　国外転出時課税制度（所法60の2）又は贈与等時課税制度（所法60の3）の適用により行われたものとみなされた上場株式等の譲渡

3　繰越控除の順序

　その年の前年以前3年内の各年に生じた上場株式等に係る譲渡損失の繰越額がある場合は、その年分の上場株式等の譲渡所得等の金額及び上場株式等に係る配当所得等の金額（その年分の上場株式等に係る譲渡損失の金額について損益通算の適用がある場合は、その適用後の金額）を限度と

して、その年分の上場株式等の譲渡所得等の金額及び上場株式等に係る配当所得等の金額の計算上、これら3年内の年のうち最も古い年に生じた上場株式等に係る譲渡損失の金額のうちから順次控除する（措法37の12の2⑤、措令25の11の2⑧）。

　この場合、その繰り越された上場株式等に係る譲渡損失の金額は、まず上場株式等に係る譲渡所得等の金額から控除し、なお控除しきれない損失の金額があるときは、上場株式等に係る配当所得等の金額から控除する（措令25の11の2⑧）。

　なお、雑損失の繰越控除（所法71①）を行う場合には、上場株式等に係る譲渡損失の繰越控除を行った後に、雑損失の繰越控除を行う。

4　繰越控除の適用を受けるための手続

　この繰越控除の特例の適用を受けるためには、①上場株式等に係る譲渡損失の金額が生じた年分について、その上場株式等に係る譲渡損失の金額の計算に関する明細書等の添付がある確定申告書を提出し、かつ、②その後の年分において連続して確定申告書を提出している場合であって、③本特例の適用を受けようとする年分の確定申告書に繰越控除を受ける金額の計算に関する明細書等を添付しなければならないこととされている（措法37の12の2⑦）。

㊟　譲渡損失の金額の計算に関する明細書等の添付がない確定申告書につき、更正の請求に基づく更正により新たに譲渡損失の金額があることとなった場合にも繰越控除を認めることとされている（措通37の12の2－5）。

5　源泉徴収選択口座内の譲渡損失がある場合の配当所得等の申告不要の特例との関係

　源泉徴収選択口座に受け入れた上場株式等の配当所得等については、確定申告をする所得に含めないことができることとされている（36ページの(2)参照）。しかし、源泉徴収選択口座内に上場株式等の譲渡損失がある場合には、その口座内の上場株式等の譲渡損失と配当所得等との間で損益通算を行うことになっている（37ページの(3)参照）。このため、譲渡損失の赤字のみを申告してその口座内以外の上場株式等の譲渡益と差引計算し、配当所得等は申告しないこととすると、源泉徴収選択口座内で損益通算の対象となった配当所得等の金額の部分は源泉徴収されないまま残ってしまうことになる。

　例えば、源泉徴収選択口座内の上場株式等の譲渡損失が70で配当所得等が100、その口座内以外の上場株式等譲渡益が150の場合には、源泉徴収選択口座内の70の赤字と100の黒字が損益通算され、源泉徴収されているのは30の配当所得等のみとなる。この状態で、譲渡損失の70のみを申告して他の譲渡益150と差引計算し、配当所得等は申告しないこととすると、源泉徴収選択口座内で損益通算の対象となった配当所得等の70については、課税されないままになってしまう。

　このため、源泉徴収選択口座内の譲渡損益について確定申告をする場合には、その口座内配当等及び利子等については配当所得等の申告不要の特例は適用しないこととされている（措法37の11の6⑩）。

　このように、源泉徴収選択口座内の配当所得等については、配当所得等の申告不要の特例の適用上の制約があるが、選択単位に関する制約もある。すなわち、配当所得等の申告不要の特例は、37ページの(3)のとおり、1回に支払を受ける配当等及び利子等ごとに、申告不要の選択をすることができることになっているわけであるが、源泉徴収選択口座内の

配当所得等については、源泉徴収選択口座口座ごとに申告不要とするか否かを選択することになっている（措法37の11の6⑨）。また、源泉徴収選択口座内の上場株式等の譲渡による所得についても、源泉徴収選択口座1口座ごとに申告不要とするか否かを選択することになっている（36ページの(2)参照）。

　この理由は、源泉徴収選択口座内において譲渡損失と配当所得等との間で損益通算が行われる場合には損益通算の対象となった配当所得等の金額の部分は源泉徴収されないまま残ってしまうことになり、どの部分の利子等及び配当等について源泉徴収されているかの区分ができなくなるなどの問題があるからである。

　要するに、源泉徴収選択口座ごとに源泉徴収選択口座内の利子等及び配当等の全部について、申告不要とするかどうかを決めることとされているわけである。もちろん、源泉徴収選択口座内配当等及び利子等について確定申告を行うこととした場合は、申告分離課税によることとするのか、総合課税によることとするのか、いずれかを選択してその口座内の全銘柄の利子等及び配当等について確定申告しなければならない。

　源泉徴収選択口座内において上場株式等の譲渡による損失がある場合の損益通算などの適用関係について、設例で示すと、次に掲げる図表13のとおりである。

　なお、かっこ内の数字は税額である。

図表13　ケース別の損益通算の例

【設例１】

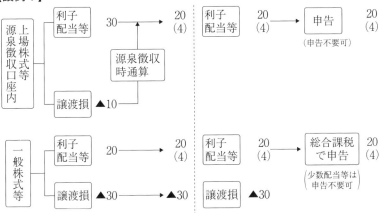

【設例２】

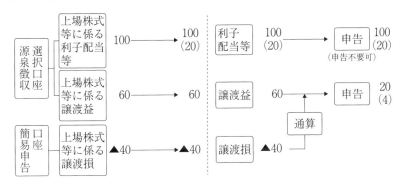

【設例3】

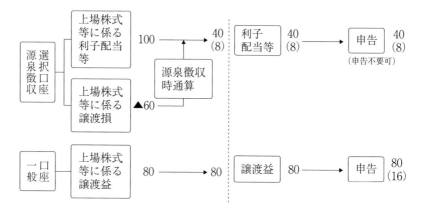

【設例4】

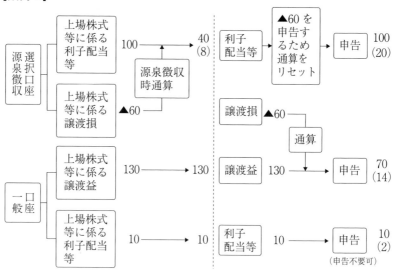

【設例5】

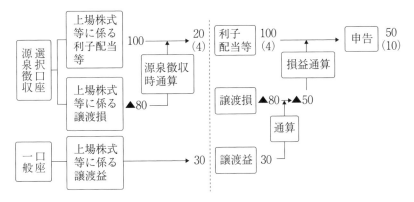

【設例6】

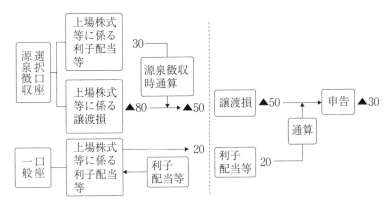

6　その他の損益通算等の特例

(1)　特定管理株式等又は特定口座内公社債が株式等としての価値を失ったことによる損失の特例

この特例の対象となるのは、次に掲げる株式又は公社債である。

①	特定管理株式等	特定口座内に保管の委託等がされている株式又は公社債が上場株式等に該当しなくなった場合において、引き続き「特定管理口座」に保管の委託等がされている内国法人が発行した株式又は公社債
②	特定口座内公社債	特定口座に保管の委託等がされている内国法人が発行した公社債

　上記①及び②の株式等について、株式又は公社債としての価値を失ったことによる損失が生じた場合として「次に掲げる事実」が発生したときには、その事実が発生したことは株式等の譲渡をしたこととみなし、その価値喪失の金額は上場株式等の譲渡により生じた損失の金額とみなして、それらの事実が発生した年分の上場株式等に係る譲渡所得等の金額の計算をすることとされている（措法37の11の2①、措令25の9の2③）。つまり、その年中にその株式を譲渡していないにもかかわらず、その価値喪失の金額をその年分の上場株式等の譲渡損失の金額として計上することができることとされている。

　この場合の「次に掲げる事実」とは、次のa、b及びcのとおりである。

a	特定管理株式等又は特定口座内公社債を発行した内国法人が解散（合併による解散は除く。）をし、その清算が結了したこと。	
b	特定管理株式等である株式（以下「特定の株式」という。）を発行した内国法人について、次に掲げる事実が発生したこと。	
	i	特定の株式を発行した内国法人が破産手続開始の決定を受けたこと。
	ii	特定の株式を発行した内国法人が更生計画認可の決定を受け、その更生計画に基づき発行済株式の全部を無償で消滅させたこと。
	iii	特定の株式を発行した内国法人が再生計画認可の決定が確定し、その再生計画に基づき発行済株式の全部を無償で消滅させたこと。

	iv	特定の株式を発行した内国法人が預金保険法の規定による特別危機管理開始決定を受けたこと。
c		特定管理株式等である公社債又は特定口座内公社債（以下「特定の公社債」という。）を発行した内国法人について、「次に掲げる事実」が発生したこと。
	i	特定の公社債を発行した内国法人が破産手続廃止の決定又は破産手続終結の決定を受けたことにより、その有する特定の公社債と同一銘柄の社債に係る債権の全部について弁済を受けることができないことが確定したこと。
	ii	特定の公社債を発行した内国法人が更生計画認可の決定を受け、その更生計画に基づきその有する特定の公社債と同一銘柄の社債を無償で消滅させたこと。
	iii	特定の公社債を発行した内国法人が再生計画認可の決定が確定し、その再生計画に基づきその有する特定の公社債と同一銘柄の社債を無償で消滅させたこと。

　また、上記の特定管理株式等又は特定口座内公社債について、上記a、b及びcの事実が生じたことによるみなし譲渡損失の金額で、その年分の他の上場株式等の譲渡益の金額から控除してもなお控除しきれない損失の金額については、その年分の上場株式等に係る配当所得等の金額との損益通算をすることができることとされている。その損益通算をしてもなお控除しきれない損失の金額については、翌年以後3年内の各年分に操り越して、上場株式等に係る譲渡所得等の金額及び上場株式等に係る配当所得等の金額から控除することもできることとされている。

⑵　特定中小会社（ベンチャー企業）の特定株式が株式としての価値を失ったことによる損失の特例

　この特例は、いわゆる「エンジェル税制」に関する特例の中の一つで、この特例では、特定中小会社の同族株主等一定の関係者以外の個人が払込みにより取得した特定中小会社の特定株式について、特定中小会社の設立の日からその特定株式の上場等の日の前日までの期間内に、株式と

しての価値を失ったことによる損失が生じた場合として「次に掲げる事実」が発生したときは、その事実が発生したことはその特定株式の譲渡をしたこととみなし、その価値喪失の金額はその特定株式の譲渡により生じた損失の金額とみなして、それらの事実が発生した年分の一般株式等に係る譲渡所得等の金額及び上場株式等の譲渡所得等の金額の計算上控除することができることになっている（措法37の13の3①）。つまり、その年中にその株式を譲渡していないにもかかわらず、その価値喪失の金額をその年分の株式等の譲渡損失の金額として計上することができるわけである。

　この場合の「次に掲げる事実」とは、次のとおりである。

a	その特定株式の発行会社が解散（合併による場合を除く。）し、その清算が結了したこと。
b	その特定株式の発行会社が破産法の規定による破産手続開始の決定を受けたこと。

　また、上記の価値の喪失によるみなし譲渡損失の金額及び特定中小会社の設立の日からその特定株式の上場等の日の前日までの期間内にその特定株式を譲渡したことにより生じた損失の金額で、その年分の他の株式等の譲渡益の金額から控除してもなお控除しきれない金額がある場合には、その控除しきれない金額を、翌年以後3年内の各年分の一般株式等に係る譲渡所得等の金額及び上場株式等に係る譲渡所得等の金額を限度として、それぞれの年分の一般株式等に係る譲渡所得等の金額及び上場株式等の譲渡所得等の金額から順次控除することもできることとされている（措法37の13の3⑦）。

　この場合の「特定中小会社の特定株式」とは、中小企業等経営強化法に規定する特定新規中小企業者に該当する株式会社や内国法人のうちその設立の日以後10年を経過していない中小企業者に該当するものとして財務省令で定める株式会社など特定の株式会社が発行する一定の株式を

いう（措法37の13①）。

㊟　特定新規中小企業者については、別途「特定新規中小企業者がその設立
　　の際に発行した株式の取得に要した金額の控除等」の特例（措法37の13の
　　2）が設けられている。この特例の場合には、その設立の日以後1年を経
　　過していないこととされているが、その設立特定株式についても、上記(2)
　　の特例の適用が受けられることになっている。

第8節　配当控除

　会社が株主に配当金を支払っても損金に算入されず法人税が課される。その法人税が課された会社の利益を株主が配当金として支払を受けるとその株主に対して所得税が課されるため、二重に課税されることになる。そこで、これを調整するために設けられたのが「配当控除」である。

1　配当控除額の計算

　剰余金の配当や証券投資信託の収益の分配などに係る配当所得のある者は、配当所得の金額（負債利子控除後、損益通算前の金額）を基に、次により計算した金額をその年分の所得税額から控除する（所法92①、措法9③）。

イ　課税所得金額が1,000万円以下の場合……次の①と②の合計額

> ①
>
> 剰余金の配当、利益の配当、剰余金の分配及び特定株式投資信託（外国株価指数連動型の特定株式投資信託を除く。以下同じ。）に係る収益の分配（「剰余金の配当等」という。以下同じ。）に係る配当所得の金額　×10％

> ②
>
> 証券投資信託（特定株式投資信託を除く。公社債投資信託は含めない。以下同じ。）の収益の分配に係る配当所得の金額　×5％

ロ　課税所得金額が1,000万円を超え、かつ、課税所得金額から証券投資信託の収益の分配に係る配当所得の金額を控除した金額が1,000万円以下の場合……次の①と②の合計額

① 　　　　　　剰余金の配当等に係る配当所得の金額×10％

②

$$\begin{pmatrix} 証券投資信託の収益の分配に \\ 係る配当所得の金額のうち、 \\ 課税所得金額から1,000万円 \\ を控除した金額に相当する部 \\ 分の金額(A) \end{pmatrix} ×2.5\% + \begin{pmatrix} 証券投資信託の収 \\ 益の分配に係る配 \\ 当所得の金額のう \\ ち、(A)以外の部分 \\ の金額 \end{pmatrix} ×5\%$$

ハ　課税所得金額が1,000万円を超え、かつ、課税所得金額から証券投資信託の収益の分配に係る配当所得の金額を控除した金額が1,000万円を超える場合……次の①と②の合計額

①

$$\begin{pmatrix} 剰余金の配当等に係る配当所 \\ 得の金額のうち、課税所得金 \\ 額から、1,000万円を控除し \\ た金額に相当する部分の金額 \\ (A) \end{pmatrix} ×5\% + \begin{pmatrix} 剰余金の配当等に \\ 係る配当所得の金 \\ 額のうち、(A)以外 \\ の部分の金額 \end{pmatrix} ×10\%$$

② 　　　証券投資信託の収益の分配に係る配当所得の金額×2.5％

なお、証券投資信託の収益の分配に係る配当所得のうち一般外貨建等証券投資信託の収益の分配に係る配当所得に対する配当控除率は、一部2.5％又は1.25％となる。

2　配当控除の対象とならない配当等

次に掲げるものに係る配当所得については、配当控除は適用されない（所法92①、措法8の4③、9①）。

①　申告分離課税の選択をした配当等

②　申告不要の選択をした配当等

③　外国法人（外国の投資信託を含む。）から支払を受ける配当等

④　基金利息

⑤　源泉分離課税の対象となる私募の公社債等運用投資信託の受益権
　　に係る配当等

⑥　外国株価指数連動型の特定株式投資信託の収益の分配に係る配当
　　等

⑦　特定外貨建等証券投資信託の収益の分配に係る配当等

⑧　機関投資家私募の法人課税信託から支払を受ける配当等

⑨　特定目的信託（社債的受益権を含む。）に係る配当等

⑩　特定目的会社（SPC）から支払を受ける配当等

⑪　投資法人から支払を受ける配当等

⑫　特定受益証券発行信託の収益の分配に係る配当等

　(注)　受益証券発行信託のうち特定受益証券発行信託は、信託段階の法人
　　　課税がされず、受益者段階課税のみのため、配当控除は適用されない。

第9節　先物取引及び金融類似商品の課税方式

1　先物取引による所得の課税関係

　居住者又は恒久的施設を有する非居住者が行う商品や金融商品の先物取引による所得で、一定の先物取引に係るものは、**「先物取引に係る雑所得等」**として申告分離課税とされ（措法41の14①）、それ以外のものは総合課税の対象となる。

　なお、一定の先物取引に係るものであっても、商品又は金融商品の受渡しが行われる部分の取引によるものについては、申告分離課税の対象とされていないため、総合課税の対象となる。

　申告分離課税の対象となる「一定の先物取引」とは、次に掲げる先物取引の差金決済をいう。

① 　商品先物取引法に規定する「先物取引」（商品市場で行われるもの）及び「店頭商品デリバティブ取引」の決済（商品の受渡しが行われることとなるものを除く。）。ただし、商品先物取引業者以外の者を相手方として、平成28年10月1日以後に行う店頭商品デリバティブ取引を除く。

② 　金融商品取引法に規定する「市場デリバティブ取引」及び「店頭デリバティブ取引」の決済（金融商品の受渡しが行われることとなるものを除く。）。ただし、金融商品取引業者のうち第一種金融商品取引業を行う者又は登録金融機関以外の者を相手方として、平成28年10月1日以後に行う店頭デリバティブ取引を除く。

③ 　金融商品取引法に規定するいわゆる「カバードワラントの取得」の権利の行使（金融商品の受渡しが行われることとなるものを除く。）、

放棄又は譲渡

なお、預けた証拠金の何倍もの外貨を売買できる外国為替証拠金取引、いわゆる「**FX取引**」も取引所取引と店頭取引の区別なく同様に申告分離課税の対象となる。

商品や金融商品の先物取引の課税方式を図示すると、次に掲げる図表14のとおりである。

図表14　先物取引の課税方式

区　分	所得区分	源泉徴収	課税方式
商品の先物取引及び店頭商品デリバティブ取引	雑所得等	源泉徴収なし	申告分離課税 所得税　15％ 住民税　5％
金融商品の市場デリバティブ取引及び店頭デリバティブ取引			
カバードワラントの取得			
上記以外（外国市場における取引を含む。）			総合課税

(注)　デリバティブ取引は、商品等の将来における価格変動リスクをヘッジする機能があるが、このほか、少額の投資で多額の取引が可能となるレバレッジ効果があるため、投機の対象となっている。

2　先物取引による損失の損益通算及び繰越控除の特例

申告分離課税の先物取引による損失は、生じなかったものとみなされているため、その損失の金額を他の各種所得の金額と損益通算することはできない。また、逆に、他の各種所得の損失の金額を先物取引に係る雑所得等の金額と損益通算することもできない（措法41の14①②）。

　ただし、申告分離課税の先物取引による損失の金額は、その年の翌年以後3年内の各年分の申告分離課税の先物取引に係る雑所得等の金額を限度として、その各年分の申告分離課税の先物取引に係る雑所得等の金額の計算上控除することができる（措法41の15①②）。

(注)　先物取引に係る損益と株式等に係る損益との相互間においては損益通算や繰越控除をすることができない。

3　金融類似商品による所得の課税関係

　居住者又は恒久的施設を有する非居住者が国内において支払を受ける次に掲げる金融類似商品に係る利息等については、他の所得と区分して源泉分離課税の対象となる（措法41の10①）。

　金融類似商品による所得の課税方式を図示すると、次に掲げる図表15のとおりである。

図表15　金融類似商品による所得の課税方式

区　分	所得区分	課税方式
①　抵当証券の利息	雑所得・一時所得等	源泉分離課税 所得税　15% 住民税　5％
②　貴金属などの売戻し条件付売買の利益		
③　外貨建預貯金で、その元本と利子をあらかじめ約定した率により円に換算して支払うこととされているものの為替差益		
④　外貨建預貯金で、その元本と利子をあらかじめ約定した率により当該外国通貨以外の外国通貨に換算して支払うこととされているものの円に換算した為替差益		
⑤　保険期間が5年以下などの一時払養老保険や一時払損害保険等の差益		
⑥　定期積金の給付補てん金		
⑦　相互掛金の給付補てん金		

第2章

保険金等に関する所得税の
取扱いについて

はじめに

　税に関する取扱いには、複雑で難解なものがいくつもあるが、中でも保険金や共済金に関する税の取扱いは、分かりにくくて間違いやすいといわれている。その原因は、税の取扱い自体がことさら複雑であるということではなく、相続税、贈与税、申告所得税、源泉所得税、法人税といった各種の税が関係するため、全体的に理解することが難しいことと、生命保険、損害保険、傷害保険、各種共済のいずれにも多様化した商品があり、かつ、次々に新しい商品が開発されるため、税の取扱いの当てはめにとまどってしまうことにあるのではないかと思う。

　本章では、所得税の取扱いを中心に、保険金等に関する税の取扱いの構造を明らかにする。

第1節　生命保険と損害保険

　我が国における民間保険は、生命保険と損害保険とに大別され、原則として、生命保険は生命保険会社によって、損害保険は損害保険会社によって営まれている。

　おおまかにいうと、商法では、生命保険契約とは、人の生死に関して一定の金額を支払う保険契約、即ち、一定の期間内に人が死亡した場合又は一定の期間人が生存した場合に一定の金額の保険金を支払う契約をいうものとされている。また、損害保険契約とは、偶然の一定の事故によって生ずる損害を補てんする保険契約、即ち、一定の期間内に火災等の偶然の事故によって損害が生じた場合にその損害に見合う保険金を支払う契約をいうものとされている。

　しかし、すべての保険をこの分類により区別することはできない。例えば、傷害保険や疾病保険などのいわゆる第三分野の保険契約については、生命保険と損害保険のいずれか一方のみに属するとは断定できない。

　税法上は、保険契約の範囲を明らかに定めている場合が多いが、その範囲を明らかに定めていない場合もある。例えば、所得税の生命保険料控除に関する規定では「新生命保険契約等」の範囲を定めている（所法76⑤）が、所得税の非課税所得に関する規定では「損害保険契約」の範囲について特別の定めをしていない（所令30）。

第2節　保険と共済

　保険に類似した制度で「共済」といわれるものがある。共済は、農業協同組合、漁業協同組合、消費生活協同組合連合会などの協同組合等や各種共済団体等が、その組織の構成員とその家族を主な対象者として、生命、身体、財産などに関する損害や出費を補てんするために実施している相互扶助の制度である。

　税法上は、共済は、原則として、生命保険又は損害保険と同様の扱いを受ける。例えば、所得税の生命保険料控除に関する規定では、「新生命保険契約等」の範囲に農業協同組合などの締結した生命共済に係る契約を含めることとしているし（所法76⑤、所令210）、雑所得に関する規定でも「生命保険契約等」の範囲に生命共済に係る契約を含めることとしている（所令183③）。また、相続税のみなし相続財産に関する規定でも「生命保険契約等」の範囲に農業協同組合などの締結した生命共済に係る契約を含めることとしている（相法3①、相令1の2）。

第3節　生命保険の死亡保険金等

　生命保険の死亡保険金等に課される税金は、所得税、相続税及び贈与税がある。どの税金が課されるかは、誰に保険を掛け、誰が保険料を負担し、誰が死亡保険金等を受け取るかによって異なる。

　これらを図表で示すと、次のとおりである。

図表1　死亡保険金に課される税金

ケース	保険料負担者	被保険者	死亡保険金受 取 人	税金の種類
①	A	A	B（Aの相続人）	相続税
②	A	A	C（Aの相続人以外の者）	相続税
③	A	B	A	所得税
④	A	B	C	贈与税

図表2　満期保険金に課される税金

ケース	保険料負担者	被保険者	満期保険金受 取 人	税金の種類
⑤	A	A	A	所得税
⑥	A	B	A	所得税
⑦	A	A	B	贈与税
⑧	A	B	B	贈与税
⑨	A	B	C	贈与税

1　一時金で受け取る死亡保険金

　保険料負担者、被保険者及び保険金受取人の関係の別に説明すると、以下のとおりである。

⑴　保険料負担者と被保険者とが同一人である場合に受け取る死亡保険金

　保険料負担者と被保険者とが同一人である場合に受け取る死亡保険金（前掲図表の①及び②のケース）は、保険金受取人が相続又は遺贈により取得したものとみなされて、相続税の課税の対象となる（相法3①一、所法9①十七）。この場合の保険金（一時金の給付請求権）は、相続又は遺贈の効果として受け取るものではなく、保険事故の発生に基因して相続人その他の者が原始的に取得するものであると考えられるところから、本来の相続財産とはいえないが、その実質は相続又は遺贈により取得する一般の財産と異なるところはないことから、相続又は遺贈により取得したものとみなすこととされている。

(注)1　保険契約上は、保険契約者、保険者、被保険者及び保険金受取人の関係となっているが、相続税法上は、保険料負担者、被保険者及び保険金受取人の関係においてみなし相続等の関係が生ずることとされている。
　　　　なお、保険金が相続税の課税の対象となる場合には、相続人の取得したものについては、相続税の課税価格の計算上、法定相続人の数に応じた所定の金額を控除することとされている（相法12①五）。
　　2　相続税のみなし相続財産に関する規定では、「生命保険契約等」の範囲に農業協同組合などの締結した生命共済に係る契約を含めることとされている（相法3①、相令1の2①三）が、この場合の生命共済の範囲は限定列挙されているため、その範囲以外の任意の共済等が行う生命共済に係る契約等に基づいて取得する死亡共済金は、相続又は遺贈により取得したものとみなされることはない（この場合の死亡共済金は、原則として一時所得となる。）。

(2)　保険料負担者自身が保険金受取人である場合に受け取る死亡保険金

　保険料負担者自身が保険金受取人である場合に受け取る死亡保険金（前掲図表の③のケース）は、原則として、保険金受取人の一時所得として所得税の課税の対象となる（所令183②、所基通34―1(4)）。

(3)　保険料負担者、被保険者及び保険金受取人がそれぞれ異なる場合に受け取る死亡保険金

　保険料負担者、被保険者及び保険金受取人がそれぞれ異なる場合に受け取る死亡保険金（前掲図表の④のケース）は、保険金受取人が保険料負担者から贈与により取得したものとみなされて、贈与税の課税の対象となる（相法5①、所法9①十七）。

2　年金で受け取る死亡保険金

　保険金を受け取る方法には、大別すると3種類の方法がある。それは、①保険金をまとめて受け取る一時金方式、②保険金を年金として受け取る年金方式、③保険金を一時金と年金とに組み合わせて受け取る併用方式の3種類である。これらの方法のいずれとするかは、原則として保険商品ごとにあらかじめ定められているが、保険契約の締結の際に選択することができることとされているものや保険契約の締結後に変更することができることとされているものなどがある。

(注)1　相続税法基本通達3―6では、相続又は遺贈により取得したとみなされる保険金には、一時金により支払を受けるもののほか、年金の方法により支払を受けるものも含まれることが留意的に明らかにされている。
　　2　生命保険契約等に基づく年金で、その年額に対応する保険料又は掛金の額を控除した後の年額が25万円以上のものについては、その支払の際に、その支払額に対応する保険料又は掛金の額を控除した後の支払額に対して、10％の税率により、所得税が源泉徴収されることになっている（所法208、209一、所令326⑤）。この源泉徴収税額は、確定申告により精算することになる。

　なお、相続等に係る年金で、その年金の支払を受ける者とその保険の契約者とが異なる契約に基づく年金は、源泉徴収を要しないこととされている。(所法209二)。

(1)　保険料負担者自身が保険金受取人である場合に受け取る年金の課税方法

　保険料負担者自身が保険金受取人である場合に受け取る死亡保険金(前掲図表の③のケース)を年金として受け取る場合は、上記 **1** の**(2)**のように一時所得として課税の対象となるのではなく、毎年受け取る年金が、年金受取人の雑所得として所得税の課税の対象となる (所令183①、所基通35―1(8))。

(2)　保険料負担者自身が保険金受取人である場合に、年金で受け取ることとされている死亡保険金を一時金で受け取ることとした場合の課税方法

　保険料負担者自身が保険金受取人である場合に受け取る死亡保険金(前掲図表の③のケース)を年金として受け取ることとしている場合は、毎年受け取る年金が年金受取人の雑所得として所得税の課税の対象となるのであるが、年金の支払が始まる前に年金の受給資格者の選択によりその死亡保険金について年金に代えて一時金で支払を受けることとした場合においてもなおこれを年金の繰上受領にすぎないものとみて、雑所得として課税することについては、もともと一時金で受け取ることとしているもの (一時所得課税) の税負担に比してバランスを失することになるのではないかといった問題が生ずる。

　また、この点については、生命保険契約等の中には、年金の受給資格者の選択によって年金の総額に代えて一括して一時金で支払を受けることができることとされているものがあり、この種の契約の場合には、その一時金は一時金給付契約によるものであるか又は単なる年金の繰上受

領によるものであるかをその契約の内容によって確認することが必要となるが、実務においては、契約内容の形式はともかくとして、年金払いであれば年金給付契約に基づいて支払われた年金であり、一時払いであれば一時金給付契約に基づいて支払われた一時金であるという実質的な見方をすることもできる。

　そこで、年金に代えて支払われる一時金のうち、その年金の受給開始日以前に支払われるものは一時所得の収入金額とし、同日後に支払われるものは雑所得の収入金額とすることとされている（所基通35―3前段）。

⑶　支払を受けている年金について一括して一時金で受け取ることとした場合の課税方法

　既に年金の支払を受けている場合であっても、途中で年金の受給資格者の選択によって一時金として支払を受けることができることとされているときがあるが、この場合の一時金は、年金の受給開始日以前に支払われる一時金（上記⑵の場合の一時金）と異なり、あくまでも年金の繰上受領とみるべきものである。しかし、最初に一時金とすれば一時所得として課税されるのに、1回だけでも年金として受け取ればすべて雑所得として課税されることについては、一時所得として課税されるものとの税負担の面からみて適当ではないのではないかという問題が生ずるし、かといって、一時所得として課税することとすれば、一時所得には50万円の特別控除及び2分の1課税の適用があるため、この範囲で何回かに分けて繰上受領することとすれば結果的に非課税となり、年金として支払を受ける場合との税負担の差が著しくなるという問題が生ずる。

　そこで、年金の受給開始日以後に支払われる一時金については、その時点での将来の年金給付の総額に代えて支払われるものに限り、一時所得の収入金額として差し支えないこととされている（所基通35―3後段）。
　(注)　支払保証期間の定めのある年金について、年金の受給開始日後に支払保

証期間分の年金のみを一括して支払を受けることとした場合のその一時金は、将来の年金給付の総額に代えて支払われるものには該当しない。

⑷　**保険料負担者と被保険者とが同一人である場合及び保険料負担者、被保険者及び保険金受取人がそれぞれ異なる場合に受け取る年金の課税方法**

　　保険料負担者と被保険者とが同一人である場合に受け取る死亡保険金（前掲図表の①及び②のケース）及び保険料負担者、被保険者及び保険金受取人がそれぞれ異なる場合に受け取る死亡保険金（前掲図表の④のケース）を年金として受け取る場合は、年金受取人がその年金の給付請求権を相続、遺贈又は贈与によって取得したものとみなして、「定期金に関する権利」の評価額に対して相続税又は贈与税が課される（相法3①一、5①、所法9①十七）。

(注)　その保険金等を選択により①一時金で支払を受けた場合又は②一時金の額を分割の方法により利息を付して支払を受ける場合には、その一時金の額により相続税又は贈与税が課される（相基通24─2）。

⑸　**年金受給権と年金の二重課税**

　　上記⑷のケースについては、従来、年金受取人が年金の給付請求権を相続等により取得したものとみなしてその権利の評価額に対して相続税又は贈与税が課され、更に、その後、年金受取人が毎年受け取る年金に対しては年金受取人の雑所得として所得税が課されることになっていた。つまり、一時金で支払を受けることになっているものについては相続税又は贈与税のみが課されるが、年金で支払を受けることになっているものについては相続税又は贈与税と所得税が課されることになっていた。

　　しかし、下記の一連の裁判を経て、相続税又は贈与税と所得税との二重課税であるとして、相続税又は贈与税のみ課されることになった。

　　なお、下記ハの最高裁の判決要旨にあるように、「将来にわたって受け取るべき年金の価額を現在価値に引き直した金額の合計額」と「将来

にわたって受け取るべき年金の総額」との差額は、運用益に相当するものであるから、年金受給期間中に毎年発生する運用益については、年金受給者の雑所得として所得税が課されることになった（所令185、186）。

イ　第一審判決・長崎地裁・平成18年11月７日判決・平17（行ウ）６号

　　保険料負担者と被保険者とが同一人である場合において、相続人が相続税の課税対象となる年金受給権に基づいて受け取る年金については所得税を課することはできないとした裁判例である。

　　この判決では、年金受給権は実質的にみて相続によって取得したものと同視するべきもので、相続税法上の保険金に当たると解するのが相当であり、相続税を課した上、更に所得税を課することは、実質的、経済的に同一の資産に対して二重に課税するものであることは明らかであると判示している。

ロ　控訴審判決・福岡高裁・平成19年10月25日判決・平18年（行コ）38号

　　控訴審では、次のような論理で、相続税と所得税の二重課税には当たらないとしている。

㈠　所得税法第９条第１項第15号により所得税が非課税とされるのは、「相続ないし相続により取得したものとみなされる財産」（保険金＝年金を請求できる権利）であり、その財産に基づいて被相続人の死亡後に「相続人に実現する所得」（実際に受け取る年金）に所得税を課すことは二重に課税することにはならない（実際に受け取る年金は、被相続人の死亡後に年金受給権に基づいて発生する支分権に基づいて発生したものである）。

㈡　仮に、①夫が締結して保険料を負担した契約と、②妻が自分で契約し保険料も自分で負担した契約があるとした場合において、年金の受取人がいずれも妻であるときは、いずれの年金についても妻に所得税が課される。しかし、①については妻は保険料を負担してい

ないのであるから、年金に課される所得税とは別に年金受給権に相続税が課されるとしても、二重に課税されたことにはならない。

㈡　遺族年金の所得については、別途非課税規定が設けられていること（所法9①三）からしても、一般の年金の所得に課税することは、立法当時から予定されていたものといえる。

ハ　上告審判決・最高裁第三小法廷・平成22年7月6日判決・平成20年（行ヒ）16号

　　最高裁判決は、要約すると以下のとおりであり、相続税と所得税の二重課税に当たるとしている。

㈠　所得税が非課税とされる「相続、遺贈又は個人からの贈与により取得するもの」とは、相続等により取得する財産そのものを指すのではなく、その財産の取得によりその者に帰属する所得を指すものである。

㈡　一時金も年金も相続税法上いずれも保険金であり、年金の場合の保険金は年金受給権に相当する。

㈢　年金受給権の価額は、「将来にわたって受け取るべき年金の価額を現在価値に引き直した金額の合計額」である。その合計額と「将来にわたって受け取るべき年金の総額」との差額は、運用益に相当する。

㈣　年金受給権の価額と「将来にわたって受け取るべき年金の価額を現在価値に引き直した金額の合計額」とは、同一の経済的価値であるから、「将来にわたって受け取るべき年金の総額」のうち「将来にわたって受け取るべき年金の価額を現在価値に引き直した金額の合計額」に相当する部分の金額については、所得税の課税対象とはならない。

3　満期保険金及び解約返戻金

　生命保険の満期保険金及び解約返戻金については、保険料負担者自身がその受取人である場合（前掲図表の⑤及び⑥のケース）には、原則として、その保険料負担者の一時所得として所得税が課される（所令183②、所基通34―1(4)）。

　また、保険料負担者以外の者がその受取人である場合（前掲図表の⑦、⑧及び⑨のケース）には、その受取人が保険料負担者からの贈与によって取得したものとみなして、贈与税の対象となる（相法5①）。

　生命保険の満期保険金及び解約返戻金を年金として受け取る場合は、保険料負担者自身が年金受取人であるときには、毎年受け取る年金は、その保険料負担者の雑所得として所得税が課される（所令183①、所基通35―1(8)）。

　また、保険料負担者以外の者が年金受取人であるときには、その年金受取人が年金の給付請求権を贈与により取得したものとみなして、その権利の評価額に対して贈与税が課される。

(注)1　贈与により取得した年金の給付請求権に基づいてその取得後に受け取る年金の課税方法については、75ページの(4)及び(5)と同じである。
　　2　年金で受け取ることとされている満期保険金及び解約返戻金について、年金に代えて一時金で受け取ることとした場合の取扱いは、原則として、死亡保険金の場合と同じである。

4　契約者配当金

　いわゆる契約者配当金は、発生した剰余金を契約者に還元するものであり、内容的には、費差配当、死差配当、利差配当からなっているといわれている。

　契約者配当金を受け取る方法には、①現金で支払を受ける方法、②支払うべき保険料と相殺する方法、③利息を付して積み立てる方法、④買増保険料に充当して保険金額を増額する方法等がある。しかし、いずれの方法による場合であっても、その支払を受けるべき段階では課税されず、保険金等の支払を受ける段階において保険金等による所得の金額の計算上調整することとされている（所令183①②④、184②③。なお、90ページの(1)及び92ページ(2)のそれぞれの(注)参照）。

　上記のようにしている理由としては、「契約の種類によって先に年々配当を行って保険料と相殺して支払わしめるというようなやり方や、配当はこれを行わず、又はその額を少額にして、保険料を最初から割引して保険契約を定める場合など、いろいろのやり方があるので、むしろ最後に保険金を受け取った際に、保険料の払込額とその受領した保険金額との差額が当該契約者の方に所得として実現したものとみて課税するのが便宜である」からである（昭和25年9月「新税法」102ページ。平田敬一郎）と説明されている。

　なお、保険金等が相続若しくは遺贈又は贈与により取得したものとみなされる場合において、その保険金等とともに取得した契約者配当金については、その保険金等と同様に相続若しくは遺贈又は贈与により取得したものとみなして取り扱うこととされている（相基通3―8、5―1）。

第4節　損害保険の損害保険金等

1　死亡に伴って支払を受ける損害保険金

　生命保険の死亡保険金等については、保険料負担者と保険金受取人とが異なる場合には、その死亡保険金等は、相続、遺贈又は贈与により取得したものとみなして、相続税又は贈与税が課されるが、損害保険の損害保険金等については、偶然な事故に基因する死亡を伴うものを除き、相続税又は贈与税の対象とはされていない（相法3①、5①）。

　損害保険の損害保険金等で、偶然な事故に基因する死亡に伴い支払われるものを生命保険の死亡保険金等と同様に扱うこととしている理由は、①偶然な事故に基因する死亡に伴い支払われる損害保険の損害保険金等は、その実質において、生命保険の死亡保険金等と何ら異なるところがないこと、②生命保険契約では災害特約等が付される例が多いが、その災害特約等に基づいて支払われる死亡保険金等は、実質的には、偶然な事故に基因する死亡に伴い支払われる損害保険の損害保険金等と何ら異なるところがないこと、によるものである。

　ただし、次に掲げる損害保険の保険金は、保険料の負担関係等からみると贈与により取得したものとはみなされるべきものであるが、損害賠償的性質のものであることから、非課税とされている（相法5①、相令1の4）。

　　イ　自動車損害賠償責任保険契約に基づく保険金

　　ロ　自動車損害賠償責任共済契約に基づく共済金

　　ハ　原子力損害賠償責任保険契約に基づく保険金

　　ニ　その他の損害賠償責任に関する保険又は共済に係る契約に基づく

　保険金又は共済金

　ところで、損害保険の損害保険金等については、原則として、損害保険金は被保険利益の主体たる被保険者に対して支払われることになっているし、満期返戻金及び解約返戻金は、保険料支払義務を負う保険契約者に対して支払われることになっている。したがって、保険料負担者とその保険金等の受取人とが異なる場合があり得るが、税の取扱いにおいては、通常、保険金の受取自体について相続、遺贈又は贈与の関係があるとしては取り扱わず、保険料の支払の段階で保険料相当額について贈与の関係があるものとして取り扱われている（偶然な事故に基因する死亡を伴うものを除く。）。

(注)　業務用資産の所有者が親族である場合及び業務用資産が賃借資産である場合の取扱いについては、136ページの**5**及び138ページの**6**参照。

2　資産の損害に基因して支払を受ける損害保険金

　損害保険契約に基づく保険金その他これに類するもので資産の損害に基因して支払を受けるもの（身体の傷害等に基因して支払を受けるものについては、85ページの第5節参照）は、原則として、非課税とされている（所法9①十八、所令30）。これは、一般的に、損害保険金は生命保険金と異なり、いわゆる実損てん補の性格を有するものであり、利益とか所得というようなものがあると観念することには無理があることなどによるものと考えられる。ただし、以下において述べるように、例外的に所得税の非課税の対象とならないものがある。

⑴　損害保険金のうち各種所得の金額の計算上必要経費に算入される金額を補てんするための金額

　損害保険金や損害賠償金などのうち損害を受けた者の各種所得の金額

の計算上必要経費に算入される金額を補てんするための金額は、所得税の非課税の対象とはされず（所令30本文かっこ書）、その金額が損害額を超えるか否かにかかわらず、その全額を総収入金額に算入することとされている。

　この場合の「必要経費に算入される金額を補てんするための金額」とは、例えば、資産の損害に基因して休業する場合のその休業期間中における使用人の給料や店舗の賃借料、臨時的に立ち退くための費用のように、保険金等によって補てんされるか否かに関係なく必要経費は必要経費として別建てで計算されるものを補てんするための金額をいう（所基通9—19）。したがって、結局、保険金等の収入金額とそれによって補てんされる必要経費とが両建て経理されることになる。

　ところで、「事業用固定資産の損失」を補てんするために支払を受ける保険金等がある場合には、その損失の金額から保険金等により補てんされる部分の金額を除くこととされている（所法51①）。つまり、事業用固定資産の損失を補てんするために支払を受ける保険金等がある場合には、その損失の金額のうち保険金等により補てんされる部分の金額は、そもそも必要経費に算入されないこととされているわけである。いいかえると、事業用固定資産の損失の金額（必要経費の金額）自体をその補てんされる部分の金額に相当する金額だけ減額することとされているわけである。

　したがって、事業用固定資産の損失を補てんするために支払を受ける保険金等の金額は、「必要経費に算入される金額を補てんするための金額」に含まれないことになるため、所得税は非課税となる（所基通9—19）。

　なお、事業用固定資産の損失の金額を超える金額の保険金等の支払を受けた場合であっても、その保険金の全額が非課税となる（実質的に非課税となるのは、その超える部分の金額である。）。

⑵　**損害保険金のうち不動産所得、事業所得、山林所得又は雑所得を生**
　　ずべき業務の遂行により生ずべきこれらの所得に係る収入金額に代わ
　　る性質を有するもの

　不動産所得、事業所得、山林所得又は雑所得を生ずべき業務に係る
「棚卸資産（棚卸資産に準ずるものを含む。）、工業所有権その他の技術に
関する権利、特別の技術による生産方式若しくはこれらに準ずるもの又
は著作権（出版権及び著作隣接権その他これに準ずるものを含む。）」に損
失を受けたことにより支払を受ける損害保険金や損害賠償金などは、こ
れらの所得に係る収入金額に代わる性質を有するものであるため、非課
税とはされず、その全額をこれらの所得に係る収入金額に算入すること
とされている（所令30、94）。

　なお、事業所得、山林所得又は雑所得を生ずべき業務に係る「山林」
に損失を受けたことにより支払を受ける損害保険金や損害賠償金などに
ついても、これらの所得に係る収入金額に代わる性質を有するものであ
るため、非課税とはされず、これらの所得に係る収入金額に算入するこ
ととされている（所令30、94）。ただし、災害又は盗難若しくは横領によ
り山林に損失を受けた場合には、その山林について受けた損失の金額か
らその保険金等により補てんされる部分の金額を差し引くこととされて
いるため（所法51③、所令30、94）、この場合において支払を受けるもの
については、その損失の金額を超える場合におけるその超える部分の金
額に限り、これらの所得に係る収入金額に算入することとされている。

　また、不動産所得、事業所得、山林所得又は雑所得を生ずべき業務の
全部又は一部の休止、転換又は廃止その他の事由によってその業務の収
益の補償として支払を受ける損害保険金や損害賠償金なども、これらの
所得に係る収入金額に代わる性質を有するものであるため、非課税とは
されず、これらの所得に係る収入金額に算入することとされている（所
令30、94）。

3　満期返戻金及び解約返戻金

　損害保険の満期返戻金と解約返戻金については、原則として、保険契約者の一時所得として所得税が課される（所令184②④、所基通34―1(4)）。

4　年金で受け取る返戻金等

　損害保険の払戻金等を年金として受け取るものについては、原則として、保険契約者の雑所得として所得税が課される（所令184①、所基通35―1(8)）。

5　契約者配当金

　損害保険の契約者配当金の取扱いは、生命保険の契約者配当金の取扱いと同様である（78ページの4参照）。

第5節 損害保険及び生命保険の
傷害保険金等

1 身体の傷害に基因して支払を受ける傷害保険金等

　損害保険契約に基づく保険金及び生命保険契約に基づく給付金で、身体の傷害に基因して支払を受けるものその他これらに類するものは、非課税とされている（所法9①十八、所令30）。したがって、いわゆる傷害保険金のようなものは、非課税とされている。

㊟　保険料の負担関係等からみると贈与により取得したものとみなされるべき生命保険契約の保険金でも、傷害、疾病その他これらに類する保険事故で死亡を伴わないものは、贈与税は課されず、所得税も非課税とされる（相法5①、所令30）。

　なお、非課税とされる傷害保険金等の範囲に関して、次に掲げる取扱いが設けられている。

2 身体に傷害を受けた者以外の者が支払を受ける傷害保険
　金等

　前述のように「損害保険契約に基づく保険金及び生命保険契約に基づく給付金で、身体の傷害に基因して支払を受けるもの」は非課税とされている。これは、現実に保険金等の収入を得ている場合であっても、それが身体に加えられた傷害を償うものとして支払を受けるものであるときは、収入を得ているとして課税することは過酷となることから、非課税として取り扱うこととされているものである。ただし、非課税とされるのは自己の身体に傷害を受けたことによって支払を受けるものに限られており、自己以外の者の身体に傷害を受けたことによって支払を受け

るものまで非課税とするような規定の仕方とはなっていない。

　しかし、例えば、世帯主が、妻や子を被保険者とする保険の契約者として保険料を負担している場合において、その妻や子が身体に傷害を受けたことによって支払を受けるような保険金について、自己の身体の傷害によるものではないからとして、保険金の受取人と被保険者とが同一人である場合の保険金と区別して取り扱うことについては、理解が得られないのではないかといった問題がある。

　このため、傷害保険金等の支払を受ける者と身体に傷害を受けた者とが異なる場合であっても、その支払を受ける者がその身体に傷害を受けた者の配偶者若しくは直系血族又は生計を一にするその他の親族であるときは、その保険金又は給付金についても、非課税とすることとされている（所基通9―20）。

(注)1　傷害保険金等の場合、傷害を受けた者と保険金等の受取人との関係は、①傷害を受けた者が自己（納税者）で保険金等の受取人も自己のケース、②傷害を受けた者が自己で保険金等の受取人が一定の親族のケース、③傷害を受けた者が一定の親族で保険金等の受取人が自己のケースがある。
　　　所得税法上非課税とされているのは①を想定しているが、上記の取扱いによると、②及び③のケースも保険金等は非課税となる。②及び③は、実務上の思いやりの取扱いである。
　　　ところが近年、②のケースの介護保険で、高額な保険金の受取人を一定の親族とする契約が問題視されている。ここで問題になっている点は、介護費用として必要十分な額を著しく超える額の金銭が非課税で一定の親族に移転する点である。
　　　保険料の支払者と保険金の受取人との関係では、生命保険であれば贈与税の対象になるところ、実務上の思いやりの取扱いである②のケースを利用して、非課税で親族間の資金移動を図ろうとしているのではないか、取扱通達の主旨に反しており、排除すべきではないかといった疑義である。
　　2　「身体の傷害に基因して支払を受けるもの」には、「死亡」に基因して支払を受けるもの（いわゆる死亡保険金）は含まれない。
　　　このため、受け取った傷害保険金等が、被保険者である妻や子の身体の「傷害」に基因して支払を受けるものであるときは非課税とされるが、被保険者である妻や子の「死亡」に基因して支払を受けるものであるときは課税されるという結果となっている。この点については、妻や子の死亡に基因して支払を受ける傷害保険金等に課税することは納税者感情

にそわないのではないかといった考え方もあろうが、これを非課税にするとすれば、保険料負担者と保険金受取人とが同一人である場合の生命保険や損害保険の死亡保険金を課税の対象としていることの適否の問題に波及することとなる。

3　高度障害保険金等

「損害保険契約に基づく保険金及び生命保険契約に基づく給付金で、身体の傷害に基因して支払を受けるもの」は非課税とされており、その支払は、身体の「傷害」に基因するものに限られている。

しかし、保険の内容は多様化しており、傷害に限らず、疾病に基因して重度障害の状態になったことなどにより高度障害保険金や高度障害給付金、入院費給付金等の給付をするものが多く出回っている。また、実務の上でも、身体の傷害に基因して支払を受けるものであるか疾病に基因して支払を受けるものであるかを判断することは必ずしも容易ではない。更に、規定の趣旨からみても、傷害と疾病とを区別することがその趣旨に合致しているといえるかどうか疑問である。

このため、疾病により重度障害の状態になったことなどにより支払を受けるいわゆる高度障害保険金、高度障害給付金、入院費給付金等についても、非課税として取り扱うこととされている（所基通9―21）。

なお、高度障害保険金等は、年金として支払われるものもあるが、一時金、年金の別を問わず非課税となる。

4　所得補償保険金

所得補償保険金といわれるものは、傷害又は疾病により被保険者が勤務又は業務に従事することができなかった期間の給与又は収益の補償として、被保険者が支払を受けることとされているものである。

　この所得補償保険金の金額は、過去の平均所得等を基礎として定められるものの、傷害又は疾病により実際に給与又は収益を得られなくなったかどうかにかかわりなく、所定の傷害又は疾病という保険事故の発生に基因して支払うこととされている。

　このため、所得補償保険金は、「身体の傷害に基因して支払を受けるもの」に該当するものとして、非課税として取り扱うこととされている（所基通9─22）。

(注)　業務を営む者が自己を被保険者として支払う所得補償保険金に係る保険料は、その業務に係る所得の金額の計算上必要経費に算入することはできない。所得補償保険に係る契約は、業務を営む者に限らず、いわゆるサラリーマンでも契約することができること、非課税とされる保険金に係る保険料はその非課税所得に対応させるべきであることからして、「業務について生じた費用」（所法37①）には該当しないというべきであるからである。

第6節　保険金等に係る所得の金額 の計算等

1　保険金等の収入すべき時期

　生命保険契約等に基づく一時金や損害保険契約等に基づく満期返戻金等の一時金の収入すべき時期は、その支払を受けるべき事実が生じた日によることとされている（所基通36―13）。また、生命保険契約等に基づく年金や損害保険契約等に基づく年金の収入すべき時期は、原則としてその契約等により定められた支給日によることとされている（所基通36―14参照）。

　ところで、一時金の支払を受けるべき事実が生じた日とは、具体的には、被保険者が死亡した日とか、契約により定められた特定の日に生存している場合のその日とかをいうから、そのような一定の日がその一時金の収入すべき時期に該当することになる。したがって、仮に、保険金の支払免責事由に該当する疑いがあるため調査中であるとか、保険金支払請求訴訟中であるとかというような事情がある場合であっても、その一時金の支払を受けるべき事実が生じた日をその一時金の収入すべき時期とすることになる。

　しかし、実務の観点からみると、保険金の支払免責事由の存否が問題とされているような場合（例えば、故意に死亡事故を発生させた場合や飲酒運転の疑いがあるため事故証明が得られない場合等）には、保険金の支払を受けるべき事実が生じたということだけでは必ずしも保険金収入の実現可能性が客観的に認識し得る状態にあると言い切れない面があるし、また、特に保険金支払請求訴訟中であるというような場合には、その保険金に対して課税が行われることにより、結果的に国が当事者間の係争

に介入することになるといったことも考えられる。このため、このような特殊なケースにおいては、実務上、保険金の支払免責事由に該当するのではないかという疑いのはれた時とか保険金支払の判決のあった時をその保険金の収入すべき時期としても差し支えないこととして取り扱われている。ただし、刑事事件に関連するような重大な事情がなければ、通常は、翌年3月の所得税の確定申告時期までには解決するであろうから、そのような場合には、やはり保険金の支払を受けるべき事実が生じた日の属する年分の所得として確定申告をすることになる。

2　保険金等に係る所得の金額の計算方法

　生命保険契約等に基づく一時金若しくは年金又は損害保険契約等に基づく満期返戻金等の一時金若しくは年金に係る所得の金額は、次により計算することとされている（所令183、184）。

(1)　生命保険契約等に基づく一時金に係る一時所得の金額の計算

　生命保険契約等に基づく一時金の支払を受ける年のその一時金に係る一時所得の金額は、次により計算することとされている（所令183②）。

$$\text{一時金の額} + \begin{array}{c}\text{一時金とともに又は一時金の支払を受けた}\\\text{後に支払を受ける剰余金又は割戻金の額}\end{array} - \begin{array}{c}\text{保険料又は}\\\text{掛金の総額}\end{array}$$

$$- \begin{array}{c}\text{一時所得の}\\\text{特別控除額}\end{array} = \text{一時所得の金額}$$

（注）1　算式中の「保険料又は掛金の総額」は、次に掲げる金額を控除した金額とする（所令183④三、四）。
　　　① 事業を営む個人又は法人が個人の事業に係る使用人又は法人の使用人のために支出した保険料又は掛金で個人の事業に係る不動産所得の金額、事業所得の金額若しくは山林所得の金額又は法人の各事業年度の所得の金額の計算上必要経費又は損金の額に算入されるもののうち、これらの使用人の給与所得に係る収入金額に含まれないものの額
　　　② その一時金の支払の日前に剰余金の分配若しくは割戻金の割戻し

　を受け、又は分配を受ける剰余金若しくは割戻しを受ける割戻金を
　もって保険料若しくは掛金の払込みに充てた場合のその剰余金又は
　割戻金の額
　2　その生命保険契約等が一時金のほかに年金を支払う内容のものであ
　る場合には、算式中の「保険料又は掛金の総額」は、その年金に係る
　雑所得の金額の計算上必要経費に算入した保険料又は掛金の金額を控
　除した金額とする（所令183②三。次の(2)の(注)参照）。

　ところで、一定の生命保険契約等の保険事故（傷害、疾病その他これ
らに類する保険事故で死亡を伴わないものを除く。）が発生した場合におい
て、これらの契約に係る保険料等の全部又は一部が保険金受取人以外の
者によって負担されたものであるときは、保険金受取人が取得した保険
金のうち、その保険金受取人以外の者が負担した保険料等の金額のこれ
らの契約に係る支払保険料の総額に対する割合に相当する部分を、相続、
贈与等により取得したものとみなすこととされている（相法3①一、5
①）。

　一方、生命保険契約等に基づく一時金については、原則として所得税
が課されるが、相続税法の規定により相続、遺贈又は個人からの贈与に
より取得したものとみなされるものには所得税は課さないこととされて
いる（所法9①十七）。

　そして、生命保険契約等に基づく一時金について一時所得として所得
税が課される場合には、これらの契約に係る保険料又は掛金の総額を一
時所得の金額の計算上、支出した金額に算入して控除することとされて
いるものの（上記の算式参照）、相続税法の規定により相続、遺贈又は個
人からの贈与により取得したものとみなされる一時金に係る部分の金額
は含めないこととされている（所基通34—4）。

設　例

○　保険金受取人……………A　　被保険者…………………B
○　保険料負担者及び負担した保険料の金額

　　　　　Ａ……36万円　　　Ｂ……72万円

　○　死亡保険金……1,200万円

イ　Ａが贈与により取得したとみなされる死亡保険金の金額の計算

$$12,000,000円 \times \frac{720,000円}{360,000円 + 720,000円} = \underline{8,000,000円}$$

ロ　Ａの一時所得の金額の計算

　　12,000,000円 － 8,000,000円 ＝ 4,000,000円

$$\left(\begin{array}{c}\text{一時所得の}\\\text{収入金額}\end{array}\right) \quad \left(\begin{array}{c}\text{支出し}\\\text{た金額}\end{array}\right) \quad \left(\begin{array}{c}\text{一時所得の}\\\text{特別控除額}\end{array}\right) \quad \left(\begin{array}{c}\text{一時所得}\\\text{の金額}\end{array}\right)$$

　　　4,000,000円 － 360,000円 － 500,000円 ＝ \underline{3,140,000円}

(2)　生命保険契約等に基づく年金に係る雑所得の金額の計算

　生命保険契約等に基づく年金の支払を受ける年分のその年金に係る雑所得の金額は、次により計算することとされている（所令183①）。

$$\left(\begin{array}{c}\text{その年分の}\\\text{年金の額}\end{array}\right) + \left(\begin{array}{c}\text{年金の支払開始の日以後に分配を}\\\text{受ける剰余金又は割戻しを受ける}\\\text{割戻金でその年分に属するもの}\end{array}\right) - \left(\begin{array}{c}\text{その年分の}\\\text{年金の額}\end{array}\right)$$

$$\times \left[\begin{array}{c}\text{保険料又は掛金の総額}\\\hline\text{年金の支払開始の日において}\\\text{確定しているその年金の支払}\\\text{総額又は年金の支払総額の見}\\\text{込額}\end{array}\right] = \text{雑所得の金額}$$

（注）1　算式中の「保険料又は掛金の総額」は、次に掲げる金額を控除した
　　　　金額とする（所令183④三、四）。
　　　　①　事業を営む個人又は法人が個人の事業に係る使用人又は法人の使
　　　　　用人のために支出した保険料又は掛金で個人の事業に係る不動産所
　　　　　得の金額、事業所得の金額若しくは山林所得の金額又は法人の各事
　　　　　業年度の所得の金額の計算上必要経費又は損金の額に算入されるも
　　　　　ののうち、これらの使用人の給与所得に係る収入金額に含まれない
　　　　　ものの額
　　　　②　その年金の支払開始の日前に剰余金の分配若しくは割戻金の割戻
　　　　　しを受け、又は分配を受ける剰余金若しくは割戻しを受ける割戻金
　　　　　をもって保険料若しくは掛金の払込みに充てた場合のその剰余金又
　　　　　は割戻金の額
　　　　2　その生命保険契約等が年金のほかに一時金を支払う内容のものであ
　　　　　る場合には、算式中の「保険料又は掛金の総額」は、その契約等に係
　　　　　る保険料又は掛金の総額に、その年金の支払総額又はその年金の支払

総額の見込額とその一時金の額との合計額のうちにその支払総額又は支払総額の見込額の占める割合を乗じて計算した金額とする（所令183①三）。

3　上記の算式では、保険料又は掛金の総額は各年分の年金の額にチャージされることになるわけであるが、最終的に控除総額を精算することとはされていないし、また、死亡等の時期は不確実であるため、年金の支払総額が見込額である場合には、チャージしきれないときも起こるし、控除しすぎになることも起こる。

4　相続等に係る年金の雑所得部分の計算方法については、別途定められている（所令185、186）（75ページの(5)の「なお書」参照）。

(3)　損害保険契約等に基づく満期返戻金等に係る一時所得の金額の計算

損害保険契約等に基づく満期返戻金等の支払を受ける年分のその満期返戻金等に係る一時所得の金額は、次により計算することとされている（所令184②）。

$$\begin{array}{l}満期返戻\\金等の額\end{array}+\begin{array}{l}満期返戻金等ととも\\に又は満期返戻金等\\の支払を受けた後に\\支払を受ける剰余金\\又は割戻金の額\end{array}-\begin{array}{l}保険料又は\\掛金の総額\end{array}-\begin{array}{l}一時所得の\\特別控除額\end{array}=\begin{array}{l}一時所得\\の金額\end{array}$$

(注)　算式中の「保険料又は掛金の総額」は、次に掲げる額を控除した金額とする（所令184③）。

①　事業を営む個人又は法人が個人の事業に係る使用人又は法人の使用人のために支出した保険料又は掛金で個人の事業に係る不動産所得の金額、事業所得の金額若しくは山林所得の金額又は法人の各事業年度の所得の金額の計算上必要経費又は損金の額に算入されるもののうち、これらの使用人の給与所得に係る収入金額に含まれないものの額

②　その満期返戻金等の支払の日前に剰余金の分配若しくは割戻金の割戻しを受け、又は分配を受ける剰余金若しくは割戻しを受ける割戻金をもって保険料若しくは掛金の払込みに充てた場合のその剰余金又は割戻金の額

(4)　損害保険契約等に基づく年金に係る雑所得の金額の計算

損害保険契約に基づく年金の支払を受ける年分のその年金に係る雑所得の金額は、次により計算することとされている（所令184①）。

$$
\begin{array}{l}
\left.\begin{array}{l}
\text{その年分の} \\
\text{年金の額}
\end{array}\right.
+
\begin{array}{l}
\text{年金の支払開始の日以後に分配を} \\
\text{受ける剰余金又は割戻しを受ける} \\
\text{割戻金でその年分に属するもの}
\end{array}
\end{array}
$$

$$
-\left.\begin{array}{l}\text{その年分の}\\\text{年金の額}\end{array}\right. \times \left[\frac{\text{保険料又は掛金の総額}}{\begin{array}{l}\text{年金の支払開始の日において確定}\\\text{しているその年金の支払総額又は}\\\text{年金の支払総額の見込額}\end{array}}\right] = \text{雑所得の金額}
$$

(注)1　算式中の「保険料又は掛金の総額」は、次に掲げる額を控除した金額
とする（所令184③）。
① 事業を営む個人又は法人が個人の事業に係る使用人又は法人の使
用人のために支出した保険料又は掛金で個人の事業に係る不動産所
得の金額、事業所得の金額若しくは山林所得の金額又は法人の各事
業年度の所得の金額の計算上必要経費又は損金の額に算入されるも
ののうち、これらの使用人の給与所得に係る収入金額に含まれない
ものの額
② その年金の支払開始の日前に剰余金の分配若しくは割戻金の割戻し
を受け、又は分配を受ける剰余金若しくは割戻しを受ける割戻金をも
って保険料若しくは掛金の払込みに充てた場合のその剰余金又は割戻
金の額
2　相続等に係る年金の雑所得部分の計算方法については、別途定めら
れている（所令185、186）（75ページの(5)の「なお書」参照）。

(5)　保険金の支払を受ける者以外の者が負担した保険料等の取扱い

平成24年2月の所得税基本通達の改正前は、保険金を一時金で受け取
る場合も年金で受け取る場合も、一時所得又は雑所得の計算上控除する
保険料等には、「保険金の支払を受ける者以外の者が負担した保険料等」
も含まれることとされていた（所基通34―4、35―4）。しかし、一時金
の場合には、相続等により取得したものとみなされる一時金に対応する
部分の保険料等は含めないこととされているものの、年金の場合には、
これを含めないこととされてはいなかった。このため、相続等の際にそ
の年金の給付請求権が相続税等の課税の対象となったとしても、その後
の年金に係る雑所得の計算上これを含めることができるとされていた
（令和3年版「所得税基本通達逐条解説」基通35―4の解説文）。つまり、年
金の給付請求権の相続等を受けた時にはその給付請求権が低評価額で課

税されるが、その後の受給する年金の雑所得の計算上は被相続人等が負担した保険料等も含めて控除することとされていたわけである（年金受給権と年金の二重課税については、75ページの(5)参照）。

　ところが、これに関連して、法人契約の場合で、一時金受取人とその法人とが保険料等を折半して負担していた養老保険のケースにおいて、法人が負担していた部分の保険料等を含めその総額を一時所得の計算上控除することの適否が争点となった裁判事例がある。即ち、相続等によるものではなく、一時金受取人が給与課税を受けたその保険契約に係る保険料等について、法人で負担した部分が「保険金の支払を受ける者以外の者が負担した保険料等」に含まれるか否かである。

　この事例では、「控除の対象となるのは給与課税された部分の保険料等であり、法人で負担した部分の保険料等は一時金受取人の実質的負担のないものであるから控除の対象にならない」とする国側の主張に対して、第一審は、「現行の取扱いの内容では、控除の対象となるのは保険料等の総額のうち給与課税されたものに限ると限定的に読み取ることは困難である」として国側の主張を退けている（福岡地裁平成22年3月15日判決）。

　要するに、相続税等の課税の対象となった場合についての定めはあるものの、給与課税の対象となった場合についての明文の定めがなかったために混乱したものと思われる。

　養老保険のほか逓増定期保険などについても、法人が負担していた部分の保険料等をめぐる同じような問題があった。所得課税の理念の面から見ると正解は見えてくるのであるが、文言上不明瞭な点があるだけに、法人契約の保険の有効活用の局面において齟齬をきたす事例が生じたわけである。

　しかし、上記の裁判事例は、上告審において、国側の主張が認められている（最高裁第一小法廷平成24年1月16日判決）。その上告審の判決要旨

は、次のとおりである。

　「本件支払保険料は、本件契約の契約者である本件法人から生命保険会社に対して支払われたものであるが、そのうち2分の1に相当する本件報酬経理部分については、本件法人において第1審原告に対する役員報酬として損金経理がされ、第1審原告に給与課税がされる一方で、その余の本件保険料経理部分については、本件法人において保険料として損金経理がされている。これらの経理処理は、本件契約において、本件支払保険料のうち2分の1の部分が第1審原告が支払を受けるべき満期保険金の原資となり、その余の部分が本件法人が支払を受けるべき死亡保険金の原資となるとの前提でされたものと解され、第1審原告の経営する本件法人においてこのような経理処理が現にされていた以上、本件契約においてこれと異なる原資の割合が前提とされていたと解するのは相当でない。そうすると、本件報酬経理部分については、第1審原告が自ら支払を受けるべき満期保険金の原資としてその役員報酬から当該部分に相当する保険料を支払った場合と異なるところがなく、第1審原告において当該部分に相当する保険料を自ら負担して支出したものといえるのに対し、本件保険料経理部分については、このように解すべき事情があるとはいえず、当該部分についてまで第1審原告が保険料を自ら負担して支出したものとはいえない。当該部分は上記のとおり本件法人において損金経理がされていたものであり、これを一時所得の金額の計算上も控除し得るとすることは、二重に控除を認める結果を招くものであって、実質的に見ても不相当といわざるを得ない。

　したがって、本件支払保険料のうち本件保険料経理部分は、所得税法34条2項にいう「その収入を得るために支出した金額」に当た

るとはいえず、これを本件保険金に係る一時所得の金額の計算にお
いて控除することはできないものというべきである。これと同旨の
原審の判断は、正当として是認することができる。」

　これに先立って、平成23年6月の所得税法施行令の一部改正により、
保険料又は掛金の総額から、「事業を営む個人又は法人が当該個人のそ
の事業に係る使用人又は当該法人の使用人（役員を含む。）のために支出
した当該生命保険契約等に係る保険料又は掛金で当該個人のその事業に
係る不動産所得の金額、事業所得の金額若しくは山林所得の金額又は当
該法人の各事業年度の所得の金額の計算上必要経費又は損金の額に算入
されるもののうち、これらの使用人の給与所得に係る収入金額に含まれ
ないものの額」を控除することとされた。要するに、雇用主負担部分は、
一時所得に係る収入を得るために支出した金額に該当しないことが法令
上明示された（所令183④、184③。上記2の(1)～(4)参照）。

　そしてその後、平成24年2月の所得税基本通達の一部改正により、一
時所得に係る収入を得るために支出した金額には、一時金受取人が自ら
負担した又は自ら負担して支出したと認められる保険料等が含まれるこ
とが明示され、併せて、一時所得に係る収入を得るために支出した金額
には、法人が支出した保険料等で給与等として課税されなかった月額
300円以下の少額な保険料等の額が含まれることが明示された（所基通
34―4）。

(注)　保険金の収入に係る経費等に関しては、法令上、保険料等についてのみ
　　定められているため、①保険契約の譲渡を受けたケースや保険契約者の変
　　更があったケース（次の(6)参照）における将来の保険金の収入に係る保険
　　契約の取得費等の取扱い、②借入金によって保険料等を一時払したケース
　　における借入金利子の取扱いについても実務上の問題が生じている。

(6) 保険契約者の名義が雇用主から使用人又は役員に変更された場合

　上記(5)の平成24年の最高裁の事例は、法人契約の養老保険の保険料で、雇用主が負担した部分の保険料に関する事例であるが、雇用主から使用人等に契約者名義を変更した場合についても、同様に取り扱われるか否かについては、明白でない面があった。これに関しては、平成27年4月21日付などの裁決事例があり、当該最高裁の事例と同様の主旨で、契約者名義変更前に雇用主が負担した保険料は、使用人等の受取保険金に係る一時所得の金額の計算上控除することができないとされている。なお、名義変更の際の権利移転の対価相当額については、裁決事例においても、使用人等の受取保険金に係る一時所得の金額の計算上控除すべきものと認められるとしている。この考え方は、平成29年4月13日の札幌高裁においても採用されているところである。

　なお、低解約返戻金型保険等の名義変更の場合の権利移転の対価相当額については、100ページの**3**で解説している。

(7) 保険契約者の名義変更が行われた場合の支払調書

　保険契約者の名義変更は、保険契約者の死亡に伴って行われる場合と保険契約者の死亡前に行われる場合がある。いずれのケースにおいても、それぞれの契約者の支払保険料の額が明らかにされない場合には、適正な課税が行われない恐れがある。

イ　保険契約者の死亡に伴って行われる名義変更の場合

　この事例としては、次のようなケースがある。

契約者	被保険者	保険料負担者	保険金受取人	保険事故等
甲→丙	乙	甲	丙	甲の死亡

　このケースの場合には、甲の死亡に伴って丙が保険契約に関する権

利を相続により取得することになるが、名義変更が行われたことが明らかにされないままであったとすると、甲の死亡の時点での相続税が申告漏れとなる恐れがあり、また、その後、乙が死亡するか契約期間が満了するときには、保険金の全額について丙の一時所得の収入金額として処理される恐れがある。

　このため、このケースの場合には、保険会社等は、甲の死亡の時点で、死亡による契約者変更の情報や解約返戻金相当額等の情報を記載した調書を税務署に提出することになっている（相法59②、相規30⑤）。

□　保険契約者の死亡の前に名義変更が行われ、その後に保険金等が支払われる場合

　この事例としては、次のようなケースがある。

契約者	被保険者	保険料負担者	保険金受取人	保険事故等
甲→丙	乙	甲：2/3 丙：1/3	丙	甲の死亡前に満期

　これは、満期保険金等が支払われるケースであり、この場合には、甲が負担した保険料に対応する部分の保険金は丙に対して贈与税が課され、丙が負担した保険料に対応する部分の保険金は丙に対して所得税が課されることになる。しかし、名義変更が行われたことが明らかにされないままであったとすると、保険金の全額について丙に対して所得税が課されることになる恐れがある。

　また、次のような死亡保険金等が支払われるケースについても、名義変更が行われたことが明らかにされないままであったとすると、保険金の全額について丙に対して所得税が課されることになる恐れがある。

契約者	被保険者	保険料負担者	保険金受取人	保険事故等
甲→丙	乙	甲：2/3 丙：1/3	丙	甲の死亡前に乙死亡

　このため、これらのケースの場合には、保険会社等は、保険金等の支払の時点で、変更前の契約者の情報や保険金の支払時の契約者の支払保険料等を記載した保険金の支払調書を税務署に提出することになっている（相法59①、相規30①）。

(注)　例えば雇用主である法人が契約した保険契約について、使用人である個人に名義変更が行われた場合にも、当該法人が負担した払込保険料の額を区分計算する必要があるため、この場合にも、上記同様、調書の提出義務が課されている（所規86①ハ、87①ハ）。

3　低額解約返戻金型保険等の名義変更の場合の権利移転の対価相当額の評価方法の特例

　上記2の(6)に記載したように、雇用主から使用人等に対して保険契約等に関する権利を支給（名義変更）した場合には、その権利移転の対価相当額は、従来、支給時に解約したときに支払われるべき解約返戻金の額（支給時解約返戻金の額）によって評価することとされてきた（所基通36—37の本文）。

　ところが、保険契約から契約の初期の期間は解約返戻金の額が著しく低く設定される低解約返戻金型生命保険等の場合、例えば、契約者や保険料支払者を雇用主とし、被保険者を使用人等として保険契約を締結し、解約返戻金が低い期間中に契約者を雇用主から使用人等に変更して保険契約の権利（低額解約返戻金相当額の権利）を使用人等に移転した上で、その後、解約返戻金が高額となった時点において、支給を受けた使用人

等が契約を解除して解約返戻金を受け取ることが可能となる。

　この場合、保険契約の権利の支給は、使用人等に対する経済的利益の供与となり給与課税の対象となるが、低額な解約返戻金の額（支給時解約返戻金の額）により評価されるとすれば、使用人等の税負担を軽減することができる（一方、雇用主側は、損失を計上することになる。）。また、その後、権利の支給を受けた使用人等が契約を解除して高額の解約返戻金を受け取った場合には、その解約返戻金は、一時所得として50万円の特別控除の対象となり、更に２分の１課税で済むことになる。

　こうした問題を踏まえ、令和３年６月25日付で所基通36─37（保険契約等に関する権利の評価）の通達に「ただし書」が追加され、保険契約上の地位（権利）について、原則としてその支給時において当該保険契約等を解約した場合に支払われる解約返戻金の額により評価することは従来どおりであるが、①低解約返戻金型保険や②復旧することのできる払済保険など、契約の初期の期間の解約返戻金の額が著しく低く設定された保険契約等で、支給時解約返戻金の額が資産計上額の70％に達しないものについては、「支給時解約返戻金の額」による評価に代え、雇用主の帳簿上の「支給時資産計上額」で評価する等の改正が行われた。

（保険契約等に関する権利の評価）

36─37　使用者が役員又は使用人に対して生命保険契約若しくは損害保険契約又はこれらに類する共済契約（以下「保険契約等」という。）に関する権利を支給した場合には、その支給時において当該保険契約等を解除したとした場合に支払われることとなる解約返戻金の額（解約返戻金のほかに支払われることとなる前納保険料の金額、剰余金の分配額等がある場合には、これらの金額との合計額。以下「支給時解約返戻金の額」という。）により評価する。

　ただし、次の保険契約等に関する権利を支給した場合には、それ

それぞれ次のとおり評価する。

(1)　支給時解約返戻金の額が支給時資産計上額の70％に相当する金額未満である保険契約等に関する権利（法人税基本通達9―3―5の2の取扱いの適用を受けるものに限る。）を支給した場合には、当該支給時資産計上額により評価する。

(2)　復旧することのできる払済保険その他これに類する保険契約等に関する権利（元の契約が法人税基本通達9―3―5の2の取扱いの適用を受けるものに限る。）を支給した場合には、支給時資産計上額に法人税基本通達9―3―7の2の取扱いにより使用者が損金に算入した金額を加算した金額により評価する。

(注)　「支給時資産計上額」とは、使用者が支払った保険料の額のうち当該保険契約等に関する権利の支給時の直前において前払部分の保険料として法人税基本通達の取扱いにより資産に計上すべき金額をいい、預け金等で処理した前納保険料の金額、未収の剰余金の分配額等がある場合には、これらの金額を加算した金額をいう。

(注)　上記通達中の「**復旧することのできる払済保険**」の「**払済保険**」とは、保険契約は存続したいが、保険料負担が困難という者向けの低保障で追加保険料の発生しない保険契約等をいう。

上記通達の「かっこ書」のとおり、見直しの対象は、法人税基本通達9―3―5の2の取扱いの適用を受ける保険契約等についての権利に限られていることに留意する必要がある。法人税基本通達9―3―5の2の取扱いに関する解説は、116ページの第8節の**4**参照。

なお、この改正による取扱いは、令和3年7月1日以後に行う保険契約等に関する権利の支給について適用することとされている。したがって、契約の締結は同日前であっても権利の支給が同日以後のものは適用の対象とされることになる（要するに遡及効はない。）。

(注)　事業主が個人である場合については、127ページの**8**参照

4　生命保険契約等に基づく一時金に係る所得の金額の計算方法の特例

　生命保険契約等に基づく一時金に係る一時所得の金額の計算は、90ページの(1)の方法によって行うのであるが、契約により、例えば、満期時までの期間中５年毎に生存給付金として一時金が支払われることになっているような場合には、その契約に基づくすべての一時金に係る所得の金額の計算は、次に掲げる設例のように計算することとされている（昭和43年６月４日付官審（法）29・官審（所）14「家族計画保険の生存給付金及び保険金に対する法人税及び所得税の取扱いについて」通達参照）。

> ### 設　例
>
> 　○　契約者、保険料負担者、被保険者、保険金（給付金）受取人が同一人の定期付養老保険
>
> 　○　15年満期。保険料は、年払で242,000円
>
> 　○　契約後５年目及び10年目並びに満期時にそれぞれ死亡保険金の３分の１に当たる生存給付金を支払う。
>
> 　○　死亡保険金360万円（生存給付金の支払の有無を問わず全額を支払う。）
>
> 　○　契約者配当金は増加保険金の保険料に充当し、満期時に支払う。満期時の増加保険金の額は60万円。

イ　契約後５年目に支払を受けた生存給付金120万円

　242,000円×５年＝1,210,000円

　1,210,000円＞1,200,000円

　（生存給付金）　（払込保険料）　（一時所得）
　1,200,000円　－　1,200,000円　＝　　0 円

　㊟　既に払い込んだ保険料の額1,210,000円のうち生存給付金の額1,200,000

第2章　保険金等に関する所得税の取扱いについて

円に達するまでの金額を一時所得の金額の計算上控除する。

□　契約後10年目に支払を受けた生存給付金120万円

（242,000円×10年）－1,200,000円＝1,220,000円

1,220,000円＞1,200,000円

（生存給付金）（払込保険料）（一時所得）
1,200,000円 － 1,200,000円 ＝ 　　0円

(注)　既に払い込んだ保険料の額（5年目の生存給付金に係る所得の計算上
控除した金額1,200,000円を除く。）のうち10年目の生存給付金の額に達
するまでの金額を一時所得の金額の計算上控除する。

ハ　満期時に支払を受けた生存給付金120万円及び増加保険金60万円

（242,000円×15年）－2,400,000円＝1,230,000円

（生存給付金）（増加保険金）（払込保険料）（特別控除額）（一時所得）
1,200,000円 ＋ 600,000円 － 1,230,000円 － 500,000円 ＝ 70,000円

(注)　既に払い込んだ保険料の額（5年目及び10年目の生存給付金に係る所
得の計算上控除した金額2,400,000円を除く。）を一時所得の金額の計算
上控除する。
　　なお、この設例では、生存給付金は一時所得に該当するものとして所
得金額の計算をしたが、生存給付金はすべて一時所得に該当するという
ものではなく、給付間隔が短い場合は雑所得に該当するものもあり得る。

5　年金受給開始日以後に買増しした個人年金に係る雑所得の金額の計算方法の特例

生命保険契約等の個人年金保険契約には、年金受給開始日以後に生じ
た剰余金（配当金）で年金保険を買増しし、いわゆる増加年金（付加年
金又は積増年金などともいう。）の給付を受けることができることとされ
ているものがある。

このような増加年金等の給付がある場合の所得の金額の計算について
は、法令上、特別の定めがされていない（所令183①は、増加年金等の給
付がある場合の所得の金額の計算については定められていない。）。このため、

実務においては、次に掲げる設例のように取り扱うこととされている（昭和60年12月27日付直審3―222「年金支払開始の日以後に生じた剰余金をもって一時払の年金保険を買増しすることができることとされている個人年金保険の所得税法上の取扱いについて」通達参照）。

設 例

○　個人年金の給付内容

- 保険料払込終了後に、確定した保険料の積立額等を原資とする基本年金及び増額年金を支払う。
- 年金支払開始の日以後に生じた剰余金（配当金）は、年金受給権者の選択により、①年金保険の買増しに充て、増加年金として支払うこととするか、②現金で支払うこととするか、又は③積み立てる（自由引き出し）こととする。

○概要図

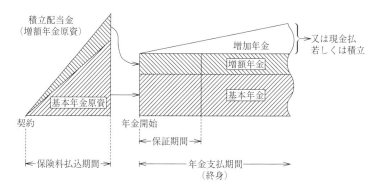

イ　雑所得の金額の計算

個人年金に係る雑所得の金額は、次の算式により計算する。

$$支払年金の額 + \frac{増加年金の額、現金払剰余金}{等の額又は積立剰余金等の額} - 支払年金の額$$

$$\times \frac{\text{支払保険料の総額}}{\text{年金支払総額又は年}} = \text{雑所得の金額}$$
$$\text{金支払総額の見込額}$$

(注)1 「支払年金の額」とは、年金支払開始の日以後に生じた剰余金等を原
　　　資とする年金以外の年金の額（上記の概要図の基本年金及び増額年金)
　　　をいう。
　　2 増加年金の額、現金払剰余金等の額又は積立剰余金等の額は、年金
　　　支払開始の日において計算することができないため、必要経費の額の
　　　計算に当たっては、分子・分母には含めない。
　　3 主たる年金受取人の死亡後においてもその者の配偶者に対して終身
　　　年金を支払うこととされている個人年金契約の場合には、算式中の
　　　「年金支払総額の見込額」は、次の①と②の合計額とする。
　　　① 主たる年金受取人分……保証期間中の年金支払総額と主たる年金
　　　　受取人の余命年数による年金支払総額の見込額とのいずれか多い方
　　　　の金額
　　　② 配偶者分……その配偶者の余命年数から、保証期間の年数と主た
　　　　る年金受取人の余命年数とのいずれか長い方の年数を控除した期間
　　　　において、その配偶者が支払いを受ける年金総額の見込額

□　源泉徴収税額の計算

　生命保険契約等に基づく年金については、原則として所得税の源泉徴収を
することとされている（72ページの(注)2参照）。したがって、設例の個人年金
についても所得税の源泉徴収を要するが、この場合の所得税の源泉徴収税額
は、次の算式により計算する。

$$\left[\left(\substack{\text{支払年}\\\text{金の額}} + \substack{\text{増加年}\\\text{金の額}}\right) - \left(\substack{\text{支払年}\\\text{金の額}} + \substack{\text{増加年}\\\text{金の額}}\right) \times \frac{\text{支払保険料総額}}{\substack{\text{年金支払総額又は}\\\text{年金支払総額の見}\\\text{込額}}}\right] \times 10\% = \substack{\text{源泉徴}\\\text{収税額}}$$

(注) 生命保険契約等の年金の支払調書の「年金の支払金額」欄には、支払
　　　年金の額と増加年金の額の合計額を記載し、現金払剰余金等の額又は積
　　　立剰余金等の額を外書きする。
　　　また、「年金の支払金額に対応する掛金額」欄には、雑所得の金額の計
　　　算上必要経費に算入される金額を記載する。

第7節 一時払養老保険に係る保険金等の源泉分離課税

　居住者又は恒久的施設を有する非居住者が国内において支払を受ける一定の一時払養老保険に係る保険金等については、他の所得と区分して、15％（居住者については、このほかに地方税5％）の税率による源泉分離課税とすることとされている（66ページの図表15参照）（措法41の10）。

(注)　雑所得として所得税が課される生命保険契約等に基づく年金については、原則として所得税の源泉徴収が行われるが、この場合の源泉徴収税額は、確定申告により精算することになる。ただし、源泉分離課税の対象となる一定の一時払養老保険に係る保険金等について源泉徴収された税額は、確定申告により精算することはできない。

1　源泉分離課税の対象となる一時払養老保険に係る保険金等の範囲及び源泉徴収税額の計算

　源泉分離課税の対象となる一時払養老保険に係る保険金等は、生命保険契約若しくは損害保険契約又はこれらに類する共済に係る契約で保険料又は掛金を一時に支払うこと（これに準ずる支払方法を含む。）その他一定の保障倍率を内容とするもののうち、保険期間又は共済期間が5年以下のもの及び保険期間等が5年を超えるものでその保険期間等の初日から5年以内に解約されたものに基づく満期保険金、満期返戻金、満期共済金又は解約返戻金である（所法174八）。

(注)1　保険期間が5年以下の一時払養老保険で、保険料負担者と保険金受取人が同一人であるものに基づく死亡保険金は、源泉分離課税の対象とはならない。
　　2　保険期間とは、保険会社の責任の存続期間をいうものと解され、この期間内に保険事故が発生した場合に限り保険金が支払われる。

　源泉分離課税の対象となる一時払養老保険に係る保険金等に対する所

得税の源泉徴収税額は、次により計算することとされている（措法41の10、所令298⑦）。

$$\left[\text{満期保険金等の金額} + \begin{array}{c} \text{満期保険金等とと} \\ \text{もに又は満期保険} \\ \text{金等の支払を受け} \\ \text{た後に支払を受け} \\ \text{る剰余金又は割戻} \\ \text{金の金額} \end{array} - \text{保険料又は掛金の総額} \right] \times 15\% = \text{源泉徴収税額}$$

(注)　算式中の「保険料又は掛金の総額」は、その満期保険金等の支払の日前に剰余金の分配若しくは割戻金の割戻しを受け、又は分配を受ける剰余金又は割戻しを受ける割戻金をもって保険料若しくは掛金の払込みに充てた場合のその剰余金又は割戻金の額を控除した金額とする。

2　一時払に準ずる支払方法の範囲

　保険料又は掛金を一時に支払うものであることが源泉分離課税の対象となる一時払養老保険の要件の一つとされているが、この場合の保険料又は掛金を一時に支払うものには、一時払に準ずる方法により保険料又は掛金を支払うこととしているものも含むこととされており、その一時払に準ずる方法とは、次の方法をいうこととされている（所令298⑤）。

イ　保険期間等の初日から1年以内に保険料又は掛金の総額の2分の1以上を支払う方法

ロ　保険期間等の初日から2年以内に保険料又は掛金の総額の4分の3以上を支払う方法

(注)1　保険料又は掛金の全部又は一部を前納することができることとされている場合において、その全部を前納したとき、又はその一部を上記イ若しくはロの方法に準じて前納したときも、一時払に準ずる方法によるものとして源泉分離課税の対象とすることとされている（所令298⑤）。

　　2　保険料又は掛金の総額の2分の1以上又は4分の3以上であるかどうかは、次の算式で求めた割合により判定することとされている（所基通174—5）。

$$\frac{\begin{array}{c}\text{保険期間等の初日から} \\ \text{1年以内又は2年以内} \\ \text{に払い込まれた保険料} \\ \text{又は掛金の総額}\end{array}}{\begin{array}{c}\text{保険期間等の満了の日} \\ \text{までに払い込まれた保} \\ \text{険料又は掛金の総額}\end{array}}$$

3　保障倍率

　一定の保障倍率を内容とするものであることが源泉分離課税の対象と
なる一時払養老保険の要件の一つとされているが、この場合の保障倍率
を内容とするものとは、次の区分に応じ、それぞれに掲げるものをいう
こととされている（所令298⑥、所規72）。

イ　生命保険契約又はこれに類する共済に係る契約の場合……次の(イ)に
　該当するとともに(ロ)に該当するものであること。

　(イ)　災害、不慮の事故、伝染病予防法に規定する疫病若しくは悪性新
　　生物による人の死亡若しくは高度の障害を保険事故として支払われ
　　る死亡保険金又はこれらに類する死亡共済金の額と疾病又は傷害に
　　基因する入院及び通院に係る給付金の日額にその支払限度日数を乗
　　じて計算した金額との合計額の、満期保険金又は満期共済金の額に
　　対する割合が5未満であること。

　(ロ)　(イ)の死亡保険金等以外の死亡保険金又はこれに類する共済金の額
　　の、満期保険金又は満期共済金の額に対する割合が1以下であるこ
　　と。

ロ　損害保険契約又はこれに類する共済に係る契約の場合……次の区分
　に応じ、それぞれに掲げる金額の、満期返戻金又は満期共済金の額に
　対する割合が5未満であること。

　(イ)　不動産又は動産の全損に対して保険金又は共済金を支払ったとき
　　に失効する損害保険契約又はこれに類する共済に係る契約……その
　　不動産又は動産の全損に対して支払われる保険金又は共済金の額

　(ロ)　人の身体の傷害に基因する死亡又は後遺障害に対して保険金又は
　　共済金を支払ったときに失効する損害保険契約又はこれに類する共
　　済に係る契約……次の金額の合計額

　　A　死亡保険金又は死亡共済金の額と後遺障害保険金又は後遺障害

共済金の額とのいずれか多い方の金額

B　傷害に基因する入院及び通院に係る保険金又は共済金の日額にその支払限度日数及びその損害保険契約又はこれに類する共済に係る契約の年数を乗じて計算した金額

(ハ)　不動産若しくは動産の全損に対して保険金若しくは共済金を支払ったとき又は人の身体の傷害に基因する死亡若しくは後遺障害に対して保険金若しくは共済金を支払ったときに失効する損害保険契約又はこれに類する共済に係る契約……(イ)又は(ロ)に掲げる金額のうちいずれか多い方の金額

第8節　個人事業主の生命保険の
保険料及び保険金等

1　はじめに

　個人の生命保険の利用は、主として、自己や自己の家族の生活の安定を目的としているといえるが、昨今は、個人事業主が、使用人の死亡や傷害等に伴う退職金や見舞金等の業務上の資金の確保とか、使用人の福利厚生対策等を目的として利用することもあるようである。自己や自己の家族の生活の安定を目的とする生命保険の利用については、所得税の取扱い上、業務に係る所得の金額の計算とは何らかかわりのないものといえるが、個人事業主の生命保険の利用で、契約の形態等により業務に関すると認められるものについては、それに関する支払保険料や受取保険金等は、その業務に係る所得の金額の計算上の問題として処理すべきものである。

　法人企業といえども昨今は小規模の事業体がかなり多く、個人事業と大差のないものが多い。ところが、法人税においては、使用人対策としての生命保険の利用の場合の経理処理等に関する基本通達の定めがあるが、一方、所得税には同様の通達の定めはない。その主たる理由は、個人事業の場合には数少ないであろうそういった事情についてまで基本通達に定める必要性はないので、個別に必要性のあるケースが生じた場合には法人税の取扱いに準じて処理すれば足りるとしたものと考えられる。ただし、所基通34—1(4)のかっこ書では、「生命保険契約等に基づく一時金」で「業務に関して受けるものを除く」として、一時所得から除外している。

　本節では、業務に関するものと認められるケースを想定して、契約形

態等により法人税の取扱いに準じて解説することとする。

　なお、個人事業者が使用人の福利厚生対策として付保した生命保険契約について、福利厚生目的と認められないとした広島地裁の裁判事例がある。この裁判事例については、130ページの **9** において解説する。

2　死亡保険金のほかに満期保険金等を支払う旨の定めのある生命保険契約（養老保険）に係る支払保険料

　死亡保険金のほかに、満期保険金又は満期返戻金を支払う旨の定めのある生命保険を、一般的に「養老保険」といっている。使用人を被保険者とする養老保険の契約に基づいて、個人事業主が保険料を支払う場合には、その保険料の金額は、次に掲げる区分に応じ、それぞれ次により処理することとなる。

⑴　死亡保険金及び満期保険金等の受取人がいずれも個人事業主である場合

　養老保険の保険料は、満期保険金の支払財源に充てるための積立保険料、死亡保険金の支払財源に充てるための危険保険料及び新規募集費その他の経費に充てるための付加保険料とから成っているが、死亡保険金又は満期保険金若しくは満期返戻金の受取人がいずれも個人事業主である場合には、所得税の場合においても、養老保険の貯蓄性を考慮し、法人税の取扱い（法基通9－3－4）と同様に、これらの保険料の全額を、保険事故の発生又は契約の解除若しくは失効（以下「契約の終了」という。）の時まで、その個人事業主の業務に係る所得の金額の計算上資産として計上すべきものと考えられる。

　ただし、その保険料の金額の中に特約に係る保険料の金額が含まれている場合において、保険証券又は保険料支払案内書等により、その保険

料の金額が、主契約に係る部分と特約に係る部分とに明確に区分できるときには、その特約に係る部分の保険料の金額は、期間の経過に応じて、その業務に係る所得の金額の計算上必要経費に算入することができるものと考える（法基通9－3－6の2準用）。

　なお、その生命保険契約に基づいて個人事業主が支払を受ける剰余金、割戻金等の金額は、その支払の通知を受けた時に、上記により資産として計上した金額から控除することになると考える（法基通9－3－8準用）。

(2)　死亡保険金及び満期保険金等の受取人がいずれも使用人又はその遺族である場合

　死亡保険金又は満期保険金若しくは満期返戻金の受取人が、いずれも被保険者である使用人又はその使用人の遺族である場合には、その生命保険契約による利益は原則としてすべて被保険者である使用人が享受することになるため、個人事業主が支払う保険料の金額は、原則としてその使用人に対する給与として取り扱われる（受取保険金等の課税関係についても、その使用人が保険料を負担したものとして取り扱われる。所基通34－4、36－31(2)）。

　したがって、個人事業主が支払うその保険料（原則として特約に係る保険料を含む。）の金額は、その個人事業主の業務に係る所得の金額の計算上必要経費に算入することとなる。

　なお、その生命保険契約に基づいて個人事業主が支払を受ける剰余金、割戻金等の金額がある場合には、その金額は、その支払の通知を受けた時に、その業務に係る所得の金額の計算上総収入金額に算入することとなる。

⑶ 死亡保険金の受取人が使用人の遺族で、満期保険金等の受取人が個人事業主である場合

　死亡保険金の受取人を使用人の遺族とし、満期保険金又は満期返戻金の受取人を個人事業主とする生命保険契約に係る保険料を、その個人事業主が支払う場合についても、法人税の取扱い（法基通9―3―4⑶）に準じて処理して差し支えないものと考えられる。法人税の取扱いに準じて処理すると、次のようになる。

　　イ　個人事業主が支払う保険料の金額のうち、2分の1に相当する金額は、満期保険金の支払財源に充てるための積立保険料等に相当するものとして、契約の終了の時まで、その個人事業主の業務に係る所得の金額の計算上資産として計上する。

　　ロ　残りの2分の1に相当する保険料の金額は、次の3の⑵の取扱いとのバランス上、期間の経過に応じて、その個人事業主の業務に係る所得の金額の計算上必要経費に算入する（原則として給与課税はしない。所基通36―31⑶）。

　ただし、その保険料の金額の中に特約に係る保険料の金額が含まれている場合において、保険証券又は保険料支払案内書等により、その保険料の金額が、主契約に係る部分と特約に係る部分とに明確に区分できるときには、その特約に係る部分の保険料の金額を除いた金額の2分の1に相当する金額を資産として計上し、残りの保険料の金額を必要経費に算入することができるものと考えられる。

　なお、その生命保険契約に基づいて個人事業主が支払を受ける剰余金、割戻金等の金額がある場合には、その金額は、その支払の通知を受けた時に、その業務に係る所得の金額の計算上総収入金額に算入することになると考えられる。

3　満期保険金を支払う旨の定めのない生命保険契約（定期保険）及び第三分野保険に係る支払保険料

　一定期間内に被保険者が死亡した場合に限り保険金が支払われることとされており、満期保険金又は満期返戻金を支払う旨の定めのない生命保険を、一般的に「定期保険」といっている。また、「**第三分野保険**」とは、人が疾病にかかったこと、傷害を受けたこと又は疾病にかかったこと等を原因とする人の状態やこれらについて治療を受けたこと、傷害を受けたことを直接の原因とする人の死亡に関し、「一定額の保険金を支払うこと又はこれらによって生ずることのある損害をてん補することを約し、保険料を収受する保険」をいい、例えば「**傷害保険**」、「**疾病保険**」、「**がん保険**」、「**医療保険**」、「**介護保険**」と称される保険商品などが該当する。使用人を被保険者とする定期保険又は第三分野保険の契約に基づいて、個人事業主が保険料を支払う場合には、次の **4** の適用がある場合を除き、その保険料の金額は、次に掲げる区分に応じ、それぞれ次により処理することとなる。

　ただし、個人事業主が、保険期間を通じて解約返戻金相当額のない定期保険又は第三分野保険に加入した場合において、その年分に支払った保険料の額（一の被保険者につき2以上の解約返戻金相当額のない短期払の定期保険又は第三分野保険に加入している場合にはそれぞれについて支払った保険料の額の合計額）が30万円以下であるものについて、その支払った日の属する年分の必要経費に算入しているときには、認められるものと考える。

⑴　**保険金又は給付金の受取人が個人事業主である場合**

　保険金又は給付金の受取人が個人事業主とされている場合、個人事業主が支払う保険料（特約に係る保険料を除く。）の金額は、いわゆる掛捨

てで貯蓄性がないこと、死亡保険金（その業務に係る所得の金額の計算上総収入金額に算入する。）が退職金又は弔慰金に充てられることを前提として、期間の経過に応じて、その業務に係る所得の金額の計算上必要経費に算入することができるものと考えられる。

　なお、その生命保険契約に基づいて個人事業主が支払を受ける剰余金、割戻金等の金額は、その支払の通知を受けた時に、その業務に係る所得の金額の計算上総収入金額に算入することになると考えられる。

(2)　保険金又は給付金の受取人が使用人又は使用人の遺族である場合

　保険金又は給付金の受取人が使用人又は使用人の遺族とされている場合、個人事業主が支払う保険料（特約に係る保険料を除く。）の金額は、期間の経過に応じて、その業務に係る所得の金額の計算上必要経費に算入する（原則として給与課税はしない。所基通36—31の2(2)。昭和47年2月14日付直審3—8「集団定期保険料等の所得税法上の取扱いについて」通達参照）。

　なお、その生命保険契約に基づいて個人事業主が支払を受ける剰余金、割戻金等の金額がある場合には、その金額は、その支払の通知を受けた時に、その業務に係る所得の金額の計算上総収入金額に算入することとなる。

4　定期保険等の保険料に相当多額の前払部分の保険料が含まれる場合の取扱い

　個人事業主を契約者とし、使用人（これらの者の親族を含む。）を被保険者とする保険期間が3年以上の**定期保険**又は**第三分野保険**（以下「定期保険等」という。）で最高解約返戻率が50％を超えるものについては、法人税法の取扱い（法基通9−3−5の2）と同様に、最高解約返戻率

の区分に応じて一定額を一定期間資産計上し、所定の期間経過後に取り崩して必要経費に算入するべきものと考えられる。

　保険期間が複数年となる定期保険又は第三分野保険の保険料は、加齢に伴う保険料の上昇を抑える観点から平準化されているため、保険期間前半における保険料の中には、保険期間後半における保険料に充当される部分、すなわち前払部分の保険料が含まれており、これについては、資産計上するのが原則となるが、その平準化された定期保険又は第三分野保険の保険料は、いわゆる掛捨ての危険保険料及び付加保険料のみで構成されており、これらを期間の経過に応じて損金の額に算入したとしても、一般に、課税所得の適正な期間計算を大きく損なうこともないと考えられることから、前記3「満期保険金を支払う旨の定めのない生命保険契約（定期保険）及び第三分野保険に係る支払保険料」のとおり、支払保険料の額は、原則として、期間の経過に応じて必要経費に算入することとしている。

　一方、特に保険期間が長期にわたるものや保険期間中に保険金額が逓増するものなどは、その保険期間の前半において支払う保険料の中に相当多額の前払部分の保険料が含まれており、中途解約をした場合にはその前払部分の保険料の多くが返戻されるため、このような保険についても前記3のとおりそのまま適用すると課税所得の適正な期間計算を損なうこととなる。したがって、このような保険については、上記の原則的な考え方にのっとった取扱いとすることが適当であるため、前記3によらず、次に掲げる取扱いによるものと考える。

　この取扱いにおける「最高解約返戻率」とは、その保険の保険期間を通じて解約返戻率が最も高い割合となる期間におけるその割合をいい、「解約返戻率」とは、保険契約時において契約者に示された解約返戻金相当額を、それを受けることとなるまでの間に支払う保険料の額の累計額で除して計算した割合をいう。一般的には、契約時に個々の契約内容

に応じて作成される保険設計書等において「○○年目の解約返戻金△△円、○○年目の解約返戻率××％」などと示される金額や割合によることとなる。

　また、個人事業者が保険期間が３年以上の定期保険等で最高解約返戻率が50％を超えるものに加入して、その保険料を支払った場合には、当年分支払保険料の額については、122ページの〔表〕に定める最高解約返戻率の区分に応じて資産計上を行うこととなる。この「当年分支払保険料の額」とは、その支払った保険料の額のうち当期年分に対応する部分の金額をいう。

　したがって、例えば、いわゆる前納制度を利用して前納保険料を支払った場合や、保険料を短期払した場合など、一定期間分の保険料の額の前払をしたときには、その全額を資産に計上し、資産に計上した金額のうち当該年分に対応する部分の金額について、当年分の支払保険料の額として資産計上額を計算することとなる。

　具体的な算定の例は、次のとおりである。

（1）　個人事業者が、最高解約返戻金60％（50％超70％以下の区分に該当）の定期保険等に加入して、その保険料を支払った場合

　イ　資産計上期間（保険期間の開始の日から当該保険期間の前半４割相当期間を経過する日までの期間）

　　当年分支払保険料の額の４割相当額を資産に計上し、残額を損金の額に算入する。

　ロ　資産計上期間経過後から保険期間の終了の日までの期間（ハの取崩期間を含む。）

　　当年分支払保険料の額を必要経費の額に算入する。

　ハ　取崩期間（保険期間のうち後半４分の１の期間）

　　ロの必要経費算入額に加えて、イで資産に計上した金額の累

積額を均等に取り崩して必要経費の額に算入する。

　　なお、年の途中で資産計上期間が終了する場合又は年の途中から取崩期間が開始する場合には、月割りにより資産計上額又は取崩額を計算するのであるが、前者の場合には1月未満の端数は切捨てとし、後者の場合には切上げとする。

(2)　個人事業主が、最高解約返戻率80％（70％超85％以下の区分に該当）の定期保険等に加入して、その保険料を支払った場合

　　資産計上期間に当年分支払保険料の額の6割相当額を資産に計上すること以外は、上記(1)と同様の取扱いとなる。

(3)　個人事業主が、最高解約返戻率90％（85％超の区分に該当）の定期保険等に加入して、その保険料を支払った場合

　イ　資産計上期間（保険期間の開始の日から最高解約返戻率となる期間の終了の日まで）

　　　保険期間の開始の日から10年間は、当年分支払保険料の額に当該最高解約返戻率90％の9割（＝81％）を乗じた金額を、10年経過後の残りの資産計上期間は、当年分支払保険料の額に最高解約返戻率90％の7割（＝63％）を乗じた金額を資産に計上し、残額を必要経費の額に算入する。

　ロ　資産計上期間経過後から保険期間の終了の日までの期間（ハの取崩期間を含む。）

　　　当年分支払保険料の額を必要経費の額に算入する。

　ハ　取崩期間（解約返戻金相当額が最も高い金額となる期間経過後から保険期間の終了の日までの期間）

　　　ロの必要経費算入額に加えて、イで資産に計上した金額の累積額を均等に取り崩して必要経費の額に算入する。

上記(3)イの最高解約返戻率となる「期間」及び上記(3)ハの解約返戻金

相当額が最も高い金額となる「期間」のように、最高解約返戻率が85％
超の区分となる場合の資産計上期間の欄及び取崩期間の欄などにある
「期間」とは、保険期間の開始の日以後1年ごとに区分した各期間のこ
とをいう。例えば、「最高解約返戻率となる期間」とは、保険期間を構
成する各期間のうち、解約返戻率が最高率となる期間のことである。

　また、例えば、最高解約返戻率が同率の期間が複数ある場合には、そ
の最も遅い期間の終了の日までが資産計上期間ということになる。

　最高解約返戻率が85％超の区分に該当する場合の原則的な取扱いは上
記(3)のとおりであるが、上記(3)イの資産計上期間経過後の各期間におい
て支払う保険料の中に相当多額の前払部分の保険料が含まれている場合、
すなわち、最高解約返戻率となる期間経過後の期間における解約返戻金
相当額からその直前期間における解約返戻金相当額を控除した金額（対
直前期間増加額）を年換算保険料相当額で除した割合が7割を超える期
間がある場合には、その7割を超える期間の終了の日まで資産計上期間
が延長されることとなる。この取扱いは、保険期間開始後、早期に最高
解約返戻率に到達した後も依然として高解約返戻率を維持する保険商品
に対応することとされたものである。

　なお、この割合が7割を超える期間が複数ある場合には、その最も遅
い期間の終了の日までが資産計上期間となる。したがって、一時的にこ
の割合が7割を下回ることがあっても、資産計上期間が途切れることは
ないこととなる。

　また、最高解約返戻率が111％を超えるような場合には、算出される
資産計上額が当年分支払保険料の額を超える場合が生じ得るが、このよ
うな場合には、当年分支払保険料の額に相当する金額が資産計上額の上
限となる。

　ところで、保険商品の設計によっては、最高解約返戻率となる期間が
極めて早期に到来し、その後、解約返戻率が急減するような保険商品が

考えられる。そのため、このような保険商品で最高解約返戻率が85％を超えるものについては、122ページの〔表〕中の資産計上期間の欄の注書において、最低でも５年間は資産計上することとされているが、このような商品であっても、保険期間が10年未満である場合には、当該保険期間の５割相当期間を資産計上期間とすることとされている。したがって、例えば、保険期間が８年の保険契約について〔表〕中の資産計上期間の欄の本文に従って計算された資産計上期間が３年となる場合であっても、資産計上期間は４年（８年の５割相当期間）となり、当年分支払保険料の額に最高解約返戻率の９割を乗じた金額を資産計上することとなる。そして、この取扱いによる場合には、資産計上期間経過後から保険期間の終了の日までが取崩期間となる。

　なお、保険期間が３年以上の定期保険等で最高解約返戻率が50％を超えるものについては、その最高解約返戻率の区分に応じて資産計上することとしているが、このような保険であっても、最高解約返戻率が70％以下の保険で、その年換算保険料相当額が30万円以下の場合には、支払保険料の中に含まれる前払部分の保険料を期間の経過に応じて必要経費に算入したとしても、一般に、課税所得の適正な期間計算を大きく損なうこともないことから、この場合の保険はこの適用対象外となる。

　この「年換算保険料」とは、その保険の保険料の総額を保険期間の年数で除した金額をいい、また、年換算保険料相当額が30万円以下か否かの判定については、保険会社や保険契約への加入時期の違いにかかわらず、一の者（例えば、使用人である甲）を被保険者として、個人事業主が加入している全ての定期保険等に係る年換算保険料相当額の合計額で判定することになる。

〔表〕（法基通9―3―5の2より抜粋）

区分	資産計上期間	資産計上額	取崩期間
最高解約返戻率50％超70％以下	保険期間の開始の日から、当該保険期間の100分の40相当期間を経過する日まで	当期分支払保険料の額に100分の40を乗じて計算した金額	保険期間の100分の75相当期間経過後から、保険期間の終了の日まで
最高解約返戻率70％超85％以下		当期分支払保険料の額に100分の60を乗じて計算した金額	
最高解約返戻率85％超	保険期間の開始の日から、最高解約返戻率となる期間（当該期間経過後の各期間において、その期間における解約返戻金相当額からその直前の期間における解約返戻金相当額を控除した金額を年換算保険料相当額で除した割合が100分の70を超える期間がある場合には、その超えることとなる期間）の終了の日まで ㈲　上記の資産計上期間が5年未満となる場合には、保険期間の開始の日から、5年を経過する日まで（保険期間が10年未満の場合には、保険期間の開始の日から、当該保険期間の100分の50相当期間を経過する日まで）とする。	当期分支払保険料の額に最高解約返戻率の100分の70（保険期間の開始の日から、10年を経過する日までは、100分の90）を乗じて計算した金額	解約返戻金相当額が最も高い金額となる期間（資産計上期間がこの表の資産計上期間の欄に掲げる㈲に該当する場合には、当該㈲による資産計上期間）経過後から、保険期間の終了の日まで

5　定期付養老保険等に係る支払保険料

　養老保険と定期保険又は第三分野保険とを組み合わせ、低廉な保険料で高額の死亡保障等が得られるように仕組まれた保険を、「定期付養老保険等」といい、この定期付養老保険等の保険料は、養老保険に係る部分と定期保険又は第三分野保険に係る部分とから成っているので、使用

人を被保険者とする定期付養老保険等の契約に基づいて個人事業主が保険料を支払う場合には、その保険料の金額を、保険証券又は保険料支払案内書等により養老保険に係る部分と定期保険又は第三分野保険に係る部分とに区分して、それぞれの保険料の金額について、前記2、3又は4のように処理すべきものと考えられる。

　なお、その保険料の金額が、保険証券又は保険料支払案内書等により養老保険に係る部分と定期保険又は第三分野保険に係る部分とに明確に区分されていない場合、及び特約が付されている場合については、法人税の取扱い（法基通9－3－6(1)、(2)、9－3－6の2）に準じて処理して差し支えないものと考えられる。

　法人税の取扱いに準じて処理すると、次のようになる。

　イ　保険料の金額が、保険証券又は保険料支払案内書等により養老保険に係る部分と定期保険又は第三分野保険に係る部分とに明確に区分されていない場合には、その保険料の金額の全額を養老保険に係る保険料の金額とみて、前記2のように処理する。

　ロ　保険料の金額が、保険証券又は保険料支払案内書等により養老保険に係る部分と定期保険又は第三分野保険及び特約に係る部分とに明確に区分されている場合は、前記2、3又は4により取り扱う。

6　家族従業員を被保険者とする生命保険契約に係る支払保険料

　青色事業専従者又は白色事業専従者（以下この節において「家族従業員」という。）を被保険者とする生命保険契約に基づいて、個人事業主が保険料を支払う場合には、家族従業員が家族の一員としての面と使用人としての面との二面性を有していることから、これを一般の使用人の場合と同様にみて前記2から5までのような取扱いをすべきか否かが問題と

なる。

　そもそも、企業において使用人に関して生命保険が利用されるのは、使用人の死亡や傷害などの事故の発生に伴う退職金や弔慰金、見舞金などの資金を確保するためとか、使用人の福利厚生対策といったことが目的とされているからである。家族従業員との関係においては、家族従業員に対して退職金や弔慰金、見舞金などを支払うというような一般的慣行はないと考えられ、また、家族従業員に対する福利厚生対策というようなことの必然性も少ないと考えられることからすれば、家族従業員を被保険者とする生命保険契約に係る保険料を個人事業主が支払うといったことは、使用人の一人として支払うとみるより、家族の一員として支払うとみる方が自然であるといえる。このようなことから、個人事業主が支払う家族従業員を被保険者とする生命保険契約に係る保険料は、原則として、その個人事業主の業務に係る所得の金額の計算上必要経費には算入しないこととして取り扱われている。

　ただし、個人事業主が、その使用人を被保険者及び保険金等の受取人とする定期保険に加入している場合において、その使用人と同一の条件で、家族従業員を被保険者及び保険金等の受取人とする定期保険に加入しているときには、その家族従業員に係る保険料（傷害特約等の特約に係る保険料を含む。）の金額についても、期間の経過に応じて、その業務に係る所得の金額の計算上必要経費に算入することができることとして取り扱われている（昭和47年2月14日付直審3―8「集団定期保険料等の所得税法上の取扱いについて」通達参照）。

　なお、その定期保険の契約に基づいて個人事業主が支払を受ける剰余金、割戻金等の金額がある場合には、その金額は、その支払の通知を受けた時に、その業務に係る所得の金額の計算上総収入金額に算入することとなる。

㊟　この取扱いは、保険金等の受取人が使用人とされているケースの場合で

ある。家族従業員を被保険者とし保険金等の受取人を個人事業主とする定期保険の場合において、仮に、その個人事業主の業務に関するものとして処理するとすれば、保険料の金額は必要経費に算入することとなり、保険金等の金額は総収入金額に算入することとなるものの、支払う退職金や弔慰金、見舞金などの金額は、法令上必要経費には算入されないこととなる（所法56、57）。

7　個人事業主が支払を受ける死亡保険金や満期保険金等

使用人を被保険者とする生命保険契約に基づいて、個人事業主が支払を受ける死亡保険金や満期保険金等は、次に掲げる区分に応じ、それぞれ次により処理することとなる。

(1)　死亡保険金の支払を受ける場合

使用人を被保険者とする生命保険契約に基づいて、個人事業主が支払を受ける死亡保険金の額は、その個人事業主の業務に係る所得の金額の計算上総収入金額に算入し、資産として計上した保険料の金額があるときには、その保険料の金額は、その個人事業主の業務に係る所得の金額の計算上必要経費に算入することとなる（所基通34―1(4)かっこ書）。また、この場合には、一方において、退職金や弔慰金、見舞金などを支払うこととなろうから、それらの金額についても、その個人事業主の業務に係る所得の金額の計算上必要経費に算入することとなる。

(注)1　使用人の死亡に基因してその使用人の遺族が支払を受ける死亡保険金は、保険料について使用人に対して給与等として所得税が課されたか否かにかかわらず、相続財産とみなして相続税の課税の対象となる（相基通3―17(1)）。

　　2　使用人の死亡に基因して個人事業主から退職金として支払を受ける保険金は、相続財産とみなして相続税の課税の対象となる（相基通3―17ただし書）。

　　3　家族従業員を被保険者とし保険金等の受取人を個人事業主とする生命保険の場合において、仮に、その個人事業主の業務に関するものとして処理するとすれば、保険料の金額は必要経費に算入することとなり、死

亡保険金の金額は総収入金額に算入することとなるものの、支払う退職金や弔慰金、見舞金などの金額は、法令上必要経費には算入されない（所法56、57）。その個人事業主の業務に関するものではないとして処理するとすれば、その死亡保険金は、一時所得として所得税の課税の対象となる。

(2)　満期保険金又は満期返戻金の支払を受ける場合

　使用人を被保険者とする生命保険契約に基づいて支払を受ける満期保険金又は満期返戻金であっても、個人事業主にとっては、結果的には、一般の生命保険契約に基づいて支払を受ける満期保険金又は満期返戻金と同様、一種の投資運用利益を加算した貯蓄の払戻金的性格が強いと考えることができることからすれば、その生命保険契約に基づいて支払を受ける満期保険金又は満期返戻金による所得も、一般の生命保険契約に基づいて支払を受ける満期保険金又は満期返戻金による所得と同様、一時所得に該当すると考えることができる。

　しかし、使用人を被保険者として、使用人の死亡や傷害等に伴う退職金や見舞金等の業務上の資金の確保とか使用人の福利厚生対策等を目的として締結する使用人を被保険者とする生命保険契約は、その契約の締結自体、業務上必要な行為と考えるべきものであること、それを前提として、112ページの(1)では保険料の全額を、114ページの(3)では保険料の2分の1に相当する金額を業務上の資産として計上し、保険事故（死亡又は生存等）の発生の時にその全額を必要経費に算入することを認めることとしていることからすれば、その生命保険契約に基づいて支払を受ける満期保険金又は満期返戻金による所得も、原則として、前記(1)の死亡保険金による所得と同様、その業務に係る所得に該当するものとして取り扱うべきものと考えられる。

(3)　入院給付金等の支払を受ける場合

　個人事業主が、使用人を被保険者とする生命保険契約に基づいて、入

院給付金や傷害給付金などの支払を受ける場合には、その支払を受ける入院給付金等の額は、その個人事業主の業務に係る所得の金額の計算上総収入金額に算入することとなる。また、この場合には、一方において、入院費や見舞金などを支払うこととなろうから、それらの金額については、福利厚生費等として、その個人事業主の業務に係る所得の金額の計算上必要経費に算入することとなる。

8　保険事故の発生前に使用人が退職するに際して、保険金等の受取人を個人事業主とする生命保険契約に係る保険証書を、使用人に支給する場合

　使用人を被保険者とし、保険金等の受取人を個人事業主とする生命保険契約を締結している場合において、保険事故の発生前に使用人が退職するに際して、その契約に係る契約者及び保険金等の受取人の名義を使用人に変更して、その契約に係る権利を退職金の一部として使用人に支給するというケースがあるようである。

　この場合には、使用人が受ける生命保険契約に係る権利の価額は、その使用人に対する退職金として所得税の課税の対象とされ、一方、個人事業主の側においては、その権利の価額に相当する金額を退職金としてその個人事業主の業務に係る所得の金額の計算上必要経費に算入することとなる。また、その権利の価額と資産として計上した保険料の金額との差額については、雑収入又は雑費として、その業務に係る所得の金額の計算上総収入金額又は必要経費に算入することとなる。

　そしてその権利の価額は、原則として、使用人に対して支給する時においてその契約を解除したとした場合に支払われることとなる解約返戻金の額（解約返戻金のほかに支払われる前納保険料の額や剰余金の分配等の額がある場合には、それらの金額との合計額）により評価することとされ

ている（所基通36—37）。

　ただし、「低解約返戻金型保険」など解約返戻金の額が著しく低いと認められる期間（以下「低解約返戻期間」という。）のある保険契約等については、第三者との通常の取引において低い解約返戻金の額で名義変更等を行うことは想定されないことから、低解約返戻期間の保険契約等については、「支給時解約返戻金の額」で評価することは適当でない。

　したがって、雇用主が低解約返戻期間に保険契約上の地位（権利）を使用人等に支給した場合には、次により評価することとされている（所基通36—37ただし書き）。

㊟　低解約返戻期間については、支給時解約返戻金の額が支給時資産計上額よりも低い期間とすることも考えられるが、保険商品の実態や所得税基本通達39—2の取扱いを踏まえ、支給時解約返戻金の額が支給時資産計上額の70％に相当する金額未満である期間を低解約返戻期間と取り扱うこととされている。

①　支給時解約返戻金の額が支給時資産計上額の70％に相当する金額未満である保険契約等に関する権利を支給した場合には、支給時資産計上額により評価する。

②　復旧することのできる払済保険その他これに類する保険契約等に関する権利を支給した場合には、支給時資産計上額に法人税基本通達9—3—7の2の取扱いにより雇用主が損金に算入した金額を加算した金額により評価する。

　この取扱いについては、対象とする保険契約等は前記4の取扱いの適用を受けるものに限ることとしている。

　この取扱いについて、保険契約等では、「保険契約等は維持したいが、保険料の負担が難しい者」への対応として、「保証内容が低く、追加保険料が発生しない保険契約等」（払済保険）に変更することができる場合があり、この払済保険については、一定期間、元の契約に戻す（復旧する）ことができる場合がある。

低解約返戻期間における保険契約等については、①により支給時資産計上額で評価するとしているが、復旧することのできる低解約返戻金型保険を低解約返戻期間に払済保険に変更して使用人等に支給した場合、支給時資産計上額は低い解約返戻金の額に洗替えされることから、上記①の取扱いの抜け穴となるおそれがある。

したがって、復旧することのできる払済保険その他これに類する保険契約等に関する権利を使用人等に支給した場合には、支給時資産計上額に雇用主が法人税基本通達９―３―７の２の取扱いにより、損金に算入した金額を加算した金額（元の契約の資産計上額）で評価することとされている。

㈟　復旧することのできる払済保険に類する保険契約等とは、保険契約等を変更した後、元の保険契約等に戻すことのできる保険契約等の全てが含まれる。

「支給時資産計上額」は、雇用主が支払った保険料の額のうち保険契約上の地位（権利）の支給時の直前において前払保険料として法人税基本通達の取扱いにより資産に計上すべき金額となる。

なお、退職後にその退職者が支払を受ける満期保険金は、その退職者の一時所得として課税されることになるが、その一時所得の計算上控除する支出としては、一般的には、退職金代わりとされた解約返戻金相当額（低解約返戻金型保険等の場合は、支給時資算計上額）と退職後にその退職者が支払った保険料等の金額との合計額とすべきものと考えられる。つまり、使用者が負担した保険料等の金額は控除の対象とはならないものと考えられる。

9　個人事業者が使用人の福利厚生対策として付保した生命保険契約について、福利厚生目的と認められないとした裁判事例（広島地裁平成27年7月29日判決）

　法人税においては、使用人対策としての生命保険の利用の場合の経理処理等に関する基本通達の定めがあるが、一方、所得税には同様の通達の定めはない。その主たる理由については、本節（第8節）の1（はじめに）において解説したところであり、以下8までにおいて、個人企業の場合の契約形態等により業務に関するものと認められるケースを想定して、法人税の取扱いに準じて解説してきたところである。

　この9では、個人事業者が使用人の福利厚生対策として付保した生命保険契約について、福利厚生目的と認められないとした広島地裁の裁判事例について概説する。

(1)　事案の概要等

　原告は、保険契約者を原告、被保険者を各使用人とし、死亡保険金の受取人を各使用人の親族、満期保険金の受取人を原告とする生命保険契約を締結した。

　原告は、当該契約の締結に当たり、生命保険会社の社員を招いて各使用人を対象とする説明会を開催し、退職金の資金確保のための保険加入であり、福利厚生目的である旨の説明をした。

　原告は、当該保険契約に係る保険料のうち2分の1相当額を福利厚生費として必要経費に算入し、残りの2分の1相当額を積立資産として計上したが、税務当局は、2分の1相当額の必要経費算入を認めなかった。

(2)　判決要旨とそれに対する注釈

　裁判所は、次の事情から、当該保険契約は福利厚生目的とは認められ

ないとしている。

　イ　保険金受取人である原告が各使用人にその保険金を支払うという制度が存しない。

　ロ　保険金額を退職金支給予定額の範囲内としたり、保険期間を各使用人の退職時に合わせるなどしておらず、退職金規程に沿っていない。

　ハ　解約返戻金は、退職金支給予定額を超え、1.9倍以上となっている。

　ニ　各使用人によって満期保険金の額が異なっており、福利厚生の内容として差を設ける合理的な理由が認められない。

　ホ　退職金の支給時に解約していないのみならず、退職後もその保険契約が継続されている。

　以上の事情があるとすれば裁判所の指摘は当然である。この事例の場合、福利厚生対策としてあまりにも粗雑であり、個人事業者であるか否かの問題以前の問題である。

　小規模規模な法人事業は多数存在しており、福利厚生対策として充実していないケースも想定されるが、法人税基本通達ではそういったことのきちんとした縛りをしていない（控訴審の広島高裁平成28年4月20日判決では、死亡保険金の受取人が使用人の家族であるとしても、その受給が保障されているとはいえないとしており、であるとすれば、保険金殺人類似の事故にも利用できることになる。）。したがって、法人事業の場合であっても、この個人事業の事例と同様に、保険契約は福利厚生目的とは認められないケースがあり得ると考えられる。

　もう一つ、裁判所の指摘は、所得税法上、家事費及び家事関連費の必要経費不算入の規定が存在する観点からの指摘である。裁判所は、福利厚生目的が否定できないとした場合であっても、業務上必要な経費として明らかに区分することができる部分以外は必要経費に算入できないとしている。この点は、個人事業の場合のウイークポイントである。「明

らかに区分する」には高いハードルがある。このため、争訟上、業務上
必要な経費の部分が認められるとしても、その全額を必要経費に算入で
きないとされた事例が多数存在する。この点については、第7章（家事
関連費をめぐる諸問題について）において詳しく解説している。

　なお、この事例に関する広島地裁判決に関する解説としては、『国税
速報』平成30年3月19日（第6502号）25頁、「個人事業主が従業員に掛
けた生命保険契約に係る保険料を事業所得の必要経費に算入できるかど
うかが争われた事例」（池本征男）がある。

第9節　業務用資産に係る長期損害保険の保険料及び保険金等

1　はじめに

　長期の損害保険は、いわゆる掛捨ての火災保険等と異なり、その保険料は、満期保険金の支払に充てられる積立保険料の部分と掛捨ての保険料に相当する危険保険料及び付加保険料の部分とから成っている。このため、業務用資産に係る長期の損害保険については、その保険料の金額の全額を支払った日の属する年分の必要経費に算入することができるか否かという問題がある。また、その保険の契約に基づいて支払を受ける損害保険金や満期返戻金等の所得区分等の問題もある。

　本節では、これらの問題について解説する。

2　長期損害保険の支払保険料

　業務の用に供されている固定資産等に係る火災保険等の損害保険の保険料の金額は、通常は、その全額をその業務に係る所得の金額の計算上必要経費に算入することができる。しかし、保険期間が3年以上で、かつ、保険期間満了後に満期返戻金を支払う旨の定めのある損害保険契約（これに類する共済契約を含む。以下「長期損害保険契約」という。）のうち、業務の用に供されている固定資産等に係るものに基づいて支払う保険料（共済掛金を含む。以下「保険料」という。）については、次のように取り扱うこととされている（所基通36・37共—18の2）。

　　イ　保険料のうち積立保険料に相当する部分の金額は、保険期間の満了又は保険契約の解除若しくは失効の時まではその業務に係る所得

の金額の計算上資産として取り扱う。

　ロ　保険料のうち積立保険料に相当する部分以外の部分の金額は、期間の経過に応じて、その業務に係る所得の金額の計算上必要経費に算入する。

　なお、保険料のうち積立保険料に相当する部分の金額とそれ以外の部分の金額との区分は、保険料払込案内書や保険証券添付書類等により区分されているところによる。

㊟　店舗併用住宅に係る保険料のように保険料の金額の中に生活用の資産に係る部分の金額が含まれている場合には、その生活用の資産に係る部分の保険料の金額は、業務に係る所得の金額の計算上必要経費に算入することはできないが、損害保険料控除の対象とすることができる。業務用の固定資産等に係る部分の金額と生活用の資産に係る部分の金額との区分は、例えば総床面積に占める業務用の部分と生活用の部分のそれぞれの床面積の割合などによって区分する。

3　支払を受ける満期返戻金等

　長期損害保険契約に基づいて支払を受ける満期返戻金又は解約返戻金（以下「満期返戻金等」という。）については、事業所得に係る収入金額とすべきか一時所得に係る収入金額とすべきか議論のあるところであるが、実務上、保険の目的とされている資産の種類のいかんにかかわらず、一時所得に係る収入金額として取り扱うこととされている（所基通36・37共―18の6）。

　満期返戻金等に係る一時所得の金額は、次により計算することとされている（所令184②）。

$$満期返戻金等の額 + \left[\begin{array}{c} 満期返戻金等とともに又\\は満期返戻金等の支払を\\受けた後に支払を受ける\\剰余金又は割戻金の額 \end{array} \right] - 保険料の総額 - 一時所得の特別控除額 = 一時所得の金額$$

㊟1　保険料の金額のうち、業務用資産に係る部分の金額で積立保険料に相当する部分以外の部分の金額は、前述のように、期間の経過に応じてそ

の業務に係る所得の金額の計算上必要経費に算入することとされている
ので、その必要経費に算入することとなる部分の金額は、上記の算式中
の「保険料の総額」には含めない（所基通36・37共―18の6）。なお、満
期返戻金等の支払を受ける前に剰余金の分配若しくは割戻金の割戻しを
受け、又は分配を受ける剰余金若しくは割戻しを受ける割戻金をもって
保険料の払込みに充てた場合には、その剰余金又は割戻金の額は、「保険
料の総額」から控除する（所令184③二）。

2　他の各種所得の金額と合算して総所得金額に対する税額を計算する際
には、一時所得の金額の2分の1の金額を総所得金額に算入することに
なっている（所法22②二）。

4　支払を受ける損害保険金

損害保険契約に基づく保険金（以下「損害保険金」という。）で資産の
損害に基因して支払を受けるものについては、原則として所得税は非課
税とされている（所法9①十八、所令30二）。

これは、一般に損害保険金は、いわゆる実損てん補の性格をもってお
り、利益とか所得といったような観念にはなじまないことなどによるも
のと考えられる。仮に、この種の保険金に課税するとなれば、損害額を
十分てん補することができず、損害保険の目的を達成することができな
くなるわけである。

この例外として所得税の課税の対象となる損害保険金には、次のもの
がある（81ページの2参照）。

イ　損害保険金の金額の中に損害を受けた者の各種所得の金額の計算
上必要経費に算入される金額を補てんするための金額が含まれてい
る場合のその補てんするための金額（所令30本文かっこ書）

ロ　損害保険金の金額のうち不動産所得、事業所得、山林所得又は雑
所得を生ずべき業務の遂行により生ずべきこれらの所得に係る収入
金額に代わる性質を有するもの（所令30二かっこ書、94）。

上記イの「必要経費に算入される金額を補てんするための金額」とは、

例えば、資産の損害に基因して休業する場合にその休業期間中における使用人の給料や店舗の賃借料あるいは臨時に立ち退くための費用などの費用を補てんするための金額をいう。これらの費用の金額は、仮に保険金等によって補てんされる場合であっても必要経費として各種所得の金額の計算上控除されるから、これらの費用の金額を補てんするための保険金等の金額は非課税とはされていないわけである。

(注)　業務用の固定資産等に損害が生じた場合は、その損害額は原則として必要経費に算入されるが、保険金等によって補てんされる場合には、その補てんされる部分の金額は必要経費には算入されないから（所法51①、④）、その保険金等の金は「必要経費に算入される金額を補てんするための金額」には含まれない（所基通9—19）。したがって、その保険金等の金額は非課税となる。

なお、損害保険金の支払を受ける場合、資産として計上している積立保険料に相当する部分の金額については、その損害保険金が課税の対象とされるときには必要経費に振り替えることとされているが、非課税となるときには必要経費に振り替えることはできないこととされている（非課税となるときの積立保険料に相当する部分の金額は、非課税所得に対応させるべきものと考えられている。所基通36・37共—18の7(1)）。

5　業務用資産の所有者が親族である場合

　所得税法上、事業主が、自己と生計を一にする親族の所有する固定資産等をその事業の用に供したことにより、その使用料をその親族に支払ったとしても、その使用料は事業主の事業の所得の金額の計算上必要経費には算入しないこととされている。しかし、その親族のその使用料に係る所得の金額の計算上必要経費に算入されるべき金額は、その事業主の事業の所得の金額の計算上必要経費に算入することになっている。

　一方、その固定資産等を所有する親族の側においては、その使用料の

収入はなかったものとみなされるとともに、その使用料に係る所得の金額の計算上必要経費に算入されるべき金額もなかったものとみなされる（所法56）。

　このため、例えば、妻の所有する店舗を夫の事業の用に供している場合において、夫が妻に対して賃借料を支払ったときには、その賃借料は夫の事業の所得の金額の計算上必要経費には算入されないが、妻の店舗に係る固定資産税や減価償却費は夫の事業の所得の金額の計算上必要経費に算入することとなる。

　なお、無償で使用している場合においても、その使用料の授受があったとしたならばその固定資産等を所有する親族のその使用料に係る所得の金額の計算上必要経費に算入すべきこととされる金額は、その事業主の事業の所得の金額の計算上必要経費に算入することとされている（所基通56―1）。

　ところで、業務を営む者が自己と生計を一にする親族が所有する固定資産等をその業務の用に供している場合において、その親族が保険契約者となっているその固定資産等に係る長期損害保険契約の保険料をその業務を営む者が支払うときには、その保険料はその親族に対する使用料（その固定資産等の使用の対価）と同様の意味をもつものと考えられる。しかし、上記のように、所得税法上は、その使用料は業務を営む者のその業務に係る所得の金額の計算上必要経費には算入されず、他方、その親族のその使用料に係る所得の金額の計算上必要経費に算入すべき金額（その保険料の金額のうち積立保険料に相当する部分以外の部分の金額）は、業務を営む者のその業務に係る所得の金額の計算上必要経費に算入することとなる。

　また、業務を営む者が自己と生計を一にする親族が所有する固定資産等をその業務の用に供している場合において、その業務を営む者がその固定資産等の使用料とかその固定資産等に係る長期損害保険契約の保険

料を支払わない（その保険料はその固定資産等の所有者である親族が支払う）ときには、上記により、保険料の金額のうち積立保険料に相当する部分以外の部分の金額は、業務を営む者のその業務に係る所得の金額の計算上必要経費に算入することとなる（所基通36・37共—18の3注書）。

(注)　積立保険料に相当する部分の金額については、自己と生計を一にする親族の非課税所得（損害保険金）に対応させるべきものと考えられるため、業務を営む者のその業務に係る所得の金額の計算上必要経費には算入しないこととされている（所基通36・37共—18の7(1)）。

6　業務用資産が賃借資産である場合

(1)　長期損害保険の支払保険料

賃借して業務の用に供している固定資産等（使用人から賃借しているものでその使用人に使用させているもの及び自己と生計を一にする親族の所有するものを除く。これらについては、下記7及び上記5参照）を保険の目的とする長期損害保険契約に基づいて支払う保険料については、契約の内容により、次のように取り扱うこととされている（所基通36・37共—18の3）。

　　イ　業務を営む者が保険契約者で、固定資産等の所有者が被保険者である場合……保険料のうち積立保険料に相当する部分の金額は、保険期間の満了又は保険契約の解除若しくは失効の時まではその業務に係る所得の金額の計算上資産として計上し、それ以外の部分の金額は、期間の経過に応じて、その業務に係る所得の金額の計算上必要経費に算入する。

　　ロ　固定資産等の所有者が保険契約者及び被保険者である場合……保険料の全額をその業務に係る所得の金額の計算上必要経費に算入する。

この取扱いは、長期損害保険契約の場合には、満期返戻金等は保険料

の支払義務を負う保険契約者に、損害保険金は被保険者（固定資産等の所有者が被保険者となる。）にそれぞれ支払われることになっていることをベースにしたものである。すなわち、固定資産等の所有者が保険契約者及び被保険者である場合には、満期返戻金等も損害保険金も固定資産等の所有者が受け取ることになるので、保険料を負担した業務を営む者にとっては、その保険料の全額について使用料と同様の意味をもつものとしてその業務に係る所得の金額の計算上必要経費に算入することとするが、業務を営む者が保険契約者である場合には、満期返戻金等の方は保険契約者である業務を営む者が受け取ることになるので、積立保険料に相当する部分の金額については資産として計上し、それ以外の部分の金額については必要経費に算入することとされているものである。

(注)　この場合、固定資産等の所有者については、契約の内容により、その者の固定資産等の賃貸による所得の金額の計算上、次のように取り扱われる（所基通36・37共―18の5）。

　(イ)　業務を営む者が保険契約者で、固定資産等の所有者が被保険者である場合……保険料のうち積立保険料に相当する部分以外の部分の金額を総収入金額に算入し、その金額を必要経費に算入する。

　(ロ)　固定資産等の所有者が保険契約者及び被保険者である場合……保険料の全額を総収入金額に算入し、保険料のうち積立保険料に相当する部分以外の部分の金額を必要経費に算入する。

(2)　支払を受ける満期返戻金等

業務を営む者が保険契約者で、固定資産等の所有者が被保険者である場合（上記(1)のイの場合）における満期返戻金等は、保険契約者である業務を営む者に支払われる。この場合の満期払戻金等の収入金額は、保険契約者である業務を営む者の一時所得に係る収入金額として取り扱われ、保険料のうち積立保険料に相当する部分の金額を一時所得の金額の計算上控除することとされている（所基通36・37共―18の6）。

また、固定資産等の所有者が保険契約者及び被保険者である場合（上記(1)のロの場合）における満期返戻金等は、その固定資産等の所有者に

支払われる。この場合の満期返戻金等の収入金額は、固定資産等の所有者の一時所得に係る収入金額として取り扱われ、保険料のうち積立保険料に相当する部分の金額は、その一時所得の金額の計算上控除することとなる。

(3)　支払を受ける損害保険金

　損害保険契約における保険金の請求権の主体は被保険利益の主体たる被保険者であるから、誰が保険契約者であるかにかかわらず被保険者に支払われる。この場合の損害保険金による所得が原則として非課税となることは既に述べたところである。

　なお、業務を営む者が保険契約者で、固定資産等の所有者が被保険者である場合（上記(1)のイの場合）には、業務を営む者のその業務に係る金額の計算上資産として計上されている積立保険料に相当する部分の金額があるわけであるが、その固定資産等の所有者が損害保険金の支払を受ける場合には、その積立保険料に相当する部分の金額は、業務を営む者のその業務に係る所得の金額の計算上必要経費に算入することとされている（所基通36・37共―18の7(2)）。この金額は、業務を営む者が満期返戻金等の支払を受ける場合のその金額に対応させるべきものであるから、保険事故が発生し固定資産等の所有者が損害保険金の支払を受け保険契約が失効した場合には、もはや対応させるべき収入金額（満期返戻金等）はないことになるが、ここでは、業務上生じた損失としてその業務に係る所得の金額の計算上必要経費に算入することとされているものである。

(注)　固定資産等の所有者が保険契約者及び被保険者である場合（131ページのロの場合）の積立保険料に相当する部分の金額については、固定資産等の所有者の固定資産等の賃貸による所得の金額の計算上必要経費には算入しないこととされている（所基通36・37共―18の7(1)）。これは、積立保険料に相当する部分の金額は、固定資産等の所有者の非課税所得の金額に対応

させるべきものであるという考え方によるものである。

7　使用人の建物等を保険に付した場合

　業務を営む者が、その使用人の所有する建物等（使用人から賃借して
その使用人に使用させているものを含み、自己と生計を一にする親族の所有
するものを除く。）に係る長期損害保険契約の保険料を支払う場合には、
その保険料については、契約の内容により、次のように取り扱うことと
されている（所基通36・37共―18の4）。

　イ　業務を営む者が保険契約者で、使用人が被保険者である場合……
　　　133ページの**2**に同じ。

　ロ　使用人が保険契約者及び被保険者である場合……保険料の全額を
　　　業務を営む者のその業務に係る所得の金額の計算上必要経費に算入
　　　する。

　この取扱いの考え方は、138ページの**6**で述べたとおりである。

　なお、この場合の使用人が受ける経済的利益については、契約の内容
により、次のように取り扱うこととされている（所基通36―31の7、36
―31の8）。

　(イ)　業務を営む者が保険契約者で、使用人が被保険者である場合
　　　（上記イの場合）……満期返戻金等は業務を営む者が受け取ること
　　　となるので、使用人にとっては、掛捨ての保険と同じ程度の利益
　　　を受けとることとなるので、原則として所得税の課税の対象とし
　　　ない（給与課税しない。）。

　(ロ)　使用人が保険契約者及び被保険者である場合（上記ロの場合）
　　　……保険事故が発生するか否かにかかわらず、使用人は経済的利
　　　益（損害保険金又は満期返戻金等）を受けることとなるため、原則
　　　として所得税の課税の対象とする（給与課税する。）。

第3章

家屋の立退料をめぐる諸問題について

はじめに

　個人が受ける立退料や個人が支払う立退料については、その所得区分や必要経費算入をめぐる課税関係が相当複雑であり、また、事実認定のいかんによって左右されやすい分野でもあるため、実務的にみて問題処理が非常に難しいところとなっている。

　本章では家屋の立退料をめぐる所得税の取扱いについて全般的に解説するが、上記のような事情もあって、私見にわたる部分もあることを予めお断りしておく。

　なお、説明の順序としては、まず、立退料を受けた場合と立退料を支払った場合とに大別して、それぞれについて解説することとし、次に、裁判例や裁決例に基づいて、事例研究の形式により解説することとする。

第1節　受け入れた家屋の立退料の取扱い

1　借家人が受けた家屋の立退料の所得区分

　賃貸借の目的とされている家屋の立退きに際して借家人が受ける立退料には、次のような性質のものが含まれている。

① 　家屋の明渡しによって消滅する借家権の対価たる性質を有するもの。

② 　家屋の明渡しに伴う借家人の業務の休止等により減少する収入金額の補てんの性質を有するもの。

③ 　家屋の明渡しに伴う借家人の業務の休止等の期間中に支払う使用人の給与等、借家人の業務による所得の金額の計算上必要経費に算入される金額の補てんの性質を有するもの。

④ 　家屋の明渡しをするに際して借家人が直接支払わなければならない費用の補てんの性質を有するもの。

　これらのうち、①による所得は、譲渡所得に該当し、②及び③の収入は、その業務に係る各種所得（例えば事業所得）の金額の計算上総収入金額に算入される。また、④による所得は、原則として一時所得に該当する（所基通33―6、34―1(7)）。

2　譲渡所得に該当する立退料の範囲

　所得税法第33条第1項《譲渡所得》においては、譲渡所得とは、資産の譲渡（建物又は構築物の所有を目的とする地上権又は賃借権の設定その他契約により他人に土地を長期間使用させる行為で一定のものを含む。）によ

る所得をいうこととされており、同条第2項においては、棚卸資産（これに準ずる資産を含む。）の譲渡その他営利を目的として継続的に行われる資産の譲渡による所得及び山林の伐採又は譲渡による所得は、譲渡所得に含まれないこととされている。

　また、所得税法施行令第95条《譲渡所得の収入金額とされる補償金等》では、契約等に基づき、又は資産の消滅（価値の減少を含む。以下この2において同じ。）を伴う事業でその消滅に対する補償を約して行うものの遂行により譲渡所得の基因となる資産が消滅したことなどに伴い、その消滅につき一時に受ける補償金その他これに類するものの額は、譲渡所得に係る収入金額とすることとされている。

　そして、これらを受けて所得税基本通達33─1《譲渡所得の基因となる資産の範囲》では、譲渡所得の基因となる資産とは、所得税法第33条第2項各号に規定する資産及び金銭債権以外の一切の資産をいい、その資産には、借家権又は行政官庁の許可、認可、割当等により発生した事実上の権利も含まれることが明らかにされている。

　したがって、賃貸借契約の目的とされている家屋の明渡しに際して、借家人が有していた借家権を消滅させることによる対価として受ける立退料の収入は、譲渡所得に係る収入金額に該当することとなる。

　なお、賃貸借契約の目的とされている家屋の明渡しに際して受ける立退料の額には、その算定上、常に借家権の消滅の対価に相当する部分の金額が含まれているわけではない。また、所得税法における譲渡所得の基因となる資産の範囲についても、必ずしもいわゆる資産といわれているもののすべてが含まれるのではなく、ある程度の取引上の経済的価値を有するものに限られるものと解される。したがって、借家権の取引慣行のない地域においては、一般的には、借家人が受ける立退料の額の中には借家権の消滅の対価に相当する部分の金額は含まれていないものとして取り扱われることになると考えられる（160ページの(4)及び161ページ

の㈲参照）。

3　借家権の消滅の対価に係る譲渡所得の種類

借家権の譲渡による譲渡所得や借家権の消滅の対価による譲渡所得は、分離課税の土地建物等の譲渡所得には含まれないため、総合課税の譲渡所得となる。

総合課税の譲渡所得の金額は、総収入金額から取得費及び譲渡に要した費用の額を控除し、その残額から更に譲渡所得の特別控除額（最高50万円）を控除して計算する。なお、譲渡等をした資産の所有期間が5年を超える場合の譲渡所得については、その譲渡所得の金額の2分の1相当額だけが総収入金額に算入される（所法33③、④、22②）。

4　借家権の取引慣行のある地域における立退料の区分計算

借家人が受ける立退料の額のうち、どの部分の金額が借家権の消滅の対価に相当する部分の金額であるかは、その地域における借家権の取引慣行の有無、交渉経緯、売買実例等から適正な金額を判定するのが原則である。

しかし、借家権の取引慣行のある地域であっても、具体的な事例において借家権の消滅の対価に相当する部分の金額を区分計算することが困難である場合には、その立退料の額から、明らかに借家人の事業所得等に係る収入金額及び必要経費を補てんするための部分の金額とその立退きに通常必要と認められる費用の金額との合計額（144ページの1の②、③及び④に相当する金額）を差し引いた残額を、借家権の消滅の対価に相当する部分の金額とすることとしても差し支えないものと考えられる。

5　借家権の取引慣行のない地域における立退料の区分計算

　借家権の取引慣行のない地域において借家人が受ける立退料については、その立退料の額の算定上、必ずしも借家権の消滅の対価に相当するものが含まれているわけではないので、その立退料の額から借家人の事業所得等に係る収入金額及び必要経費を補てんするための部分の金額（144ページの1の②及び③に相当する金額）を差し引いた残額を一時所得に係る収入金額とすることになる（所基通34─1(7)）。

（注）　一時所得に係る必要経費については、149ページの**9**参照。

6　収入金額及び必要経費を補てんするために受ける立退料の取扱い

　所得税法施行令第94条第1項《事業所得の収入金額とされる保険金等》では、不動産所得、事業所得、山林所得又は雑所得を生ずべき業務を行う者が受ける次に掲げるもので、その業務の遂行により生ずべきこれらの所得に係る収入金額に代わる性質を有するものは、これらの所得に係る収入金額とすることとされている。

①　不動産所得、事業所得、山林所得又は雑所得を生ずべき業務に係る棚卸資産（これに準ずる資産を含む。）、山林、工業所有権その他の技術に関する権利、特別の技術による生産方式若しくはこれらに準ずるもの又は著作権（出版権及び著作隣接権その他これに準ずるものを含む。）につき損失を受けたことにより取得する保険金、損害賠償金、見舞金その他これらに類するもの（山林につき所得税法第51条第3項《山林損失の必要経費算入》の規定に該当する損失を受けたことにより取得するものについては、その損失の金額を超える場合におけるその超える金額に相当する部分に限る。）。

② 不動産所得、事業所得、山林所得又は雑所得を生ずべき業務の全部又は一部の休止、転換又は廃止その他の事由によりこれらの業務の収益の補償として取得する補償金その他これに類するもの。

また、所得税法においては、各種所得の金額の計算上必要経費に算入される金額を補てんするための金額は、原則として当該各種所得の金額の計算上総収入金額に算入することとされている（所法36①、所令30）。

したがって、立退料の額のうち、借家人の業務の休止等により減少する収益の補償金に相当する金額や、借家人の業務に係る必要経費の補てん金に相当する金額は、当該業務に係る総収入金額に算入すべきであって、譲渡所得又は一時所得とすることはできない。

(注) 収用等に伴う移転等の支出に充てるための交付金については、総収入金額不算入の特例が適用される（次ページの**8**参照）。

7　借地人がその土地に建てた賃貸用の建物を取り壊して明け渡す際に受け取る立退料の取扱い

借地人が、当初の土地の借受けの時点で貸地人に支払った一時金（権利金）は、土地の借受けによる借地権の設定の対価であり、借地人の借地権の取得費になる。

その後、その借地を明け渡す時に借地人が受け取る立退料は、借地人の有する借地権を消滅させる対価であり、借地人の譲渡所得の収入金額に算入することになる。

また、これまで居住していた借家人に対して、借地人が支払った立退料は、借地人の譲渡所得に係る譲渡費用に算入することになる（所基通33―7、37―23）。

なお、借地人が受け取った立退料のうちに借地人の建物の対価相当額が含まれている場合には、その対価相当額も、借地人の譲渡所得の収入

金額に算入することになる。その建物を借地人が取り壊して明け渡した場合には、その取壊費用は、借地人の譲渡所得に係る譲渡費用に算入することになる（所基通33─7、37─23）。

8　収用等に伴う移転等の支出に充てるための交付金の総収入金額不算入

国又は地方公共団体から、その行政目的の遂行のために必要な資産の移転、移築又は除却その他これらに類する行為（固定資産の改良その他一定の行為を除く。以下「資産の移転等」という。）の費用に充てるため補助金の交付を受けたり、土地収用法等による収用や換地処分等に伴い資産の移転等の費用に充てるための金額の交付を受けた場合において、その交付を受けた金額をその交付の目的に従って資産の移転等の費用に充てたときは、その費用に充てた金額は、その交付を受けた者の各種所得の金額の計算上総収入金額に算入しないこととされている（所法44①）。

ただし、その費用に充てた金額のうち、各種所得の金額の計算上必要経費に算入され又は譲渡に要した費用とされる部分の金額に相当する金額については、その者の各種所得の金額の計算上総収入金額に算入される。

9　立退料に係る一時所得の金額の計算上控除される支出の範囲

一時所得の金額は、総収入金額からその収入を得るために支出した金額（その収入を生じた行為をするため、又はその収入を生じた原因の発生に伴い直接要した金額に限る。）を控除し、その残額から更に一時所得の特別控除額（最高50万円）を控除して計算する。なお、一時所得の金額に

ついては、その金額の２分の１相当額だけが総所得金額に算入されることになっている（所法34②、③、22②）。

　転居のための引越費用などの立退費用は「その収入を得るために支出した金額」に該当するかどうか文言上疑問がないわけではないが、かっこ書で「その収入を生じた行為をするため、又はその収入を生じた原因の発生に伴い直接要した金額」とされているので、実際的には一時所得の金額の計算上控除することができることになっている。

　家屋の立退きに関する訴訟の必要上支払われる弁護士費用については、本来、借家人の権利を守るために要する費用であって、立退料の収入を得るために支出されるものではないと考えられるが、①弁護士によって訴訟が有利に進められ、その結果和解に至り、立退料の金額が確定し、②和解調書上、立退料の支払場所として弁護士の事務所が指定されているといったような場合には、その立退料の支払を受けるため直接要したものと認められる余地があるので、その費用の額は、一時所得の金額の計算上控除することができるものと考えられる。

10　控除される支出の範囲に関する実務問答

問

　権利関係が複雑な建物に長年にわたって居住してきたが、このたび関係者から立退きを要求された。高齢者のため思い出多い住居から絶対に引っ越ししたくないし、仮に引っ越すとしてもそのために苦労はしたくないと思い立退きを拒否したが、結局のところ和解することになった。弁護士には大変お世話になったが、なかなか和解の調整が難しく、知人を介して先方の友人に仲に立ってもらい、ようやく決着した。

　その結果、①立退料として５億円の支払を受けた。これは借家権の

ような具体的な権利の対価ではなく、紛争解決金的な要素が多く含まれている。②引越費用は、約500万円で、これは当方が支払った。③弁護士費用2,000万円と④先方の友人への謝礼金1,000万円も当方が支払った。また、⑤新しい住居が決まるまでの間のホテル代と家財の保管のための倉庫料は合わせて200万円程度になるかと思うが、これらは和解条項上先方が負担することになっている。

　①の立退料は、一時所得の収入になると思うが、②から⑤までの費用は、一時所得の収入から控除することができるのか。

1　立退料の収入は、業務に関するものであれば、事業所得等に係る収入となり、借家権の消滅の対価たる性質をもつものであれば、譲渡所得に係る収入となる。質問の場合の立退料は、それら以外のものであり、住居の立退きに伴うものということであるから、一時所得に係る収入となる。

2　名目上立退料といっても、純粋に立退きに係る保障・補てんというより紛争解決金的なものや慰謝料的なものも含まれている例が多いので、立退きに伴う支出についても、内容的に複雑でいろいろなケースがあり、一律の処理が難しい。このため、税務判断に当たっては、その支出に至った事情・背景をよく分析・検討することが重要である。

　所得税法上は、一時所得の金額の計算上控除することができる支出の金額は、「その収入を得るために支出した金額（その収入を生じた行為をするため、又はその収入を生じた原因の発生に伴い直接要した金額に限る。）」とされており、かなり限定的に規定されている（所法34②）。

3　本件の引越費用は、所得税法上、「その収入を得るために支出」したものといえるか文言上疑問であるが、かっこ書の「その収入を

生じた行為をするため、又はその収入を生じた原因の発生に伴い直接要した」ものに当てはまると考えられる。

4　弁護士費用は、本来借家人の権利を守るために要する費用であって課税所得の計算上控除すべき費用とはいえないと考えられる。しかし、弁護士によって訴訟が有利にすすめられ、和解金の確定にも寄与し、そのことが十分説明できるものであれば、本件和解金の支払を受けるため直接要したものとして認められると考えられる。

5　仲に立ってもらった先方の友人への謝礼金についても、必要性の認定が難しい面があるものの、和解の調整がなかなか難しい局面においてその人の人脈なり人望によってようやく決着したというようなことであれば、これも本件和解金の支払いを受けるため直接要したものと認められると考えられる。

6　新しい住居が決まるまでの間のホテル代と家財の保管のための倉庫料については、これらの支出は本来家事費であって、経費としての必要性の認定がなかなか難しい。むしろ、これらの金員を先方が負担したということになると、その負担金相当額の経済的利益を受けたこととなり、一時所得の収入金額に加算して課税の対象になると考えられる。しかしながら、先方が早期明渡しを希望し、新しい住居が決まるまでの間はホテル住まいとし家財は倉庫に保管することが「和解の条件」となっているというのであれば、これらに係る費用は、当方としては約束どおり早期明渡しをするために（本件和解金を得るための一環として）当方が負担する必要性のある費用であるということになり、本件和解金の支払を受けるため直接要したものとして一時所得の金額の計算上控除することができる支出として認められると考えられる。そして一方、それらの費用を先方が負担するというのであれば、当方の支出を補てんするための先方からの経済的利益ということになり、その一時所得の収入金額に加算すべ

きものとなり、結局のところ両建てになって、課税所得は生じない
こととなる。

　更にいえば、本件の場合、ホテル住まいというから体裁よく聞こ
えるが、この引越しに伴って実は高齢者にとって身近な家財道具も
なく不便な生活を強いられており、かつ、そのホテル代等の金銭の
直接的な授受も実際にはないわけであり、経済的利益はまったく享
受していないとみることもできる。

第2節　支払った家屋の立退料の取扱い

1　家屋の賃貸人が支払った立退料の取扱い

　家屋の賃貸人が借家人に立ち退いてもらうために支払う立退料は、次に掲げる場合に応じそれぞれ次に掲げるとおり取り扱うこととされている。

①　建物の譲渡に際して支払う場合……建物の譲渡に際して、その建物の借家人に立ち退いてもらうために支払う立退料は、その建物の譲渡に要した費用として、譲渡所得の金額の計算上控除する（所基通33―7、37―23）。

②　建物を取り壊してその敷地を譲渡するために支払う場合……建物を取り壊してその敷地を譲渡するに際して、その建物の借家人に立ち退いてもらうために支払う立退料は、その敷地の譲渡に要した費用として、譲渡所得の金額の計算上控除する（所基通33―7、37―23）。

③　建物又はその敷地の取得に際して支払う場合……建物又はその敷地の取得に際して、その建物の借家人に立ち退いてもらうために支払う立退料は、取得した建物又はその敷地の取得費又は取得価額に算入する（所基通38―11）。

④　①から③まで以外の場合で、不動産所得の基因となっていた建物の借家人に立ち退いてもらうために支払う場合……①から③まで以外の場合で、不動産所得の基因となっていた建物の借家人に立ち退いてもらうために支払う立退料は、不動産所得の金額の計算上必要経費に算入する（所基通37―23）。

　なお、この④のケースについては、必ずしもすべて不動産所得の金額の計算上必要経費に算入すべきかどうか問題がないわけではないが、取扱い上は、立退料の性質の中には過去の賃貸料収入の修正ないし過去の賃貸料収入に対応させるべき費用としての性質もあると考える余地があることに着目し、引き続き貸し付けるか自己が使用するかにかかわりなく、不動産所得の金額の計算上必要経費に算入することを認めることとされている。

2　賃貸人自身がその家屋を使用するために支払った立退料の取扱い

　賃貸している家屋又はその敷地を賃貸人の事業（例えば物品販売業）の用に供するため借家人に立ち退いてもらう場合に支払う立退料は、上記1の④に該当する。したがって、支出する立退料は、その事業に係る所得の金額の計算上必要経費に算入するとか、開業費として繰延資産とするとかではなく、取扱い上、その立退料を支払うべき年分の不動産所得の金額の計算上必要経費に算入することになっている。

　また、賃貸している家屋又はその敷地を賃貸人の自己の居住の用に供するために借家人に立ち退いてもらう場合に支払う立退料も、上記1の④に該当し、賃貸人の不動産所得の金額の計算上必要経費に算入することになっている。

3　家屋の所有者に代わって支払った立退料の取扱い

　家屋の所有者に代わって現在の借家人と交渉しその借家人を立ち退かせることができた場合には、その立退後の家屋をその交渉をする者が新たに賃借することができるという約束の下で、その交渉をする者が現在

の借家人に立退料を支払って立ち退いてもらい、その交渉をした者が新たな借家人となった場合には、その新たな借家人がその家屋をその者の事業の用に供するときは、その支払った立退料は、所得税法施行令第7条第1項《繰延資産の範囲》に規定する「資産を賃借し又は使用するために支出する権利金、立退料その他の費用」に該当するものと考えられる（賃貸人には課税関係は生じない。）。

4　賃貸した土地の上に借地人が家屋を建てて使用している場合にその借地人に支払った立退料の取扱い

　賃貸した土地の上に借地人が家屋を建てて使用している場合、当初の土地の貸付けの時点で、貸地人が、借地人から支払を受けた一時金（権利金）は、土地の貸付けによる借地権の設定の対価であり、原則として不動産所得の収入金額に算入することになる。ただし、その金額がその土地の時価の2分の1相当額を超える場合には、譲渡所得の収入金額に算入することになっている（所法33①、所令79①）。

　その後、その貸地の返還を受ける時に支払う立退料は、借地人の有する借地権を消滅させるための支出であり、土地の権利の一部の取戻しに当たるのであり、土地の取得費に加算することになる。したがって、不動産所得の必要経費には算入できない（所基通38—11）。

㊟　立退料を受け取った借地人の側の取扱いは、148ページの**7**参照。

　なお、支払った立退料の金額のうちに借地人が建てた家屋の対価相当額が含まれている場合には、その家屋の取得が当初からその家屋を取り壊して土地を利用することが明らかであるときは、その家屋の対価相当額及び取り壊しに要した費用の額（発生資材がある場合には、その発生資材の価額を控除した残額）も土地の取得費に算入することになる（所基通38—1）。

第3節　裁判例等における認定事例等

1　家屋の立退料が賃借権の消滅の対価として譲渡所得に当たるとされた事例

大阪地裁・昭和50年 4 月24日判決・昭和45（行ウ）72・更正処分取消等請求事件

(1)　論　点

　原告Xは、訴外Aが所有する家屋（以下「本件家屋」という。）を賃借して居住し、同所において物品販売業を営んでいたところ、昭和39年に訴外Bが本件家屋をAから購入し、原告Xは、Bから本件家屋の立退きを求められた。交渉の結果、原告XはBから700万円を受領したが、これについて、原告Xは、いったんAから本件家屋を115万円で買受け、更にBに700万円で譲渡したことにして契約書を作成し、譲渡所得として確定申告をした。

　これに対して、被告Y税務署長は、原告Xが譲渡所得として申告した立退料について、一時所得として更正したが、原告Xは、これを不服として異議申立てをしたところ棄却され、更に審査請求をしたところ却下されたので本訴に及んだものである。

　本件は、家屋の賃借権は譲渡所得の基因となる資産に当たるかどうか、家屋の立退料は賃借権の消滅の対価として譲渡所得に当たるかどうかを論点とするものである。

(2)　被告Y税務署長の主張

　被告Y税務署長は、原告Xが受けた700万円は立退料であると事実認定をした上で、次のとおりこれを一時所得とするのが相当であると主張した。

　一時所得とは、営利を目的とする継続的行為から生じた所得以外の一時の所得で、労務その他の役務又は資産の譲渡の対価としての性質を有しないものとされ、また、いわゆる立退料には、①明渡しを実行するために利用者が直接支払わなければならない費用、すなわち移転費用の補償、②明渡しのために利用者が事実上失う利益の補償、③明渡しによって消滅する利用権の補償の3つの性質があるといわれている。

　すると、原告が受領した立退料についても、そのうち①及び②の補償の性質をもつ部分の金額は、当然に右の一時所得の基因たる収入に該当するというべく（ただし、②のうち明らかに営業補償と認められる部分の金額は事業所得の収入金額となる。）、③の性質すなわち建物賃借権を消滅させる対価としての性質をもつ部分の金額についても、一般に建物賃借権は権利金等の名称をもって取引される慣行のある借家権を除いて、譲渡所得の対象となる資産には該当しないと解されるところ、原告の本件家屋賃借権は権利金等の名称をもって取引される借家権ではなく、700万円という高額の立退料の中には②の事実上失う利益の補償（営業補償も含まれる。）がかなりのウエイトを占め、仮に建物賃借権が含まれているとしても、その部分を抽出特定することは不可能であるので、全体として一時所得の収入金額として課税するのが最も適切である。

(3)　判決の要旨

イ　家屋の立退料の性質

　本件判決は、原告Xが受けた700万円は立退料であると事実認定した上で、まず、一般論として、家屋の立退料について次のとおり述べて

いる。

　家屋の立退料には、①建物賃借権を消滅させる対価としての性質を
もつもの、②移転に伴う費用の補償としての性質をもつもの、③明渡
しによって建物賃借人が事実上失う諸利益（例えば新旧借家家賃の差額、
営業上の損失など）の補償としての性質をもつものがあると考えられる
が、このうち②及び③でも営業用の借家に支払われる営業上の損失補
償であるもの（これは事業所得に該当する。）以外は、営利を目的とする
継続的行為から生じた所得ではなく、労務その他役務の対価としての
性質をもたない一時的なものであるから、一時所得の基因たる収入と
いうべきである。

□　譲渡所得の基因となる資産に当たる家屋賃借権

　次に、本件判決は、家屋賃借権は譲渡所得の基因となる資産に当た
るかどうかについて、以下のとおり説示している。

　建物賃借権の消滅の対価としての立退料収入による所得が譲渡所得
に当たるといい得るためには、建物賃借権が譲渡所得の基因となる
「資産」に含まれるのでなければならないが、所得税法には「資産」
の定義規定がないから、社会通念に従い、現実の社会生活において金
銭に評価することができるもの、すなわち現実に有償譲渡の可能性の
あるものをいうと解さざるを得ない。

　ところで、土地、建物等の賃貸借は人的色彩の濃い契約であるから、
賃貸人の承諾なしには賃借権の譲渡、転貸は許されないことになって
いるが（民法612）、建物の賃借権も法的には財産権の一種であり、賃
貸人の承諾を得れば（譲渡、転貸についての家主の不承諾の自由は絶対的、
恣意的なものではなく、家主、借家人間の信頼関係を破壊しないような場
合には家主はその承諾を拒み得ないものと解されている。）適法に譲渡可
能な権利であるから、この建物賃借権も譲渡所得の基因となる資産に
含まれると解するのが相当である。

八　本件の家屋の立退料の性質と所得区分

　　本件判決は、上記イ及びロに基づき、本件の家屋の立退料の性質及び所得区分について、次のとおり判示している。

　　本件においては、本件家屋を買い受けたＢは、本件家屋についての原告Ｘの賃借権を消滅させ、その明渡しを受けるために立退料を支払い、原告Ｘもこれを受領することによって賃借権を放棄し、これを明け渡したものと認められるから、本件立退料は建物賃借権を消滅させる対価としての性質を有するものと解されるが、そのほかに、移転に伴う費用の補償としての性質をもつもの及び明渡しによって建物賃借人が事実上失う諸利益の補償としての性質をもつものが含まれているか否かを確定できるだけの資料がない。したがって、結局700万円の立退料の金額について譲渡所得の収入とみるほかはない（かようにみても原告Ｘに不利益にはならないであろう。）。

⑷　注　釈

　本件においては、被告Ｙ税務署長の「一般に建物賃借権は、権利金等の名称をもって取引される慣行のある借家権を除いて、譲渡所得の対象となる資産には該当しない」とし、「本件家屋賃借権は、権利金等の名称をもって取引される借家権ではない」とする主張に対し、判決では、「譲渡所得の基因となる資産は、社会通念に従い、現実の社会生活において金銭に評価することができるもの、すなわち現実に有償譲渡の可能性のあるものをいう」とし、「建物の賃借権も法的には財産権の一種であり、賃貸人の承諾を得れば適法に譲渡可能な権利であるから、この建物の賃借権も譲渡所得の基因となる資産に含まれる」としており、両者において、建物賃借権の客観的な経済的価値の認識の点で、譲渡所得の基因となる「資産」の範囲に若干の広狭の差があるように思われる。

　　しかし、結論的には、被告Ｙ税務署長は、「700万円という高額の立退

料の中には、明渡しのために利用者が事実上失う利益の補償（営業補償も含まれる。）がかなりのウエイトを占め、仮に建物賃借権が含まれているとしても、その部分を抽出特定することは不可能であるので、全体として一時所得の収入金額として課税するのが最も適切である」としており、一方、判決では、「本件立退料は建物賃借権を消滅させる対価としての性質を有するものと解されるが、そのほかに、移転に伴う費用の補償としての性質をもつもの及び明渡しによって建物賃借人が事実上失う諸利益の補償としての性質をもつものが含まれているか否かを確定できるだけの資料がない。したがって、結局700万円の立退料の金額について譲渡所得の収入とみるほかはない」としており、どのような形で事実認定をするかの重要性を示すものとして注目されるところである。

　なお、本件判決と同旨の判決としては、①大阪地裁昭和44年1月28日判決、②大阪高裁昭和45年4月6日判決（①の控訴審判決）、③東京地裁昭和51年2月27日判決、④東京高裁昭和52年6月27日判決（③の控訴審判決）、⑤最高裁（第三小法廷）昭和53年1月24日判決（③の上告審判決）がある。

㊟　本件と同様に立退料に関する訴訟に関し、借家権の認定をめぐって本件における被告Y税務署長の主張の内容と同旨の裁判例があるので、以下その判決要旨を掲げて参考に供する。

　　大阪地裁・昭和46年10月21日判決・昭41（行ウ）134・課税処分取消請求事件

　1　家屋賃借権は賃借人の承諾を得れば適法に譲渡可能な権利であり、現実の社会生活において金銭に評価可能なもので、法的には財産権の一種であり、そして交換価値若しくは貨幣金額による評価可能性のある財産権はこれを資産と称するから、家屋賃借権は一般に資産の一種ということができる。しかしながら、借家権一般が広く譲渡所得に係る資産に該当するか否かは検討を要する。
　2　所得税法は、借地権と異なり、収用等の場合を除き、原則として借家権一般の資産性を認めていないと解すべきである。所得税法が借地権と借家権とで差異を設けた所以は、借家の場合、借家法は元来借家人の居

住を一定要件が具備しているとき生存権的に保護するにあり、その譲渡
性を保護するものでないのに比し、借地法による借地権、それ以外の地
上権、永小作権は、元来土地の経済的利用を本質的要素とし投下資本回
収の面からその譲渡性を保護された経済性、財産性の極めて高いもので
あるからと考えられる。

したがって、借家権のうち、賃貸借契約において、若しくは慣行によ
り権利金等の名称をもって取引されることを許容されているもののみが
譲渡所得の基因となる資産に該当するものと解する。

しかして、本件の立退料収入については、その借家権が賃貸借契約若
しくは慣行により権利金等の名称をもって取引される借家権に当たると
認めるに足りる主張立証がないから、その消滅の対価に相当する部分も
譲渡所得に係る収入ではなく、一時所得に係る収入に当たるというべき
である。

2　適法な賃借人の地位に基づかないで取得した立退料は譲渡所得に当たらないとされた事例

昭和51年分　所得税　昭和54年6月29日裁決

⑴　論　点

審査請求人は家屋をAから転借し、営業及び居住の用に供していたと
ころ、当該家屋の所有者だというBから、家屋を取り壊してその敷地上
に鉄筋ビルを新築するため必要であるとして、家屋の立退きを求められ、
審査請求人は当該家屋を明け渡し、立退料として680万円を受け取った。

審査請求人は、本件立退料について、居住用財産を譲渡したことによ
る収入に該当するとして、租税特別措置法第35条第1項《居住用財産の
譲渡所得の特別控除》の規定を適用し、譲渡所得の金額をゼロとして確
定申告をした。

これに対して、原処分庁は、本件立退きに係る収入は同法に規定する

譲渡所得の収入に該当しないとし、本件立退料による所得を一時所得として更正したが、審査請求人は、これを不服として審査請求に及んだものである。

　本件は、審査請求人である賃借人は適法な賃借人ではなかった事例であり、適法な賃借人の地位に基づかないで取得した立退料は譲渡所得に該当するかどうかを論点とするものである。

(2)　審査請求人の主張

　審査請求人は、本件立退料は、審査請求人が所有する営業権及び居住権を譲渡したことにより、他に営業用及び居住用の家屋を確保するための住宅補償であって、居住用財産の譲渡対価であるから、租税特別措置法第35条第1項の規定を適用されるべきであると主張した。

(3)　原処分庁の主張

　原処分庁は、次のとおり主張した。

　審査請求人が主張する租税特別措置法第35条第1項の規定は、個人が居住の用に供している家屋を譲渡し、又はその家屋とともに敷地の用に供されている土地若しくは土地の上に存する権利を譲渡した場合に適用されるものであるが、本件の場合は、Bの所有に係る家屋を立ち退いたことによって金員を受領したものであるから同法の規定を適用する余地はなく、この金員は所得税法第34条第1項《一時所得》に規定する一時所得に係る総収入金額に算入すべきである。

(4)　国税不服審判所の判断

　国税不服審判所の判断の要旨は、次のとおりである。

　　イ　租税特別措置法第35条第1項の規定は、個人がその居住の用に供している家屋を譲渡し、又はその家屋とともに敷地の用に供されて

いる土地若しくは土地の上に存する権利を譲渡した場合に適用されるものである。

　　本件の場合は、審査請求人が本件家屋の明渡しに際して立退料を受け取ったものであり、仮に本件立退料が借家権の消滅の対価に該当し、譲渡所得に係る収入に該当するとしても、借家権の譲渡は租税特別措置法第35条第1項に規定する家屋又は土地若しくは土地の上に存する権利の譲渡に該当しないから、同法の規定は適用されない。

ロ　本件家屋の明渡しに関して訴訟が行われているが、その訴訟理由は、審査請求人は適法な賃借人でないとしてなされたもので、その訴訟に係る和解調書によれば、審査請求人は「本件建物を占有する何らの権原もなさないことを認める」旨記載されており、審査請求人もこれを自認している事実が認められる。

　　したがって、審査請求人がBから受領した680万円は立退料であり、これは営利を目的とする継続的行為から生じたものではなく、一時的な性質のもので、しかも労務その他の役務の対価たる性質を有しないので、所得税法第34条第1項に規定する一時所得に係る総収入金額に算入すべきである。

(5)　注　釈

　一般的な立退料の中には、①消滅する建物賃借権の補償、②移転費用の補償、③事実上失う収益の補償等の性質をもつものが含まれているとされている。このうち①に該当するものは原則として譲渡所得に該当するが、本件の場合には、立退料の受取人（審査請求人）は適法に賃借人としての地位を有していないのであるから、建物賃借権ないし借家権というような権利は有していなかったものと考えられる。してみると、もともと、本件は、租税特別措置法第35条第1項の規定の適用はもちろん

所得税法第33条第1項《譲渡所得》の規定の適用も受けられないケースであったということができる。

　なお、審査請求人は立ち退いた家屋を営業の用にも供していたようであるが、本件立退料680万円の中に営業による収益の補償の性質を有するものが含まれていたのかどうか明らかではない。しかし、仮に収益補償相当額が含まれているとしても、それを明らかに区分することが困難な場合で、かつ、類似の事例等からみて特に課税上弊害がないときであれば、立退料の全額を一時所得に係る収入金額とすることも妥当な判断と考えられる。

3　事務所の明渡しに際して受領した補償金は新たに賃借する事務所の権利金（借家権）の対価であって課税所得ではないとの主張が排斥された事例

> 東京地裁・昭和51年2月27日判決・昭47（行ウ）94・所得税更正決定取消請求事件

(1)　論　点

　原告Xは、訴外Aから建物を賃借し法律事務所として使用していたが、Aから立退きを求められたため、家屋明渡移転補償金名義で1,000万円の支払を受けて立ち退いた。

　本件は、立退きに伴い新たに賃借することとなる事務所の権利金の代償として受領した補償金は課税所得となるかどうかを論点とするものである。

(2)　原告Xの主張

　原告Xは、本件補償金は、本件事務所の借家権を対象としたものではなく、新しく賃借する事務所の権利金（借家権）の対価として受領したものであるから課税所得ではないと主張した。

(3)　判決の要旨

　本件判決は、原告の上記主張に対して次のとおり判示している。

　本件補償金は、新たに賃借する事務所の権利金（借家権）の対価であって、課税所得ではないとの主張は、原告の意図が本件補償金を新たに賃借する事務所の権利金の支出に充てるにあったとしても、そうであるからといって本件補償金をもって実費弁償の性質を有するにすぎない単なる移転費用と同視することはできず、本件補償金が借家権の消滅の対価たる性質を有することに消長を来たすわけのものではない。

4　代替建物の賃借権の取得代金は賃借建物の明渡しによる立退料収入を得るために支出した金額に当たらないとされた事例

> 大阪地裁・昭和46年10月21日判決・昭41（行ウ）134・課税処分取消請求事件

(1)　論　点

　原告Xは、訴外A所有の甲建物の立退きに伴い立退料として1,100万円を受け取ったが、甲建物の代替物件として乙建物の賃借権者訴外Bの賃借権を870万円で譲り受けて造作を施し、昭和38年9月以降同建物に

おいて理髪業を営んだ。

　本件は、乙建物の賃借権の取得費870万円は甲建物の立退料1,100万円の収入（一時所得に係る収入）から控除すべきかどうかを論点とするものである。

(2)　原告Ｘの主張

　原告Ｘの主張は、次のとおりである。

　原告Ｘが訴外Ａから1,100万円の立退料を受領することで和解ができたのは、原告Ｘが乙建物の賃借権者である訴外Ｂに870万円を交付して乙建物を賃借することについて、和解前からＡとの間で了解ができていたからであり、原告Ｘが870万円をＢに支払い乙建物の賃借権を取得することなくしては、原告Ｘは甲建物を立ち退くことはできず、1,100万円の立退料を取得することは不可能だったのである。

　したがって、870万円は一時所得の収入1,100万円を得るために支出した金額に該当する。

(3)　被告Ｙ税務署長の主張

　原告Ｘの主張に対し、被告Ｙ税務署長は、次のとおり反論した。

　借家人が賃貸借契約を終了して建物を立ち退く際に、他の建物を新たに賃借することは、従前の建物を立ち退くために直接必要なことではない。このことは、例えば、従前の建物で事業を経営していた者がその事業を廃止するのであれば、他の事業用建物を賃借する必要もないことからも明らかである。したがって、このような場合に他の建物を新たに賃借するのは、立退きに伴ってなされたものとはいえても立退きのためになされたものではなく、むしろ事業の継続等の目的でなされたものといえる。

　かようにして、立退きに際し他に経済的価値のある借家権を取得する

ために支出した金額は、立退料収入の発生原因たる立退きに伴う支出金額とはいえても、立退行為それ自体のための、又はこれに伴い直接必要な支出金額とはいえない。

(4)　判決の要旨

　本件判決は、次のとおり説示し、被告Y税務署長の主張を支持した。

　所得税法上、一時所得の金額は、その年中の総収入金額からその収入を得るために支出した金額を控除した金額とする旨規定されており、この場合の「その収入を得るために支出した金額」とは、その収入を生じた行為をするために要した金額又はその収入を生じた原因の発生に伴い直接要した金額に限ると解すべく、本件乙建物の賃借権の取得に要した870万円は、被告主張のとおりの理由により、これに当たらないと解すべきである。

5　立退後に自宅を事務所とするために支出した増改築工事代及び賃借中に支出した事務所の塗装工事代は立退料収入から控除できないとされた事例

> 東京地裁・昭和51年2月27日判決・昭47（行ウ）94・所得税更正決定取消請求事件

(1)　論　点

　原告Xは、訴外Aから建物を賃借し、法律事務所として使用していたが、Aから立退きを求められたため、家屋明渡移転補償金名義で1,000万円の支払いを受けて立ち退き、自宅を増改築して事務所を移転した。

　本件は、自宅を事務所とするための増改築工事代420万円及び賃借中に原告Ｘが行った賃借事務所の塗装工事代金２万円は、立退料収入1,000万円から控除すべきかどうかを論点とするものである。

(2)　原告Ｘの主張

　原告Ｘは、本件立退料収入が一時所得に該当するとすれば、自宅を事務所とするための増改築工事代420万円を控除すべきであり、また、譲渡所得に該当するとすれば、当該工事代420万円のほか、賃借中に原告Ｘが行った賃借事務所の塗装工事代２万円を控除すべきであると主張した。

(3)　被告Ｙ税務署長の主張

　被告Ｙ税務署長は、原告Ｘが自宅を事務所に改築するための費用として420万円を支出したことは認めるが、その余は否認するとした上で、自宅を事務所とするための増改築工事代420万円は、一時所得に係る総収入金額から控除される「その収入を得るために支出した金額」及び譲渡所得に係る総収入金額から控除される「その資産の譲渡に要した費用の額」のいずれにも該当しないと主張した。

(4)　判決の趣旨

　本件判決は、自宅を事務所とするための増改築工事代420万円は、譲渡による所得の処分であって、譲渡に要する費用に該当するとは解されず、賃借中の事務所の塗装工事代２万円は、当該事務所の維持、管理のための費用であると解され、取得費として控除すべき設備費、改良費と認定するに足る証拠はないと判示した。

㊟　本件判決では、本件の補償金は譲渡所得に当たることについては、以下のとおり判示している。

　家屋の明渡しに際して明渡しをする者に対して支払われる立退料は、例えば移転費用の補償、営業補償、借家権補償等の各種の性質があり、具体的事情を離れてその性質を一般的に決することはできないものであるところ、本件においては、本件事務所の賃借権の存否に関しては当事者間に何らの争いもなく、原告は本件建物の所有者の要請に応じて、本件補償金を受領するのと引換えに賃借権を放棄し、本件事務所を明け渡したものであることが認められるから、本件補償金は、原告が有していた賃借権を消滅させる対価としての性質を有しているものと解すべきである。

　ところで、借家権に対する借家法の態度は、譲渡性よりはむしろ居住性の保護に重点をおいていることは否定できず、賃借人が賃貸人に無断で賃借権を譲渡することはできないけれども、そうであるとしても、承諾を得れば譲渡することができ、したがって、また、右権利の譲渡性は、社会生活上、一般に金銭的評価が可能なものとして経済的な価値を有するものであり、現に本件においては本件借家権が右のごとき価値あるものとして、その消滅の対価として本件補償金が授受されたものであるから、借家権は所得税法上資産であると解するのが相当というべきである。

　そして、譲渡所得は、資産の値上がりによる含み益が処分によって実現したものであるから、処分によって含み益が実現しさえすれば足りるのであって、売却等資産が譲渡によって他に移転する場合だけではなく、資産が消滅する場合においても譲渡所得が生ずるものと解すべきである。

　したがって、本件補償金は譲渡所得に当たるというべきである。

第4章

事業所得と事業の付随収入について

はじめに

　所得税法では、類似した用語として「事業」と「業務」が使用されており、「業務」は、「事業」を含む概念として使用されている。そこで、「事業」の概念が問題となるのであるが、所得税法上、「事業」の概念に関する明文の規定は設けられていないため、事業の意義については専ら解釈上の問題となっている。また、所得税法上、事業所得とは、事業から生ずる所得をいうこととされており、事業所得の範囲についても解釈上の問題がある。

　そこで、本章では、「事業から生ずる所得の所得区分」及び「事業の概念」について解説するとともに、「事業所得の総収入金額に算入すべき付随収入の範囲」について解説することとする。

第1節　事業から生ずる所得の所得区分

　所得税法では、類似した用語として「事業」と「業務」が使用されており、「業務」は、「事業」を含む概念として使用されている。

　例えば、所得税法第51条第1項《資産損失の必要経費算入》では、「不動産所得、事業所得又は山林所得を生ずべき事業」といった用法で「事業」の用語が使用されているが、所得税法第2条第1項第19号《減価償却資産の意義》や所得税法第37条第1項《必要経費》では、「不動産所得、事業所得、山林所得又は雑所得を生ずべき業務」といったように、事業所得等を生ずべき事業を含む概念として「業務」の用語が使用されている。

　以上のような規定ぶりからして、所得税法は、10種類の各種所得のうち、業務から生ずる所得としては不動産所得、事業所得、山林所得及び雑所得が該当するものとし、事業から生ずる所得としては不動産所得、事業所得及び山林所得が該当するものとして規定していると解されている。また、不動産所得及び山林所得については、事業から生ずる所得に該当する場合と事業に至らない規模の業務から生ずる所得に該当する場合とがあるものとして規定していると解されており、雑所得については、事業に至らない規模の業務から生ずる所得が含まれるものとして規定していると解されている。

第 2 節　事業の概念

　「事業」の概念については、所得税法上、明確な規定はないが、一応、所得税法施行令第63条に列挙されたものが事業に該当するといえる。

　所得税法第27条第1項では、「事業所得とは、農業……その他の事業で政令で定めるものから生ずる所得（山林所得又は譲渡所得に該当するものを除く。）をいう。」と規定されている。これを受けて所得税法施行令第63条では、「……政令で定める事業は、次に掲げる事業（不動産の貸付業又は船舶若しくは航空機の貸付業に該当するものを除く。）とする。」と規定されている。

⑴　農　業

⑵　林業及び狩猟業

⑶　漁業及び水産養殖業

⑷　鉱業（土石採取業を含む。）

⑸　建設業

⑹　製造業

⑺　卸売業及び小売業（飲食店業及び料理店業を含む。）

⑻　金融業及び保険業

⑼　不動産業

⑽　運輸通信業（倉庫業を含む。）

⑾　医療保健業、著述業その他のサービス業

⑿　⑴から⑾までに掲げるもののほか、対価を得て継続的に行う事業

政令に列挙された「事業」とは、究極的に、⑿の「対価を得て継続的

に行う事業」をいうことになる。しかし、この文言だけでは、「対価性」及び「継続性」のみを要件としており、「営利性」を要件としていないかのように見える。

　一時所得の定義規定の中では、①「営利を目的とする継続的行為から生じた所得」以外の一時の所得であること、②「労務その他の役務又は資産の譲渡の対価」としての性質を有しない所得であることとあるのであるが、上記政令の文言には「営利を目的とする」つまり「営利性」については、明らかには表現されていない。

　しかしながら、以上に列挙された各種事業に共通して内在するものの一つとして、「営利を目的とする」ことがうかがえることからすると、「営利性」も「事業」の要件としているものと考えられる。してみると、「事業」というには、「営利性・継続性・対価性」を備えていることが要件とされていると考えられる。

　ただし、それだけの要件を具備していれば事業所得の基因となる「事業」といえるかというと、そうではない。そういった要件を具備する行為が事業所得の基因となることは明らかであるが、その規模等が狭小である場合にも「事業」に該当するとすれば所得税法が「事業」と「業務」の用語を使い分けている意味がないことになる。したがって、所得税法は、事業に該当する業務を列挙してはいるものの、あくまでもそれらの業務の規模等がある程度の水準を超えるもののみを「事業」の範囲に含めているものと考えられる。

1　裁判例における事業の判定基準

　事業の判定の基準について、裁判例によれば、所得税法上の事業とは、営利性・継続性があり、かつ、事業としての社会的客観性を有するものをいうとされている。この趣旨の裁判例としては、例えば、大阪高裁昭

和51年10月14日判決、大阪高裁昭和50年３月26日判決、東京高裁昭和49年８月29日判決などがある。

　この「営利性・継続性、事業としての社会的客観性」という要件は、「事業所得と譲渡所得」、「事業所得と一時所得」及び「事業所得と雑所得」を区分する上での基準となるが、「事業所得と給与所得」を区分する上では、これらの要件のほかに、「自己の計算と危険において、独立性をもってなされるものであること」が要件とされている。この趣旨の裁判例としては、例えば、前橋地裁昭和53年７月13日判決、東京地裁昭和52年７月27日判決、東京高裁昭和51年10月18日判決などがある。

　前者の「営利性・継続性、事業としての社会的客観性」という要件は、土地売買、株式売買、商品売買などにおいて、また、後者の「自己の計算と危険において、独立性をもってなされるものであること」の要件は、外交員、弁護士などにおいて、事業の判定を行う際の基準となっている。

2　所得税基本通達における事業の判定基準

　所得税基本通達において、ある業務が事業に該当するか否かについて明らかにしたものとしては、次に掲げるようなものがある。

⑴　所得税基本通達26―4 《アパート、下宿等の所得の区分》

　（アパート、下宿等の所得の区分）

26―4　アパート、下宿等の所得の区分については、次による。

　⑴　アパート、貸間等のように食事を供さない場合の所得は、不動産所得とする。

　⑵　下宿等のように食事を供する場合の所得は、事業所得又は雑所得とする。

　この通達では、アパート、下宿等の所得について、不動産所得と事業所得又は雑所得との区分の方法が示されている。

(2)　所得税基本通達27―2 《有料駐車場等の所得》

（有料駐車場等の所得）

27―2　　いわゆる有料駐車場、有料自転車置場等の所得については、自己の責任において他人の物を保管する場合の所得は事業所得又は雑所得に該当し、そうでない場合の所得は不動産所得に該当する。

　この通達では、いわゆる有料駐車場、有料自転車置場等の所得について、不動産所得と事業所得又は雑所得との区分の方法が示されている。

(3)　所得税基本通達27―3 《バンガロー等の貸付けによる所得》

（バンガロー等の貸付けによる所得）

27―3　　観光地、景勝地、海水浴場等におけるバンガロー等で季節の終了とともに解体、移設又は格納することができるような簡易な施設の貸付けによる所得は、事業所得又は雑所得に該当する。

　この通達では、観光地、景勝地、海水浴場等におけるバンガロー等の貸付けによる所得について、不動産所得ではなく、事業所得又は雑所得に該当することが明らかにされている。

⑷　所得税基本通達27―6 《金銭の貸付けから生ずる所得が事業所得で
あるかどうかの判定》

（金銭の貸付けから生ずる所得が事業所得であるかどうかの判定）

27―6　金銭の貸付け（手形の割引、譲渡担保その他これらに類する方
法による金銭の交付を含む。以下この項において同じ。）による所得が
事業所得に該当するかどうかは、その貸付口数、貸付金額、利率、
貸付けの相手方、担保権の設定の有無、貸付資金の調達方法、貸付
けのための広告宣伝の状況その他諸般の状況を総合勘案して判定す
る。

　この通達では、金銭の貸付けによる所得について、事業所得と雑所得
との区分の方法が示されている。

⑸　所得税基本通達27―7 《競走馬の保有に係る所得が事業所得に該当
するかどうかの判定》

（競走馬の保有に係る所得が事業所得に該当するかどうかの判定）

27―7　その年の競走馬の保有に係る所得が事業所得に該当するかど
うかは、その規模、収益の状況その他の事情を総合勘案して判定す
るのであるが、次の⑴又は⑵のいずれかに該当する場合には、その
年の競走馬の保有に係る所得は、事業所得に該当するものとする。

⑴　その年において、競馬法第14条 《馬の登録》（同法第22条 《準用
規定》において準用する場合を含む。）の規定による登録を受けて
いる競走馬（以下この項において「登録馬」という。）でその年にお
ける登録期間が６月以上であるものを５頭以上保有している場合

⑵　次のイ及びロの事実のいずれにも該当する場合

　イ　その年以前３年以内の各年において、登録馬（その年における登録期間が６月以上であるものに限る。）を２頭以上保有していること。

　ロ　その年の前年以前３年以内の各年のうちに、競走馬の保有に係る所得の金額が黒字の金額である年が１年以上あること。

(注)　競走馬の生産その他競走馬の保有に直接関連する事業を営む者がその事業に関連して保有している競走馬の保有に係る所得は、事業所得に該当する。

　この通達では、競走馬の保有に係る所得について、事業所得と雑所得の区分の方法が示されている。

⑹　**所得税基本通達33―3 《極めて長期間保有していた不動産の譲渡による所得》**

（極めて長期間保有していた不動産の譲渡による所得）

33―3　固定資産である不動産の譲渡による所得であっても、当該不動産を相当の期間にわたり継続して譲渡している者の当該不動産の譲渡による所得は、法第33条第２項第１号に掲げる所得に該当し、譲渡所得には含まれないが、極めて長期間（おおむね10年以上をいう。以下33―5において同じ。）引き続き所有していた不動産（販売の目的で取得したものを除く。）の譲渡による所得は、譲渡所得に該当するものとする。

　この通達では、極めて長期間（おおむね10年以上をいう。）引き続き所有していた不動産の譲渡による所得について、譲渡所得と事業所得又は雑所得との区分の方法が示されている。

(7)　所得税基本通達33―4《固定資産である土地に区画形質の変更等を加えて譲渡した場合の所得》

（固定資産である土地に区画形質の変更等を加えて譲渡した場合の所得）

33―4　固定資産である林地その他の土地に区画形質の変更を加え若しくは水道その他の施設を設け宅地等として譲渡した場合又は固定資産である土地に建物を建設して譲渡した場合には、当該譲渡による所得は棚卸資産又は雑所得の基因となる棚卸資産に準ずる資産の譲渡による所得として、その全部が事業所得又は雑所得に該当する。

(注)　固定資産である土地につき区画形質の変更又は水道その他の施設の設置を行った場合であっても、次のいずれかに該当するときは、当該土地は、なお固定資産に該当するものとして差し支えない。
1　区画形質の変更又は水道その他の施設の設置に係る土地の面積（当該土地の所有者が2以上いる場合には、その合計面積）が小規模（おおむね3,000㎡以下をいう。）であるとき。
2　区画形質の変更又は水道その他の施設の設置が土地区画整理法、土地改良法等法律の規定に基づいて行われたものであるとき。

　この通達では、固定資産である土地に、区画形質の変更を加えたり、水道その他の施設を設けて、宅地等として譲渡した場合や、固定資産である土地に、建物を建築して譲渡した場合のその譲渡による所得について、譲渡所得ではなく、そのすべてが事業所得又は雑所得に該当することが明らかにされている。

　なお、この通達では、その注書において、小規模（おおむね3,000㎡以下をいう。）の固定資産である土地について、区画形質の変更又は水道その他の施設の設置を行って譲渡した場合などについては、一律に棚卸資産に転化したものとしては取り扱わず、固定資産に該当するものとして取り扱っても差し支えないこととされている。

(注)　土地、建物等の譲渡による所得が、この通達により事業所得又は雑所得に該当する場合であっても、その区分形質の変更等に係る土地が極めて長

期間（おおむね10年以上をいう。）引き続き所有されていたものであるときは、当該土地の譲渡による所得のうち、区画形質の変更等による利益に対応する部分は事業所得又は雑所得とし、その他の部分は譲渡所得として差し支えないこととされている（所基通33―5）。

(8)　所得税基本通達35―2《業務に係る雑所得の例示》

> **（業務に係る雑所得の例示）**
>
> 35―2　次に掲げるような所得は、事業所得又は山林所得と認められるものを除き、業務に係る雑所得に該当する。
>
> (1)　動産（法第26条第1項《不動産所得》に規定する船舶及び航空機を除く。）の貸付けによる所得
>
> (2)　工業所有権の使用料（専用実施権の設定等により一時に受ける対価を含む。）に係る所得
>
> (3)　温泉を利用する権利の設定による所得
>
> (4)　原稿、さし絵、作曲、レコードの吹き込み若しくはデザインの報酬、放送謝金、著作権の使用料又は講演料等に係る所得
>
> (5)　採石権、鉱業権の貸付けによる所得
>
> (6)　金銭の貸付けによる所得
>
> (7)　営利を目的として継続的に行う資産の譲渡から生ずる所得
>
> (8)　保有期間が5年以内の山林の伐採又は譲渡による所得
>
> (注)　事業所得と認められるかどうかは、その所得を得るための活動が、社会通念上事業と称するに至る程度で行っているかどうかで判定する。
> なお、その所得に係る取引を記録した帳簿書類の保存がない場合（その所得に係る収入金額が300万円を超え、かつ、事業所得と認められる事実がある場合を除く。）には、業務に係る雑所得（資産（山林を除く。）の譲渡から生ずる所得については、譲渡所得又はその他雑所得）に該当することに留意する。

この通達では、この通達に掲げるような所得は、事業所得又は山林所

得と認められるものを除き、業務に係る雑所得に該当することが明らかにされている。

例えば、東京地判の昭和48年7月18日判決では、いわゆる事業に当たるかどうかは、結局、一般社会通念によって決めるほかないが、これを決めるに当たっては営利性・有償性の有無、継続性・反復性の有無、自己の危険と計算における企画遂行性の有無、その取引に費やした精神的あるいは肉体的労力の程度、人的・物的設備の有無、その取引の目的、その者の職歴・社会的地位・生活状況などの諸点が検討されるべきであると判示している。

したがって、その所得を得るための活動が事業に当たるかどうかについて、社会通念によって判定する場合には、上記判決によって示された諸点を総合勘案して判定することになる。この通達の注書の前段では、その旨を明らかにしている。

なお、令和2年度の税制改正では、業務に係る雑所得について、前々年の収入金額が300万円を超える場合には、取引に関する書類の保存を義務づける改正が行われている。

事業所得と業務に係る雑所得の区分については、上記のとおり社会通念で判定することが原則であるが、その所得に係る取引を帳簿書類に記録し、かつ、記録した帳簿書類を保存している場合には、その所得に係る活動について、一般的に、営利性や継続性を有し、社会通念での判定において、事業所得に区分される場合が多いと考えられる。ただし、その所得に係る取引を記録した帳簿書類を保存している場合であっても、次のような場合には、事業と認められるかどうかを個別に判断することとなる。

① その所得の収入金額が僅少と認められる場合

② その所得を得る活動に営利性が認められない場合

一方、その所得に係る取引を帳簿に記録していない場合や記録してい

ても保存していない場合には、一般的に、営利性や継続性を有している
とは認め難く、また、事業所得者に義務付けられた記帳や帳簿書類の保
存が行われていない点を考慮すると、社会通念での判定において、原則
として、事業所得に区分されないものと考えられる。

　ただし、その所得を得るための活動が、収入金額300万円を超えるよ
うな規模で行っている場合には、帳簿書類の保存がない事実のみで所得
区分を判定せず、事業と認められる事実がある場合には、事業所得とし
て取り扱うこととなろう。この通達の注書の後段では、その旨を明らか
にしている。

⑼　所得税基本通達26—9 《建物の貸付けが事業として行われているか どうかの判定》

（建物の貸付けが事業として行われているかどうかの判定）

26—9　建物の貸付けが不動産所得を生ずべき事業として行われてい
　るかどうかは、社会通念上事業と称するに至る程度の規模で建物の
　貸付けを行っているかどうかにより判定すべきであるが、次に掲げ
　る事実のいずれか一に該当する場合又は賃貸料の収入の状況、貸付
　資産の管理の状況等からみてこれらの場合に準ずる事情があると認
　められる場合には、特に反証がない限り、事業として行われている
　ものとする。
　⑴　貸間、アパート等については、貸与することができる独立した
　　室数がおおむね10以上であること。
　⑵　独立家屋の貸付けについては、おおむね5棟以上であること。

　この通達では、建物の貸付けが不動産所得を生ずべき事業として行わ
れているかどうかについて、その取扱いが示されている。

　建物の貸付けによる所得は、所得の範疇としては規模の大小にかかわらず不動産所得に含まれるが、その建物の貸付けが事業として行われているか否かにより、所得税法では、資産損失や専従者給与、青色申告特別控除等について異なる取扱いがされている。このため、建物の貸付けが事業として行われているか否かの区別が重要となる場合があるわけである。

　なお、土地の貸付け（所基通27―2《有料駐車場等の所得》により事業所得又は雑所得の基因となるもの以外の有料駐車場等に係る土地の貸付けを含む。）についても、維持・管理及び債権管理に要する役務提供の程度等からみて、社会通念上事業と称するに至る程度の規模で土地の貸付けが行われている場合には、その土地の貸付けは、不動産所得を生ずべき事業として行われているものとして判定することになる。

(注)1　土地の貸付けが不動産所得を生ずべき事業として行われているかどうかは、建物の貸付けの場合と同様、社会通念上事業と称するに至る程度の規模で土地の貸付けが行われているかどうかにより判定すべきものである。しかし、その判定が困難な場合は、建物の貸付けの場合の形式基準を参考として判定することとすることになる。
　　　この場合、①貸室1室及び貸地1件当たりのそれぞれの平均的賃貸料の比、②貸室1室及び貸地1件当たりの維持・管理及び債権管理に要する役務提供の程度等を考慮し、地域の実情及び個々の実態等に応じて判定することとなるが、実務上の取扱いとして、1室の貸付けに相当する土地の貸付件数を、「おおむね5」として判定しても差し支えないこととされている。
　　2　事業税では、次に掲げるような規模で不動産の貸付けを行っているものについては、原則として事業税は課さないこととされている。
　　①　住宅の貸付け…一戸建て住宅の貸付けについては10棟未満、一戸建て以外のアパート、貸間等の貸付けについては10室未満であるもの
　　②　事務所、店舗等の貸付け…独立家屋の貸付けについては5棟未満、独立家屋以外の貸付けについては、10室未満であるもの
　　③　住宅用土地の貸付け…貸付契約件数（一の契約において2画地以上の土地を貸し付けている場合は、それぞれを1件とする。）が10件未満又は貸付総面積が2,000平方メートル未満であるもの
　　④　住宅用土地以外の土地の貸付け…貸付契約件数が10件未満であるもの
　　⑤　①から④までを併せた貸付け…棟数、室数、貸付契約件数の合計が

　10件未満であるもの
⑥　駐車場（建築物である駐車場を除く。）…駐車（可能）台数が10台未満であるもの

第3節 事業所得の総収入金額に算入すべき付随収入

1 事業に関連して生ずる収入

　所得税法上、「事業」の概念に関する明文の規定は設けられていないため、事業の意義については専ら解釈上の問題となっている（所法27①、所令63）。また、所得税法上、事業所得とは、事業から生ずる所得をいうこととされており、事業所得の範囲についても解釈上の問題がある（所法27①、所令63）。

　ところで、事業所得の金額は、その年中の事業所得に係る総収入金額から必要経費を控除して計算することとされているので（所法27②）、実務的には、その総収入金額に算入すべき収入の範囲が問題となる。

　物品販売業における商品の売上収入、不動産仲介業における仲介手数料収入、金融業における貸付金の利子収入などのように、その事業の目的とされている行為そのものから生ずる収入が事業所得の総収入金額に含まれることについては疑問の生ずる余地はないが、「事業から生ずる所得」とか「総収入金額」というように総体的な規定ぶりとなっていることから、その事業の目的とされている行為そのものから生ずる収入のほか、その事業から付随的に生ずる収入も事業所得の総収入金額に含まれるものと解されている。

2 事業所得の総収入金額に含まれない付随収入

　所得税法では、個人に帰属するあらゆる所得について所得金額を一括して計算するのではなく、所得の源泉や発生の態様等の別に10種類の所

得に分類し、その所得の種類ごとに所得金額を計算することになっている。したがって、事業所得の総収入金額に含まれる付随収入の範囲には、自ずから制約がある。

すなわち、事業に関連して生ずる収入のすべてが事業所得の総収入金額に含まれるのではなく、①事業所得以外の各種所得に係る収入として、所得税法上、特に明示されているもの、②事業所得を生ずべき事業には関連していても、その事業との直接の結び付きがないものは、事業所得以外の各種所得に係る総収入金額は収入金額に含まれることになる。

⑴　事業所得以外の各種所得に係る収入として、所得税法上、特に明示されているもの

次に掲げる収入は、それぞれ次に掲げる所得に係る総収入金額又は収入金額に含まれる。

イ　事業として行う不動産の貸付けによる収入…不動産所得

ロ　事業として行う山林の伐採又は譲渡でその山林の取得の日以後5年を超えて行うものによる収入…山林所得

ハ　事業の用に供していた固定資産の譲渡による収入…譲渡所得

ニ　事業用資金を預貯金とした場合の利子収入…利子所得

ホ　得意先に対する出資金の配当金…配当所得

⑵　事業所得を生ずべき事業には関連していても、その事業との直接の結び付きがないもの

次に掲げる収入は、それぞれ次に掲げる所得に係る総収入金額又は収入金額に含まれる。

イ　事業用資金を取引先でない友人に貸し付けたことにより受ける利子収入…雑所得

ロ　事業主が取引先である会社から受ける個人的なお祝い金…一時所

得

3　事業所得の総収入金額に含まれる付随収入

　所得税基本通達において、事業所得に係る総収入金額に含まれる付随収入に該当するか否かについて明らかにしたものとしては、次に掲げるようなものがある。

⑴　所得税基本通達27─5《事業の遂行に付随して生じた収入》

（事業の遂行に付随して生じた収入）

27─5　事業所得を生ずべき事業の遂行に付随して生じた次に掲げるような収入は、事業所得の金額の計算上総収入金額に算入する。

　⑴　事業の遂行上取引先又は使用人に対して貸し付けた貸付金の利子

　⑵　事業用資産の購入に伴って景品として受ける金品

　⑶　新聞販売店における折込広告収入

　⑷　浴場業、飲食業等における広告の掲示による収入

　⑸　医師又は歯科医師が、休日、祭日又は夜間に診療等を行うことにより地方公共団体等から支払を受ける委嘱料等

　　㊟　地方公共団体等から支給を受ける委嘱料等で給与等に該当するものについては、28─9の2参照

　⑹　特別地方消費税を納期限内に納入することにより交付を受ける交付金

　⑺　事業用固定資産に係る固定資産税を納期前に納付することにより交付を受ける地方税法第365条第2項《固定資産税に係る納期前の納付》に規定する報奨金

　この通達では、事業所得を生ずべき事業の遂行に付随して生じた次に
掲げるような収入は、事業所得の金額の計算上、総収入金額に算入する
ものとして取り扱うことが明らかにされている。

　イ　事業の遂行上取引先又は使用人に対して貸し付けた貸付金の利子

　　　これは、事業遂行上の必要に基づいて又は使用人の福利厚生の一

　　環として行われる点に着目されたものである。

　ロ　事業用資産の購入に伴って景品として受ける金品

　ハ　新聞販売店における折込広告収入

　ニ　浴場業、飲食店業における広告の掲示による収入

　　　なお、所得税基本通達26—5《広告等のため土地等を使用させる

　　場合の所得》では、「広告等のため、土地、家屋の屋上又は側面、

　　塀等を使用させる場合の所得は、不動産所得に該当する。」ことと

　　して取り扱われているから、浴場等の広告収入であっても、屋上に

　　ネオンサインを設置させること等による所得は、事業所得とはなら

　　ない。

　ホ　医師又は歯科医師が、休日、祭日又は夜間に診療等を行うことに

　　より、地方公共団体等から支払いを受ける委嘱料等

　　　なお、これに関連して、所得税基本通達28—9の2《医師又は歯

　　科医師が支給を受ける休日、夜間診療の委嘱料等》では、「医師又は

　　歯科医師が、地方公共団体等の開設する救急センター、病院等にお

　　いて、休日、祭日又は夜間に診療等を行うことにより地方公共団体

　　等から支給を受ける委嘱料等は、給与等に該当する。」こととして取

　　り扱われることが明らかにされている。

　　　これらの収入については、それが事業所得の収入となるか、給与

　　所得の収入となるかについて、実務上、判断が分かれる例が多いよ

　　うであるが、この通達により所得区分について定型的な例示がされ

　　ているといえる。

　また、所得税基本通達28―9の3《派遣医が支給を受ける診療の報酬等》では、「大学病院の医局等若しくは教授等又は医療機関のあっせんにより派遣された医師又は歯科医師が、派遣先の医療機関において診療等を行うことにより当該派遣先の医療機関から支給を受ける報酬等は、給与等に該当する。」こととして取り扱われることが明らかにされているが、その趣旨等も、基本的には以上と同じである。

ヘ　特別地方消費税を納期限内に納入することにより交付を受ける交付金

ト　事業用固定資産に係る固定資産税を納期前に納付することにより交付を受ける地方税法第365条第2項《固定資産税に係る納期前の納付》に規定する報奨金

　この趣旨は、固定資産税のうち事業用固定資産に係るものは、事業所得の金額の計算上必要経費に算入されるわけであるから、これに対応する報奨金については、事業所得の金額の計算上総収入金額に算入しようとするところにある。

　なお、固定資産税に係る報奨金で業務用固定資産に係るもののうち、事業と称するに到らない程度の業務の用に供される固定資産に係るものについては、取扱い上特に明らかにされていないが、事業用固定資産に係る報奨金の取扱いに準じて、その業務の内容に応じ、不動産所得又は雑所得の金額の計算上総収入金額に算入することになるものと考えられる。また、固定資産税に係る報奨金で、業務用固定資産に係るもの以外のものは、一時所得の金額の計算上総収入金額に算入することになる（所基通34―1⑿）。

(2)　所得税基本通達26―7 《不動産業者が販売の目的で取得した不動産を一時的に貸し付けた場合の所得》

> **（不動産業者が販売の目的で取得した不動産を一時的に貸し付けた場合の所得）**
>
> 26―7　不動産業者が販売の目的で取得した土地、建物等の不動産を一時的に貸し付けた場合における当該貸付けによる所得は、不動産業から生ずる事業所得に該当する。この場合において、その貸し付けた不動産が建物その他使用又は時の経過により減価する資産であるときは、当該資産につき減価償却資産に準じて計算した償却費の額に相当する金額を当該事業所得の金額の計算上必要経費に算入することができるものとする。

　この通達では、不動産業者が販売の目的で取得した不動産を一時的に貸し付けた場合におけるその貸し付けによる所得は、不動産所得ではなく、不動産業から生ずる事業所得に該当することが明らかにされている。

　これは、不動産業者が商品として持っている土地や建物を駐車場や材料置場などとして一時的に貸し付ける行為は、不動産業の付随的な行為として行われるものであり、また、所得税法施行令第63条において事業から除外されている不動産の貸付業にも該当しないものであるから、事業所得に該当するものと考えられるからである。

(3)　**所得税基本通達26―8 《寄宿舎等の貸付けによる所得》**

> **（寄宿舎等の貸付けによる所得）**
>
> 26―8　事業所得を生ずべき事業を営む者が、当該事業に従事している使用人に寄宿舎等を利用させることにより受ける使用料に係る所

得は、当該事業から生ずる所得に該当する。

　この通達では、事業所得を生ずべき事業を営む者が、その事業に従事している使用人に寄宿舎等を利用させることにより受ける使用料に係る所得は、不動産所得ではなく、その事業から生ずる所得に該当することが明らかにされている。

　これは、事業主が使用人に寄宿舎等の住居を利用させる行為は、従業員の福利厚生の一環として行われるのが通常であり、その収入及び支出は、事業の損益に帰属させるべきものであるという考え方に基づくものである。

⑷　所得税基本通達27―4《金融業者が担保権の実行等により取得した資産の譲渡等による所得》

（金融業者が担保権の実行等により取得した資産の譲渡等による所得）

27―4　金融業を営む者が担保権の実行又は代物弁済等により取得した土地、建物、機械又は車両等の資産を譲渡した場合における当該譲渡による所得及び当該資産を一時的に貸し付けたことによる所得は、金融業から生ずる事業所得に該当する。この場合において、その一時的に貸し付けた資産が建物その他使用又は時の経過により減価する資産であるときは、当該資産につき減価償却資産に準じて計算した償却費の額に相当する金額を当該事業所得の金額の計算上必要経費に算入することができるものとする。

　㊟1　担保権の実行又は代物弁済等により資産を取得（いわゆる譲渡担保のような債権を担保するための形式的な取得を除く。）した場合において、当該資産の取得時における価額が貸金等の額を超えるときは、その超える部分に相当する金額は、その資産の取得の時において事業

所得の金額の計算上総収入金額に算入することとなる。
2　機械、車両等の動産の貸付けによる所得は、その貸付けが一時的なものでない場合でも、事業所得となる。

　この通達では、金融業を営む者が担保権の実行又は代物弁済（代物弁済による資産の移転は、負債の消滅という経済的利益を対価とする有償譲渡に該当する。）等により取得した資産を譲渡した場合におけるその譲渡による所得やその資産を一時的に貸し付けたことによる所得は、譲渡所得又は不動産所得若しくは雑所得ではなく、金融業から生ずる事業所得に該当することが明らかにされている。

　金融業者が代物弁済によって資産を取得した場合（いわゆる譲渡担保のように債権を担保するための形式的な資産の取得の場合を除く。）には、その資産の取得時の時価額で債権の回収が行われたことになるわけであるから、その時価額が債権額に見合う額であるときは、減少した資産と同価値の資産が増加したにすぎないため、その限りでは、何ら所得税の課税関係は生じない。

　しかし、その時価額が債権額を上回るときは、その上回る額は金融業による収益とみるべきものと考えられることから、その上回る額をその資産の取得時の事業所得の金額の計算上総収入金額に算入することになる。ただし、その上回る額に相当する金額を債務者に対し清算金として支払うということであれば、総収入金額に算入しなくてもよいことになる。

　逆に、その時価額が債権額を下回るときは、その下回る額を事業所得の金額の計算上必要経費に算入することになる。ただし、その下回ることとなった原因が、債務者の資産状況や支払能力等からみて実質的に贈与と認められるというような場合には、必要経費に算入することはできないことになる。

　次に、その代物弁済によって取得した資産を、取得後他に譲渡し、資金を回収した場合についてであるが、その譲渡は金融業に関連する行為として行われるわけであるから、その譲渡価額と取得時の時価額（帳簿価額）との差額は、その譲渡時の事業所得の金額の計算上の損益とすることになる。ただし、家事用に転用するとか不動産所得の基因となる資産に転用（一時的な転用を除く。）した後に譲渡した場合は、譲渡所得の金額の計算上の損益とすることになる。

　また、金融業者が代物弁済により取得した資産を一時的に他に貸し付けたことによる所得については、その一時的に貸し付ける行為は、金融業の付随的な行為として行われるものであって、不動産の貸付けとか物品の貸付けを業として行うことによるものではないため、原則として、金融業から生ずる事業所得に該当するものとして取り扱われる。

　この場合、その一時的に貸し付けた資産が建物その他使用又は時の経過により減価する資産であるときには、収益と費用を対応させるという意味で、その資産について減価償却資産に準じて計算した償却費相当額を事業所得の金額の計算上必要経費に算入することができることとされている。

　なお、償却費相当額を必要経費に算入することとした場合は、当然のことながら、その後においてその資産を他に譲渡した場合のその譲渡による損益の額の計算は、その譲渡価額とその償却費相当額を控除した後の帳簿価額との差額として計算することになる。

　以上のように、代物弁済により取得した資産を貸し付けたことによる所得は、原則として、金融業から生ずる事業所得に該当するものと取り扱われることになるわけであるが、その貸付資産が土地や建物などの不動産であり、かつ、その貸付期間が長期的である場合には、その貸付資産は金融業による所得の基因となる資産から不動産所得の基因となる資産へ転用されたものと認められるため、その場合の貸付けによる所得に

ついては不動産所得に該当するものとして取り扱われることになる。

⑸　所得税基本通達27―1 《貸衣装等の譲渡による所得》

（貸衣装等の譲渡による所得）

27―1　貸衣装業における衣装類の譲渡、パチンコ店におけるパチン
　　コ器の譲渡、養豚業における繁殖用又は種付用の豚の譲渡、養鶏業
　　における採卵用の鶏の譲渡のように、事業の用に供された固定資産
　　を反復継続して譲渡することが当該事業の性質上通常である場合に
　　おける当該固定資産の譲渡による所得は、事業所得に該当する。

　㊟　当該固定資産が令第81条第２号又は第３号《譲渡所得の基因とされ
　　　ないたな卸資産に準ずる資産》に規定する「その者の業務の性質上基
　　　本的に重要なもの」であっても、上記の場合に該当するときは、当該
　　　固定資産の譲渡による所得は、事業所得に該当する。
　　　　なお、「その者の業務の性質上基本的に重要なもの」の意義につい
　　　ては、33―1の２参照。

　所得税法第33条第２項第１号では、棚卸資産の譲渡による所得、準棚
卸資産の譲渡による所得及びその他営利を目的として継続的に行われる
資産の譲渡による所得は、譲渡所得に含まれないと規定されている。

　したがって、棚卸資産及び準棚卸資産以外の通常の事業用の固定資産
の譲渡による所得であっても、その譲渡が営利を目的として継続的に行
われる場合の所得は、事業所得に該当することになる。

　そこで、どのような場合の固定資産の譲渡による所得が営利を目的と
して継続的に行われる場合の所得として事業所得に該当するかが問題と
なるが、一般的にいえば、ある種の固定資産を反復継続して譲渡するこ
とがその事業の性質上経常的な行為である場合のその譲渡による所得が
これに当たるといえる。

この通達では、このような考え方に立って、貸衣装業における衣装類、パチンコ店におけるパチンコ器、養豚業における繁殖用又は種付用の豚、養鶏業における採卵用の鶏の譲渡による所得を例示として掲げている。

ところで、前述のように、所得税法第33条第2項第1号により、準棚卸資産の譲渡による所得も譲渡所得に含まれないこととされているわけであるが、この準棚卸資産として、所得税法施行令第81条では、次に掲げるものをいうこととされている。

　イ　棚卸資産（所法2①十六、所令3）に準ずる資産で、不動産所得、山林所得又は雑所得を生ずべき業務に係るもの

　ロ　不動産所得、事業所得、山林所得又は雑所得を生ずべき業務の用に供した減価償卸資産で、その使用可能期間が1年未満であるもの

　ハ　不動産所得、事業所得、山林所得又は雑所得を生ずべき業務の用に供した減価償却資産で、その取得価額が10万円未満であるもの（その業務の性質上基本的に重要なものを除く。）

　ニ　不動産所得、事業所得、山林所得又は雑所得を生ずべき業務の用に供した減価償却資産で、その取得価額が20万円未満であるもの（国外リース資産及び上記ロ若しくはハに該当するものを除く。また、一括償却の選択をしたものに限ることとし、その業務の性質上基本的に重要なものを除く。）

上記ハ及びニのかっこ書では、その業務の性質上基本的に重要なもの（以下「少額重要資産」という。）を除くこととされているので、少額重要資産に該当するものの譲渡による所得は譲渡所得に含まれることとなる。この少額重要資産の範囲については、所得税基本通達33―1の2《少額重要資産の範囲》において、製品の製造、農産物の生産、商品の販売、役務の提供等その者の目的とする業務の遂行上直接必要な減価償却資産で、その業務の遂行上欠くことのできないものをいうとされている。

㊟　これを譲渡所得に含めることとしているのは、果樹や豚などの譲渡によ

る所得は少額なものが多く、譲渡所得として取り扱えば譲渡所得の特別控除により事実上課税されないこととなるからである。

ところが、前述の貸衣装等の譲渡による所得の基因となる資産の範囲については、その取得価額が10万円以上又は20万円以上といった要件はないため、当該資産の範囲と少額重要資産の範囲とが競合する場合が生じる。貸衣装等の譲渡による所得の基因となる資産を優先するとすれば、その譲渡による所得は事業所得その他業務に係る所得に含まれることになるし、少額重要資産を優先するとすれば、その譲渡による所得は譲渡所得に含まれることになる。

そこで、この通達では、少額重要資産に該当するからといって貸衣装等の譲渡による所得の基因となる資産には該当しないとはいえないとの考え方に立って、少額重要資産に該当する場合であっても、貸衣装等の譲渡による所得の基因となる資産に該当する場合には、その譲渡による所得は事業所得その他業務に係る所得に含まれる（譲渡所得には含まれない。）ことを明らかにしている（所基通27―1の注書及び33―1の2の注書）。

したがって、少額重要資産として準棚卸資産から除外され、譲渡所得に当たるとされるものであっても、その譲渡が反復継続的に行われるときには、その譲渡による所得は、所得税法第33条第2項第2号に規定する「その他営利を目的として継続的に行われる資産の譲渡による所得」に該当して、譲渡所得から除外されることとなる。

少額の減価償却資産と少額重要資産の譲渡による所得の所得区分の関係を図で示すと、次のようになる。

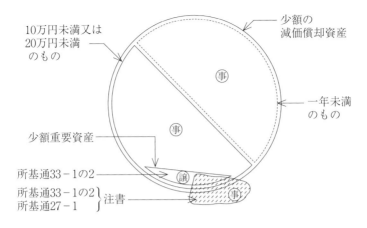

10万円未満又は
20万円未満
のもの

少額の
減価償却資産

一年未満
のもの

少額重要資産

所基通33－1の2

所基通33－1の2
所基通27－1 }注書

⑨=事業所得　㊗=譲渡所得

⑹　所得税基本通達34―1 《一時所得の例示》

（一時所得の例示）

34―1　次に掲げるようなものに係る所得は、一時所得に該当する。

⑴　懸賞の賞金品、福引の当選金品等（業務に関して受けるものを除く。）

⑵　競馬の馬券の払戻金、競輪の車券の払戻金等（営利を目的とする継続的行為から生じたものを除く。）

　㊟1　馬券を自動的に購入するソフトウエアを使用して定めた独自の条件設定と計算式に基づき、又は予想の確度の高低と予想が的中した際の配当率の大小の組合せにより定めた購入パターンに従って、偶然性の影響を減殺するために、年間を通じてほぼ全てのレースで馬券を購入するなど、年間を通じての収支で利益が得られるように工夫しながら多数の馬券を購入し続けることにより、年間を通じての収支で多額の利益を上げ、これらの事実により、回収率が馬券の当該購入行為の期間総体として100％を超えるように馬券を購入し続けてきたことが客観的に明らかな場合の競馬の馬券の払戻金に係る所得は、営利を目的とする継続的行為から生

じた所得として雑所得に該当する。

　2　上記（注）1以外の場合の競馬の馬券の払戻金に係る所得は、一時所得に該当することに留意する。

　3　競輪の車券の払戻金等に係る所得についても、競馬の馬券の払戻金に準じて取り扱うことに留意する。

(3)　労働基準法第114条《付加金の支払》の規定により支払を受ける付加金

(4)　令第183条第2項《生命保険契約等に基づく一時金に係る一時所得の金額の計算》に規定する生命保険契約等に基づく一時金（業務に関して受けるものを除く。）及び令第184条第4項《損害保険契約等に基づく満期返戻金等》に規定する損害保険契約等に基づく満期返戻金等

(5)　法人からの贈与により取得する金品（業務に関して受けるもの及び継続的に受けるものを除く。）

(6)　人格のない社団等の解散により受けるいわゆる清算分配金又は脱退により受ける持分の払戻金

(7)　借家人が賃貸借の目的とされている家屋の立退きに際し受けるいわゆる立退料（その立退きに伴う業務の休止等により減少することとなる借家人の収入金額又は業務の休止期間中に使用人に支払う給与等借家人の各種所得の金額の計算上必要経費に算入される金額を補てんするための金額及び令第95条《譲渡所得の収入金額とされる補償金等》に規定する譲渡所得に係る収入金額に該当する部分の金額を除く。）

　（注）1　収入金額又は必要経費に算入される金額を補てんするための金額は、その業務に係る各種所得の金額の計算上総収入金額に算入される。

　　2　令第95条に規定する譲渡所得に係る収入金額に該当する立退料については、33—6参照。

(8)　民法第557条《手付》の規定により売買契約が解除された場合に当該契約の当事者が取得する手付金又は償還金（業務に関して

受けるものを除く。)

(9)　法第42条第1項《国庫補助金等の総収入金額不算入》又は第43条第1項《条件付国庫補助金等の総収入金額不算入》に規定する国庫補助金等のうちこれらの規定の適用を受けないもの及び第44条《移転等の支出に充てるための交付金の総収入金額不算入》に規定する資産の移転等の費用に充てるため受けた交付金のうちその交付の目的とされた支出に充てられなかったもの

(10)　遺失物拾得者又は埋蔵物発見者が受ける報労金

(11)　遺失物の拾得又は埋蔵物の発見により新たに所有権を取得する資産

(12)　地方税法第41条第1項《個人の道府県民税の賦課徴収》、同法第321条第2項《個人の市町村民税の納期前の納付》及び同法第365条第2項《固定資産税に係る納期前の納付》の規定により交付を受ける報奨金（業務用固定資産に係るものを除く。)

(注)　発行法人から株式等を取得する権利を与えられた場合（株主等として与えられた場合（23〜35共−8参照）を除く。）の経済的利益の所得区分については、23〜35共−6参照

　この通達では、一時所得に該当する所得を例示している。

　この通達の例示の(2)では、競馬の馬券の払戻金、競輪の払戻金等（営利を目的とする継続的行為から生じたものを除く。）に係る所得は一時所得に該当することを明らかにしている。これは、最高裁の平成27年3月の判決及び平成29年12月の判決を受けて改正されたもので、その主旨については、203ページの第5章の中で詳しく解説している。

　また、この通達の(5)では、法人からの贈与により取得する金品も一時所得に該当することが明らかにされている。しかし、法人からの贈与により取得するものであっても、業務に関して受けるもの及び継続的に受

けるものは事業所得や雑所得に該当することになるため、かっこ書においてその旨が明らかにされている。

　なお、個人から贈与により取得する金品については贈与税の課税の対象とされるが、この場合においても業務に関して受けるものは事業所得や雑所得に該当することになる。

(注)　販売業者等が製造業者等から自動車（自動三輪車及び自動二輪車を含む。）で車体の大部分に一定の色彩を塗装して製造業者等の製品名又は社名を表示し、その広告宣伝を目的としていることが明らかなものや、陳列棚、陳列ケース、冷蔵庫又は容器で製造業者等の製品名又は社名の広告宣伝を目的としていることが明らかなもののような広告宣伝用の資産（広告宣伝用の看板、ネオンサイン、どん帳のように専ら広告宣伝の用に供されるものを除く。）を無償又はその資産の価額に満たない対価により取得した場合には、その経済的利益の額は、原則として所得税の課税の対象となるが（所基通36―18）、この場合の経済的利益の額も、事業所得や雑所得の総収入金額に算入することになる。

(7)　所得税基本通達51―4 《スクラップ化していた資産の譲渡損失》

（スクラップ化していた資産の譲渡損失）

51―4　法第51条第1項又は第4項に規定する資産の譲渡により損失が生じた場合において、当該資産が当該譲渡前に既にスクラップ化していたと認められるときは、当該損失の金額は、これらの規定により必要経費に算入すべき当該資産に係る損失の金額とする。

　この通達では、既にスクラップ化していたと認められる業務用資産の譲渡による損失は、譲渡所得の金額の計算上生じた損失ではなく、不動産所得、事業所得、山林所得又は雑所得の金額の計算上、必要経費に算入すべき資産損失の金額とすることが明らかにされている。

　これは、スクラップ化し素材の価値しか有しない固定資産について、除却手続をとった場合と、とらなかった場合との調整を図ったものであ

る。

　不動産所得、事業所得、山林所得又は雑所得を生ずべき業務の用に供されている固定資産であっても、その固定資産の譲渡による損益は、原則として譲渡所得とされる。したがって、スクラップ化し素材としての価値しか有しない固定資産で、その帳簿価額がその時価を超えるものを譲渡した場合には、その帳簿価額と時価との差額は、譲渡損失として譲渡所得の金額の計算上生じた損失とされる。

　しかし、その固定資産を譲渡をする前に除却処理を行うとすれば、帳簿価額と時価との差額は、除却損として事業所得等の金額の計算上必要経費に算入されることとなり、その除却した固定資産をその除却後直ちに譲渡した場合には、譲渡損益は生じないこととなる。

　この関係を具体的な仕訳例で示すと、次のようになる。

　㈠　除却処理を行わないで譲渡した場合

　　　現　金　40　　　　固定資産　100
　　　譲渡損　60

　㈡　除却処理を行った上で、直ちに譲渡した場合

　　a　除却時

　　　貯蔵品　40　　　　固定資産　100
　　　除却損　60

　　b　譲渡時

　　　現　金　40　　　　貯蔵品　40

　このように、スクラップ化し素材の価値しか有しない固定資産について、除却手続をとったか否かでその固定資産の帳簿価額と時価との差額である損失額が、一方は除却損として必要経費に算入され、他方は譲渡損として譲渡所得の金額の計算上生じた損失とされることは、あまりにも形式的にすぎるので、その経済的実質に着目し、スクラップ化している資産については、除却という手段をとらなかった場合に生じた譲渡損

失であっても、事業所得等の金額の計算上必要経費に算入することとされている。

(8)　所得税基本通達33―1 《譲渡所得の基因となる資産の範囲》

> **（譲渡所得の基因となる資産の範囲）**
>
> 33―1　譲渡所得の基因となる資産とは、法第33条第2項各号に規定する資産及び金銭債権以外の一切の資産をいい、当該資産には、借家権又は行政官庁の許可、認可、割当て等により発生した事実上の権利も含まれる。

　この通達では、譲渡所得の基因となる資産の範囲について明らかにされており、この中で、金銭債権は譲渡所得の基因となる資産に含まれない旨も明らかにされている。したがって、金銭債権の譲渡による所得は、譲渡所得には含まれないこととなるが、これは、金銭債権の譲渡により生じた利益は、その債権の元本の増加益すなわちキャピタルゲインそのものでなく、金利に相当するものであると考えられることによるものであり、事業所得又は雑所得に該当することになる。

　逆に、金銭債権の譲渡により損失が生じた場合については、所得税基本通達51―17 《金銭債権の譲渡損失》により、その損失は、原則として、貸倒損失として事業所得等の必要経費に算入することが明らかにされている。

第5章

一時所得及び雑所得の所得区分を
めぐる諸問題について

はじめに（所得区分の留意点）

　所得税法は、所得を10種類に分類し、その区分ごとに所得金額を計算することとしている。その所得金額の計算上、収入金額から「必要経費」を控除することとしているのは、不動産所得、事業所得、山林所得及び公的年金等以外の雑所得である。

　このうち不動産所得、事業所得及び山林所得については、それぞれの収入金額を超える必要経費があるときは、それによる赤字の金額を、原則として損益通算及び繰越控除等の対象とすることとしている。しかし、公的年金等以外の雑所得については、その雑所得の収入金額を限度として必要経費を控除することとしており、その収入金額を超える必要経費があるときは、それによる赤字の金額は、損益通算及び繰越控除等の対象としないこととしている。

　一時所得については、収入金額から控除するのは「必要経費」ではなく、その収入を得るための直接費的な支出のみを、かつ、その所得の収入金額を限度として控除することとしており、その収入金額を超える支出があるときは、それによる赤字の金額は、損益通算及び繰越控除等の対象としないこととしている。

　また、退職所得については2分の1相当額のみを課税対象とされており、山林所得、譲渡所得及び一時所得については特別控除額を控除する

こととしている。これらの措置は、昭和22年の制限的所得課税から包括的所得課税への転換以来の、臨時偶発的一時的な所得に対する少額免除あるいは超過累進税率の緩和によるものである。なお、譲渡所得のうちの長期譲渡所得及び一時所得については、総所得金額を計算する際に、その2分の1相当額のみを総所得金額に算入することとされているが、これも同様の主旨によるものである。

　このような措置は、それぞれの所得の生ずる形態に応じて担税力などに差異があることを考慮して、それに最も適した課税が行なえるように措置されたものである。しかし、その違いが競馬の払戻金による所得や副業による所得などにみられるように所得区分をめぐる課税上の問題となりやすくなっている。課税上の大きな差異は、必要経費の範囲と損益通算の可否である。これらの問題は、営利性又は対価性の有無、継続性又は臨時偶発的一時的な性質の有無、業務の規模の大小など、あるいはその組合せによる事実認定に左右されている。

第1節　主な所得区分の基礎的な留意点

1　事業所得の留意点

　まず、事業所得についてである。所得税法上の事業所得の定義及び「事業」の概念については、171ページの第4章の第1節・第2節において解説したとおりである。

　要するに、事業所得の基因となる「事業」は、「営利性・継続性・対価性」を備えていることが要件とされていると考えられるが、それだけの要件を具備していたとしても、その規模等が狭小であるなど社会通念上事業というに至らない場合には、「事業以外の業務」に該当し、原則として雑所得に該当することとなる。

　なお、事業所得の定義の中で、山林所得に該当するものを除くとしているのは、山林所得から除くこととされている「山林の取得の日以後5年以内に伐採又は譲渡することによる所得」の受け皿として事業所得又は雑所得が用意されているからである。また、譲渡所得に該当するものを除くとしているのは、事業所得の基因となる業務の用に供されている資産であっても建物や車両などの譲渡による所得は譲渡所得に含めることとしているからである。これらは、他の所得区分との住み分けに関するものである。

2　不動産所得の留意点

　所得税法上の「事業」には、事業所得の基因となるもののほか、不動産所得又は山林所得の基因となるものがあることを前提としており、不

動産の貸付業が事業として行われる場合には、その所得は不動産所得に含めることとしている。ただし、例えば有料駐車場、貸付用バンガロー、下宿などの貸付業による所得は、その業務の内容によっては事業所得に該当するケースがある（所基通27—2 など）。

3　一時所得の留意点

　一時所得の骨子を整理すると、①利子所得、配当所得、不動産所得、事業所得、給与所得、退職所得、山林所得及び譲渡所得以外の所得のうち、②営利を目的とする継続的行為から生じた所得以外の一時の所得で、③労務その他の役務又は資産の譲渡の対価としての性質を有しないものということになる。

　このうち②の「営利を目的とする継続的行為」については、事業所得や不動産所得、山林所得の基因となる業務に当てはまる。しかし、事業所得や不動産所得などは所得区分上先取りされているので、実質的な意味合いは、雑所得との住み分けに関するものである点に留意を要する。ただ、「営利を目的とする継続的行為から生じた所得以外の一時の所得」と続いていることからみると、例えば生命保険から生ずる一時金は一般的には一時の所得であるが、その一時の所得であっても、業務上の必要性があれば一時所得には含めないという主旨も含まれていると考えられる。

　また、③の「労務その他の役務又は資産の譲渡の対価としての性質を有しないもの」については、要するに一時の所得に該当するものではあるが「対価性」のあるものは一時所得から除外しようとしたものと考えられる。これも実質的な意味合いは、雑所得との住み分けに関するものである点に留意を要する。

4　雑所得の留意点

　雑所得は、要するに、その他の所得区分に該当しないものであるから、イメージしやすいものの、事業所得や給与所得又は一時所得などとの間での所得区分が問題となるケースが多くみられる。

　なお、雑所得には、「営利性・継続性・対価性」を有する所得（事業所得に該当するものを除く。）のほか、「継続性」のみを有する所得が含まれる点に留意する必要がある。この点については、215ページの第3節において解説する。

㊟　昭和22年の税制改正前は、収入源の明白な所得（収入源に継続性・恒常性のある所得）すなわち「所得源泉を有する所得」に限って課税対象としており、譲渡所得などの臨時的・偶発的に生ずる一時の所得（営利ヲ目的トスル継続的行為ヨリ生ジタルニ非ザル一時ノ所得）は、課税対象外とされていた。これを制限的所得課税といい、課税対象所得を制限することで課税対象の明白性を担保していた。この制度下では、「所得源泉を有する所得」の概念は、課税所得の範囲を明らかにするものとしての意義が大きかった。

　　昭和22年の税制改正後は、包括的所得概念に基づき、一時の所得を含めあらゆる所得を課税対象とすることになった。これを包括的所得課税という。その結果、所得区分がより重要になり、「課税範囲」のキーワードであった「所得源泉を有する所得」の概念に代わって、「所得区分」のキーワードである「営利を目的とする継続的行為から生じた所得」の概念が存在感を呈してきた。

　　昭和22年の税制改正の際には「事業等所得」の区分が創設されたが、昭和25年の税制改正の際にはその事業等所得から「雑所得」が分離独立することとされた。これにより、社会通念上事業と称するに至らない業務に基因する所得は雑所得に該当することとなり、今日に至っている。なお、雑所得には、営利を目的とする業務に基因しない所得で継続性を有するものも含まれると考えられる。

第2節　馬券の継続購入による所得の所得区分の裁判例等の影響

1　所得源泉を有する所得の呪縛

　競馬の馬券の払戻金に係る所得は、例外なく一時所得に該当するとして取り扱われてきたが、最高裁の平成27年3月の判決及び平成29年12月の判決では、「営利を目的とする継続的行為から生じた所得」として雑所得に該当するケースがあるとされたことから、現在は、一定のケースに該当する場合には一時所得に該当しないとして取り扱われている（所基通34─1(2)、197ページ参照）。

　ここでは、それに関して解説することとする。

　まず、改正前の従来の取扱いの考え方がよく分かる裁決事例として、平成24年6月27日付の裁決の要旨を掲げると、次のとおりである。

①　「営利を目的とする継続的行為から生じた所得以外の一時の所得」とは、「所得源泉を有する所得以外の所得」と解されるところ、所得源泉の有無は、所得の基礎に源泉性を認めるに足りる継続性、恒常性があるか否かが判断基準になる（継続性、恒常性があれば源泉性を認めることができる。）。

②　本件の所得の基礎は馬券を購入する行為であるところ、その馬券を購入する行為と競走結果の着順に因果関係はなく、偶然の作用によるものであり、その行為に源泉性を認めるに足りる継続性、恒常性を認めることはできない。

③　たとえ馬券を継続的に購入したとしても、所得の基礎たる馬券を購入する行為自体に源泉性が認められないため、「営利を目的とする継続的行為から生じた所得」には該当しない。

　この裁決の特色は、要するに、「営利を目的とする継続的行為から生じた所得」を「所得源泉を有する所得」に置き換えている点である。国側では、上記裁決のような考え方の流れを汲んだために、馬券の継続購入による所得は所得源泉を有しない所得であるという呪縛に捉われ、その後の同種の事例にも影響することとなり、最高裁の平成27年3月の判決まで、営利を目的とする継続的行為から生じた所得に該当することはないと考えていたのではないかと推測される。

2　最高裁の平成27年3月10日の判決とそれに伴う取扱通達の改正

　最高裁の平成27年3月10日の判決は、ソフトウェアを使用した馬券の継続購入による所得は一時所得ではなく雑所得に当たるとした。

　この判決の最大のポイントは、所得の源泉性の問題から離れて、被上告人の「一連の馬券の購入が一体の経済活動の実態を有する」ので、「営利を目的とする継続的行為から生じた所得」として、一時所得ではなく雑所得に当たるとした点である。要するに、「一体の経済活動の実態」という用語を使用することにより、「営利性」（経済性）を表現して一時所得に含まれないとしたものと考えられる。

　国税庁は、この判決を受けて、平成27年5月、所基通34-1を、ソフトウェアの使用を前提として改正した。改正通達の中では、「ソフトウェア」及び「一体の経済活動の実態」という用語を使用している。

所得税基本通達新旧対照表（平成27年 5 月29日付改正）

（注）　アンダーラインを付した部分は、改正部分である。

改　正　後	改　正　前
（一時所得の例示） **34―1**　次に掲げるようなものに係る所得は、一時所得に該当する。 　⑴　（省略） 　⑵　競馬の馬券の払戻金、競輪の車券の払戻金等　(営利を目的とする継続的行為から生じたものを除く。) 　(注) 1 　馬券を自動的に購入するソフトウエアを使用して独自の条件設定と計算式に基づいてインターネットを介して長期間にわたり多数回かつ頻繁に個々の馬券の的中に着目しない網羅的な購入をして当たり馬券の払戻金を得ることにより多額の利益を恒常的に上げ、一連の馬券の購入が一体の経済活動の実態を有することが客観的に明らかである場合の競馬の馬券の払戻金に係る所得は、営利を目的とする継続的行為から生じた所得として雑所得に該当する。 　　 2 　上記（注） 1 以外の場合の競馬の馬券の払戻金に係る所得は、一時所得に該当することに留意する。 　⑶～⑿　（省略）	**（一時所得の例示）** **34―1**　次に掲げるようなものに係る所得は、一時所得に該当する。 　⑴　（省略） 　⑵　競馬の馬券の払戻金、競輪の車券の払戻金等 　⑶～⑿　（省略）

3　最高裁の平成29年12月15日の判決とそれに伴う取扱通達の再改正

その後、平成29年12月15日の最高裁判決では、ソフトウェア不使用の

ケースであるものの、馬券の継続購入による所得は一時所得ではなく雑所得に当たるとした。

　この判決では、前判決と異なり、「一体の経済活動の実態」という用語を使用せず、①被上告人の一連の行為は、継続的行為といえるものであるとした上で、②被上告人の一連の行為は、客観的にみて営利を目的とするものであるとし、③その所得は営利を目的とする継続的行為から生じた所得として、一時所得ではなく雑所得に当たるとしている。要するに、所得の源泉性の問題から離れて、一時所得から除外される「営利を目的とする継続的行為から生じた所得」の用語に忠実に、営利性・継続性の認定をしている。

　この判決では、ソフトウェア不使用のケースであっても同様の実態のものは同様に一時所得に当たらないとしているので、これに伴って、前回の改正通達について、少なくともこれに関する部分を修文する必要がある。

　このほか、前回の改正通達では「一体の経済活動の実態」という用語を使用して営利性・継続性の有無の判定をするとしているが、今回の判決ではその用語を使用せずに営利性・継続性の有無を認定しているため、今回の通達改正ではいかなる用語を用いて営利性・継続性の有無を判定することにするか否かが問題となる。その点、今回の改正通達では、次に掲げるとおり、「利益が得られる」とか「利益を上げ」、「回収率が100％を超える」といった用語を使用して営利性を判定しようとしている。要するに、利益が上げられる程度の経済性があるかどうかによろうとしている。

　つまり、競馬、競輪などによる行為は儲からないことを前提として、いわば家事費の支出行為であると考えるものの、それらの行為による所得であっても、利益を上げられるように工夫・努力して継続していれば、雑所得として取り扱われることになるとしたと考えられる。

（一時所得の例示）

34—1　次に掲げるようなものに係る所得は、一時所得に該当する。

(1)　（省略）

(2)　競馬の馬券の払戻金、競輪の車券の払戻金等（営利を目的とする継続的行為から生じたものを除く。）

　(注)1　馬券を自動的に購入するソフトウェアを使用して定めた独自の条件設定と計算式に基づき、又は予想の確度の高低と予想が的中した際の配当率の大小の組合せにより定めた購入パターンに従って、偶然性の影響を減殺するために、年間を通じてほぼ全てのレースで馬券を購入するなど、年間を通じての収支で利益が得られるように工夫しながら多数の馬券を購入し続けることにより、年間を通じての収支で多額の利益を上げ、これらの事実により、回収率が馬券の当該購入行為の期間総体として100％を超えるように馬券を購入し続けてきたことが客観的に明らかな場合の競馬の馬券の払戻金に係る所得は、営利を目的とする継続的行為から生じた所得として雑所得に該当する。

　　2　上記（注）1以外の場合の競馬の馬券の払戻金に係る所得は、一時所得に該当することに留意する。

　　3　競輪の車券の払戻金等に係る所得についても、競馬の馬券の払戻金に準じて取り扱うことに留意する。

(3)〜(9)　（省略）

4　東京高裁の平成28年9月29日の判決と最高裁の平成29年12月20日の上告棄却

　以上の2事例とは別件の東京高裁の平成28年9月29日判決は、ソフトウェア不使用のケースについて、「一体の経済活動の実態」の有無で「営利性」を表現し、本件はその実態を有するとみることができないので、一時所得に当たるとしている。本件に係る上告は、前掲最高裁判決直後の平成29年12月20日付で棄却されている。この棄却により、この事

例については一時所得とすることが確定したわけで、雑所得とした前の
最高裁判決と比べて一見矛盾するようにみえる。

　しかし、これは要するに、一体の経済活動の実態の有無の事実認定の
問題であり、「営利性」の程度問題と見ることもできる。

　ただし、営利性の程度問題とするならば、一時所得ではなく雑所得と
するべきであるようにも思える（営利性が高度であれば、当然事業所得と
したであろうと思う。）。

5　東京高裁の平成29年9月28日の判決と最高裁の平成30年8月29日の上告棄却

　上記4以後において、最高裁が上告棄却した事例がある。この事例に
おいては、一審、二審とも国側が勝訴しており、上告棄却により一時所
得に該当することで確定している。

　この事例においても、馬券の継続購入による所得は営利継続行為から
生じた所得には当たらないとされているが、この事例の場合の特色は、
馬券の継続購入による所得には「対価性」がないと認定している点であ
る。

　一時所得とは、①利子所得、配当所得、不動産所得、事業所得、給与
所得、退職所得、山林所得及び譲渡所得以外の所得のうち、②営利を目
的とする継続的行為から生じた所得以外の一時の所得で、③労務その他
の役務又は資産の譲渡の対価としての性質を有しないものをいう。

　この事例においては、「原告の作業（役務）はJRAに提供されたもの
ではなく、その対価として払戻金を得るわけではないし、その払戻金は
購入した馬券が偶然に的中したことにより得られたものであって、JRA
に支払った金員の対価であるということもできない」（横浜地裁平28.11.
9判決、第二審でも引用。要旨は筆者）としている。要するに、馬券の継

続購入による所得には、「対価性」が認められないから一時所得に該当するとしているところに特色がある。

　この点については、「対価性なし」と断定できるか否か異論はあると思われるものの、当該所得の本質が偶然的中の「一時の所得」であって、かつ、「対価性」が認められないと認定する限りにおいて、解釈上、一時所得に該当することになるといえよう。

　ただし、対価性がないから、ただちに営利性・継続性もないかというと、そうでもないので、この事例においてもその方面からの審理をした上で、事業には該当しないとしている。

第3節　生命保険の保険金の所得区分と馬券の払戻金の所得区分との取扱上の比較

　生命保険金を一時金として受け取る場合の所得については、一時所得に該当するとされている。一方、生命保険金を年金として受け取る場合の所得については、雑所得に該当することとされている（所基通34—1(4)、35—1(8)）。

　第1節の3で解説したように、「一時の所得」で、かつ、「対価性を有しない所得」は一時所得に該当するが、「営利を目的とする継続的行為から生じたもの」であれば、雑所得（又は事業所得等）に該当するとされている。これをベースにすると、上記通達による保険金の受取方法による所得区分の違いは、前者の一時金については、営利性・継続性・対価性がないものとして一時所得に該当するとし、後者の年金については、一時金同様、営利性・対価性がないものの、継続性があるとして雑所得に該当すると考えられたものであろう。

　(注)　雇用対策等のために業務の遂行上必要として付保された場合の保険金については、事業所得に係る付随収入とされるケースがあり得る。111ページの第2章第8節《個人事業主の生命保険の保険料及び保険金等》参照

　要するに、生命保険の年金には、営利性・対価性がないものの継続性が認められると考えられているところが注目される。してみると、競馬の馬券の払戻金についても、営利性・対価性がないとしても継続性は認められるので雑所得に該当することがあり得るとすることもできる。

　競馬の馬券の払戻金について、第2節の4の事例では、「対価性」及び「継続性」を単独で審理せず、「営利性」を重視しているように見えるし、第2節の5の事例では、「対価性」の有無は分析し、一方、事業該当性を問題としているものの「継続性」単独では審理していない。ど

れが良いとか悪いとかいうわけではないが、一時所得と雑所得とを区分する上では、「営利性のない継続性」の意義を明らかにする必要がある。

　なお、大阪地裁の令和2年3月4日の判決では、原告のインターネットを利用したオート車券の購入行為について、継続行為といえると認定した上で、営利を目的とする行為とはいえないので一時所得に該当するとしている。要するに、「継続性」があると認定しているにもかかわらず、「営利性」があるとはいえないので一時所得に該当するとしている点に特色がある。

　しかしながら、生命保険の年金と競馬の馬券の払戻金との両者の間に「継続性」に関して実質的な性質の違いがあるとしたら、所得区分は異なる結果になり得る。考えられるのは、生命保険の年金の場合には、保険契約の内容として反復継続して給付されることが契約上明白になっており、一方、馬券の払戻金の場合には、契約に基づく反復継続性とか行為の性質上反復継続を伴うなどではなく、馬券を購入するその行為自体が、常に反復継続するものではなく、個人的な理由により個別的に常習的・依存症的に反復継続することのあり得るものであるという点であろう。

　この点を考慮しなければ、馬券の払戻金の所得には「継続性」があるとして、生命保険の年金と同様、雑所得に該当すると考えることができよう。

第4節　株式等の売買等の所得区分と馬券の払戻金等の所得区分との取扱上の比較

　株式等の売買による所得区分は、事業所得、譲渡所得又は雑所得に該当すると解釈されている。

（株式等の譲渡に係る所得区分）

37の10・37の11共―2　株式等の譲渡（措置法第37条の10第4項各号又は第37条の11第4項各号に規定する事由に基づき一般株式等に係る譲渡所得等又は上場株式等に係る譲渡所得等に係る収入金額とみなされる場合を含む。以下この項において同じ。）による所得が事業所得若しくは雑所得に該当するか又は譲渡所得に該当するかは、当該株式等の譲渡が営利を目的として継続的に行われているかどうかにより判定するのであるが、その者の一般株式等に係る譲渡所得等の金額又は上場株式等に係る譲渡所得等の金額の計算上、次に掲げる株式等の譲渡による部分の所得については、譲渡所得として取り扱って差し支えない。

(1)　上場株式等で所有期間が1年を超えるものの譲渡による所得

(2)　一般株式等の譲渡による所得

　　(注)　この場合において、その者の上場株式等に係る譲渡所得等の金額の計算上、信用取引等の方法による上場株式等の譲渡による所得など上記(1)に掲げる所得以外の上場株式等の譲渡による所得がある場合には、当該部分は事業所得又は雑所得として取り扱って差し支えない。

　その株式等が棚卸資産である場合には、棚卸資産は「営利性・継続性」を前提としているのでその所得は事業所得に該当するし、その規模

等が事業と称するに至らない場合には、その所得は雑所得に該当する。そうでない場合は、対価性も具備しているので譲渡所得（譲渡所得も一時の所得）に該当する。

　競馬の馬券の払戻金について、株式等の継続売買と同様に整理すると、馬券の払戻金による所得に継続性は認められるものの、その規模等からみて事業と称するに至らないケースのときは、その所得は事業所得ではなく、雑所得に該当することになる。ただし、競馬の馬券の払戻金の場合には「対価性」はない。

　要するに、いずれの場合においても、「継続性」がポイントになっている。その点、第3節の生命保険の年金の場合にも、営利性・対価性がないものの、継続性があるとして雑所得に該当すると考えられており、この場合にも「継続性」がポイントになっている。

　株式等の継続売買の場合の「継続性」と馬券の継続購入の場合の「継続性」との両者の間に実質的な性質の違いがあるか否かであるが、いずれにもギャンブル的な要素があるものの、株式等の継続売買の場合には、馬券の継続購入の場合のような、「購入するその行為自体が、常に反復継続するものではなく、個人的な理由により個別的に常習的・依存症的に反復継続することのあり得るものである」といった特徴があるとは考えられない。

　この点を考慮しなければ、馬券の払戻金の所得には「継続性」があるとして、株式等の継続売買の場合と同様、雑所得に該当すると考えることができよう。

第5節 競馬の馬券の払戻金による所得が事業所得に該当する可能性と一時所得に該当するものが多く存続することへの疑問

　第4章第2節の冒頭で解説したように、「事業」とは、政令によれば「対価を得て継続的に行う事業」をいうことになり、対価性及び継続性を要件としていることになるが、政令に列挙された各種事業に共通して潜在するものの一つとして、営利性も事業の要件としているものと考えられるので、「事業」というには、「営利性・継続性・対価性」を備えていることが要件とされていると考えられる。ところが、「営利性・継続性・対価性」を備えていれば事業に該当するかというとそうではなく、所得税法は「事業」と「業務」の用語を使い分けており、その規模等が狭小であるなどの場合には事業以外の業務に該当することになり、事業所得ではなく、雑所得に該当する。

　ところが、競馬の馬券の払戻金などによる所得の取扱いは、現在までのところ、一時所得か雑所得であり事業所得に該当するものは極めて少ないとして落ち着いているようである。

　ではなぜそのような結果になっているかと考えてみると、その根底には、競馬のようなギャンブルによる所得は、その業務の規模等にかかわらず、そのほとんどが本質的に所得の処分ないし家事費的支出の結果であり、一般的に収支相い償うことの難しい業務による所得であって、社会通念上「事業」として行っているとはいえないという認識があると思われる。要するに社会通念上の帰結として事業所得には該当しないということであろう。したがって、ギャンブルによる所得であっても、だれが見ても「事業」でしょうといえる程度であれば事業所得に該当するこ

とになる。

　しかしながら、社会通念上「事業」として行っているとはいえない場合には、そのほとんどが雑所得ではなく一時所得に振り分けられる事例が多くある（現状の取扱いでは、ギャンブルによる所得のほとんどが、個別の行為ごとに所得計算することになっている。）ことには、すっきりしない思いが残る。

　株式等の譲渡が反復継続しない場合には、対価性はあるので、一時の所得である譲渡所得に該当する。馬券の場合にも反復継続しない場合には、対価性はないので、一時の所得である一時所得に該当する。いずれも本来は一時の所得であるが、いずれも反復継続することによって所得の性質が変容し、雑所得に該当する。保険金の場合には、一時金であれば一時の所得である一時所得に該当するが、年金であれば契約上反復継続するとして雑所得に該当する。いずれも要するに、反復継続することによって所得の性質が変容する。このうち馬券の場合だけは、反復継続の内容を厳しく審査されて雑所得となるハードルが高くなっている。

　これは事業としての社会通念の問題ではない。もともと一時の所得に該当すべき所得が、継続性を有する所得に変質する仕組みについての説得力の問題である。ギャンブルによる所得の場合には、本来その支出は家事費的なものであり、その所得に源泉性がないという亡霊を払拭しきれていないことによる違和感が残っているのではないかと思料する。そのため、雑所得となるハードルが高くなっていると考えられる。

第6節　業務に係る雑所得の取引に関する書類の保存義務の創設

　白色申告者で、不動産所得、事業所得又は山林所得を生ずべき業務を行う一定の者については、記帳・記録保存制度、総収入金額報告書提出制度及び収支内訳書添付制度が設けられているところであるが、令和2年度の税制改正により、雑所得を生ずべき業務を行う一定の者を対象として、以下の制度が創設されている。

1　現金預金取引等関係書類保存制度

　その年の前々年分の雑所得を生ずべき業務に係る収入金額が300万円を超える者は、現金預金取引等関係書類を作成し、5年間保存しなければならない（所法232②）。

　なお、「現金預金取引等関係書類」とは、その業務に係る取引に関して相手方から受け取った書類及び自己の作成した書類のうち、現金の収受若しくは払出し又は預貯金の預入若しくは引出しに際して作成されたものをいう。

2　収支内訳書添付制度

　その年の前々年分の雑所得を生ずべき業務に係る収入金額が1,000万円を超える者が、確定申告書を提出する場合には、その業務に係るその年中の総収入金額及び必要経費の内容を記載した書類をその確定申告書に添付しなければならない（法120⑥）。

3　現金主義による所得計算の特例

　その年の前々年分の雑所得を生ずべき業務に係る収入金額が300万円以下である者は、その年分の当該業務に係る雑所得の金額の計算上総収入金額及び必要経費に算入すべき金額を当該業務につきその年において現実に入金又は出金した金額（現金主義）によって計上することができる（法67②）。

第7節　雑所得の所得区分をめぐる新たな通達改正（帳簿書類の保存がない場合の取扱い）

所得税基本通達35—2において、業務に係る雑所得の例示として8項目が掲げられているところ、令和4年の通達改正の際に、次に掲げるとおりの注書が設けられた。

所得税基本通達新旧対照表（令和4年10月7日付改正）

(注)　アンダーラインを付した部分は、改正部分である

改　正　後	改　正　前
（その他雑所得の例示） 35—1　次に掲げるようなものに係る所得は、その他雑所得（公的年金等に係る雑所得及び業務に係る雑所得以外の雑所得をいう。）に該当する。 (1)〜(11)　省　略 (12)　譲渡所得の基因とならない資産の譲渡から生ずる所得（営利を目的として継続的に行う当該資産の譲渡から生ずる所得及び山林の譲渡による所得を除く。）	（雑所得の例示） 35—1　次に掲げるようなものに係る所得は、雑所得に該当する。 (1)〜(11)　同　左 （新設）
（業務に係る雑所得の例示） 35—2　次に掲げるような所得は、事業所得又は山林所得と認められるものを除き、業務に係る雑所得に該当する。 (1)〜(6)　省　略 (7)　営利を目的として継続的に行う資産の譲渡から生ずる所得	（事業から生じたと認められない所得で雑所得に該当するもの） 35—2　次に掲げるような所得は、事業から生じたと認められるものを除き、雑所得に該当する。 (1)〜(6)　同　左 (7)　不動産の継続的売買による所得

(8)　省　略 (注)　事業所得と認められるかどうかは、その所得を得るための活動が、社会通念上事業と称するに至る程度で行っているかどうかで判定する。 　なお、その所得に係る取引を記録した帳簿書類の保存がない場合（その所得に係る収入金額が300万円を超え、かつ、事業所得と認められる事実がある場合を除く。）には、業務に係る雑所得（資産（山林を除く。）の譲渡から生ずる所得については、譲渡所得又はその他雑所得）に該当することに留意する。	(8)　同　左

　この注書の本文においては、事業所得と雑所得を区分する際の基本的な判断基準が示されている。注目されるのは、この注書のなお書である。その趣旨については、180ページの(8)において解説しているところであるが、更に敷衍すると次のとおりである。

　この注書は、その構成からして、注書の本文は事業所得の当然の要件を明らかにしたものであってことさら意味をなさないが、なお書の部分が画期的である。意図するところは、その所得に係る取引を記録した帳簿書類の保存がある場合とその保存がない場合とに分けて考えることができる。

1　その所得に係る取引を記録した帳簿書類の保存がある場合

　この場合には、事業所得と雑所得を区分する際の基本的な判断基準す

なわちその所得を得るための活動が、社会通念上事業と称するに至る程度で行っているかどうかで判定することになる。したがって、一般的には、その業務に営利性が認められないケースやその所得に係る収入金額が僅少であるケースなどその業務の規模等が事業と称するに至らない場合には、事業所得には該当せず、雑所得に該当することになる。

2　その所得に係る取引を記録した帳簿書類の保存がない場合（その所得に係る収入金額が300万円を超え、かつ、事業所得と認められる事実がある場合を除く。）

　この場合には、原則として業務に係る雑所得に該当することに留意することとされている。「留意する」とされていることからして、その主旨は、その所得に係る取引を記録した帳簿書類の保存がない場合には、一般的に営利性・継続性を有しているとは認めがたく、また、事業所得者に義務付けされた記帳や帳簿書類の保存がされていない点を考慮すると、原則として事業所得としては認めない、業務に係る雑所得とすると宣言しているものと考えられる。

　しかし、「その所得に係る収入金額が300万円を超え、かつ、事業所得と認められる事実がある場合を除く」こととされている。この主旨は、その所得に係る取引を記録した帳簿書類の保存がない事実のみをもって、この注書の本文において宣言した「社会通念上事業と称するに至る程度で行っているかどうかで判定する」その本旨・大原則を否定することは絶対にできないからであろう。ただ、「その所得に係る収入金額が300万円を超える場合」としている点については、いわゆる社会通念上の事業の程度を「金額による形式基準」に頼ろうとしているわけで、執行上の便宜を考慮していると推測できる。曖昧な場合にそういった形式基準に頼ろうとするのは、執行上の一種の「知恵」で、例えば駐車場の所得区

分や競走馬の保有に係る所得の所得区分のような通達の先例がある。

　昨今は、脱サラしてスタートアップする者や副業を始める者が多いようである。この通達の改正は、そういった事情にも配慮したものと考えられる。ただ、こういった者の場合、収入金額が300万円以下であれば一律に雑所得というわけにはいかないケースも想定される。つまり、ある年において収入金額は300万円以下であったが、その業務の程度は事業的規模であったというようなケースがあり得る。そのようなケースの場合、帳簿書類の保存がない事実のみをもって、事業所得ではなく雑所得として取り扱われることになると想定されるので、帳簿書類を保存することが重要になる。もっとも、消費税等のインボイス制度の下では、記帳・記録・保存は当然のことと考えられる。

(注)　この通達では、その業務の程度は事業的規模で行っているとか、社会通念上事業と称するに至る程度で行っているといっているわけではなく、「事業所得と認められる事実がある」と表現しているところに、一種の救いがあるのかもしれない。
　　　なお、この通達改正時の国税庁の解説では、その所得に係る取引を記録した帳簿書類を保存している場合であっても、次のような場合には、事業と認められるかどうかを個別に判断することとなるとしている。
　①　その所得の収入金額が僅少と認められる場合
　　　例えば、その所得の収入金額が、例年、300万円以下で主たる収入に対する割合が10％未満の場合は、「僅少と認められる場合」に該当すると考えられる。
　　※　「例年」とは、概ね3年程度の期間をいう。
　②　その所得を得る活動に営利性が認められない場合
　　　その所得が例年赤字で、かつ、赤字を解消するための取組みを実施していない場合は、「営利性が認められない場合」に該当すると考えられる。
　　※　「赤字を解消するための取組みを実施していない」とは、収入を増加させる、あるいは所得を黒字にするための営業活動等を実施していない場合をいう。

第8節　小規模農家の農業の所得区分

　従来から、自家消費が主で外部への販売が僅少な農家であっても、その業務による所得は事業所得に該当するとして確定申告をしてきた農家がかなり存在している。ところが、この頃、勝ち馬投票券による所得や副業による所得などの問題が発生し、雑所得課税に対する考え方に変化が生じており、税法改正や通達改正が相次いでいる。これに伴って、小規模農業による所得についても、雑所得に該当するのではないかとの疑問を持たれる例が生じている。

1　「事業所得」及び「事業」の範囲

　事業所得とは、農業、漁業、製造業、卸売業、小売業、サービス業その他の事業で政令で定めるものから生ずる所得（山林所得又は譲渡所得に該当するものを除く。）である（所法27①）。この場合の「政令で定めるもの」とは、「次に掲げる事業（不動産の貸付業又は船舶若しくは航空機の貸付業に該当するものを除く。）」をいうこととされている（所令63）。

① 　農業

② 　林業及び狩猟業

③ 　漁業及び水産養殖業

④ 　鉱業（土石採取業を含む。）

⑤ 　建設業

⑥ 　製造業

⑦ 　卸売業及び小売業（飲食店業及び料理店業を含む。）

⑧ 　金融業及び保険業

⑨　不動産業

⑩　運輸通信業（倉庫業を含む。）

⑪　医療保健業、著述業その他のサービス業

⑫　前各号に掲げるもののほか、対価を得て継続的に行う事業

　列挙された業務の筆頭が「農業」である。要するに、農業は事業に該当するとされている。そこで、この規定の中身を見てみるに、以上に列挙された「事業」とは、究極的に、⑫の「対価を得て継続的に行う事業」をいうことになる。この文言だけでは、「事業とは対価を得て継続的に行うものをいう」ことになり兼ねない。つまり、「対価性」及び「継続性」のみを要件としていることになる。しかし、以上に列挙された事業に共通して内在するものの一つとして、「営利を目的としている」ことがうかがえることからすると、「営利性」も「事業」の要件としているものと考えられる。

　してみると、「事業」というには、「営利性・継続性・対価性」を備えていることが要件とされていると考えられる。

　ただし、それだけの要件を具備していれば事業所得の基因となる「事業」といえるかというと、そうではない。所得税法は「事業」と「業務」の用語を使い分けている。したがって、所得税法は、あくまでもそれらの業務の規模等がある程度の水準を超えるもののみを事業所得の範囲に含めており、事業的規模でないものは、原則として雑所得に含めているものと考えられる。

　以上の「事業」と「業務」の用語の使い分けについては、第4章第2節の冒頭において述べたとおりである。農業の所得区分についても、その業務の実態によってって見直してみる必要がある。

2　農業と称すべきその業務の実態

　農業に係る業務ついいては、「事業」と「事業以外の業務」のいずれに該当するのかという問題がある。

　上記1のとおり、所得税法は、事業所得とは政令で定める事業から生ずる所得をいうとして、その政令では、「農業」をはじめとして12種類の「事業」を掲げている。その最後に掲げられている事業は、その前に掲げる事業のほか、「対価を得て継続的に行う事業」としている。したがって、要するに、農業とは「対価を得て継続的に行う事業」をいうことになる。

　一般的には、「事業」とは、「営利性・継続性・対価性」を有するものと解されているところ、この政令では、営利性に関する文言を欠いているが、列挙された事業にはいずれも営利性が内在していると解されるので、事業所得の基因となる事業は、営利性・継続性・対価性を有することになり、したがって農業は、営利性・継続性・対価性を有することになる。

　ただし、所得区分の判定の対象となる「業務」が営利性・継続性・対価性を有するからといってその業務がそのまま「事業」に該当するかというとそうではない。なんとなれば、上記1のとおり、所得税法は、「事業」と「業務」の用語を使い分けているわけで、要するに、農業と称する業務のうち社会通念上事業的規模でないものによる所得は、原則として雑所得に含まれる。

　所得税法では、「農業」に係る業務を「事業」に含めているので、その行っている業務の実態が「農業」だという限りにおいては営利性・継続性・対価性を有し、かつ、事業に該当することになる。つまり、その行っている業務が農業に類似しており、継続的に行われているとしても、事業的規模でない場合には、雑所得に該当することになる。例えば、先

祖代々の農家であったとしても、現在、自家消費程度の業務を行っているにすぎないとしたら、所得税法上は、「農業」を営んでいることにはならず、その業務による所得は、雑所得に該当することになる。

ところで、第7節において解説したように、所得税基本通達35—2において、帳簿書類の保存がある場合であっても、その業務の規模が小さく、営利性や対価性もないケースの場合には事業所得には該当しないこととしている。また、帳簿書類の保存がない場合には、その収入金額が300万円を超え、かつ、事業所得と認められる事実がある場合に限って、事業所得に該当することとしている。実務的には農業に関しても、この帳簿書類の保存の有無や収入金額基準に当てはめて所得区分が判定されることになる。

しかしながら、農家課税の長い歴史を振り返ると、過去には小規模の業務（収入金額が僅少で、主として自家消費）であったとしても事業所得として農業所得標準率による所得課税が行われ、現在では事業所得として実額課税に移行している農家が多いであろうことを考慮すると、一律に適用することには納得し兼ねるといった意見はあり得ると思う。

第6章

低額・高額・無償取引等の
取扱いについて

はじめに

　資産を譲渡したり貸し付けたりする場合の対価は、通常、時価あるいは相場といったものを基準として決定されると考えられるが、当事者間の事情等によっては、そういったものとかけ離れた価額でその対価の額が決定される場合がある。異常に低額であったり、異常に高額であったり、あるいは無償であったりすることがある。

　こういった場合に対する所得税の課税上の取扱いは、ケースにより時価あるいは相場といったものに置き直して課税関係が整理される場合があるし、課税の時期を繰り延べる形で課税関係が整理される場合もある。また、個人の行動様式は経済活動を必ずしも前提としていないといった点を考慮して課税関係を生じさせない形で整理される場合もある。更に、ケースにより所得税の課税の対象とされる場合と贈与税の課税の対象とされる場合があり、課税関係は複雑である。

　本章では、以上のような場合の課税関係について解説することとする。

第1節　低額譲渡の場合の取扱い

1　譲渡した者に対する取扱い

　個人がその所有する資産を時価に比して低額な対価で譲渡した場合には、実際の譲渡対価の額とその譲渡の時の時価との差額の課税関係はどうなるのかといったことが問題になるが、所得税については、原則として、その差額には課税しないことになっている（所法36①）。したがって、実際の譲渡対価の額を収入金額とし、その収入金額からその資産の取得費等を差し引いて各種所得の金額を計算することになる。

　ただし、著しく低い価額の対価により譲渡したときは、次の(1)又は(2)の特例がある。

(1)　譲渡した資産が棚卸資産であった場合

　棚卸資産（事業所得の基因となる山林・有価証券その他棚卸資産に準ずる資産を含む。）を著しく低い価額（通常の販売価額のおおむね70％未満の価額）の対価により譲渡した場合には、その譲渡先が法人であるか個人であるかを問わず、「実際の譲渡対価の額」と、「実際の譲渡対価の額とその譲渡の時におけるその棚卸資産の価額（時価）との差額のうち実質的に贈与をしたと認められる金額（通常の販売価額のおおむね70％に相当する金額から実際の譲渡対価の額を控除した金額）」との合計額を、その者のその譲渡をした日の属する年分の事業所得の金額又は雑所得の金額の計算上、総収入金額に算入することとされている（所法40①二、所基通40―2、40―3）。

　この趣旨は、たとえ譲渡の形式をとっている場合でも、実質的に部分

的な贈与をしたと認められる行為は、その実質に着目して課税処理することにある。したがって、棚卸資産を著しく低い対価で譲渡した場合であったも、商品の型崩れ、流行遅れなどによって値引販売が行われることが通常である場合はもちろん、実質的に広告宣伝の一環として、又は金融上の換金処分として行うようなときには、この取扱いは適用されない（所基通40―2の注書）。

⑵　譲渡した資産が山林又は譲渡所得の基因となる資産であった場合

　山林（事業所得の基因となるものを除く。）又は譲渡所得の基因となる資産を著しく低い価額（譲渡の時における価額の2分の1に満たない金額）の対価により譲渡した場合には、その者の山林所得の金額、譲渡所得の金額又は雑所得の金額の計算については、その譲渡先が法人であるか個人であるかの別により、次のように取り扱われる（所法59①二、所令169）。

イ　譲渡先が法人である場合

　その譲渡をした時に、その時における価額に相当する金額（時価）により、これらの資産の譲渡があったものとみなされる。したがって、その時価の額を収入金額とし、その資産の取得費等を差し引いて譲渡所得等の金額を計算することになる。

　なお、次に掲げる場合には、それぞれ次のとおり取り扱われる。

Ａ　法人に対し一の契約により2以上の資産を譲渡した場合において、その資産の譲渡が時価の2分の1に満たない金額による低額譲渡に該当するかどうかを判定するときは、たとえ、契約において個々の資産ごとの対価の額が定められている場合であっても、個々の資産ごとに判定するのではなく、契約ごとにその契約により譲渡したすべての資産の対価の額の合計額を基として判定する（所基通59―4）。

Ｂ　山林（事業所得の基因となるものを除く。）又は譲渡所得の基因と

なる資産を法人に対し時価の2分の1以上の対価で譲渡とした場合には、時価により譲渡があったものとはみなされないが、時価の2分の1以上の対価による法人に対する譲渡であっても、これを容認するとすれば、その株主若しくは社員である納税者又はその者と特殊の関係のある一定の者の所得税の負担を不当に減少させる結果となると認められることにより、その譲渡が所得税法第157条《同族会社等の行為又は計算の否認》の規定に該当する場合には、同条の規定により、税務署長の認めるところによって、当該資産の時価に相当する金額により山林所得の金額、譲渡所得の金額又は雑所得の金額の計算をすることができることになっている（所基通59―3）。

C　国又は地方公共団体に対して重要文化財を譲渡した場合の譲渡所得については、所得税は課さないこととされている（措法40の2）。

□　**譲渡先が個人である場合**

個人に対して譲渡した場合については、イのような「みなし譲渡課税」は行わないこととされているため、実際の譲渡対価の額を山林所得の金額、譲渡所得の金額又は雑所得の金額の計算上、総収入金額に算入することになる。ただし、実際の譲渡対価の額が当該資産の譲渡に係る山林所得の金額、譲渡所得の金額又は雑所得の金額の計算上控除する必要経費又は取得費及び譲渡に要した費用の額の合計額に満たないときは、その不足額は、その山林所得の金額、譲渡所得の金額又は雑所得の金額の計算上、なかったものとみなすこととされており、その不足額を他の黒字の所得から差し引くことはできないこととされている（所法59②）。

この場合、譲渡の相手方である個人に対しては、原則として贈与税が課される（次の2参照）。

2　譲渡を受けた者に対する取扱い

　個人が個人から資産を著しく低い価額の対価により譲り受けた場合には、実際の譲渡対価の額とその資産の相続税の財産評価額（平成元年4月1日以後に譲り受けた土地建物等については、譲受時における通常の取引価額に相当する金額）との差額を贈与により取得したものとみなして、原則として贈与税を課すこととされている（相法7、平成元年3月29日付直評5、直資2—204）。

　この場合の低額で譲渡を受けたことによる経済的利益については、所得税は課されないが、その後その資産を譲渡した場合には、その資産が、譲渡者の棚卸資産であったのか、山林又は譲渡所得の基因となる資産であったのかの別により、次のように取り扱われる。

⑴　棚卸資産であった場合

　1の⑴に該当する譲渡により取得した棚卸資産（事業所得の基因となる山林・有価証券その他棚卸資産に準ずる資産を含む。）を譲渡した場合における事業所得の金額、山林所得の金額、譲渡所得の金額又は雑所得の金額の計算については、上記1の⑴により総収入金額に算入することとなる金額に相当する金額をもって取得したものとみなされる（所法40②二）。

　なお、著しく低い価額の対価により取得したものでない場合は、実際の取得対価の額によることになる。

⑵　山林又は譲渡所得の基因となる資産であった場合

　1の⑵のロ（個人が個人から資産を著しく低い価額の対価により譲り受けた場合）に該当する譲渡により取得した山林（事業所得の基因となるものを除く。）又は譲渡所得の基因となる資産をその取得の後に譲渡した場

合におけるその譲渡をした者の事業所得の金額、山林所得の金額、譲渡所得の金額又は雑所得の金額の計算については、その者が引き続きこれを所有していたものとみなされる。したがって、前所有者の取得費をその者が引き継ぐことになる（所法60①二）。

　なお、著しく低い価額の対価により取得したものでない場合は、実際の取得対価の額によることになる。

(注)1　個人が法人から資産の低額譲渡を受けたことによる所得については、原則として所得税が課される。
　　2　広告宣伝用資産等の低額譲渡を受けた場合の経済的利益については、所基通36―18がある。

第2節　無償譲渡の場合の取扱い

1　贈与した者に対する取扱い

　個人がその有する資産を贈与した場合は、原則として次の(1)又は(2)に該当する場合を除き、各種所得の金額の計算上、何ら収入金額に算入することを要しないこととされている（所法36①）。

(1)　贈与した資産が棚卸資産であった場合

　棚卸資産（事業所得の基因となる山林・有価証券その他棚卸資産に準ずる資産を含む。）を贈与（相続人に対する贈与で被相続人である贈与者の死亡により効力を生ずるものを除く。）又は遺贈（包括遺贈及び相続人に対する特定遺贈を除く。）した場合には、その贈与等の時におけるその棚卸資産の価額に相当する金額（その棚卸資産の取得価額と通常の販売価額のおおむね70％に相当する金額とのいずれか多い方の金額以上の金額）を、その者のその贈与等をした日の属する年分の事業所得の金額又は雑所得の金額の計算上、総収入金額に算入することとされている（所法40①一、所基通39―2）。

(2)　贈与した資産が山林又は譲渡所得の基因となる資産であった場合

　山林（事業所得の基因となるものを除く。）又は譲渡所得の基因となる資産を贈与（法人に対するものに限る。）又は相続（限定承認に係るものに限る。）若しくは遺贈（法人に対するもの及び個人に対する包括遺贈のうち限定承認に係るものに限る。）した場合には、その者の山林所得の金額、譲渡所得の金額又は雑所得の金額の計算上は、その贈与等があった時に、その時にお

ける価額に相当する金額（時価）により、これらの資産の譲渡があったものとみなして、その時価の額を収入金額に算入することとされている（所法59①一）。

　なお、個人の有する山林（事業所得の基因となるものを除く。）又は譲渡所得の基因となる資産を国若しくは地方公共団体又は国税庁長官の承認を受けた公益法人に対して贈与した場合には、この取扱いは受けない。この場合、その贈与について寄付金控除の適用を受けるときは、その贈与の時における価額に相当する金額からその贈与に係る特別控除前の山林所得の金額、特別控除前の譲渡所得の金額又は雑所得の金額に相当する部分の金額を差し引いた金額（即ち、資産の取得費及び譲渡費用等の額の合計額に相当する金額）が、寄付金控除の対象とされる（措法40①、⑲）。

2　贈与を受けた者に対する取扱い

　個人が個人から資産の贈与を受けたことによる所得については、原則として贈与税が課され、所得税は課されない（相法2、所法9①十七）が、その後その受贈した資産を受贈者が譲渡した場合には、その資産が、贈与者の棚卸資産であったのか、山林又は譲渡所得の基因となる資産であったのかの別により、次のように取り扱われる。

(1)　棚卸資産であった場合

　1の(1)に該当する贈与等により取得した棚卸資産（事業所得の基因となる山林・有価証券その他棚卸資産に準ずる資産を含む。）を譲渡した場合における事業所得の金額、山林所得の金額、譲渡所得の金額又は雑所得の金額の計算については、上記1の(1)により総収入金額に算入することとなる金額に相当する金額をもって取得したものとみなされる（所法40②一）。

(2)　山林又は譲渡所得の基因となる資産であった場合

　1の(2)に該当する贈与等により取得した山林（事業所得の基因となるものを除く。）又は譲渡所得の基因となる資産を譲渡した場合における事業所得の金額、山林所得の金額、譲渡所得の金額又は雑所得の金額の計算については、その受贈者が引き続きこれを所有していたものとみなされる。したがって、贈与者の取得費等を受贈者が引き継ぐことになる（所法60①一）。

注1　個人が法人から資産の贈与を受けたことによる所得については、原則として所得税が課される。
　2　広告宣伝用資産等の贈与を受けた場合の経済的利益については、所基通36—18がある。

3　個人間の無償譲渡や低額譲渡に対するみなし譲渡課税の不適用

　無償譲渡や低額譲渡があった場合に時価で譲渡があったものとみなす旨の所得税法の規定は、昭和25年のシャウプ勧告に由来するものである。いかなる考え方によってこれを時価で譲渡があったものとみなすのか、換言すると、これをキャピタルゲインとみなすのかについては、例えば最高裁（第一小法廷）昭和43年10月31日判決がある。

　当該判決は、譲渡所得の本質について「譲渡所得に対する課税は、資産の値上りによりその資産の所有者に帰属する増加益を所得として、その資産が所有者の支配を離れて他に移転するのを機会に、これを清算して課税する趣旨のもの」とし、「対価を伴わない資産の移転においても、その資産につきすでに生じている増加益は、その移転当時の右資産の時価に照らして具体的に把握できるものであるから、同じくこの移転の時期において右増加益を課税の対象とするのを相当と認め、資産の贈与、遺贈のあった場合においても、右資産の増加益は実現されたものとみて、

これを前記譲渡所得と同様に取り扱うべきものとしたのが旧所得税法（昭和22年法律27号）５条の２の規定なのである。されば、右規定は決して所得のないところに課税所得の存在を擬制したものではなく、またいわゆる応能負担の原則を無視したものともいいがたい。のみならず、このような課税は、所有資産を時価で売却してその代金を贈与した場合などとの釣合いからするも、また無償や低額の対価による譲渡にかこつけて資産の譲渡所得課税を回避しようとする傾向を防止するうえからするも、課税の公平負担を期するため妥当なものというべきであり、このような増加益課税については、納税の資力を生じない場合に納税を強制するものとする非難もまたあたらない」と判示している。

　以上のように、無償譲渡や低額譲渡による資産の移転があった場合においても、その移転の時における価額により、その資産の譲渡があったものとみなして、譲渡所得の課税をするというのが原則的な考え方であるが、現実に収入がないところに課税が行われることは納税者感情にそぐわないなどの理由から、現行法では、232ページの１及び237ページの１において述べたように、法人に対する贈与や法人に対する低額譲渡等特定の場合に限り、みなし譲渡課税を行うこととし、個人間における贈与等については、みなし譲渡課税は行わないこととされている。

　ただし、個人間における贈与等については、永久にキャピタルゲイン課税が行われないというわけではなく、贈与者等がその資産を取得した時の価額又は低額譲渡をした時のその低い価額を受贈者等の取得価額として引き継ぐこととされており（235ページの２及び238ページの２参照）、将来その資産が譲渡される時に贈与者等に係るキャピタルゲインは実質的に受贈者等に課税されることになっている。

第3節　高額譲渡の場合の取扱い

1　実質的に贈与を受けたと認められる場合の課税関係

　個人がその有する資産を時価に比して高額な対価で譲渡した場合には、実際の譲渡対価の額とその譲渡の時の時価との差額の課税関係はどうなるのかといったことが問題になる。

　この場合、その譲渡対価の額が諸般の事情に照らして合理的に算定されたと認められるときは、実際の譲渡対価の額を収入金額とし、その収入金額からその資産の取得費等を差し引いて各種所得の金額を計算することになる。

　しかし、その資産の譲渡の機会にその譲渡の相手方である個人又は法人から実質的に贈与を受けたと認められるときには、原則として、次のように取り扱われることになる（実質的に贈与に当たると認定された事例については、次の2参照）。

(1)　譲渡所得等の金額は、通常の取引価額に相当する部分の金額を収入金額とし、その収入金額からその資産の取得費等を差し引いて計算する。

(2)　譲渡の相手方が個人である場合は、実質的に贈与等を受けたと認められる部分の金額（実際の譲渡対価の額のうち通常の取引価額に相当する部分の金額を超える部分の金額）について、その譲渡をした者に対し、贈与税が課される。この場合、その譲渡の相手方である個人については、その資産の取得費等は、通常の取引価額に相当する金額とされる。

(3)　譲渡の相手方が法人である場合は、実質的に贈与等を受けたと認められる部分の金額について、その譲渡をした者の一時所得又は給与所

得等の収入金額とされる。

(4)　個人が法人から譲渡を受けた場合には、その個人のその資産の取得費等は、通常の取引価額に相当する金額とされる。

　実質的に贈与を受けたと認められる部分の金額の課税開係を図で示すと、原則として、次のようになる。

図表1　実質的に贈与を受けたと認められる部分の金額の課税関係

譲渡した者		譲渡を受けた者	
個人	贈与税の課税の対象とされる（資産の譲渡収入とはされない。）。 (注)　業務に関して受けるものは、その業務に係る所得の収入金額とされる。	個人	個人に対して贈与したものとされ、資産の取得価額又は取得費とはされない。
個人	一時所得又は給与所得等の収入金額とされる（資産の譲渡収入とはされない。）。 (注)　業務に関して受けるものは、その業務に係る所得の収入金額とされる。	法人	個人に対する寄付又は役員賞与等とされ、資産の取得価額とはされない。
法人	受贈益として課税される（資産の譲渡収入とはされない。）。	個人	法人に対して贈与したものとされ、資産の取得価額又は取得費とはされない。

2　売買代金の名目の金員のうち適正な取引価額を超える部分は贈与に当たるとされた事例

名古屋地裁・平成2年4月27日判決・昭59（行ウ）13・所得税更正処分取消等請求事件・確定

(1)　論　点

　原告X₁は原告X₁の子である原告X₂から競走馬（以下「本件競走馬」という。）4頭を購入した上で103万円で第三者に売却し、譲渡損が生じたとして総合課税の譲渡所得を赤字とし、その赤字を他の土地の売却による分離課税の譲渡所得の黒字から差し引いて確定申告をした。

　これに対して、被告Y税務署長は、本件競走馬に係る総合課税の譲渡所得の金額の計算上控除すべき取得費を第三者から受けた売却代金と同額の103万円とするのが相当として、X₁に対し所得税の更正処分をするとともにX₁がX₂に支払った購入代金3,700万円と第三者から受けた売却代金103万円との差額はX₂に対する贈与に当たるとして、X₂に対し贈与税の決定処分をした。

　X₁及びX₂はこれを不服として異議申立てをしたが棄却され、更に審査請求をしたところ棄却されたので本訴に及んだものである。

　本件は、競走馬の売買代金の名目で交付された金員のうちに売買代金を仮装してされた贈与の部分があるかどうかを論点とするものである。

(2)　被告Y税務署長の主張

　被告Y税務署長の主張の要旨は、次のとおりである。

イ　競走馬を売買する場合の価額は、その馬の将来のレースにおける獲得賞金の見込みによって決定されるものであるが、本件競走馬は、原告X₁が取得する直前のレースに出走中にかなり重度の故障をして加療休養中にあったもの、又は原告X₁が取得した当時既に8歳の後半に入っていて、競走馬としての定年まで6か月弱しかなかった上、戦績が下降傾向にあって将来のレースにおける賞金獲得の見込みのない状況にあったものであり、いずれの馬も、競走馬としての価値はほとんどないものであった。また、本件競走馬を原告X₁が保有していた期間がわずか4か月ないし6か月程度であったこと、その間に本件競

走馬の価値の変動をきたす要因が全く認められないこと及び原告X₁から第三者への転売は自由市場における競争原理の働いた経済取引であって、その価額は各馬の実勢価格を反映したものであることからすれば、原告X₁の本件競走馬の取得価額は、原告X₁が本件競走馬を第三者に売却した代金額と同額の103万円相当であると認定するのがもっとも合理的かつ妥当である。

ロ　原告X₁が、右のように競走馬としての価値がほとんどない本件競走馬を買い受けて原告X₂に3,700万円という多額の金員を交付したのは、原告X₁の息子である原告X₂がその営む事業状態が芳しくなく、昭和54年初めころには金融業者等からの借入金が金2億円余にも達していて多額の資金を必要としていたこと及び原告X₁が当時土地を売却して多額の金員を保有していたことから、同原告が競走馬について公的な評価制度等がないことを奇貨として、原告X₂に対し、異常に高額の取引価額を設定し、売買代金の名目で同原告に現金の贈与をしたものである。したがって、原告X₁が原告X₂に交付した3,700万円から原告X₁の本件競走馬の正当な取得価額と認められる103万円を差し引いた残額3,597万円は、原告X₁が原告X₂に贈与したものであるというべきである。

　1年間という短期間に負傷馬や高齢馬を同一人から4頭も高価で買い受け、いずれも4か月から6か月程度の後に2束3文で転売するということは常識では考えられないところであり、これは、親子間で、恣意的な取引がされたからにほかならない。

(3)　原告の反論

原告の反論の要旨は、次のとおりである。

イ　競走馬というのは生き物であり、多額の代金を支払って購入しても、将来レースで多額の賞金を獲得するかどうか全く不明であるし、繊細

な芸術品といわれるようにいつ壊れるかもわからないものであるが、中にはレースで何億円も稼ぐ競走馬もいるので、競走馬の取引は、買主において大きな夢をかけ、様々な思惑を秘めて行われている。しかし、現実には、取得代金や経費に見合う賞金を獲得する競走馬は稀であり、昔から競走馬を持つことは道楽であるといわれている。したがって、結果を見て過去の取引の価額を否認する被告のやり方は、競走馬の取引の実情に全くそぐわないものである。

ロ　また、競走馬の評価については、客観的な評価基準や評価方法は存在せず、これを評価する機関等もないのであるから、その取引価額は、競走馬という生き物の特殊性を考慮した当事者の思惑によって決定されるのが実態である。このような取引の実情を考慮すると、第三者が取引価額の適否の判断に踏み込むことは原則として許されない。ことに競走馬の取引価額を否認して課税処分をしようという場合には、国民に対する重大な不利益処分となるのであるから、国税当局の恣意が入らないように、誰がみても合理的な理由があり、公正性及び客観性が担保された評価方法に基づいてされる必要がある。

(4) 判決の要旨

判決の要旨は、次のとおりである。

イ　そもそも何故傷病又は高齢の状況にあった本件競走馬を原告 X_1 が原告 X_2 から高額の代金で買い受ける必要があったのかという理由については、原告らから合理的な主張・立証はない。また、次の事実を認めることができ、右認定を覆すに足りる証拠はない。

(イ)　原告 X_1 の長男である原告 X_2 は牧場の経営を行っていたが、昭和54年当時、競走馬が生産過剰気味で売上不振だったことから、右牧場の経営は不振で赤字が累積しており、原告 X_2 は、同人及び原告 X_1 所有名義の不動産を担保にするなどして、多額の借入金債務を

負っていた。本件競走馬の代金として原告X₁から原告X₂に交付された金員の一部は右債務の返済に充てられた。

㈹　原告X₁は、原告X₂から本件競走馬を買い受けるに先立って、その所有不動産を売却しており、原告X₁が原告X₂に交付した金員は、右不動産売却代金を資金とするものであった。

㈨　本件競走馬は、それぞれ昭和54年1月から7月までの間に別々に原告X₂から原告X₁に譲渡され、原告X₁から原告X₂に金員の支払いがされているが、右金員の交付は、原告X₁に売却土地の代金の内金なり残金なりが入って資金ができる都度、適当な時期を見計らってされたものである。

㈡　原告X₂は、馬主会主催の税務申告説明会に出席し、土地を売却した譲渡益と馬を売却した譲渡損失とは相殺できるという説明を聞いていた。

㈭　原告X₁の所得税確定申告においては、分離長期譲渡所得として課税の対象となるべき土地売却による所得金額にほぼ見合う形で、原告X₂から買い受けた本件競走馬等の譲渡等に係わる損失が計上されており、その結果、課税所得金額は総所得金額についても分離長期譲渡所得金額についても零であり、税額も零であるとされている。

ロ　以上を総合して考えると、原告X₂と原告X₁の本件競走馬の売買は、原告X₁が土地売却によって取得した金員を原告X₂に交付して原告X₂が牧場経営に関して負っている多額の債務の返済等に充てるとともに、原告X₁が土地売却による所得について課税されるのを回避することを目的として、実体に沿わない異常に高額の代金を設定してされたものと認めることが相当である。したがって、原告X₁から原告X₂に本件競走馬の売買代金の名目で交付された金員のうち、適正な取得価額と認められる金額を超える部分については、原告X₁から原告X₂に対

して売買代金を仮装してされた贈与であると認めるのが相当である。

ハ　なお、傷病馬3頭の適正な取得価額については、原告X₁が右3頭の競走馬を取得した当時、右各馬は傷病により療養中で出走の目途が立っておらず、通常は取引の対象になるにしても2束3文の価額でしか取引されないものであったし、更に、原告X₁が右3頭の競走馬を保有していた期間はわずか4か月ないし6か月にすぎなかった上、右保有期間中に、右競走馬のいずれについても特段の減価事由は生じていないのであるから、原告X₁が右各競走馬を第三者に売却した際の売買代金額と同額であると認めるのが相当である。

また、高齢馬1頭については、右取得価額を最大限高く認めるとしても、原告X₂が6歳馬になったばかりの当該競走馬を第三者から取得した際の取得金額である金400万円を超えることはないというべきである。

第4節　無償貸付け及び低額貸付けの場合の取扱い

1　無償貸付け及び低額貸付けの場合の課税関係

　個人がその有する建物や金銭などの資産を無償で貸し付けた場合には、原則として各種所得の金額の計算上、何ら総収入金額に算入することを要しないこととされている。また、個人がその有する建物や金銭などの資産を通常授受される対価に比して低額な対価で貸し付けた場合には、実際の対価の額を各種所得の金額の計算上収入金額に算入することとし、実際の対価と通常授受される対価との差額に相当する金額については、原則として、各種所得の金額の計算上収入金額に算入することを要しないこととされている（所法36①）。

　ただし、個人所有の資産を法人に対して貸し付ける場合で、その無償貸付け又は低額貸付けが所得税法第157条《同族会社等の行為又は計算の否認》の規定に該当するときには、同条の規定により、税務署長の認めるところによって、その収受すべき利益に相当する金額を各種所得の金額の計算上収入金額に算入することになっている。

　一方、その貸付けの相手方については、その相手方が個人であるか法人であるかの別により、原則として、次のように取り扱われることになっている。

　なお、個人が法人から貸付けを受けた場合には、その個人が受ける利益の額を各種所得の収入金額に算入する。その借受けがその個人の業務に関するものである場合には、同額を必要経費に算入する。

(1)　貸付けの相手方が個人である場合

　無償貸付けの場合には、通常授受される対価の金額に相当する金額の利益を受けたものとして、その無償貸付けの相手方に対して贈与税を課すこととされる。

　また、低額貸付けの場合には、通常授受される対価の金額と実際に授受される対価の金額との差額に相当する金額の利益を受けたものとして、その低額貸付けの相手方に対して贈与税を課すこととされている（相法9）。

　ただし、いずれの場合も、その受けたものとされる利益の金額が少額である場合又は課税上弊害がないと認められる場合には、その金額に対する課税をしないこととされている（相基通9—10）。

　例えば、個人が自己所有の不動産を無償又は低額な賃貸料で貸し付けている場合には、原則としてこれに当たるものとして、贈与税の課税は行わないこととされている。

　これは、このような貸借がなされても、貸主の財産が積極的に減少するわけではないこと及び個人間で行われるこのような貸借は、経済的行為としてではなく、親族、知人間等、当事者間の特別な人間関係に基づいて行われるケースがほとんどであると考えられ、これに贈与税を課すことは納税者感情からしても実情にそぐわないと考えられることが考慮されたことによるものである。

　以上、要するに、無償又は低額の貸付けの場合の相手方である個人の課税関係は、原則として贈与税の課税関係として整理されるわけである。ただし、その貸付けを受ける個人にとって、その借受けがその個人の業務に関するものである場合には、所得税の課税関係として、その受けたものとされる利益の金額をその業務に係る所得の金額の計算上収入金額に算入するとともに、同額を必要経費に算入することになる。

⑵　貸付けの相手方が法人である場合

　無償貸付けの場合には、通常授受される対価の金額に相当する金額の利益を受けたものとして、その受けた利益の金額を益金に算入するとともに、同額を損金に算入することになる。

　また、低額貸付けの場合には、通常授受される対価の金額と実際に授受される対価の金額との差額に相当する金額の利益を受けたものとして、その受けた利益の金額を益金に算入するとともに、同額を損金に算入することになる。

　これを図で示すと、原則として、次のようになる。

図表2　無償貸付け及び低額貸付けの場合の課税関係

通常授受される対価に相当する金額（低額な対価を授受する場合は、実際の対価と通常授受される対価との差額に相当する金額）の利益の課税関係

貸主	借主	貸主の課税関係	借主の課税関係
個人	個人	〔所得税〕収受すべき利益相当額については、収入としては認識しない（所法36）。 　実際の対価の額は、各種所得の収入金額に算入する。	〔贈与税〕利益相当額を課税の対象とする（相法9）。 　ただし、少額である場合又は課税上弊害がない場合は課税しない（相基通9—10）。 〔所得税〕業務に関する借受けの場合は、利益相当額をその業務に係る所得の収入金額に算入するとともに、同額を必要経費に算入する。 　実際の対価の額も必要経費に算入する。

個人	法人	〔所得税〕収受すべき利益相当額については、収入としては認識しない（所法36）。 　ただし、所得税法第157条《同族会社等の行為又は計算の否認》の規定に該当する場合がある。 　実際の対価の額は、各種所得の収入金額に算入する。	〔法人税〕利益相当額を受贈益として益金に算入するとともに、同額を損金に算入する（法法22）。 　実際の対価の額も損金に算入する。
法人	個人	〔法人税〕収受すべき利益相当額を益金に算入するとともに、寄付金として取り扱う（法法37）。なお、借主が貸主の役員又は使用人である場合には、給与として取り扱う。 　実際の対価の額も益金に算入する。 ㈲　無償又は低額であることについて相当の理由がある場合は、寄付金の額はないものとされる（法基通9─4─2）。	〔所得税〕利益相当額を各種所得の収入金額に算入する。 　その資産を業務に使用するときは同額をその業務に係る所得の必要経費に算入する。 　業務に関する借受けの場合の実際の対価の額は、その業務に係る所得の必要経費に算入する。

2　不動産等の貸付けが使用貸借である場合の取扱い

　低額の程度に関する問題として、その資産の所有者が負担すべき固定資産税その他の諸費用の金額程度の金額を賃貸料の額として設定しているようなケースについては、そもそも賃貸借ではなく対価を伴わない使用貸借であると認定されることがある。その場合には、所得税の課税上、次の裁決事例にあるように、授受される金員は不動産所得に係る収入金額には当たらないことになるので、留意を要する。

【裁決事例要旨】使用貸借は不動産等の貸付けに該当しないとした事例（平成14年1月17日裁決）

1　不動産等の貸付けによる賃料が不動産所得の総収入金額に算入されるためには、当該賃料が不動産等の貸付けによる所得に該当することを要するところ、不動産等の貸付けによる所得とは、当事者の一方が相手方に不動産を使用収益させて、その対価を得ることを目的とする行為から生ずる所得をいうものと解されるから、不動産等の貸付けが賃貸借から生ずる賃料はこれに該当し、対価を伴わない使用貸借は不動産等の貸付けによる所得に該当しないことになる。

2　不動産所得とは不動産の貸付けによる所得をいうことから、必要経費に算入すべきとされる不動産所得を生ずべき業務について生じた費用の額については、その不動産等が、不動産等の貸付けによる所得を生ずべき業務の用に供されたものであることを要すると解するのが相当である。そのため、対価を伴わない使用貸借の場合、その不動産は不動産等の貸付けによる所得を生ずべき業務の用に供された資産とはいえず、当該不動産に係る費用は不動産所得の金額の計算上必要経費に算入されない。

3　無償貸付け及び無償譲渡等に対する法人税の取扱いとの相違点

　法人税法においては、益金の意義について、「内国法人の各事業年度の所得の金額の計算上当該事業年度の益金の額に算入すべき金額は、別段の定めがあるものを除き、資産の販売、有償又は無償による資産の譲

渡又は役務の提供、無償による資産の譲受けその他の取引で資本等取引以外のものに係る当該事業年度の収益の額とする。」（法法22②）と規定しており、無償による資産の譲渡又は役務の提供に係る収益も益金に算入することとされている。

　したがって、例えば、無利息貸付けの場合には、通常収受される利息に相当する金額が益金に算入されることになるし、資産の無償譲渡の場合には、その譲渡の際の時価に相当する金額が益金に算入されることになる。

　この点について金子宏教授は、「収益とは、外部からの経済的価値の流入であり、無償取引の場合には経済的価値の流入がそもそも存在しないことにかんがみると、この規定は、正常な対価で取引を行った者との間の負担の公平を維持するために、無償取引からも収益が生ずることを擬制した創設的規定であると解すべきであろう。」とされている（租税法〔第3版〕222ページ）。

　一方、所得税法においては、収入金額の意義について、「その年分の各種所得の金額の計算上収入金額とすべき金額又は総収入金額に算入すべき金額は、別段の定めがあるものを除き、その年において収入すべき金額（金銭以外の物又は権利その他経済的な利益をもって収入する場合には、その金銭以外の物又は権利その他経済的な利益の価額）とする。」（所法36①）と規定しているが、「収入」の意義については規定していないので、専ら解釈によることになる。

　この点について金子宏教授は、所得税法では「いずれの所得についてもその金額を年中の収入金額または総収入金額として規定している（23〜35条）。このことは、所得税法が所得を収入（receipts）という形で観念していること、すなわち収入——経済価値の流入——を所得の要素と考えていることを意味する」（「所得概念について」昭45. 6税経通信25巻6号58ページ。「租税法における所得概念の構成（3・完）」昭50. 9法学協会

雑誌92巻9号18ページも同旨）とされており、一般に収入とは「外部からの経済的価値の流入」をいうものと解されている。

　この場合の外部から流入する経済的価値は、物品や金銭の形で外部から流入する積極的な経済的価値に限らず、例えば債務免除益のように、外部との関係において生ずる消極的な経済的価値も含まれると解されるが、法人税において益金に含まれることとされているところの無償による資産の譲渡又は役務の提供は、含まれないと解される。

　この点については、金子宏教授は、「人の担税力を増加させる利得であっても、未実現の利得（unrealizedgain）――所有資産の価値の増加益――および帰属所得（imputedincome）――自己の財産の利用および自家労働から得られる経済的利益――は、どこの国でも、原則として課税の対象から除外されている。わが国でも、所得税法は、所得を収入という形態でとらえているから、それらは原則として課税の対象から除かれていると解さざるをえない。しかし、これは、それらが本質的に所得でないからではなく、それらを捕捉し評価することが困難であるからであって、それらを課税の対象とするかどうかは立法政策の問題である。」（租税法〔第3版〕161ページ）とし、特別の規定を設けて未実現の利得や帰属所得に課税しているものとして、所得税法第39条《棚卸資産等の自家消費の場合の総収入金額算入》、第40条《棚卸資産の贈与等の場合の総収入金額算入》、第59条《贈与等の場合の譲渡所得等の特例》を例示している。

　なお、日本公認会計士協会編集・植松守雄主編「注解所得税法」（会計ジャーナル昭和50年9月号）120ページには、「同族会社の行為計算の否認の対象となり得るすべての場合が、法人の損益概念の問題に集約されるわけではない。例えば、同族会社に対して株主が無利子の貸付けをした場合など、同族会社と株主等との間の取引について個人のサイドから問題にする場合には、所得税法上の収入金額の概念としてその利息収入

の認定を考えるのはおそらく困難で、そのためには、おそらく所得税法157条の発動を要しよう。税務の実際では、従来、行為計算の否認といえば、主として法人サイドから問題が取り上げられてきたが、理論的には所得税法の規定の方が重要と思われる」と記されている。

4　同族会社への無利息貸付けが所得税の負担を不当に減少させているとされた事例

> 東京地裁・平成9年4月25日判決・平7（行ウ）27・所得税更正処分取消等請求事件
> 〈控訴審〉　東京高裁・平成11年5月31日判決・平9（行ウ）70・所得税更正処分取消等請求控訴事件
> 〈上訴審〉　最高裁第三小法廷・平成16年7月20日判決・平11（行ヒ）169・所得税更正処分取消等請求事件

(1)　論　点

イ　原告Xは、平成元年3月10日、自らが代表取締役で、かつ、所有株式数70％超の株主である株式会社甲（以下「甲社」という。）の株式3,000万株（以下「本件株式」という。）を、自らが取締役で、かつ、出資持分90％超の出資者である有限会社乙（以下「乙社」という。）に対し、原告を売主、乙社を買主とする指値による取引で、本件株式を○○証券等各社を介して、譲渡（場外取引）した。

ロ　原告は、本件譲渡に係る代金精算日である平成元年3月15日、乙社に対し、その買取資金を、返済期限及び利息を定めず、担保を徴することもないまま貸し付けた（以下「本件消費貸借」といい、右に係る貸

付金を以下「本件貸付金」という。)。

ハ　同日、原告は、本件貸付金の資金調達のため、○○銀行等から借り
　　入れ、本件貸付金に充てた。

ニ　同日、乙社は、本件貸付金を前記○○証券等各社に支払い、右各社
　　は、本件株式を乙社に引き渡し、本件株式の代金から右各社の手数料
　　及び有価証券取引税を控除した後の金額を原告に支払った。

ホ　同日、原告は、前記ハに係る借入金及びこれに対する利息の全額を
　　○○銀行等に返済した。右返済に当たって原告は、前記ニに係る受領
　　金を充当した。

ヘ　この結果、本件株式は原告から乙社に移転したが、本件消費貸借は
　　引き続き無利息・無期限のままの状態で残存することとなった。

ト　本件は、被告Y税務署長から、右無利息貸付けについて所得税法第
　　157条（同族会社等の行為又は計算の否認、以下「本件規定」という。）を
　　適用され、利息相当分の雑所得があるものとして所得税についての更
　　正を受け、その更正処分に対する異議、審査請求を申し立てたが、審
　　査請求についても一部棄却する旨の裁決を受けたために、更正処分及
　　び裁決の取消しを求めて出訴した事案である。

チ　本件は、本件規定は、所得の発生を擬制する規定であって、本件無
　　利息貸付けにも適用されるものであるかどうかを論点とするものであ
　　る。

(2)　被告Y税務署長の主張

　被告Y税務署長は、本件規定は、所得の発生を擬制する規定であると
して、次のように主張した。

　所得税法が、所得を収入、すなわち外部からの経済的価値の流入とい
う現象形態で捉え（第36条第1項）、さらに所得のうち原則として実現し
た経済的利得のみを課税の対象としている中で、本件規定は、所得ある

いは収入の発生を回避したり発生を生じさせない法形式が選択され、その結果として株主等の税負担を不当に減少させる行為又は計算が行われた場合にも右行為又は計算を否認する権限を税務署長に認めるものであって、発生した所得の帰属（所得の配分）のみならず、外部からの経済的価値の流入が認められない場合であっても、所得の発生を擬制し、同法第36条の収入金額とすべき金額又は総収入金額に算入すべき金額を計算して課税し得る規定と解するのが相当であり、このことは、大正12年における所得税法改正当時における同族会社の行為計算の否認規定が創設的規定であると説明されていた沿革等に照らしても明らかである。

　また、裁判例も、個人がその同族会社たる不動産管理法人に対し不動産を低廉な賃貸料で賃貸していた行為を本件規定によって否認し、適正な賃貸料収入に基づく不動産所得が当該個人にあったものと擬制してされた課税処分（最高裁平成6年6月21日第3小法廷判決・訟務月報41巻6号1539ページ、以下「不動産又貸し事例」という。）、個人がその同族会社たる不動産管理法人に過大な管理料を支出していた行為を本件規定によって否認し、適正な管理料を超える必要経費を否認した課税処分（東京地裁平成元年4月17日判決・訟務月報35巻10号2004ページ、以下「不動産管理事例」という。）、あるいは個人がその同族会社に無利息貸付けを行ったことにより所得税（雑所得）の負担を不当に軽減していた行為を本件規定によって否認し、同族会社の個人に対する貸付金に係る利率に基づく雑所得を計算してされた課税処分（東京地裁昭和55年10月22日判決・訟務月報27巻3号568ページ、以下「無利息消費貸借事例」という。）をいずれも適法としているから、やはり本件規定の趣旨が所得の発生を擬制する点にあると解していることが明らかである。

(3) 原告Xの主張

　原告Xは、本件規定は、収入金額に関する「特段の定め」には含まれ

ないので、所得の発生を擬制するものではないとして、次のように主張した。

　本件規定は、少数の株主等によって支配されている同族会社等ではその株主等の所得税の負担を不当に減少させるような行為や計算が行われやすいことにかんがみ、税負担の公平を維持するため、そのような行為や計算が行われた場合にそれを正常な行為や計算に引き直して更正又は決定を行う権限を税務署長に与えるものである。しかし、本件規定によっても、所得の発生を擬制して所得税を課すことはできない。けだし、所得税法は、原則として、外部からの経済的価値の流入の形態において捉えられる所得のみを課税対象として規定し（第23条ないし第35条）、それ以外の類型の所得を課税対象とする場合には特に個々の明文によって規定するという方法を採用しているところ、同法第36条第1項にいう「別段の定め」とは具体的には同法第25条第2項、第39条、第40条、第41条及び第59条を指し、本件規定は右「別段の定め」に含まれないから、本件規定によって課される所得税の対象も、同法第2編第2章「課税標準及びその計算並びに所得控除」において規定される「所得」すなわち同法第36条第1項所定の「収入」又は同項にいう「別段の定め」による収入以外の所得（以下「収入等」という。）にほかならないものと解すべきだからである。結局、本件規定は、第2編第2章中ではなく同編第7章「更正及び決定」中にあることからも明らかなとおり、申告納税制度の下で税務署長に所得金額及び税額の更正等を行う権限を与えた点で手続的な特別規定であるとはいえても、同法にいう本来の所得又はこれに代わる経済的成果を何ら実現していない者に対して課税し得るとする実体的な例外規定とは解し得ないのである。

　したがって、「所得なくして課税なし」の原則に照らして判断すれば、本件規定の趣旨、目的は、同族会社等の行為又は計算によって、株主等が本来の所得に代わる経済的成果を実現させながら、本来の所得に対す

る所得税を免れるという実態がある場合に、これを放置すれば当該株主等が免れることになる所得税を課税する点にあるものというべきである。

　これに対し、被告Y税務署長は、大正12年の所得税法改正以来同族会社の行為又は計算の否認規定が創設的規定と説明されてきた沿革から、本件規定は所得の発生を擬制するものであるとし、裁判例もかかる解釈を支持してきたと主張する。しかし、同族会社の行為又は計算の否認規定が創設的規定であると説明されてきたのは、租税法律主義の原則から、租税回避の否認は明文の規定があって初めて許されると解されてきたからにすぎないし、その引用する裁判例も、①同族会社が第三者から得る転貸料から適正管理料を差し引いた残額が同族会社から株主等及びその家族に多額の役員報酬として還元されており、実質的に経済的成果が実現されるとともに、所得税に係る累進税率の適用を回避して所得税を減少させていた事案に係るもの（不動産又貸し事例）であったり、②株主等が同族会社に支払っていた高額の管理料を否認し、本来当該株主等が第三者から得られるはずの賃貸料収入をもって課税所得と認定した事案に係るもの（不動産管理事例）であったり、③株主等と同族会社との間に公私混同ともいうべき乱脈経理がされ、しかも同族会社等が株主等から受けた無利息での貸付金を実際に事業資金として運用して収益を上げるとともに、同族会社等から株主等に多額の役員報酬等が支払われていた特殊な事案に係るもの（無利息消費貸借事例）であり、いずれも所得の発生の擬制を認めたものとして引用するのは不適切というべきである。

(4)　判決の要旨
イ　本件規定の要件及び効果

　本件規定の対象となる同族会社の行為又は計算は、典型的には株主等の収入を減少させ、又は経費を増加させる性質を有するものということができる。そして、株主等に関する右の収入の減少又は経費の増加が同

族会社以外の会社との間における通常の経済活動としては不合理又は不自然で、少数の株主等によって支配される同族会社でなければ通常は行われないものであり、このような行為又は計算の結果として同族会社の株主等特定の個人の所得税が発生せず、又は減少する結果となる場合には、特段の事情がない限り、右の所得税の不発生又は減少自体が一般的に不当と評価されるものと解すべきである。すなわち、右のように経済活動として不合理、不自然であり、独立かつ対等で相互に特殊な関係にない当事者間で通常行われるであろう取引と乖離した同族会社の行為又は計算により、株主等の所得税が減少するときは、不当と評価されることになるが、所得税の減少の程度が軽微であったり、株主等の経済的利益の不発生又は減少により同族会社の経済的利益を増加させることが、社会通念上相当と解される場合においては、不当と評価するまでもないと解すべきである。また、右不当性の判断は、行為又は計算の態様から客観的に判断されるものであって、当該行為又は計算に係る株主等が租税回避等の目的あるいは不当性に関する認識を有していることを要件とするものではない。そして、同族会社の行為又は計算が右の要件を充足するときは、右行為又は計算は、実体法上の効力を否定されないまま、株主等の所得税の計算上、正常な行為又は計算に引き直されることになる。

　この点につき、原告は、第一に、所得税法は外部からの経済的価値の流入として把握される所得を課税対象とすることを原則とし、本件規定も所得の発生を擬制するものではないから、本件規定は、同族会社の当該行為又は計算の原因又は結果となる同族会社又は株主等の行為によって外部から経済的価値の流入が認められ、株主等が本来取得すべき所得に代わる経済的成果を実現させたことを前提としたものであるとする。

　しかし、本件規定は、同族会社の行為又は計算の実体法的効力を否定するものではないから、同族会社の行為又は計算によって株主等に収入

が発生せず、又は経費が発生していること等を前提にして、株主等の所
得税の計算という場面において、通常の取引で認められる収入の発生又
は経費の不発生等を擬制するものである。また、同族会社が正当な対価
を負担することなく株主等の支配する財産、経済的価値の移転を受ける
ことは、その財産、経済的価値が同族会社の利益発生の直接的な原因と
はなっていない場合であっても、株主等の収入ひいては所得税の発生を
抑制することとなり、株主等の所得税の負担を減少させる結果となる同
族会社の行為ということができるから、株主等の所得税の負担減少の有
無を検討するにつき原告の主張する外部からの経済的価値の流入と目さ
れる事実を要するものではないというべきである。すなわち、株主等が
その有する財貨を無償若しくは低廉な対価で、又は不相当に高額の委託
料を支払って同族会社に貸与又は管理委託をし、同族会社においてこれ
を転貸又は管理して通常の対価を取得する場合には、外部からの経済的
価値の流入が想定され、株主等の所得が同族会社の介在により分散され
ることになるが、この場合の外部からの経済的価値の流入を株主等の所
得と観念することは、結局、同族会社への収入を株主等に対する収入と
同視し、いわば本件規定を同族会社の法人格を否認する規定と解するに
等しく、「同族会社の行為又は計算」を否認対象とする本件規定の文言
と著しく乖離する結果となるから、このように観念し得ないことも明ら
かである。また、株主等から不動産の無償貸与を受け、これを事業の用
に供する等、株主等から移転を受けた財貨を同族会社が事業に利用する
場合でも、当該財貨を直接の原因とする外部からの経済的価値の流入は
ないものの、当該財貨の通常の利用によって私人が取得すべき収入の発
生は抑制され、他方で営利法人である会社は利用し得る財貨を合理的に
運用することが期待されるから、結局、株主等から移転を受けた財貨は
同族会社による利益の原因となり、株主等の得べかりし所得を減少させ
る結果となるのであって、右事例を転貸等の場合と区別する理由はない。

そして、同族会社の行為又は計算によって株主等がその喪失した所得
に代わる経済的成果を実現させたことも、本件規定の要件とはならない
ものというべきである。けだし、右にみたとおり、本件規定は、株主等
から同族会社への経済的利益の移転を対象とするものであって、同族会
社から株主等へのそれを対象とするものではないからである。また、株
主等の所得税を減少させる結果となる同族会社の行為又は計算は、株主
等にとっては経済的価値の流出という経済的に不利益な行為ということ
になるが、同族会社を支配する株主等がこのような不利益な行為を選択、
実行したことは、かかる経済的不利益に優越する理由があったというべ
きところ、その理由が右不利益を補って余りある具体的経済的利益であ
る場合には社会通念上相当と解される前記特段の事情が認められないた
めに本件規定が適用されることになるが、これは不当性に関する判断の
問題であって、株主等の具体的経済的利益の発生が本件規定の要件とな
るものではないのである。また、本件規定の恣意的運用が許されないこ
とは当然であるとしても、原告のいう「所得に代わる経済的成果」の存
否という要件が、独立かつ対等で相互に特殊関係のない当事者間で通常
行われている取引という要件と比べて特に明確であるということもでき
ないから、原告の主張するような要件を本件規定の適用要件として加重
する必要もみいだしがたい。よって、原告の右主張は採用することがで
きない。

□　本件規定と無利息消費貸借

株主等から同族会社に対する無利息貸付けについて検討するに、ある
個人と独立かつ対等で相互に特殊関係のない法人との間で、当該個人が
当該法人に金銭を貸し付ける旨の消費貸借契約がされた場合において、
右取引行為が無利息で行われることは、原則として通常人として経済的
合理性を欠くものといわざるを得ない。そして、当該個人には、かかる
不自然、不合理な取引行為によって、独立当事者間で通常行われるであ

ろう利息付き消費貸借契約によれば当然収受できたであろう受取利息相当額の収入が発生しないことになるから、結果的に、当該個人の所得税負担が減少することとなる。そして、右の消費貸借が株主等の所得税を減少させる結果となるときは、同族会社が当該融資金を第三者に対する再融資の用に供する場合でなくとも、不当に株主等の所得税を減少させる結果となるものというべきである。

したがって、株主等が同族会社に無利息で金銭を貸し付けた場合には、その金額、期間等の融資条件が同族会社に対する経営責任若しくは経営努力又は社会通念上許容される好意的援助と評価できる範囲に止まり、あるいは当該法人が倒産すれば当該株主等が多額の貸倒れや信用の失墜により多額の損失を被るから、無利息貸付けに合理性があると推認できる等の特段の事情がない限り、当該無利息消費貸借は本件規定の適用対象になるものというべきである。

ハ　本件規定と本件消費貸借

本件消費貸借は、原告が乙社に対し、多額の金員を無利息、無担保かつ無期限に貸し付けたというものであるから、独立かつ対等で相互に特殊関係のない当事者間では通常行われることのない不合理、不自然な経済的活動であり、これによって原告の得べかりし利息相当分の収入の発生が抑制されることになるから、原告の所得税の負担を不当に減少させる乙社の行為又は計算に該当するものということができる。

(5) 控訴審における判断

控訴審においては、原審判決の前記争点に対する判断を引用して、原審判決を支持している。

なお、控訴審における判決では、個人から法人に対する無利息貸付けについては課税されないとの見解が記載されている解説書に関して、その編者等や発行者から判断して、その記載内容が税務当局の見解を反映

したものと認識し、すなわち、税務当局が個人から法人に対する無利息貸付けについては課税しないとの見解であると解することは、無理からぬところであり、正当の理由があるため、過少申告加算税の賦課決定は違法であるとしている。

　このため、上告審では、過少申告加算税の解釈適用の問題が争点となっている。

(6)　上告審における判断

　上告審における判決では、次のとおり判示して、過少申告加算税の賦課決定に係る部分に対する被上告人の控訴を棄却すべきであるとしている。

　「本件規定は、同族会社において、これを支配する株主又は社員の所得税の負担を不当に減少させるような行為又は計算が行われやすいことにかんがみ、税負担の公平を維持するため、株主又は社員の所得税の負担を不当に減少させる結果となると認められる行為又は計算が行われた場合に、これを正常な行為又は計算に引き直して当該株主又は社員に係る所得税の更正又は決定を行う権限を税務署長に認めたものである。このような規定の趣旨、内容からすれば、株主又は社員から同族会社に対する金銭の無利息貸付けに本件規定の適用があるかどうかについては、当該貸付けの目的、金額、期間等の融資条件、無利息としたことの理由等を踏まえた個別、具体的な事案に即した検討を要するものというべきである。そして、前記事実関係等によれば、本件貸付けは、3,455億円を超える多額の金額を無利息、無期限、無担保で貸し付けるものであり、被上告人Xがその経営責任を果たすためにこれを実行したなどの事情も認め難いのであるから、不合理、不自然な経済的活動であるというほかはないのであって、税務に携わる者としては、本件規定の適用の有無については、上記の見地を踏まえた十分な検討をすべきであったといわな

ければならない。

　他方、本件解説書は、その体裁からすれば、税務に携わる者において
その記述に税務当局の見解が反映されていると受け取られても仕方がな
い面がある。しかしながら、その内容は、代表者個人から会社に対する
運転資金の無利息貸付け一般について別段の定めのあるものを除きとい
う留保を付した上で、又は業績悪化のため資金繰りに窮した会社のため
に代表者個人が運転資金500万円を無利息で貸し付けたという設例につ
いて、いずれも、代表者個人に所得税法36条１項にいう収入すべき金額
がない旨を解説するものであって、代表者の経営責任の観点から当該無
利息貸付けに社会的、経済的に相当な理由があることを前提とする記述
であるということができるから、不合理、不自然な経済的活動として本
件規定の適用が肯定される本件貸付けとは事案を異にするというべきで
ある。そして、当時の裁判例等に照らせば、Ｘの顧問税理士等の税務担
当者においても、本件貸付けに本件規定が適用される可能性があること
を疑ってしかるべきであったということができる。

　そうすると、前記利息相当分の更生前の税額の計算の基礎とされてい
なかったことについて国税通則法65条４項にいう正当な理由があったと
は認めることができない。」

第 7 章

家事関連費をめぐる諸問題について

はじめに

　まず、家事関連費に関する法令通達の定めるところを概観する。

　所得税法第37条《必要経費》第1項では、その年分の不動産所得の金額、事業所得の金額又は雑所得の金額の計算上必要経費に算入すべき金額は、別段の定めがあるものを除き、これらの所得の総収入金額に係る売上原価その他当該総収入金額を得るために直接に要した費用の額及びその年における販売費、一般管理費その他これらの所得を生ずべき業務について生じた費用の額とするとしている。

　その別段の定めの一つである同法第45条《家事関連費等の必要経費不算入等》では、必要経費に算入しない支出等を定めており、その中に、「家事上の経費及びこれに関連する経費として政令で定めるもの」を掲げている。

　そして同法施行令第96条《家事関連費》において、その政令で定めるものとは、次に掲げる経費以外の経費をいうこととされている。つまり、家事関連費で必要経費になるのは、次に掲げる経費をいうことになる。

イ　家事上の経費に関連する経費の主たる部分が不動産所得、事業所得又は雑所得を生ずべき業務の遂行上必要であり、その必要である部分を明らかに区分することができる場合における当該部分に相当する経費

ロ　イに掲げるもののほか、青色申告者に係る家事上の経費に関連する

経費のうち、取引の記録等に基づいて不動産所得又は事業所得を生ず

べき業務の遂行上直接必要であったことが明らかにされる部分の金額

に相当する経費

　(注)　ロに掲げる経費は青色申告に限定したものであり帳簿上明らかである
　　　ことを要件としているが、平成25年度の税制改正後は、白色申告であっ
　　　てもすべて記帳や記録保存が義務付けられているのであるから、青色申
　　　告に限定する必要はないと考えられる。

　以上要するに、家事関連費が必要経費として認められるには、次の2

つの要件を満たすことが必要とされている。

①　主たる部分が業務の遂行上必要であること。

②　その必要である部分を明らかに区分することができること。

　これらの規定に関して、所得税基本通達では、「主たる部分等の判定

等」について、次のとおり定めている。

（主たる部分等の判定等）

45―1　　令第96条第1号《家事関連費》に規定する「主たる部分」又

　　は同条第2号に規定する「業務の遂行上必要であったことが明らか

　　にされる部分」は、業務の内容、家族及び使用人の構成、店舗併用

　　の家屋その他の資産の利用状況等を総合勘案して判定する。

　このように、判定に当たっての一般的な考え方を示している。ただし、

「主たる部分」の要件に関して、次のとおり定めている。

（業務の遂行上必要な部分）

45―2　　令第96条第1号に規定する「主たる部分が不動産所得、事業

　　所得、山林所得又は雑所得を生ずべき業務の遂行上必要」であるか

　　どうかは、その支出する金額のうち当該業務の遂行上必要な部分が

　　50％を超えるかどうかにより判定するものとする。ただし、当該必

要な部分の金額が50％を以下であっても、その必要である部分を明らかに区分できる場合には、当該必要な部分に相当する金額を必要経費に算入して差し支えない。

　ここでは、原則50％を超えるかどうかで判定するとしているものの、50％以下であっても、明らかに区分できれば必要経費算入を認めることとしている。しかし、上記イでは「主たる部分」に限定している一方、上記ロでは青色申告に限って「主たる部分」という制約を除外しているため、必要な部分が区分できる場合には、白色申告だからといって必要経費算入を認めないとするのは不合理と考えられたことによるものである。

　要するに、家事関連費の判定に当たっては、「主たる部分」の制約を宥恕しているわけであり、合理的な措置といえる。

（注）　上記イ及びロのいずれにも「明らか」に区分できることを要件としているが、明らかか否かの判定の指針は示されていない点に留意を要する。

　以上、家事関連費の取扱いに関しては、一般的な事業者のほか、プロスポーツ選手や文芸家、タレントなどの事業所得に係る必要経費についても、上記イ及びロの２つの要件を満たすか否かについての判定を要することになるわけであるが、その判定には困難を要する面があり課税上の問題が生じやすい。

第1節　プロスポーツ選手の必要経費の計算

1　プロ野球選手の所得の具体的な内容と所得区分

　プロ野球選手に係る家事関連費について解説するに先立って、プロ野球選手の収入の種類や所得区分について概観する。

　プロ野球選手の収入には、所属球団から支払われる参稼報酬の他に契約金や賞金品、祝儀、テレビ等の出演料など、いろいろな収入がある。このうち参稼報酬については、年額で定められており、その支払方法としては、12分の1に按分して毎月支払われることが多いため、「月給」といわれることもある。

　このようなことから、昭和26年の所得税関係通達の大改正前は、プロ野球選手の所得は給与所得又は事業所得として取り扱われていた。

　しかし、昭和26年の改正の際に、プロ野球選手の所得の実態が次のとおりであることなどにかんがみ、昭和26年分以降のプロ野球選手の所得については、すべて事業所得として取り扱うこととされている（昭和26年直所2—82、5—23）。

①　選手は球団の指定する試合に出場することを約し、これに対して球団から出場契約料、試合出場料の支払を受けるものであり、かつ、当該選手の技能の進歩又は人気の高低に応じその出場料も増減されるべき性質を有し、一般芸能人の出演契約と何らの差異が認められないこと。

②　試合出場に要する用具等は、特定のものを除きすべての選手の個人負担であること。

　ただし、プロ野球の選手の収入には、球団に所属し連盟等の運営に従

うことによって得られる収入（本業である技能による収入）のほか、これらから離れて個人的な知名度等によって得られる収入（付随収入）もある。そこで、実務上の取扱いとして、プロ野球の選手の収入に係る所得には、事業所得、一時所得及び雑所得の3種類のものがあるとして、それぞれの所得に係る具体的な収入は、次のとおりとして取り扱われている。

イ　事業所得

・球団との専属契約を締結する際に授受される一時金（いわゆる契約金）

・所属球団から支払を受ける専属契約期間中の役務の提供に対する対価（いわゆる参稼報酬）

・所属球団、連盟、日本プロ野球機構、スポンサー及び新聞社等から支給される賞金品……最優秀選手賞、最優秀投手賞、最優秀防御率賞、最多勝利賞、最多本塁打打者賞、最多打点打者賞、最多勝利打点打者賞、最多盗塁賞、新人賞、ベスト・ナイン賞、満塁ホームラン賞、日本シリーズ最優秀選手賞など

・引退興行の収益金

ロ　一時所得

・法人から受ける祝儀等。個人から受けるものは、贈与税の対象

ハ　雑所得

・テレビ等の出演料、講演料等

　　ただし、プロ野球選手と球団との契約に基づいて、球団の指示により、選手が写真、映画、テレビに撮影されることを承諾する場合において、その出演等の役務の対価として球団から受ける報酬は、参稼報酬と同様、事業所得に係る収入とする。

(注)1　プロ野球選手以外のプロスポーツ選手（例えばJリーグの選手）についても、プロ野球選手とほぼ同様である。

2　相撲の力士等の報酬については、日本相撲協会に対する従属性が強いため、日本相撲協会から支給される給金は、給与所得として課税されている。

なお、プロ野球選手の事業所得に係る収入金額は、金銭で支払われ又は贈呈されるものは、その金銭の額が収入金額となる。しかし、金銭のほか物品等（賞品）によるものも多い。物品等については、収入金額として計上すべき金額の算定上の問題がある。この点について、金銭以外のものについては、原則として時価又は換金可能額で評価した金額を収入金額に加算することとされている。

ただし、トロフィーやメダルなどは、価額が低く、また、換金性も低いので、特別に高価なものを除き、しいて収入金額に加算する必要はないと考える。

また、食料品や化粧品などの景品については、自宅に持ち帰る選手、二軍選手に分配する選手、福祉施設に寄附する選手など様々であるが、これらについても、軽微なものを除き、原則として時価又は換金可能額で評価した金額を収入金額に加算すべきである。

(注)　金銭以外のもの（賞品）に関する課税上の取扱いは、プロ野球選手に限らず他のプロスポーツ選手に共通するものである。

2　プロ野球選手の必要経費の主なもの

事業所得の金額は総収入金額から必要経費の金額を差し引いて計算することになっているので、プロ野球選手についても収支計算をする必要がある。プロ野球選手の本業である技能による収入を事業所得として取り扱うこととしている理由の1つが、試合出場に要する用具等は、特定のものを除きすべての選手の個人負担であることとなっている。このため、どのような費用が必要経費として認められるのかといったことが問題となる。

　プロ野球選手の事業所得に係る必要経費としては、次のようなものがある。

①　プロ野球選手が使用する用具等に係る費用

　　(注)　試合等で使用するボール、ユニフォーム、ジャンパー、帽子などの用具に係る費用は、原則として球団が負担している。

②　自宅と球場間の交通費、選手会の会費、私的なもの以外の交際費

　　(注)　遠征のための旅費、宿泊費、食事等に係る費用は、原則として球団が負担している。

③　招聘された外国の選手が本国と球団所在地との間の旅行のための費用

　　(注)　シーズンオフ等における一時的な帰国は、個人の私的な理由に基づくものと認められるから、必要経費には算入しない。

　なお、自主トレの費用、食事代、関係者への謝礼などについては、281ページ以下に実務問答を設けている。

第2節　芸能人等の家事関連費に関する考え方

　前述のとおり、家事関連費で必要経費になるものは、業務の遂行上必要であること、その必要である部分が明らかに区分できることが必要とされている。しかし、実務上この2つの要素の判定は困難を伴う。特に、後者については、「明らかに区分することができる場合」との文言に固執するとすれば、使用面積や使用量、使用頻度などにより容易に区分できるものを除き、家事関連費のほとんどが必要経費不算入になってしまうであろう。

　筆者の個人的見解としては、「その必要である部分を合理的に区分することができる場合」という程度に解釈できないものかと考えている。

　とはいえ、現実問題として、これらの経費について、業務上必要である部分を明らかに区分することができる合理的な基準が、果たして、あり得るだろうか。

1　芸能人等に関する基本的な考え方

　国税の現場においては、過去、実務上の取扱いとして、文筆家や俳優などの自由職業所得者の家事関連費の必要経費算入に関して、次のような考え方を目安として、業務上必要であると認められる部分を必要経費に算入する取扱いがされていた。

①　支出した費用が、専ら業務の遂行上必要なもので、家事等に関連する部分が全くないと認められる場合は、その費用の全額を必要経費に算入する。

②　支出した費用の支出目的の主たる部分が業務の遂行上の必要に基

づくものであるが、趣味、娯楽、生活にも関連があると認められる
場合は、支出した人の職業、支出した費用の種類に応じ、その支出
した金額の50％から70％の範囲内の金額を必要経費に算入する。

③　支出した費用が主として趣味、娯楽及び通常の生活にも関連があ
ると認められる場合は、これを必要経費に算入しない。ただし、収
入を得るために必要な経費に該当する部分があり、かつ、その部分
が明らかに区分できる場合には、その部分の金額を必要経費に算入
する。

2　特に問題となる取材費、衣装費、旅費等の取扱い

1の基本的な考え方に則して、特に問題となる文筆家等の取材費や、
俳優、歌手、寄席芸人などが購入する衣装費などについては、実務上、
より具体的に次のとおり取り扱うこととされていた。けだし、知恵とい
うより英知といえる取扱いである。

(1)　文筆家等の取材費

イ　執筆等のために、風俗、名所、旧跡、風景などの見聞を目的とした
旅行を行った場合の費用については、日程表、旅行記録等に基づきそ
の旅行が、①専ら取材のための必要に基づくものであると認められる
場合は、その費用の全額を、また、②その目的が取材のほか観光的、
一般的な知識見聞を広める目的等を兼ねているものと認められる場合
には、その費用の50％の範囲内で、かつ、その旅行において取材した
事柄を基として執筆等をした作品から生ずる収入金額を限度としてそ
の費用を、それぞれ必要経費に算入する。

ロ　主として軟文学（主に恋愛、情事を主題にした文学作品をいう。）を取
り扱う文筆家が、例えば芸妓、ホステス等を素材とする作品の創作と

関連してこれらの人の生態又は雰囲気等を探求味得するため待合、キャバレー、バー等において支出した費用については、日時、場所、同席者の有無及びその職業、支出の程度などをその記録等により勘案し、①執筆等のため直接必要と認められるものについては、その費用の70％相当額を、②主として執筆等のために必要であるが、私的な関連もあると認められるものについては、その費用の50％相当額を、それぞれ必要経費に算入する。

　ただし、①②いずれの場合も、その作品から生ずる収入金額を限度とする。また、③その支出が、主として私的な遊興を目的とするものであると認められるものは、これを必要経費に算入しない。

(2)　俳優、歌手、寄席芸人等の衣装費

イ　俳優等が購入等をする衣装費

①　その衣装が専ら特定の出演のためにのみ使用するものであって、かつ、私的な用に使用することができないと認められる場合は、その衣装の価額から残存価額を控除した金額の全額を必要経費に算入する。

②　その衣装が専ら特定の出演のためにのみ使用するものであると認められる場合は、その衣装の価額から残存価額を控除した金額の70％に相当する金額を必要経費に算入する。

③　その衣装が主として出演のために使用するものであるが出演以外の私的な用にも使用することができると認められる場合は、その衣装の価額から残存価額を控除した金額の50％に相当する金額を必要経費に算入する。

④　その衣装が主として私的な用に使用するものであると認められる場合は、その衣装費は必要経費に算入しない。

□　歌手、寄席芸人等が購入等をする衣装費

① 　その衣装が舞台の演出効果を考慮し特殊のデザインを付け、舞台
　　以外の場所においては着用できないと認められるものである場合は、
　　その衣装費の全額を必要経費に算入する。

② 　その衣装に特殊のデザインを付けていないが、その衣装が専ら特
　　定の出演のためのみに使用するものであって、かつ、私的な用に供
　　することができないと認められる場合は、その衣装の価額から残存
　　価額を控除した金額の全額を必要経費に算入する。

③ 　その衣装に特殊のデザインを付けていないが、その衣装が専ら特
　　定の出演のためのみに使用するものであると認められる場合は、そ
　　の衣装の価額から残存価額を控除した金額の70％に相当する金額を
　　必要経費に算入する。

④ 　その衣装に特殊のデザインを付けていないが、その衣装が主とし
　　て出演のため使用するが、私的な用にも使用するものであると認め
　　られる場合は、その衣装の価額から残存価額を控除した金額の50％
　　に相当する金額を必要経費に算入する。

⑤ 　その衣装が主として私的な用に使用するものであると認められる
　　場合は、その衣装費は必要経費に算入しない。

(3)　旅　　費（取材費に係るものを除く。）

イ　その旅行が専ら事業の遂行のために必要であると認められるときは、
　　その旅費の全額を必要経費に算入する。ただし、旅行の中途において
　　観光旅行等の私的な旅行を行ったときは、その私的な旅行のために支
　　出した部分の旅費は、必要経費に算入しない。

　　なお、俳優等がロケのための旅行をした場合又は在京の俳優等を地
　　方のテレビ局が出演依頼した場合などの旅費を興行会社等が別途支給
　　しているときは、その支給される金額を収入金額に加算する。

ロ　その旅行が主として事業の遂行のために必要であるが私的な目的を
も含むものであるときは、その旅費の50％の範囲内で、かつ、事業遂
行のために必要と認められる部分の旅行に係る費用を限度として必要
経費に算入する。その旅行が、主として私的な目的を持つものである
と認められるときは、その旅費は必要経費に算入しない。

　なお、職業上のスランプを脱却するための旅行をしたり、海外旅行
をすることにより職業上の名声を得るなど漠然とした理由で旅行をす
るなどの場合の旅費は、必要経費に算入しない。ただし、その旅行に
関する記事を雑誌等に寄稿して収入を得るなどの場合には、その収入
の金額を限度として、その収入に係る所得の必要経費に算入する。

(4)　車両関係費

イ　ガソリン代、潤滑油代、洗車代、修繕費、タイヤ等部品代、駐車
料、車庫料、保険料、租税公課、運転手給与などの車両関係費につ
いては、運転記録などに基づいて事業の遂行のために必要な部分が
判然と区分できるものは必要経費に算入するのは当然であるが、そ
の区分ができないものについては、走行距離や使用日数等によって
事業の遂行のために必要な部分を合理的な方法で区分してその金額
を必要経費に算入する。

　なお、別荘や避暑地から事務所等の業務を行う場所間の往復に要
する車両関係費は、必要経費には算入しない。また、車両を２台以
上所有する場合には、私的にあるいは家族の生活等のために使用す
る部分の金額を合理的に計算して必要経費から除外する必要がある。

ロ　車両の減価償却費は、所定の減価償却の方法により計算するが、
走行距離や使用日数等によって事業の遂行のために必要な部分の割
合を合理的に計算して、その割合を乗じた金額を必要経費に算入す
る。

⑸　**接待交際費（取材費及び旅費に係るものを除く。）**

　イ　文筆家や芸能者等が、作品の著述、出版に関する打合せ又は出版
　　契約に関する打合せ等のために、出版会社又は興行会社等の関係者
　　を接待する場合の費用については、　その相手方の地位・立場、接
　　待理由からみて、①その接待が専ら事業の遂行のために必要と認め
　　られるときは、その費用の全額を、②その接待が主として事業の遂
　　行のために必要であるが私的な性質も持っていると認められるとき
　　は、その費用の50％に相当する金額を、それぞれ必要経費に算入す
　　る。その接待が主として私的なものであると認められるときは、そ
　　の費用は必要経費に算入しない。

　ロ　芸能者等が、演技の充実、人気の向上を図ること等を目的として
　　芸能関係の指導的立場にある者等を接待した場合の費用については、
　　①監督、プロデューサー、ディレクター、師匠、新聞記者等を接待
　　した場合で明らかにその地位、人気の向上を図る目的を持っている
　　と認められるときは、その費用の全額を、②俳優間の交際でその相
　　手が指導的立場にあり、かつ、それがその交際の主目的であるとき
　　は、その費用の50％に相当する金額を、それぞれ必要経費に算入す
　　る。その交際が主として私的なものあると認められるときは、その
　　費用は必要経費に算入しない。

⑹　**雇人費**

　イ　文筆家の雇人費については、①その雇人が専ら原稿の代筆及び整
　　理、来客の応対等をする人であると認められる場合は、その費用の
　　全額を、②その雇人が書生（①の仕事をするほか本人の身の回りの雑
　　事の世話をする人をいう。）である場合は、その支出した費用の70％
　　に相当する金額を、それぞれ必要経費に算入する。

　ロ　映画俳優等の雇人費については、①その雇人が支配人（マネージ

ャー兼秘書的役割をもち、主として出演の交渉等の外部折衝に当たるものをいう。）である場合は、その支出した費用の全額を、②その雇人が付人（助手的役割をもち主として小道具の搬送、屋内における来客の応接、その他本人の身の回りの雑事一切の仕事を行うものをいう。）である場合は、その支出した費用の70％に相当する金額を、それぞれ必要経費に算入する。

第3節　プロ野球選手や芸能者等に 関する実務問答

1　自主トレの費用や食事代などの取扱い

問
- -
　プロ野球選手などは、いわゆる自主トレーニングと称して、シーズンオフなどにリゾート地等において、ジョギングをしたり温泉につかって体を労ったりすることがあるが、このような場合の費用は、事業所得の金額の計算上の必要経費に算入できるか。

　また、プロ野球選手に限らずプロスポーツ選手は「体が資本」であることから、食生活について相当に配慮しているようであるが、これらの食事費用は、事業所得の金額の計算上の必要経費には算入できるか。

答
　「家事関連費」は家事費の性質と併せて業務上の経費としての性質も有している。ある支出が家事関連費に該当するとして必要経費算入が認められるには、①業務の遂行上必要であること、②その必要である部分を明らかに区分することができることの2つの要件を満たすものでなければならない。

　プロ野球選手の場合の自主トレの費用や食事費用などについては、原則として「家事費」（税引き後の所得の処分として出費すべきもの）に該当する。したがって、原則として必要経費に算入することは認められない。しかし、例えば、専門家の下で特別に計画的に実施されるスケジュールでプロスポーツ選手として合理的・客観的な必要性が認められるケースの場合に、その専門家に対して支出される「指導料等」

は、事業所得の金額の計算上の必要経費には算入できるものはあると考えられる。

2　出身校や関係者に対する謝礼の取扱い

問

- -

プロ野球選手などが獲得した多額の契約金等の一部を出身校やお世話になった関係者に「謝礼」として支出することがあるが、このような支出は、プロ野球選手などの事業所得の必要経費に算入できるのか。

答

出身校やお世話になった関係者に「謝礼」として支払われる高額な契約金の一部については、家事関連費としての問題以前の必要経費に該当するか否かの問題であり、プロ野球選手としての業務の遂行のために必要なものであるか否かの問題である。

事業所得の金額の計算上の必要経費に算入できる支出は、その事業所得の稼得のために合理的・客観的に必要であることが認められる支出であることが必要である。その点、高額な契約金を得たその結果として身近な関係者に対して支出されるいわゆる「謝礼」は、プロ野球選手としての業務の遂行上必要であるとは認められないため、原則として事業所得の金額の計算上の必要経費には算入できない。これらの支出は、稼得した所得の処分であって、対価性のない贈与に該当し、法人に対するものはその法人の益金に算入すべきものであり、また、個人に対するものはその個人の贈与税の課税対象とすべきものである。

(注)　専属契約期間が3年以上で、かつ、契約金の金額が報酬年額の2倍以上である場合には、その契約金は臨時所得として、いわゆる5分5乗方式による平均課税の対象となり、税負担の軽減措置の適用を受けることができる。

3　事業の遂行のために必要と認められる部分の計算

問

　　事業と家事のいずれにも関連のある支出については、その支出
した金額を合理的にそれぞれ按分して、事業の遂行に必要な部分の金
額を必要経費に算入するとのことであるが、その按分計算の基礎とな
る割合は、一概に画一的に算定できるものではない。その割合の算定
について何か合理的な方法はないのか。

答

　　事業の遂行に必要な部分の割合は、事業の種類や支出する費用
の性質によって異なる。したがって、その割合は一概に画一的に算定
できるものではない。しかし、考え方としては、事業と家事の双方に
関連があるわけであるから、それぞれ半々あるいは5分5分を基本と
して50％とし、それぞれの費用の性質を納税者本人の経験則によって
勘案してその割合を加算又は減算することでよいのではないかと考え
る。

4　必要経費算入割合の計算時期

問

　　事業と家事のいずれにも関連のある支出についての必要経費算
入割合を、それぞれの費用の支出のたびに計算するというのは非常に
煩雑で困難なことである。まとめ計算する簡便法のようなものはない
のか。

答

　　事業と家事のいずれにも関連のある支出については、とりあえ
ずそれぞれの支出のたびにその総額を記帳しておき、決算の時に、性

質の類似する費用（例えば取材費で特定の収入と直接の関連性が薄いもの）の年間総額を集計して、それぞれの合計額に対して例えば50％あるいは40％を乗じるなどの工夫をしてもよいと考える。この場合の割合については、【問】3のような方法によることとして差し支えないと考える。

　こういったことをするに当たっては、最初の決算・申告の際に税理士等の助言を受けておけば、次の年からはその助言に準じて計算することができるようになるのではないかと考える。

5　芸能人等のメガネ、かつら、エステなどの費用の取扱い

問　芸能人やタレントなどといわれる者が、仕事の必要上、メガネ、かつら、エステなどの費用を支出することはよくあることであるが、会社役員や専業主婦などであっても、これらの費用を支出している人も多い。

　会社役員や専業主婦などの場合には、所得税の計算上必要経費として取り扱われることはあり得ない。芸能人やタレントなどの場合には、これらの費用であっても業務の遂行上必要な経費として認められるケースはあるのか。

答　家事関連費については、業務遂行上の必要性が認められたとしても、その必要である部分を明らかに区分することができなければ必要経費に算入することはできない。しかし、275ページの取扱いは、その業務上必要である部分を明らかに区分することができる合理的な基準を模索する中において、実務上の要請に弾力的に応えようとして編み出されたものである。そうしてみると、芸能人やタレントなどと

いわれる人が使用するメガネ、かつら、エステなどの費用についても、基本的には275ページの取扱いの考え方を目安としてもよいのではないかと考える。

　ただし、メガネ、かつら、エステなどの費用は、会社役員や専業主婦などにおいても一般的に支出される性質のものであり、私的な用に当然使用することができるわけである。このため、家事関連費というより家事費の色彩の濃い費用ということができるので、原則として必要経費に算入することはできない。必要経費に算入することができるとすれば、つきるところ、「業務の遂行上必要であると認められる部分の金額」であり、その金額の算定に当たっては、「支出した費用の効用」に視点を置くことになるであろう。要するに、その効用に照らして「必要な程度（割合）」を判断することになる。

　なお、「支出した費用の効用」の判断に当たっては、①当然のことであるが、「業務上の必要性」を基本とし、②形状、③金額の大小、④数の多少などに着目することになると考えられる。

　形状については、特殊なデザインの有無や私的な用に供することの可否などが基準になるであろう。金額の大小については、高額な所得者であればそれなりに高額な支出をすることが多いであろうから、一般的な金額が基準になるであろう。数の多少については、日常的に必要な数を基準として足切計算になるものと考えられる。ただし、エステの費用のように生身にかかわるものについては、一般的には業務上の必要性の認定が困難なケースが多いものと考えられる。

6　大量の靴、帽子、カバン等の購入費の取扱い

問
　靴とか帽子、カバンなどを随時大量に購入しているが、何時の

出演などに使用するか個別に具体性がない場合、これらの購入費用は、何時の時点で必要経費になるのか。

答

　その人の職業にかかわらず、靴とか帽子、カバンなどを、使用目的や使用時期が曖昧なまま趣味あるいは買物依存的に、随時買い込む習慣があり、それを大量に保有している人がいるようである。どの程度の支出になるかは、おそらくそれぞれの人の税引き後の所得の多寡によって左右されるであろう。これは衣類についても同じである。

　可処分所得が多額なタレントなどが自己満足ないし自慢げにマスコミに公開することがあるが、これらの事業者の場合、それらの物品を実際にその事業の用に使用することも多々あろう。

　質問の場合の大量の物品の購入費用については、考え方としては、購入の時点で事業目的が明白でなく、主として私的な用（趣味あるいは買物依存的な習慣）に使用するものであると認められるため、家事関連費というより家事費であり、基本的には必要経費に算入することはできないものである。

　しかし、事業者が常習的に購入する物品の中には、何時かは事業の用に供する部分がないわけではないのであろうから、例えば、その年中の出演ごとに異なる帽子を使用した場合におけるその帽子の購入費用相当額を区分して、決算の際に必要経費に計上するといった工夫をすることは課税上特に問題にはならないものと考える。これは、既に説明した、事業と家事のいずれにも関連のある支出（家事関連費）についての考え方やその必要経費算入時期についての考え方の延長線上の工夫である。

7　売込中の歌手が売上成績を上げる目的で自己のCDを購入した場合のその購入費用の取扱い

問

　自己のＣＤ等の売上成績の向上をねらってそのＣＤ等を自己負担で購入した場合、その購入費用は、必要経費とすることができるか。

答

　ミュージシャンなどが、自己のＣＤなど売上成績の向上をねらってそのＣＤ等を自己負担で購入する場合、その購入の必要性が自分をアピールするためであり、業務に関係するものであれば、事業所得の金額の計算上必要経費に算入することができる。

　しかし、それ以外の目的で、例えば、親類・知人に対して贈与するような場合の購入費用は、必要経費とはならない。

8　文筆家等の概算所得率による所得金額の計算

問

　特に文筆家等については収支を記帳すること自体大変なことだと思うが、それに加えて、事業と家事のいずれにも関連のある支出についての必要経費算入割合を計算するというのは非常に困難なことと思われる。概算所得率のようなものを収入金額に乗じて一括して所得金額を計算するような便利な方法はないのか。

答

　かなり以前までは、概算所得率のようなものを収入金額に乗じて一括して所得金額を計算することも行われていたが、現在では、青色申告の届出をしている者以外のものであっても平成26年分からはすべての事業者（平成25年分までは所得金額が300万円を超える事業者）に

対して記帳・記録保存をすることが義務付けられている。

　この記帳・記録保存義務は、職業によって特別扱いはすることはできないことになっているから、文筆家等であっても例外とはならないので、【問】3のような方法により、できるだけ手間のかからないような方法を工夫する必要がある。

9　文筆家等の生活費と必要経費の区分

問

　文筆家等の場合、例えば両親等の看病の経験や子供のころの体験を基に執筆するなど自己の日常の生活や過去の経験を基に執筆しているケースも多く、生活費と必要経費との区分が極めて曖昧で、このような場合の必要経費については計算のしようがない。それゆえ、やはり概算所得率のようなものを収入金額に乗じて一括して所得金額を計算するなど簡便な方法がある方が便利なのではないか。

答

　両親等の看病は肉親の情によるものであって執筆のためのものではなく、また、子供のころの体験も執筆のためのものではない。このような費用についても一部は必要経費に該当すると考えるから、所得金額の計算が難しいと感じることになるわけである。

　ただし、例えば、子供のころの体験に関して執筆する場合において、現地を再確認するために要する旅費等は必要経費になる。

第4節　ロータリークラブの会費等の 必要経費算入の適否

　この節では、ロータリークラブやテニスクラブなどの会費等の必要経費算入の可否について解説するが、その前に、税務上、税理士や社会保険労務士などの士業の業務の範囲に関して争われた事例（貸付金に関する事例）について解説し、引き続きロータリークラブなどの会費等に関する事例について解説することとする。

1　事業に係る付随収入・支出の範囲に関する法令等の規定 ぶり

　所得税法上、例えば、不動産所得とは、「不動産等の貸付けによる所得」と規定されており（所法26①）、その規定ぶりからして、付随的に生ずる収入の範囲は限定的であると解される。しかし、事業所得については、「事業から生ずる所得」として総体的な規定ぶりになっていることから（所法27①）、その事業の目的とされている行為そのものから生ずる収入のほか、その事業から付随的に生ずる収入も広く事業所得の総収入金額に含まれるものと解される。

（注）　事業の付随収入については、第4章参照

　そして所得税基本通達27─5《事業の遂行に付随して生じた収入》では、事業に付随して生じるものとして6項目を例示しており、その例示の中に「事業の遂行上取引先又は使用人に貸し付けた貸付金の利子」が含まれている。

　また、所得税基本通達51─10《事業の遂行上生じた売掛金、貸付金等に準ずる債権》では、貸金等に含まれるものを例示しており、その例示

の中に「自己の製品の販売強化、企業合理化等のため、特約店、下請先等に貸し付けている貸付金」や「使用人に対する貸付金又は前払給料、概算払旅費等」が含まれている。

　こういった法令・通達の規定ぶりからすると、事業所得に含まれる付随収入及びその収入に係る必要経費の範囲については、原則として、ことさらに限定的に解する必要はないのではないかと考えられる。

2　特定の業種に係る付随収入・支出の範囲の解釈（顧問先等への貸付金に係る収入・支出）

　顧問先である事業者からの要請により事業資金を貸し付けることは税理士業務に付随する行為であるから、法令・通達の規定ぶりからすると、税理士業による事業所得の計算上収入金額及び必要経費に算入することができるのではないかと考えられる。

　しかし、次に掲げる【裁決事例要旨1】によると、請求人の営む事業が税理士業であるため、「税理士業務の範囲」が前面に打ち出されており、税理士としての事業所得の源泉は税理士業務であるから、その業務の範囲の観点から「**通常性・客観性**」の判定をすると、税理士業務以外の付随業務（事業資金の貸付け）に係る収入及び支出は事業所得にかかわらしめることはできないとされている。

【裁決事例要旨1】　税理士が行った顧問先への貸付金の貸倒損失

（平成17年2月23日裁決）

　請求人は、次に掲げることから、本件貸付金は税理士業の遂行上生じたものであり、これに係る貸倒引当金については所得税法第52条《貸倒引当金》が適用され、必要経費に算入される旨主張する。

①　本件貸付金は、永きにわたり主要かつ収益性のある顧問先に対

し、資金の必要性を検討して金銭を貸し付けたものであり、この行為は請求人の本来の業務に付随するものであること。

② 　本件顧問先に対して金銭を貸し付けることにより、本件顧問先が発展することは、請求人の職業上の利益を将来にわたり享受させるものであること。

③ 　税理士規律規則第6条の2の規定があることをもって、請求人が本件顧問先に貸し付けた行為は税理士本来の業務に準ずる行為であること。

④ 　所得税基本通達51―10の(2)の「自己の製品の販売強化、企業合理化等のため、特約店、下請先等に貸し付けている貸付金」を「自己の顧問契約の強化、企業合理化等のため、特約ある永年顧問先等に貸し付けている貸付金」と読み替えるべきであること。

しかしながら、所得税法第52条にいう「事業の遂行上生じた貸付金」とは、当該事業の遂行と何らかの関連を有する限りの貸付金のすべてをいうのではなく、その業種業態からみて、当該事業所得を得るために通常必要であると客観的に認め得る貸付金をいうものと解されるところ、次に掲げることから、本件貸付金については、請求人の事業の遂行上生じたものとは認められず、請求人が各年分の本件貸付金に係る貸倒引当金として繰り入れた金額は、請求人の各年分の事業所得の金額の計算上必要経費に算入することはできない。

① 　税理士としての請求人と本件顧問先との関係は、税理士法第2条（税理士は租税に関し税務代理、税務書類の作成、税務相談等の人的役務を関与先に提供し報酬を得ることを業とする旨を規定している。）に規定する業務の範囲を出ず、この範囲に金銭の貸付けが含まれないことは明らかであり、客観的にみて金銭の貸付けは、請求人の税理士としての事業所得を得るために通常必要な行為であるとは認められないこと。

②　たとえ請求人が本件顧問先に対して金銭を貸し付けることにより、本件顧問先からの税理士報酬の増加、すなわち事業所得の増加を期待し、現実に税理士報酬の増加があったとしても、それは派生的に生じた間接的効果にとどまり、本件貸付金は、税理士としての事業所得を得るために通常必要なものであると認めることはできないこと。

③　税理士規律規則第6条の2の規定は、J税理士会が会員である税理士を対象として税理士の品位保持及び紛争防止のために慎むべき事項を定めた内部規則であり、当該規則をもって税理士に貸金行為を認める根拠であるとはいえないこと。

④　本件通達は、所得税法第51条第2項の規定の対象となる債権に限られることから、事業の遂行上生じた債権の範囲を例示したものであるところ、税理士の業務の範囲には金銭を貸し付ける行為が含まれないことは明らかであって、請求人の主張するように本件通達を解釈することはできないこと。

　確かに税理士法上の税理士業務には金銭の貸付けは含まれていない。故に上記【裁決事例要旨1】にあるとおり、「その業種業態からみて、客観的にみて金銭の貸付けは、請求人の税理士としての事業所得を得るために通常必要な行為であるとは認められない」ことになるわけで、そのような見方をすれば、それによる所得は、事業所得ではなく雑所得に該当するということになるであろう。

　一方、次に掲げる【裁決事例要旨2】の証券外務員のケースにおいては、顧客に対する金銭の貸付けが業務上必要とされている。この事例もその業務（業種）の内容からして、「通常必要」な行為であるか否かを判断基準にしており、上記【裁決事例要旨1】と同様、業務の範囲の観点から「**通常性・客観性**」の判定をしている。

> **【裁決事例要旨2】　証券外務員が行った取引先への貸付金の貸倒損失（昭和57年5月21日裁決）**
>
> 　証券外務員はその勧誘の実を上げるために、取引先に対して資金を貸し付け又は株式を貸与して融資の便を図るようなことを通常行っていると認められるところから、これらの行為に係る債権を回収することができないこととなった金額は、事業所得の金額の計算上、これを貸倒損失として必要経費に算入するのが相当である。

3　業種別にみる付随収入・支出の通常必要性

　しかしながら、所得税法第37条《必要経費》の条文上、必要経費に算入されるのは、①所得の総収入金額に係る売上原価その他総収入金額を得るために直接に要した費用の額及び②その年における販売費、一般管理費その他これらの所得を生ずべき業務について生じた費用の額とされ、このうち②の販売費・一般管理費等については、「業務について生じた費用」とされており、「通常性・客観性」の要件は、所得税法の条文上存在するわけではない。

　日常的にはあり得ないが、取引先等との関係でやむを得ず支出を余儀なくされる事例（投資目的の場合を除く。）は実体経済上少なくないわけで、一般的な事業においては広く必要経費算入が認められていると考えられる。税理士の場合、「古くからの有難い顧問先が一時的に経営資金に窮する事態になり、先方からの要請により、やむを得ず貸し付けた」といったケースは少なくないわけで、無償独占の業務制限のかかった税理士といえども、看板を掲げている以上、今後の顧問先全般に対する評価を左右しかねないケースもあると思われる。

　金銭の貸付け以外の例として、例えば自動販売機による飲料水等の販売については、不動産所得の基因となるアパートの脇に自動販売機を設置している場合（敷地の貸付けに該当する場合を除く。以下同じ。）の収入及び支出は雑所得に係る収入及び支出になるが、タバコ屋の脇に自動販売機を設置している場合の収入及び支出は事業所得に係る収入及び支出になる。税理士事務所の脇に自動販売機を設置している場合の収入及び支出や、税理士が税理士業務のかたわら保険代理店の指定を受けている場合の収入及び支出は事業所得に係る収入及び支出にはならないのであろうか。そういった種類の付随的行為のケースは、税理士業以外の事業においてはその事業所得にかかわらしめているものと考えられるにもかかわらず、税理士の場合のその者の事業所得の範囲は税理士業務による所得に限られるとするのは理解が得られないのではないかと考えられる。要するに、特定の業種については適用除外とするような判断基準が、所得税法上の事業の範囲の判断基準として是認され得るか否かの問題である。

4　事業に「付随して」と「遂行上」との関係にみる付随収入・支出の通常必要性

　上記2及び3にみるように、「通常性」を判断基準にすると、特に一身専属的な業種などの特定の業種においては、事業の遂行上の費用はもとより事業に付随する収入・支出についても、「通常性」を判断基準にすることになる可能性が高い。

　所得税法は、どのような種類の事業から生ずる所得が事業所得に該当するかを定めているが、究極的には、「対価を得て継続的に行う事業」から生ずる所得がすべて事業所得に該当する（所令63）。故に、その人の営む業務（当然複数の業務があり得る。）を全体としてみて「対価を得

て継続的に行う事業」を営んでおれば、その業務の全体が事業に該当することになると解される（もちろん、その業務の規模が全体として小さければ、その全体が雑所得に係る業務に該当する。）。

　要するにその者が事業家である場合には、事業の範囲がその人の業務の範囲に広く及ぶことになる（ただし、当然のことであるが、例えば利子所得や配当所得などのように、法令上、事業者であるか否かにかかわらず所得区分が限定されているものはそれに従うことになる。）と解されるわけで、税理士であるから税理士業務のみが事業であるという解釈については批判的見方もできるのではないかと考える。

5　家事関連費との関係

　必要経費に該当するか否かの判断においては、上記の【裁決事例要旨1】の中にもあるように、一般的に「通常性・客観性」が要件とされているが、一方「家事関連費」との区別の観点から判断されることがある。例えば、税理士が顧問先の役員を誘ってゴルフに行ったとか顧問先のゴルフ大会に参加したといった場合のそれらの費用は、業務上必要な費用であるのか家事関連費に属する費用であるのかといったようなケースである。この場合に「税理士業務の範囲」を前面に打ち出して「通常性」の観点からみれば、いずれのケースも必要経費に算入されることはないと考えられる。しかし、一方「家事関連費」との区別の観点からみると、顧問先のゴルフ大会に参加したケースについては必要経費算入が認められるケースがあり得ると考えられる。

6　ロータリークラブの会費等の必要経費算入の適否

　以下では、ロータリークラブやテニスクラブなどの会費等の必要経費

算入の可否について解説する。

(1)　通常性及び客観性

　所得税法第37条、同法第45条及び同法施行令第96条で定めるいわゆる「家事費及び家事関連費の必要経費不算入」の規定については、本章冒頭に掲載したところである。

　所得税法第37条第1項中の「販売費、一般管理費その他これらの所得を生ずべき業務について生じた費用」については、一般的に、「その業務の遂行上通常必要であるこが客観的に認められる費用」をいうものと解されており、上記2に掲げた裁決例の中にもみられるように、**「通常性・客観性」**が求められている。

　問題は、法令の文言上は「業務について」としか明示されていないにかかわらず、通常性及び客観性が求められていることから、例えば医業や税理士業に係る業務の場合、それらの職務内容上、事業資金を貸すとかゴルフをするとかといった行為は、客観的にみて通常必要性がないといった見方をされる場合があることに留意する必要がある。この点については、既に解説したところである。

(2)　区分の明白性

　ロータリークラブに関する裁決例（後記の**【裁決事例要旨1・2】**）においては、「通常性」については言及していないが、「客観性」には言及しており、その経費が主として業務の遂行上の必要に基づくものであると客観的に認めることができないとしている。

　ただ、その客観性についても一歩譲って「仮に、業務とある程度の関連性があり、業務上の必要性があったとしても」（仮に家事関連費であったとしても）とした上で、その必要であった部分が「明らかではない」ため、必要経費に算入することはできないとしている。要するに、**「区**

分の明白性」を要するとされている。上記 2 に掲げた顧問先への貸付金に係る裁決事例では、「業務の範囲」の観点から「通常性・客観性」を判定しているところ、このロータリークラブの会費等に係る裁決事例では、一歩踏み込んで、「家事関連費」の観点からも判定しようとしている。

　「区分の明白性」の要件については、所得税法施行令第96条の文言上「その必要である部分を明らかに区分する」ことを要求しているわけであるから当然のことといえる。その点、家事関連費といっても例えば店舗併用住宅の場合、使用面積などで区分できるので問題となることは少ないと考えられるが、家事関連費は、もともと業務の遂行上必要であった部分を明らかに区分することが困難な経費が多いわけで、その区分の方法を厳格に解釈すると、必要経費に算入できない場合が多くなるものと考える。要するにオール・オア・ナッシングになってしまう。その点、他の業種、特に文筆家等や芸能者等においては、274ページの第2節において既に述べたように、合理的と認められる割合等により区分計算して一定の部分の金額を必要経費に算入することが認められてきた事実を尊重すべきである。

　そうしてみると、実務的には、業務とある程度の関連性があり、業務の遂行上必要であったと認められる限りにおいては、「客観的に合理的と認められる割合」で按分計算するなどの方法により必要経費算入部分を算定すべきではないかと考える。

　ロータリークラブの会費等については、下記のような裁決事例は存在するものの、実務的にはオール・オア・ナッシングの取扱いにはなっていないのではないかと推測する。けだし、確定申告の際には個々の実情に応じて合理的に家事費との按分計算をしているケースが多々存在すると思われるからである（過去、その旨を国税庁で指導したケースがある。）。

【裁決事例要旨1】　ロータリークラブの会費の必要経費算入の可否
　　　　　　　　　　（昭和58年1月27日裁決）

　家事関連費が必要経費として控除されるためには、業務と何らかの関連があるというだけでなく、業務上の必要性及びその部分が客観的に明らかでなければならないものと解される。

　しかるところ、請求人（公認会計士・税理士）において、例会を中心とする各種会合に参加し、各種職業の経営者と懇親を深め、社会的信用を高めることは首肯できなくはないが、請求人がロータリークラブに入会したこと及びその例会に参加したことが、主として業務上の必要性に基づくものであると客観的に認めることはできず、仮に、業務とある程度の関連性があり、業務上の必要性があったとしても、その部分が明らかではない。

　したがって、事業所得の金額の計算上必要経費の額に算入することはできない。

【裁決事例要旨2】　ロータリークラブ及びテニスクラブの会費の必
　　　　　　　　　　要経費算入の可否（平成12年1月26日裁決）

　所得税法施行令第96条においては、家事上の経費に関連する経費のうち、主たる部分が所得を生ずべき業務の遂行上必要であり、かつ、その必要である部分を明らかに区分することができる場合における当該部分に相当する経費は必要経費に算入され、それ以外の経費は必要経費に算入しないものとされている。

　そこで本件について検討すると、本件ロータリークラブは、社会奉仕等の精神から組織されているものであり、本件ロータリークラブ及び本件テニスクラブは、いずれも個々の会員の業務上の経済的

利益の追求を目的とするものではないから、請求人（社会保険労務士・中小企業診断士）が本件ロータリークラブや本件テニスクラブに入会しそれを利用することが、主として業務遂行上の必要性に基づくものであると客観的に認めることはできず、仮に、請求人が本件ロータリークラブや本件テニスクラブに入会したことにより、結果として、その会員が請求人の関与先になったり、会員から関与先を紹介されるなど請求人の事業に何らかの利益が生じたことで、業務とある程度の関連性があり、業務上の必要性があったとしても、その部分が明らかではない。

　したがって、事業所得の金額の計算上必要経費の額に算入することはできない。

第5節　弁護士会の役員の交際費等の必要経費算入の考え方

　所得税法第37条第1項中の「販売費、一般管理費その他これらの所得を生ずべき業務について生じた費用」は、「一般対応の必要経費」などと称されることがある。この一般対応の必要経費については、条文上「業務について生じた費用」とされているものの、一般的に「その業務の遂行上通常必要であることが客観的に認められる費用」をいうものと解されており、要するに業務の遂行上必要であっても「**通常性・客観性**」が求められていると解されている（昭和58年1月27日裁決、平成12年1月26日裁決）。

　ところが、次に掲げる平成23年8月9日付東京地裁判決では、この一般対応の必要経費について、更に、その業務と直接関係するものに限られる、すなわち「**直接関係性**」をも要すると判示しているところに特色がある。

　【裁判例要旨1】　弁護士会の役員の交際費等は弁護士業務に係る必要経費に算入できないとした事例（東京地裁・平成23年8月9日判決）

　所得税法第37条第1項は、事業所得の金額の計算上必要経費に算入すべき金額は、別段の定めがあるものを除き、①総収入金額に係る売上原価その他その総収入金額を得るために直接に要した費用の額及び②販売費、一般管理費その他事業所得を生ずべき業務について生じた費用の額とする旨を定めている。そして、原告は、弁護士業を営んで事業所得を得ているところ、本件各支出は、いずれも上記①の原告の弁護士業による収入を得るために直接に要した費用で

ないことは明らかであるから、これらが上記②の事業所得を生ずべき業務について生じた費用（一般対応の必要経費）に該当するかが問題となる。

　また、その別段の定めの一つである同法第45条第1項では、必要経費に算入しない支出等の中に、家事上の経費（家事費）及びこれに関連する経費（家事関連費）で政令で定めるものは必要経費に算入しない旨を定めているところ、同条項を受けた所得税法施行令第96条第1号は、家事関連費のうち必要経費に算入ことができるものについて、経費の主たる部分が「事業所得……を生ずべき業務の遂行上必要」であることを要すると規定している。

　このような事業所得の金額の計算上必要経費が総収入金額から控除されることの趣旨や所得税法等の文言に照らすと、ある支出が事業所得の金額の計算上必要経費として控除されるためには、当該支出が所得を生ずべき事業と直接関係し、かつ、当該業務の遂行上必要であることを要すると解するのが相当である。したがって、本件各支出が原告が弁護士として行う事業所得を生ずべき業務と直接関係し、かつ当該業務の遂行上必要なものであれば、必要経費に該当することになる。

　弁護士は、訴訟事件、非訟事件等の法律事務を行うことを職務とし、法律事務を行う対価として報酬を得ることで事業所得を得ているのであるから、弁護士が弁護士の地位に基づいて行う活動のうち、所得税法上の「事業」に該当する活動とは、事業主である弁護士がその計算と危険において報酬を得ることを目的として継続的に法律事務を行う経済活動をいうことになる。

　一方、弁護士会等の目的は、弁護士等の指導、連絡及び監督に関する事務を行うことにあり、これらの目的の下に行われる活動等から生ずる成果は、当該活動を行った弁護士個人に帰属するものでは

なく、弁護士会等全体に帰属するものと解される。また、弁護士会等は、会費を徴収するなどして活動に必要な支出に充てていること等が認められ、弁護士会等の役員としての活動に必要な資金や人的物的資源は、基本的に弁護士会等によって調達されるものであるということができる。

　以上のような事情の下で原告が弁護士会等の役員として行う活動を社会通念に照らして客観的にみれば、その活動は、原告が弁護士として対価である報酬を得て法律事務を行う経済活動に該当するものではなく、社会通念上、弁護士の所得税法上の「事業」に該当するものではないというべきである。そうすると、弁護士会等の役員として出席した酒食を伴う懇親会等の費用については、これらが弁護士会等の役員としての活動との関連で支出されたものであるからといって、原告の事業所得を生ずべき業務に直接関係して支出された必要経費であるということはできない。

　また、原告が弁護士会会長に立候補するための活動費用等は、弁護士会等の役員としての活動との関連で支出されたもの、あるいは、弁護士会等の役員としての活動の準備として支出されたものというのが相当であるから、原告の事業所得を生ずべき業務に直接関連して支出された必要経費であるということはできない。原告が支出した香典についても、原告の事業所得を生ずべき業務に直接関連して支出された必要経費であるということはできない。

　なお、仮に、弁護士会等の役員として懇親会等に出席するというこれらの活動を通じて生じた人的信頼関係を機縁として、弁護士としての法律事務を依頼されることがあるなどして、これらの活動の結果として所得税法上の「事業」による所得を生ずるきっかけとなることがあったとしても、それは各支出の直接の目的ではなく、あくまでも間接的に生ずる効果にすぎないというのが相当であるから、

これらの懇親会等の費用を支出することが、弁護士としての所得を生ずべき業務の遂行上必要であるとはいえない。弁護士会会長に立候補するための活動費用等や香典についても、同様である。

　事業所得に係る必要経費のうち売上原価等のいわゆる直接費以外のいわゆる一般対応の必要経費と称される間接費については、法令の文言上「事業所得を生ずべき業務について生じた費用」とのみ規定されているため、解釈上の問題としては、通常性及び客観性はともかくとしても、直接関係性まで必要とされているか否かについて議論の分かれるところである。

　この直接関係性が必要とした代表的な裁判例として、平成13年10月11日付広島地裁判決がある。その要旨は次のとおりである。

【裁判例要旨2】　ある支出が必要経費として控除されるためには、それが事業活動と直接の関連性を有し、事業の遂行上必要な費用でなければならないとした事例（広島地裁・平成13年10月11日判決）

1　所得税法第37条第1項の規定からも明らかなとおり、ある支出が必要経費として控除されるためには、それが事業活動と直接の関連性を有し、事業の遂行上必要な費用でなければならない。

2　原告は、販売費や一般管理費のように特定の収入に結びつけて考えることのできない費用があり、それらについては直接的な関連性は要求されないと主張する。確かに、販売費や一般管理費など一般対応の費用は、その支出の性質上、特定の収入に対応させて考えることはできず、直接性の要件は不要とも思われる。しかし、上記のとおり、必要経費において、直接的な関連性が要求されるのは業務に対してであって、常に特定の収入に関連性が要求

されるわけではない。必要経費控除の趣旨からすれば、販売費や一般管理費のような一般対応の費用についてだけ、業務との関連性を緩和し、単に業務と関連ないし付随した支出を必要経費として認め、これを控除の対象とするのは相当ではなく、所得税法第37条第1項の「その他これらの所得を生ずべき業務について生じた費用」にいう「業務について」とは、直接に関連しての意味に限定して解するのが相当である。

　この裁判例の考え方は、必要経費算入に関する伝統的な考え方と位置付けられる。上記【裁判例要旨1】ではその伝統的な考え方を踏襲して、弁護士会の役員としての活動は、弁護士会の業務であっての弁護士自身の業務ではないため、その役員としての活動は弁護士自身の業務に直接関係していないとして、弁護士業に係る業務との関係を完全否定している。

　しかし、弁護士でなければ弁護士会の役員にはなれないのであるから弁護士業務との関連性がないわけではないとした上で、ロータリークラブの会費等の事例と同じように、「家事関連費」と位置付けて「**区分の明白性**」をキーワードとして、事業所得に係る必要経費算入を認めないとする論理構成をする余地があったのではないかと考えられる。

　ところが、次に掲げる平成24年9月19日付東京高裁判決（上記裁判例の控訴審）では、弁護士会の役員としての活動は弁護士会の業務であって弁護士業に係る業務には該当しないとしつつも、弁護士業務の遂行上においても必要であるとして必要経費算入を認めている。

【裁判例要旨3】　弁護士会の役員の交際費等は弁護士業務に係る必要経費に算入できるとした事例（東京高裁・平成24年9月19日判決、平成26年1月17日上告不受理）

　ある支出が事業所得の金額の計算上必要経費として控除されるためには、当該支出が事業所得を生ずべき業務の遂行上必要であることを要すると解するのが相当である。

　被控訴人（国側）は、事業所得に係る必要経費のうち販売費や一般管理費その他事業所得を生ずべき業務について生じた費用（以下「一般対応の必要経費」という。）の該当性は、当該事業の業務と直接関係を持ち、かつ、専ら業務の遂行上必要といえるかによってすべきであると主張する。

　しかし、所得税法施行令第96条第1項が、家事関連費のうち必要経費に算入できるものについて、経費の主たる部分が「事業所得を……生ずべき業務の遂行上必要」であることを要すると規定している以上、ある支出が業務の遂行上必要なものであれば、その業務と関連するものであるというべきである。それにもかかわらず、これに加えて、事業の業務と直接関係を持つことを求めると解釈する根拠は見当たらず、「直接」という文言の意味も明らかではないことからすれば、被控訴人の上記主張は採用することができない。

　控訴人（弁護士）の弁護士会等の役員等としての活動は、弁護士会等の業務に該当する余地はあるとしても、社会通念上、控訴人の「事業所得を生ずべき業務」には該当しないと認められる。しかし、該当しないからといって、その活動に要した費用が控訴人の弁護士としての事業所得の必要経費に算入できないというものではない。なぜなら、控訴人が弁護士会等の役員等として行った活動に要した費用であっても、これが、控訴人が弁護士として行う事業所得を生

ずべき業務の遂行上必要な支出であれば、その事業所得の一般対応の必要経費に該当するということができるからである。

　以上によれば、本件各支出については、次のとおりである。

①　弁護士会等の活動は、弁護士に対する社会的信頼を維持して弁護士業務の改善に資するものであり、弁護士として行う事業所得を生ずべき業務に密接に関係するとともに、会員である弁護士がいわば義務的に多くの経済的負担を負うことにより成り立っているということができるから、弁護士が人格の異なる弁護士会等の役員等としての活動に要した費用であっても、弁護士会等の役員等の業務の遂行上必要な支出であったということができるのであれば、その弁護士としての事業所得の一般対応の必要経費に該当すると解するのが相当である。

②　弁護士会等の目的やその活動の内容からすれば、弁護士会等の役員等が、所属する弁護士会等又は他の弁護士会等の公式行事後に開催される懇親会等や、弁護士会等の業務に関係する他の団体との協議会後に催される懇親会等に出席する場合であって、その費用が過大であるとはいえないときは、社会通念上、その役員等の業務の遂行上必要な支出であったと解するのが相当である（ただし、二次会を除く。）。

③　弁護士会等の役員等が、自ら構成員である弁護士会等の機関である会議体の会議後に、その構成員に呼び掛けて開催される懇親会等、弁護士会等の執行部の一員として、その職員や、会務の執行に必要な事務処理をすることを目的とする委員会を構成する委員に参加を呼び掛けて催される懇親会等に出席することは、それらの会議体や弁護士会等の執行部の円滑な運営に資するものであるから、これらの懇親会等が特定の集団の円滑な運営に資するものとして社会一般でも行われている行事に相当するものであって、

その費用も過大であるとはいえないときは、社会通念上、その役員等の業務の遂行上必要な支出であったと解するのが相当である（ただし、二次会を除く。）。

④　弁護士が弁護士会等の役員に立候補した際の活動に要した費用のうち、立候補するために不可欠な費用であれば、その弁護士の事業所得を生ずべき業務の遂行上必要な支出に該当するが、その余の費用については、これに該当しないと解するのが相当である。その立候補した際の活動に要した費用のうち、立候補するために選挙規定に基づいて支出した費用は、立候補するために不可欠な費用であると認めることができるので、控訴人の事業所得を生ずべき業務の遂行上必要な支出に該当する。

⑤　二次会の費用については、個人的な知己との交際や旧交を温めるといった側面を含むといわざるを得ず、仮に弁護士としての業務の遂行上必要な部分が含まれていたとしても、その部分を明らかに区分することができると認めるに足りる証拠はない。

　しかし、弁護士会の役員としての活動が弁護士会の業務であるとすればその業務に係る費用は当然弁護士会において負担すべきであるにもかかわらず、その一部分を弁護士個人が負担している実情からみれば、弁護士個人としても何らかの必要性がある（家事関連費）と考えるべきであったのではないだろうか。その個人的な必要性もある以上、この場合においても、もう一歩踏み込んで、家事関連費の「**区分の明白性**」をキーワードとして、結果として事業所得に係る必要経費算入を認めないとする考え方を加える必要があったのではないかと考える。

　ただ、二次会の費用については、個人的な知己との交際や旧交を温めるといった側面を含むといわざるを得ないとした上で、、仮に弁護士としての業務の遂行上必要な部分が含まれていたとしても、その部分を明

らかに区分することができると認めるに足りる証拠はないとして、「区分の明白性」をキーワードとして、必要経費算入を否定している。要するに、二次会の費用に限っては、「業務の範囲」の問題から「家事関連費」の問題にすり替えている。このことと考え合わせると、当該裁判例では、家事関連費の範囲についてどのように統一的に定義付けようとしているのかとの疑義を感じる。

　必要経費算入の家事関連費は、事業所得等を生ずべき業務の遂行上必要であり、その必要である部分を明らかに区分することができるものとされているわけであるから（所法45①、所令96、所基通45—2）、本件の懇親会等（二次会を除く。）の費用についても、事業所得等を生ずべき業務の遂行上必要であるとしても、その必要である部分を明らかに区分することができるか否かを判断する必要があったのではないかと思われる。

　いずれにしても、このケースでは、「弁護士会の役員としての活動は弁護士会の業務であって弁護士業に係る業務には該当しない」という認識の点で、両判決とも一致している。そうであるが故に、「**直接関係性**」に焦点が重なっているところに特色がある。この特色がなければ、すなおに家事関連費の枠組みの中で整理をすることができたのではないかと考えられる。

　以上、2件の裁判例は弁護士業に係るものであるが、税理士、公認会計士、医師、歯科医師、行政書士などの士業一般について共通の問題がある。ただし、家事関連費の「区分の明白性」については、既に295ページの6のロータリークラブの会費等のところで解説したように、これを厳格に判定しようとすると業種間における取扱いの調整を要するように思われる。

　なお、歯科医師政治連盟の会費の必要経費算入について、次のような裁決事例がある。

【裁決事例要旨4】　歯科医師政治連盟の会費の必要経費算入の可否
（平成13年3月30日裁決）

　歯科医師政治連盟とは、歯科医師会からは独立した団体で、日本歯科医師政治連盟の規約及びこれに準じて作成された○県歯科医師政治連盟の規約に基づき、歯科医師の業権の確保とその発展を図るため、歯科医療に理解のある政党又は公職の候補者に対し、政治後援活動を行うことを目的とする政治団体であるので、連盟会費は、政党又は公職の候補者の後援のためのものと認められる。

　そうすると、請求人（歯科医）が、連盟会費を支払うことにより、保険制度の改正等の情報が入手できるとしても、その会費が業務の遂行上直接必要な経費とは認められず、仮に家事関連費であるとしても、その会費について、その主たる部分が業務の遂行上必要であるともいえないし、その必要な部分を明らかにすることもできないから、これを必要経費に算入することはできないことになる。

第 8 章

損害賠償金等を支払った場合の
取扱いについて

はじめに

損害賠償金等を支払った場合の所得税の課税関係としては、先ず、その損害賠償金等の支払が納税者の家事に関するものであるか業務に関するものであるかによって異なることになるが、業務に関するものである場合には、更に、納税者に故意があったかどうか、過失の程度はどうであったかといったことによって必要経費となるかどうかが問題となる。

また、使用人の行為についても、事業主が使用者としての責任を問われる場合があるとか、事業主の立場上やむを得ず経済的負担を負わざるを得ない場合があるため、使用人の行為に基因して支払う損害賠償金等についても必要経費算入の可否の問題がある。

本章では、このような所得税の課税上の問題について解説する。

なお、損害賠償金等の支払を受けた場合の所得税の課税関係については、第8章において解説することとする。

第1節　納税者の行為に基因して
支払う損害賠償金等

1　納税者の行為に基因して支払う損害賠償金等の取扱いの概要

　納税者が支払う損害賠償金（これに類するものを含む。）については、所得税法上、次に掲げるものは、その者の不動産所得の金額、事業所得の金額、山林所得の金額又は雑所得の金額の計算上、必要経費に算入しないこととされている（所法45①八、所令98②）。

⑴　家事上の経費及びこれに関連する経費に該当する損害賠償金（これに類するものを含む。）

⑵　不動産所得、事業所得、山林所得又は雑所得を生ずべき業務に関連して、故意又は重大な過失によって他人の権利を侵害したことにより支払う損害賠償金（これに類するものを含む。）

　また、上記⑴に掲げる損害賠償金及び故意又は重大な過失によって他人の権利を侵害したことにより支払う損害賠償金（これに類するものを含む。）は、その者の一時所得の金額の計算上においても、支出した金額に算入しないこととされている（所法45④）。

　したがって、これらに該当しない損害賠償金（これに類するものを含む。）で、業務に関連して支出するものは、原則として、不動産所得の金額、事業所得の金額、山林所得の金額若しくは雑所得の金額又は一時所得の金額の計算上、必要経費又は支出した金額に算入することになる。

2　家事費及び家事関連費に該当する損害賠償金等

　家事上の経費及びこれに関連する経費は、原則として、不動産所得の金額、事業所得の金額、山林所得の金額若しくは雑所得の金額又は一時所得の金額の計算上、必要経費又は支出した金額に算入することはできない。

　なお、次に掲げるような場合において、損害賠償金、見舞金、弔慰金等として支出するものは、原則として「災害等に関連するやむを得ない支出」に該当するものとして「雑損控除」の対象とすることとされている（所法72①、所基通72—7、70—8）。

(1)　災害により生活用の建物又は構築物等が倒壊し、その倒壊により第三者に損害を与えた場合

(2)　災害により生活に関連して保管している第三者の物品について損害が生じた場合

(注)　災害による生活用の建物等の倒壊等に関連して支出する損害賠償金等を雑損控除の対象とすることとしているのは、こういったやむを得ない支出も雑損控除の対象として取り扱うことが災害による担税力の減殺を考慮しようとする雑損控除の趣旨に合致すると考えられたことによるものであるから、その支出が納税者の故意又は重大な過失に基因するものである場合には控除の対象とはならない。

3　業務に関連する損害賠償金等

　損害賠償金を必要経費として控除することについては、①業務に関連して支出するものであっても、それは所得の形成に寄与するものではないから、必要経費に算入する必要はなく、また、不法行為により生じた損失を必要経費として控除するのは適当ではないとする考え方がある一方、②必要経費には、所得の形成に寄与するもののみでなく、業務の遂行上これに関連して予想される損失をも含めるのが適当であり、しかも、

損害賠償金は、罰金的な性質を有するものではなく、むしろ損失補償的な性質を有する場合もあることを考えれば、必要経費として控除することとしても差し支えないとする考え方がある。更に、これを必要経費として控除することとする場合でも、故意又は重大な過失によるものを控除するかどうか、使用人の行為に基因するものに限って控除するかどうかなどの問題がある（昭和38年12月6日付税制調査会「所得税法及び法人税法の整備に関する答申」の「所得税法上の経費」の項参照）。

　こういった議論を踏まえて、昭和40年の所得税法の全文改正の際に、上記1において述べたように、不動産所得、事業所得、山林所得又は雑所得を生ずべき業務に関連して支出する損害賠償金（これに類するものを含む。）は、原則として、これらの所得の金額の計算上、必要経費に算入することとし、故意又は重大な過失によって他人の権利を侵害したことによって支出するものは必要経費に算入しないこととされている。

　これは、業務遂行の過程においてある程度の注意を払っても、他人の権利を侵害することはしばしば起こり得ることであって、一律に経費性を否定することは適当ではないといった考え方に立ちつつも、一定の結果の発生を予測しながら敢えて行ったとか、著しく不注意であったといった場合については必要経費として控除すべきではないとされたものと考えられる。

　なお、損害賠償責任を負うこととなる主な原因は、不法行為及び債務不履行である。既に述べたように、所得税法上、業務に関連して支出する損害賠償金等のうち故意又は重大な過失によって他人の権利を侵害したことによって支出するものは、必要経費に算入しないこととされている。しかし、この必要経費に算入しないこととされている損害賠償金等に業務上の債務不履行を原因とするものが含まれるかどうかについては、やや疑問があるが、例えば債務不履行を原因とする売買契約の解除に伴って支払うこととなった違約金のようなものについては、必要経費に算

入することとするのが相当と考えられる。

　この点、所得税基本通達では、いったん締結した固定資産の取得に関する契約を解除して他の固定資産を取得することとした場合に支出する違約金は、各種所得の金額の計算上必要経費に算入されたものを除き、取得した他の固定資産の取得費又は取得価額に算入することとされており、業務との関連性の程度にもよると思われるが、いずれにしてもこの種の損害賠償金等は必要経費に算入される場合もあることが明らかにされている（所基通38―9の3）。

　また、既に売買契約を締結している資産を更に有利な条件で他に譲渡するためにその契約を解除したことに伴って支出する違約金は、譲渡所得の金額の計算上控除する「資産の譲渡に要した費用」（所法33③）に該当することが明らかにされている（所基通33―7）。

(注)1　損害賠償金等の支払義務の履行として土地建物等の資産を譲渡した場合は、損害賠償債務の消滅という経済的利益を対価とする資産の有償譲渡に該当するので、譲渡者の譲渡所得の収入金額及び受贈者の取得費又は取得価額の計算は、土地建物等による代物弁済の場合と同様の処理をすることになる。

　　2　損害賠償金等に該当するというわけではないが、所得税法では、不動産所得、事業所得又は山林所得を生ずべき事業の遂行上生じた次に掲げる事由により生じた損失の金額は、その損失の生じた日の属する年分のこれらの所得の金額の計算上、必要経費に算入することとされている（所法51②、所令141）。

　　(1)　不動産所得の金額、事業所得の金額又は山林所得の金額（事業所得等の金額という。以下この項において同じ。）の計算の基礎となった事実のうちに含まれていた無効な行為により生じた経済的成果がその行為の無効であることに基因して失われたこと。

　　(2)　事業所得等の金額の計算の基礎となった事実のうちに含まれていた取り消すことのできる行為が取り消されたこと。

　　　また、不動産所得、事業所得又は山林所得以外の各種所得の金額（以下この項において「事業所得等以外の所得の金額」という。）につき次に掲げる事実が生じたことにより、納付すべき税額が過大となったり、還付金の額に相当する税額が過少となったような場合には、その事実が生じた日の翌日から2月以内に限り、更正の請求をすることができることとされている（所法152、所令274）。なお、この場合の是正は、事業所得等の金額の場合と異なり、その事実が生じた日の属する年分に遡って是

正することになる。

(1)　事業所得等以外の所得の金額の計算の基礎となった事実のうちに含まれていた無効な行為により生じた経済的成果がその行為の無効であることに基因して失われたこと。

(2)　事業所得等以外の所得の金額の計算の基礎となった事実のうちに含まれていた取り消すことのできる行為が取り消されたこと。

4　故意又は重大な過失による損害賠償金等の範囲

　不動産所得、事業所得、山林所得又は雑所得を生ずべき業務に関連して支出する損害賠償金（これに類するものを含む。）のうち、故意又は重大な過失によって他人の権利を侵害したことによって支出するものは、これらの所得の金額の計算上、必要経費に算入しないこととされている。しかし、それが故意又は重大な過失によるものであるかどうかについては、裁判所の判断が示されているときにはそれによるとしても、和解や示談などで解決されたときには、その認定を税の面から行うことは極めて難しいと考えられる。

　この点、所得税基本通達では、重大な過失があったかどうかは、その者の職業、地位、加害当時の周囲の状況、侵害した権利の内容及び取締法規の有無等の具体的な事情を考慮して、その者が払うべきであった注意義務の程度を判定し、不注意の程度が著しいかどうかにより判定するとして、一般的な考え方を示すとともに、次に掲げるような場合には、特別な事情がない限り、それぞれの行為者に重大な過失があったものとするとして、例を掲げて判定の目安とすることとしている（所基通45―8）。

(1)　自動車等の運転者が無免許運転、高速度運転、酔っぱらい運転、信号無視その他道路交通法第4章第1節《運転者の義務》に定める義務に著しく違反すること又は雇用者が超過積載の指示、整備不良車両の

運転の指示その他同章第3節《使用者の義務》に定める義務に著しく
違反することにより他人の権利を侵害した場合

(2)　劇薬又は爆発物等を他の薬品又は物品と誤認して販売したことによ
り他人の権利を侵害した場合

5　損害賠償金に類するものの範囲

　不動産所得、事業所得、山林所得又は雑所得を生ずべき業務に関連し
て支出する損害賠償金は、原則として、これらの所得の金額の計算上、
必要経費に算入することとされているが、この場合の「損害賠償金」に
は、「これに類するもの」を含むこととされている（所法45①八、所令98
②）。

　これは、その名目が損害賠償金とされていないものであっても、その
実質が損害を補てんする目的のものであれば、損害賠償金と同様の取扱
いとすることとされているものであり、所得税基本通達でも、「これに
類するもの」には、慰謝料、示談金、見舞金等の名目いかんを問わず、
他人に与えた損害を補てんするために支出する一切の費用が含まれるこ
とが明らかにされている（所基通45-7）。

　なお、その損害賠償金（これに類するものを含む。）が必要経費に算入
されるものである場合には、弁護士や仲介人など問題解決のために依頼
した者に対して支払う報酬や仲介料、謝礼などの費用についても、必要
経費に算入することができる。

(注)　「損害賠償金」に「これに類するもの」を含むこととされているのは、あ
　　くまでも他人に与えた損害を補てんするために支出するものを必要経費に
　　算入するという趣旨によるのであるから、贈与の意思をもって損害額をは
　　るかに上回る金銭を支払うような場合にはその全額が必要経費として認め
　　られるというわけではない。

第2節　使用人の行為に基因して
支払う損害賠償金等

　納税者自身の故意又は重大な過失によって他人の権利を侵害したことにより支払う損害賠償金（これに類するものを含む。）が各種所得の金額の計算上必要経費に算入されないこととされていることは、所得税法上、明らかであるが、使用人の故意又は重大な過失によって他人の権利を侵害したことにより支払う損害賠償金（これに類するものを含む。）の取扱いについては、明文の規定はない。

　この点について、所得税基本通達では、その使用人の行為に関し納税者（事業主）自身に故意又は重大な過失があったかどうかを基準として、下記のように取り扱うこととされている。

1　使用人の行為に関し業務を営む者に故意又は重大な過失がある場合

　業務を営む者が使用人（業務を営む者の親族でその業務に従事している者（以下この節において「家族従業員」という。）を含む。以下この節において同じ。）の行為に基因する損害賠償金（これに類するもの及びこれらに関連する弁護士の報酬等の費用を含む。）を負担した場合において、その使用人の行為に関し業務を営む者に故意又は重大な過失がある場合には、その使用人に故意又は重大な過失がないときであっても、業務に係る所得の金額の計算上必要経費に算入しないこととされている（所基通45―6(1)）。

　例えば、事業主が使用人に対して整備不良車両の運転の指示をしたり、超過積載の指示をしたことに基因する損害賠償金は、事業主自身の故意

又は重大な過失が使用人の行為に及んだことによるものであるから、必要経費には算入することはできないこととなる。

2　使用人の行為に関し業務を営む者に故意又は重大な過失がない場合

　業務を営む者が使用人の行為に基因する損害賠償金（これに類するもの及びこれらに関連する弁護士の報酬等の費用を含む。）を負担した場合において、その使用人の行為に関し業務を営む者に故意又は重大な過失がない場合には、その使用人に故意又は重大な過失があったかどうかを問わず、その使用人の行為が業務の遂行に関連するかどうかに応じ、それぞれ次によることとされている（所基通45―6(2)）。

(1)　業務の遂行に関連する行為に基因するものであるとき

　業務の遂行に関連する行為に基因するものは、その使用人の従事する業務に係る所得の金額の計算上必要経費に算入する。

　使用人の行為が業務の遂行に関連するものであれば、使用人自身に故意又は重大な過失があったかどうかにかかわらず、事業主の責任が追及されることになるので、事業主自身に故意又は重大な過失がない限り、必要経費に算入されることになる。

　ただ、使用人自身に故意又は重大な過失があったことなどにより、事業主に使用人に対する求償権が留保されている場合には、事業主が負担したことにはならないので、必要経費に算入することはできないことになるが、実際的には事業主がやむを得ず負担することになる場合が多いものと考えられる（事業主と使用人との関係では、求償権の行使は極めて不確実なものと考えられることからすれば、とりあえず必要経費に算入しておき、実際に求償権が行使された時に収入金額に計上することも考えられる。）。

　なお、この場合の使用人には家族従業員も含まれるが、この場合の家族従業員は、青色事業専従者又は白色事業専従者に該当する親族に限られない。

⑵　業務の遂行に関連しない行為に基因するものであるとき

　業務の遂行に関連しない行為に基因するものは、家族従業員以外の使用人の行為に関し負担したもので、雇用主としての立場上やむを得ず負担したものについては、その使用人の従事する業務に係る所得の金額の計算上必要経費に算入し、その他のもの（家族従業員の行為に関し負担したものを含む。）については、必要経費に算入しない。

　したがって、家族従業員以外の使用人の行為に基因するものである場合には、その行為が業務の遂行に関連するかどうかにかかわらず、かつ、その使用人自身に故意又は重大な過失があったかどうかにかかわらず、原則として必要経費に算入されることになる。ただ、この場合は、業務の遂行に関連しない行為に基因するものであるだけに、無制限に必要経費算入を認めることには問題があるので、「雇用主としての立場上やむを得ず負担したもの」に限ることとされているが、実際的には、雇用対策や信用維持等の業務の必要に基づいて事業主がやむを得ず負担することになる場合が多いものと考えられる。

　もちろん、前述のように、事業主に使用人に対する求償権が留保されている場合には、事業主が負担したことにはならないので、そういった場合には必要経費に算入することはできないことになる。

　なお、家族従業員の行為に基因するもので、その行為が業務の遂行に関連しないものであるときには、必要経費に算入しないこととされているが、これは、雇用主としての立場で負担したものというよりも、家族の一員であるとの見地から負担したものとみられるところから、家事費又は家事関連費として必要経費に算入しないこととされたものと考えら

れる。

㊟　事業主が使用人の行為に基因する損害賠償金（慰謝料、示談金等他人に
　　与えた損害を補てんするために支出するすべてのもの及びこれらに関連す
　　る弁護士の報酬等の費用を含む。以下この㊟において「損害賠償金等」と
　　いう。）を負担することによりその使用人が受ける経済的利益については、
　　次によることとされている（所基通36―33）。
　⑴　その損害賠償金等の基因となった行為が事業主の業務の遂行に関連す
　　　るものであり、かつ、使用人の故意又は重大な過失に基づかないもので
　　　ある場合には、その使用人の経済的利益はないものとする。
　⑵　その損害賠償金等の基因となった行為が⑴以外のものである場合には、
　　　その負担する金額は、その使用人に対する給与等とする。ただし、その
　　　負担した金額のうちに、その使用人の支払能力等からみてその者に負担
　　　させることができないためやむを得ず事業主が負担したと認められる部
　　　分の金額がある場合には、その部分の金額については、その使用人の経
　　　済的利益はないものとする。

第3節　損害賠償金等の必要経費算入の時期等

1　損害賠償金等の必要経費算入の時期

　その年分の必要経費に算入すべき金額は、原則としてその年において債務の確定しているものに限ることとされており（所法37①、所基通37―1）、この場合のその年において債務の確定しているものとは、別段の定めがあるものを除き、次に掲げる要件のすべてに該当するものとすることとされている（所基通37―2）。

(1)　その年12月31日（年の中途において死亡し又は出国した場合には、その死亡又は出国の時。以下この1において同じ。）までにその費用に係る債務が確定していること。

(2)　その年12月31日までにその債務に基づいて具体的な給付をすべき原因となる事実が発生していること。

(3)　その年12月31日までにその金額を合理的に算定することができるものであること。

　したがって、損害賠償に関する交渉等が当事者間で継続中であり、支払うべき損害賠償金等の総額が確定していない場合には、たとえ部分的にある程度の金額についての合意が得られていたとしても、その金額を必要経費に算入することはできないこととなる。

　しかし、加害者側が相手方に対して損害賠償金等として具体的に提示した金額があるような場合には、少なくともその提示した部分の金額については当事者間において争いがないわけであるから、その部分の金額については債務が確定しているとみることもできる。

　このため、所得税基本通達では、その年12月31日までにその賠償すべ

き額が確定していない場合であっても、同日までにその額として相手方に申し出た金額（相手方に対する申出に代えて第三者に寄託した金額を含む。）があるときは、その金額に相当する金額（保険金等により補てんされることが明らかな部分の金額を除く。）をその年分の必要経費に算入することを認めることとされている（所基通37―2の2）。

　なお、損害賠償金等を年金として支払うこととしている場合があるが、この場合には、支払期日が到来してはじめて具体的に債務が確定すると解されるので、その年金の支払期日が到来する都度、その支払期日の到来した金額を必要経費に算入することになる。

2　純損失又は雑損失の繰越控除の対象となる損害賠償金等

　純損失の金額のうち「被災事業用資産の損失の金額」に係るものがある場合には、青色申告者でなくても、純損失の繰越控除の適用を受けることとされているところであり（所法70②）、この場合の被災事業用資産の損失の金額には、その災害に関連するやむを得ない支出の金額も含むこととされている（所法70③）。

　所得税基本通達では、この災害に関連するやむを得ない支出には、次に掲げるような場合において、損害賠償金、見舞金、弔慰金等として支出するもの（必要経費に算入されないものを除く。）も含めることとされている（所基通70―8）。

(1)　災害により事業用の建物又は構築物等が倒壊し、その倒壊により第三者に損害を与えた場合

(2)　災害により事業に関連して保管している第三者の物品について損害が生じた場合

(注)　家事費及び家事関連費に該当する損害賠償金等で、「災害等に関連するやむを得ない支出」に該当するものとして「雑損控除」の対象とすることと

されているものについては、313ページの２参照。

第9章

損害賠償金等の支払を受けた場合の取扱いについて

はじめに

　損害賠償金等の支払を受けた場合の所得税の課税関係としては、損害賠償金等の多くは非課税とされているため、先ず、その損害賠償金等が非課税となるかどうかが問題となるが、その判定は、損害賠償金等の支払を受けることとなった原因とか事実関係といったものの認定にかかわるため、かなり複雑な問題がある。

　また、非課税となる場合であっても、各種の損失等の金額の計算上、その損害賠償金等の額を控除すべきこととされているものが多いため、それらの控除をすべきものに当たるかどうかの問題もある。

　更に、非課税とならない場合については、その損害賠償金等の金額を各種所得の収入金額とすることとされているが、この場合には、それぞれどういった種類の所得の収入金額とするかが問題となる。

　本章では、以上のような所得税の課税上の諸問題について解説する。

第1節　非課税とされる損害賠償金等

1　非課税とされる保険金及び損害賠償金等の概要

　保険金及び損害賠償金（これらに類するものを含む。）で、次に掲げるものについては、所得税を課さないこととされている。

　ただし、これらのものの額のうちにそれぞれ次に掲げる損害を受けた者の各種所得の金額の計算上必要経費に算入される金額を補てんするための金額が含まれている場合には、その金額に相当する部分については、所得税が課される（所法9①十八、所令30）。

(1)　損害保険契約に基づく保険金及び生命保険契約に基づく給付金で身体の傷害に基因して支払を受けるもの、並びに心身に加えられた損害につき支払を受ける慰謝料その他の損害賠償金（その損害に基因して勤務又は業務に従事することができなかったことによる給与又は収益の補償として受けるものを含む。）

(2)　損害保険契約に基づく保険金及びその契約に準ずる共済に係る契約に基づく共済金（(1)に該当するもの並びにこれらの契約に基づく満期返戻金及び解約返戻金その他これらに類するものを除く。）で資産の損害に基因して支払を受けるもの、並びに不法行為その他突発的な事故により資産に加えられた損害につき支払を受ける損害賠償金（事業所得等の収入金額に代わる性質を有する損害賠償金等を除く。）

(3)　心身又は資産に加えられた損害につき支払を受ける相当の見舞金（事業所得等の収入金額に代わる性質を有する損害賠償金等その他役務の対価たる性質を有するものを除く。）

(4)　その他(1)から(3)までに類するもの

(注)1　支払を受けた保険金及び損害賠償金等に関する現在の取扱いは、昭和
　　　36年12月7日付の税制調査会答申を受けて昭和37年3月に改正された所
　　　得税関係法令が原型であり、その後、昭和40年の全文改正などを経て今
　　　日に至っている。
　　2　損害保険金と税金との関係については、80ページの第4節参照。

2　心身に加えられた損害につき支払を受ける損害賠償金等

　心身に加えられた損害につき支払を受ける慰謝料その他の損害賠償金
（これに類するものを含む。）については、所得税を課さないこととされて
いる。また、この場合の損害賠償金等には、その損害に基因して勤務又
は業務に従事することができなかったことによる給与又は収益の補償と
して受けるものも含むこととされている（上記1の(1)及び(4)参照）。

　したがって、例えば、交通事故により身体に傷害を被った者がその傷
害について加害者から支払を受ける慰謝料は非課税となるし、また、そ
の被害者がその傷害のため業務に従事できなくなったことにより失われ
た収入の補償として加害者から支払を受ける損害賠償金も非課税となる。

(注)1　人権を侵害された者が加害者から精神的苦痛に対するものとして支払
　　　を受ける慰謝料や、婚約を破棄された者が他の一方の者から精神的苦痛
　　　に対するものとして支払を受ける慰謝料も、これに該当して非課税となる。
　　2　交通事故等で死亡した者の遺族が加害者から支払を受ける慰謝料につ
　　　いては、所得税も相続税も非課税となる。

3　不法行為その他突発的な事故により資産に加えられた損害につき支払を受ける損害賠償金等

　不法行為その他突発的な事故により資産に加えられた損害につき支払
を受ける損害賠償金（これに類するものを含む。）については、所得税を
課さないこととされている。

　この場合の被害を受けた「資産」は、生活用資産であるか業務用資産であるかを問わないが、その資産が業務用資産であるときは、下記①及び②に該当する損害賠償金等については非課税とされないことになっている（上記1の(2)及び(4)参照）。

①　事業所得等の収入金額に代わる性質を有するもの

②　その被害者の各種所得の金額の計算上必要経費に算入される金額を補てんするための部分

　なお、業務用固定資産の損失額は、資産損失として必要経費に算入することになるが、その損失を補てんするための損害賠償金等がある場合には、その資産損失の金額の計算上、その損害賠償金等の額に相当する金額を控除することになっている。その損害賠償金等の課税については、その損害賠償金等の額がその資産損失の金額を超えるかどうかにかかわらず、その全額が非課税となる（362ページの(注)参照）。

(注)　上記①及び②に該当する損害賠償金等についての詳細は、330ページの第2節参照。

4　心身又は資産に加えられた損害につき支払を受ける相当の見舞金

　心身又は資産に加えられた損害につき支払を受ける相当の見舞金（これに類するものを含む。）については、所得税を課さないこととされている。

　ただし、これらの見舞金等であっても、次に掲げるものについては、所得税が課される（上記1の(3)及び(4)参照）。

①　事業所得等の収入金額に代わる性質を有するものその他役務の対価たる性質を有するもの

②　その被害者の各種所得の金額の計算上必要経費に算入される金額

　　を補てんするための部分

　なお、所得税基本通達では、葬祭料、香典又は災害等の見舞金で、その金額がその受贈者の社会的地位、贈与者との関係等に照らし社会通念上相当と認められるものについては、非課税とすることとされている（所基通9―23）。また、相続税法基本通達では、個人から受ける香典、花輪代、年末年始の贈答、祝物又は見舞い等のための金品で、社交上の必要によるもので贈与者と受贈者との関係等に照らして社会通念上相当と認められるものについては、贈与税を課さないこととされている（相基通21の3―9）。したがって、この種の見舞金等については、法人、個人のいずれから受けるものかどうかにかかわらず、加害者以外の者から受けるものを含め、課税されないこととなっている。

（注）1　被相続人の勤務先から遺族が支払を受ける弔慰金や花輪代、葬祭料等（実質的に退職手当金等に該当すると認められるものを除く。）で、次に掲げる金額を超える部分の金額については、相続税の課税上、退職手当金等として相続税の課税の対象とすることとされている（相基通3―20）。
　　⑴　被相続人の死亡が業務上の死亡である場合は、その勤務先から受ける弔慰金や葬祭料等のうち、被相続人の死亡当時における賞与以外の普通給与の3年分に相当する金額
　　⑵　被相続人の死亡が業務上の死亡でない場合は、その勤務先から受ける弔慰金や葬祭料等のうち、被相続人の死亡当時における賞与以外の普通給与の半年分に相当する金額
　　　なお、⑴及び⑵に掲げる金額の部分については、所得税、贈与税、相続税は課されない。また、労働者災害補償保険法の規定による遺族補償給付及び葬祭料、労働基準法の規定による遺族補償及び葬祭料など相続税法基本通達3―23《退職手当等に該当しないもの》に掲げるものについては、上記の金額基準にかかわらず、所得税、贈与税、相続税は課されない。
　　2　この場合の被害を受けた「資産」も、327ページの3と同様、生活用資産であるか業務用資産であるかを問わないが、その資産が業務用資産であるときは、上記①及び②に該当する損害賠償金等については非課税とされないことになっている。上記①及び②に該当する損害賠償金等についての詳細は、次ページの第2節参照。
　　3　日照を妨害されたことに基因して支払を受ける補償金等で、社会通念上受忍すべき限度を超える程度に生活利益を侵害されたことによるようなものは、心身に加えられた損害につき支払を受ける損害賠償金等に該当するため非課税となる。

第2節　事業所得等の収入金額とされる損害賠償金等

1　収入金額に代わる性質を有するもの等

　第1節において述べたように、損害賠償金（これらに類するものを含む。）のうち事業所得等の収入金額に代わる性質を有するものは、その事業所得等に係る収入金額とされるため非課税とされない。

　このほか、譲渡所得の収入金額とされる補償金等のようなものも非課税とされない。

(1)　事業所得等の収入金額に代わる性質を有するもの

　不動産所得、事業所得、山林所得又は雑所得を生ずべき業務を行う者が受ける次に掲げるもので、その業務の遂行により生ずべきこれらの所得に係る収入金額に代わる性質を有するものは、これらの所得に係る収入金額とすることとされている（所令94①）。

　　イ　業務に係る棚卸資産（棚卸資産に準ずる資産を含む。）につき損失を受けたことにより取得する保険金、損害賠償金、見舞金その他これらに類するもの

　　（注）1　例えば、店舗にトラックが飛び込み、商品に損害が生じた場合に、その損害を補てんするためのものとして支払を受けたものなどがこれに該当する。
　　　　　2　棚卸資産自体について受けた損失の金額は、売上原価等の計算を通じて必要経費に算入される（所令104、所基通47—22、47—23、47—24）。

　　ロ　業務に係る工業所有権その他の技術に関する権利、特別の技術による生産方式若しくはこれらに準ずるもの又は著作権（出版権及び

著作隣接権その他これに準ずるものを含む。）につき損失を受けたことにより取得する保険金、損害賠償金、見舞金その他これらに類するもの

ハ　業務に係る山林につき損失を受けたことにより取得する保険金、損害賠償金、見舞金その他これらに類するもの（災害又は盗難若しくは横領による損失を受けたことにより取得するものについては、その損失の金額を超える場合におけるその超える金額に相当する部分に限る。）

(注)　災害等により取得するものは、それによる損失を超える部分のみを収入金額とすることとされているのは、災害等による山林の損失は、損害賠償金等により補てんされる部分を除いて必要経費（資産損失）とすることとされていることによるものである（所法51③）。

ニ　業務の全部又は一部の休止、転換又は廃止その他の事由により業務の収益の補償として取得する補償金その他これに類するもの

(注)1　心身に加えられた損害につき支払を受ける損害賠償金等については、その損害に基因して勤務又は業務に従事することができなかったことによる給与又は収益の補償として受けるものも含め、所得税を課さないこととされているため、例えば、店舗にトラックが飛び込んだことにより身体に傷害を被った者が、その傷害のため業務に従事できなくなったことにより失われた収益の補償として加害者から支払を受ける損害賠償金も非課税となる（327ページの2参照）。
2　漁獲高の減少補償等の収益補償としての収入は、事業所得に係る収入金額となる。
3　雑所得の基因となる金銭債権等の返済の遅滞により受ける遅延利息に相当する損害賠償金等は、雑所得に係る収入金額となる。

⑵　譲渡所得の収入金額とされるもの

契約（契約が成立しない場合に法令によりこれに代わる効果を認められる行政処分その他の行為を含む。）に基づき、又は資産の消滅（価値の減少を含む。以下この⑵において同じ。）を伴う事業でその消滅に対する補償を約して行うものの遂行により譲渡所得の基因となるべき資産が消滅したこと（借地権の設定その他当該資産について物権を設定し又は債権が成立す

ることにより価値が減少したことを除く。）に伴い、その消滅につき一時に受ける補償金その他これに類するものの額は、譲渡所得に係る収入金額とすることとされている（所令95）。

(注)1　次に掲げるような収入は、譲渡所得に係る収入金額とされる。
　　イ　賃貸借契約の目的とされている家屋の明渡しに際して借家人が有していた借家権を消滅させることによる対価として受ける立退料
　　ロ　漁業権の消滅に係る対価補償としての収入
　　2　収用等に伴って支払を受ける対価補償金等については、337ページの第4節参照。

(3)　その他

次のようなものも、各種所得に係る収入金額となる。

イ　賃貸している土地、家屋、船舶等の明渡しの遅滞その他により支払を受けるこれらの資産の賃貸料に相当する損害賠償金等や、土地等を不法に占有されたことにより失われた賃貸料に相当するものとして支払を受ける損害賠償金等は、不動産所得に係る収入金額となる。

ロ　売買契約が解除されたことにより取得する手付金や違約金等は、業務に関して受けるものは、当該業務による所得（事業所得、雑所得等）に係る収入金額となり、業務に関するもの以外のものは、一時所得に係る収入金額となる（所基通34―1(8)）。

(注)　建築工事の工期が遅延したことにより支払を受ける違約金等は、通常、その建築物の取得価額の計算上控除することになる。

2　必要経費に算入される金額を補てんするために取得するもの

第1節において述べたように、損害賠償金（これらに類するものを含む。）のうちその被害者の各種所得の金額の計算上必要経費に算入され

る金額を補てんするための部分については、非課税とされていない。したがって、例えば、店舗にトラックが飛び込んで店舗が損傷した場合において、その店舗の補修期間中仮店舗を賃借するときの賃借料の補償として、あるいは、その補修期間中休業するときのその間の使用人給料の補償として支払を受けるようなものは、各種所得の金額の計算上、収入金額に算入することになる。

　なお、この場合の収入金額に算入される損害賠償金等には、固定資産等の資産について受けた損失を補てんするためのものは含まれない。資産について受けた損失を補てんするための損害賠償金等は、資産損失の金額すなわち必要経費の計算上控除することとされているため、損害賠償金等により補てんされる部分の損失の金額は結果的に必要経費に算入されず、したがって、"必要経費に算入される金額"を補てんすることにならないからである（362ページの㊟参照）。

㊟1　上記の場合のような賃借料や使用人給料の補償として支払を受ける損害賠償金等が非課税とされていないのは、これらの費用は一方において必要経費として控除されることとなるのであるから、それとの見合いで、当該損害賠償金等は収入金額に加算すべきものと考えられたことによるものである。なお、その損害賠償金等の額がこれらの費用の額を超える場合においても、その損害賠償金等の金額の全額を収入金額に加算することになっている。

　　2　土地を譲渡するためその土地の上にある建物等を取りこわしたり移転したような場合のその取りこわしや移転等に要した費用は、「資産の譲渡に要した費用」となり、「必要経費」とはならない（所基通33―7、33―8、措通33―34）。このため、資産の収用等に際しこれらの費用に充てるために交付される補償金等の収入は、事業所得等の収入金額とはならない。

第3節　損害賠償金等に関する その他の取扱い

1　各種の損失の金額の計算上控除される損害賠償金等

　必要経費となる損失額及び所得控除の対象となる損失額を計算するに当たり、それらの損失を補てんするために支払を受ける損害賠償金等がある場合には、それらの損失額の計算上、その損害賠償金等の額を控除することとされている。

(1)　資産損失の金額の計算上控除される損害賠償金等

　次に掲げる損失の金額は、不動産所得の金額、事業所得の金額、山林所得の金額又は雑所得の金額の計算上、必要経費に算入することとされている。それらの損失の金額を補てんするために支払を受ける保険金、損害賠償金その他これらに類するものがある場合には、その損害賠償金等の額は、これらの損失の金額の計算上控除することとされている（所法51①、③、④）。

　　イ　不動産所得、事業所得又は山林所得を生ずべき事業の用に供される固定資産及び繰延資産について、取り壊し、除却、滅失（当該資産の損壊による価値の減少を含む。）その他の事由により生じた損失の金額

　　ロ　災害又は盗難若しくは横領により山林について生じた損失の金額

　　ハ　不動産所得若しくは雑所得を生ずべき業務の用に供され又はこれらの所得の基因となる資産（山林及び生活に通常必要でない資産を除く。）の損失の金額（イに該当するものを除く。）

⑵　**生活に通常必要でない資産の災害等による損失の金額の計算上控除される損害賠償金等**

　災害又は盗難若しくは横領により生活に通常必要でない資産について受けた損失の金額は、その損失を受けた年分又はその翌年分の譲渡所得の金額の計算上控除することとされている。それらの損失の金額を補てんするために支払を受ける保険金、損害賠償金その他これらに類するものがある場合には、その損害賠償金等の額は、それらの損失の金額の計算上控除することとされている（所法62①）。

㊟　生活に通常必要でない資産の意義については、381ページの１参照。

⑶　**被災事業用資産の損失の金額の計算上控除される損害賠償金等**

　被災事業用資産の損失の金額は、純損失の繰越控除の対象とすることとされている。その損失の金額を補てんするために支払を受ける保険金、損害賠償金その他これらに類するものがある場合には、その損害賠償金等の額は、その損失の金額の計算上控除することとされている（所法70③）。

⑷　**雑損控除の対象となる損失の金額の計算上控除される損害賠償金等**

　災害又は盗難若しくは横領により事業用資産又は生活に通常必要でない資産以外の資産について生じた損失の金額は、雑損控除の対象とすることとされている。その損失の金額を補てんするために支払を受ける保険金、損害賠償金その他これらに類するものがある場合には、その損害賠償金等の額は、その損失の金額の計算上控除することとされている（所法72①）。

(5)　医療費控除の対象となる医療費の金額の計算上控除される損害賠償金等

　支払った医療費の金額は、医療費控除の対象とすることとされている。その支出した金額を補てんするために支払を受ける保険金、損害賠償金その他これらに類するものがある場合には、その損害賠償金等の額は、その支出の金額の計算上控除することとされている（所法73①）。

2　臨時所得とされる損害賠償金等

　次に掲げる損害賠償金等に係る所得は、平均課税の対象となる臨時所得に該当することとされている（所令8）。

(1)　一定の場所における業務の全部又は一部を休止し、転換し又は廃止することとなったことにより、3年以上の期間の不動産所得、事業所得又は雑所得の補償として受ける補償金に係る所得

(2)　業務の用に供する資産の全部又は一部につき鉱害その他の災害による被害を受けたことにより、3年以上の期間の不動産所得、事業所得又は雑所得の補償として受ける補償金に係る所得

　　(注)　変動所得及び臨時所得に対する平均課税の方法による課税は、長期譲渡所得、一時所得及び退職所得の2分の1課税、山林所得の五分五乗方式による課税などの措置と同じ主旨で、超過累進税率を緩和するための所得税法上の措置の一つであり、一般的には経常的な性質を有すると目される不動産所得、事業所得又は雑所得の中にも所得の発生が年によって著しく変動するものや一時的・臨時的なものが含まれていることから、これらの所得に含まれるもののうち一定の所得を各種所得の分類とは別の観点から変動所得又は臨時所得として抜き出し、超過累進税率の緩和を図るため、税額の計算上の特例として、五分五乗方式により税額の計算をすることを納税者が選択することを認めているものである（所法90）。

第4節　収用等に伴って支払を受ける
対価補償金等

　収用等に伴って支払を受ける対価補償金等の課税上の取扱いは、次の表のとおりである（措通33―8、33―9）。

	内　　　容	課　税　方　法
対　価 補償金	名義のいかんを問わず、収用、買取り、換地処分、権利変換、買収、買入れ又は消滅（以下この表において「収用等」という。）による譲渡の目的となった資産の収用等の対価たる金額	譲渡所得又は山林所得の収入金額となり、収用等の場合の課税の特例の適用が受けられる。 (注)　残地補償金は、収用等をされた土地等の対価補償金とみなして取り扱うことができる（措通33―16）。
収　益 補償金	事業（事業と称するに至らない不動産又は船舶の貸付けその他これに類する行為で相当の対価を得て継続的に行うものを含む。以下この表において同じ。）について減少することとなる収益又は生ずることとなる損失の補てんに充てるものとして交付を受ける補償金	その補償金の交付の基因となった事業の態様に応じ、不動産所得、事業所得又は雑所得の収入金額となる。 　ただし、建物の対価補償金として交付を受ける金額が収用等をされた建物の再取得価額に満たない場合には、収益補償金として交付を受ける補償金を対価補償金として取り扱うことができる場合がある（措通33―11）。
経　費 補償金	次の①及び②の補償金 ①　休廃業等により生ずる事業上の費用の補てんに充てるものとして交付を受ける補償金 ②　収用等による譲渡の目的となった資産以外の資産（棚卸資産等を除く。）について実現した損失の補てん	左記①の補償金は、その補償金の交付の基因となった事業の態様に応じ、不動産所得、事業所得、雑所得の収入金額となり、また、左記②の補償金は、山林所得又は譲渡所得の収入金額となる。 　ただし、経費補償金として交付を受ける補償金を対価補償金として取り扱うことができる場合がある（措

	に充てるものとして交付を受ける補償金	通33—13）。
移　転補償金	資産（棚卸資産等を含む。）の移転に要する費用に充てるものとして交付を受ける補償金	その交付の目的に従って支出した金額については、「移転等の支出に充てるための交付金の総収入金額不算入の特例」（所法44）の規定が適用されるため、原則として各種所得の収入金額に含めないが、その交付の目的とされた支出に充てられなかった金額については、一時所得の収入金額に含めることとされている（所基通34—1）。 　なお、曳家補償の名義で交付を受ける補償金又は移設困難な機械装置の補償金は、対価補償金として取り扱うことができる場合がある。また、借家人補償金は、対価補償金とみなして取り扱われる（措通33—14、33—15、33—30）。
その他対価補償金の実質を有しない補償金	上記以外の補償金	その実態に応じ、各種所得の収入金額とする（非課税のものを除く。）。

第10章

政治資金に係る所得税の
課税関係について

はじめに

　政治資金の大部分は、政治団体（政党を含む。）に寄附されるが、政治団体が受ける政治資金収入は、原則として非課税である。しかし、その資金は、政治団体を経由して実質的には政治家個人の政治活動のために費消されている。

　政治家個人に対する政治資金としての寄附は、①政党から受ける政治活動のための資金及び②個人や政党、後援会などの政治団体から受ける政治活動のための物品等による寄附に限られている。これらの収入は、政治家個人の雑所得の収入として取り扱われている。

　仮に特定の給付が政治資金規正法や公職選挙法などに違反するものであったとしても、その資金が経済的に有効に個人の収入として享受されており法律的に返還義務が生じていない限り、雑所得の収入として取り扱われる。

　ただし、それらの収入を政治活動のために必要なものとしてすべて消費するのであれば、その金額は必要経費になるので、差し引き、課税される所得は生じないこととなる。

　ところが、それらの資金が政治資金として給付されたとしても、実は個人的に流用されてしまったとすれば、必要経費がないことになるので雑所得として課税関係が生ずる。

　以上のような課税関係について、次の第1節において解説する。

　また、政治資金の寄附については、寄附をする個人に対して課税上の特例（寄附金控除の特則）が設けられている。政治家個人が政治団体に対して寄附することも可能である。

　第2節では、これらの寄附に関する仕組みと留意点について解説する。

　また、第3節では、政治資金を後継者に承継する場合の課税問題について解説する。

第1節　政治資金の課税問題

　政治家個人に対する企業献金及び個人献金は禁止されている。このため、政治家個人が意のままに費消できる政治資金収入はほとんどないはずである。しかし、マスコミ報道などをみると、事実としてそのようなことが行われているかのようにみえてしまう。

　何故にそうなってしまっているのか、どこに問題があるのか。課税上の問題はないのか、これらの点について、解説するのが、本稿の目的である。

　説明の手順としては、まず、以下1から4までにおいて、上記疑問点の背景となる、「政治家個人の政治資金収入に係る所得金額の計算方法」について解説し、次に5において「政治家が関係する政治団体の課税関係」について解説し、その上で6において上記の疑問点について解説することにする。

1　政治家個人の収入の概要

　以下、政治家のうち国会議員の場合を例にして説明する。

　国会議員個人の収入としては、次のようなものなどがある。

① 　国から支給される歳費等……給与所得

② 　国から支給される調査研究広報滞在費……非課税

③ 　会社や団体の役員などとして支払を受ける報酬……給与所得

④ 　弁護士等の自由職業者としての活動による収入……事業所得

⑤ 　原稿料、印税、講演、放送謝金、公的年金などの収入……雑所得

⑥　政治資金などの収入……雑所得

2　政治家個人の政治資金収入

　政治資金の寄附（物品等によるものを含む。）のうち、会社や労働組合、職員団体その他の団体（政党、政治資金団体、資金管理団体、後援会などの政治団体を除く。）からの政治資金の寄附（いわゆる**企業献金**）は、現在、政党及び政治資金団体に対してのみ認めることとされている。このため、政治家が関係する資金管理団体や後援会などの政治団体のほか政治家個人に対しては、企業献金は認められていない（政治団体が他の政治団体に寄附することは認められている。政治資金規正法21）。

　㊟　**政治資金団体**とは、政党のために資金上の援助をする目的を有する団体をいう。また、**資金管理団体**とは、政治家個人が代表者である政治団体のうちの１団体をその者のために政治資金を受けるべき団体として指定したものをいう（政治資金規正法５①、19②）。

　また、個人からの政治資金の寄附（いわゆる**個人献金**）は、金銭等によるものは政治団体に対するもののみ認めることとされているので、個人から政治家個人に対する金銭等による政治資金の寄附は認められていない。ただし、政党が政治家個人に対して金銭等による寄附をすることは認められている（政治資金規正法21の２）。

　以上のように、政治資金に関する政治資金規正法上の制限があるので、政治家個人の政治資金収入としては、次のようなものに限られている。

①　政党から受ける政治活動のための資金

　　㊟　政党には、国から所属議員の数に応じて、政党助成金及び立法事務費が支払われる。

②　個人や政党、後援会などの政治団体から受ける政治活動のための物品等による寄附（金銭等による寄附を除き、便益や労務による寄附を含む。）

　これらの個人収入が所得税法上、いずれの所得区分に属するかについては、疑義がないわけではないが、実務上、昭和43年ころから、対価性・継続性を有するとして雑所得に属するものとして取り扱われている。

　なお、政治家個人が選挙運動に関して受けた収入で、公職選挙法第189条の規定に基づく選挙管理委員会又は中央選挙管理会等への報告がされているものは、非課税となっている（所法9①十九、相法21の3①六）。

3　違法な政治資金収入や口利きなどの謝礼収入

　政治家個人の合法的な政治資金収入としては、上記2に掲げるとおりだが、仮に金銭等による寄附で政党以外の者から受ける違法な政治資金収入がある場合には、それらの収入についても、雑所得に係る収入として課税の対象とされる。

　また、民間業者等に対する口利きなどによる謝礼収入（入学斡旋や収賄、不法原因によるものを含む。）などがある場合には、それらの収入についても、雑所得に係る収入として課税の対象とされる。

4　政治家個人の雑所得の金額の計算

(1)　雑所得の収入金額

　政治資金収入に係る雑所得の金額は、その雑所得の収入金額から必要経費を控除して計算する。

　政治資金収入に係る雑所得の収入金額は、上記2の①や②の金額である。

　このうち②の物品等による寄附については、例えば、乗用車や事務所の無償提供を受けた場合には、原則としてその乗用車や事務所の賃貸料に相当する金額を収入金額に計上する。そして同時に同額を必要経費に

計上する、つまり両建て経理することになる。

　なお、原稿料、印税、講演料、放送謝金、公的年金収入などのほか、上記3の違法な政治資金収入や民間業者等に対する口利きによる謝礼収入がある場合には、それらの収入も雑所得の収入金額に加算する。

(2)　雑所得の必要経費

　政治資金収入に係る雑所得の計算上必要経費となるのは、政治活動のために支出した費用である。その政治活動のために支出した費用には、例えば、次のようなものがある。

① 　専ら政治活動のために使用した秘書、事務所職員（臨時職員を含む。）の給料、手当てなど（政策担当秘書、第一議員秘書及び第二議員秘書の給与で国から支給されるものを除く。）

② 　専ら政治活動のために使用した事務所の賃借料その他事務所の備品費などの費用

③ 　専ら政治活動のために使用した通信費、旅費

④ 　国会報告、政見発表などのための費用

⑤ 　専ら政治活動のために使用した委託調査費、図書費、会議費

⑥ 　政党の政治活動の費用を賄うために経常的に負担する本部費、支部費

⑦ 　政治活動に関する交際費、接待費、寄附金（所得税の確定申告において寄附金控除又は政党等寄附金特別控除の対象としたものを除く。）

(注)1　上記の費用のうちには、341ページの②に掲げる非課税の調査研究広報滞在費によって支弁されるべき部分が、当然含まれているわけであるから、上記の費用のうち国政に関する調査研究、広報、国民との交流、滞在等に要した金額で、支給を受ける調査研究広報滞在費の金額に達するまでの金額は、雑所得の金額の計算上なかったものとして取り扱うこととされている。
　　　2　上記2の「なお書」の選挙運動に関して受けた収入で非課税とされるものから支出した費用も、必要経費に含めない。

　なお、原稿料、印税、講演料、放送謝金などのほか、違法な政治資金収入や民間業者等に対する口利きによる謝礼収入がある場合において、それらの収入を得るために必要な支出があるときは、その支出の金額も必要経費に加算する。

(3)　雑所得が赤字になった場合の取扱い

　政治家個人の政治資金収入の金額からその個人の政治活動のためにその個人が支出した費用の金額を差し引いた金額が赤字になる場合であっても、その他の雑所得の収支計算上の黒字の金額があるときは、その赤字の金額と黒字の金額を差引計算することができる。その差引計算をしてもなお残った雑所得の赤字の金額があるときは、他の給与所得や事業所得などの金額との損益通算をすることはできないことになっている（所法69）。

5　政治家が関係する政治団体の課税関係

　政治家が関係する政治団体としては、自己の資金管理団体・後援会などの政治団体や政党支部などがあり、これらの団体には、政治資金規正法上、個人や政党その他の政治団体から様々な政治活動に関する寄附を受けることができることとされている。

　一方、税法的には、これらの政治団体は人格なき社団等に該当するため、収益事業に該当しない政治活動のための寄附金の収受に対して法人税が課税されることはない。

　また、政治団体は原則として公益目的事業を行うものと位置付けられているため、政治活動のための寄附金の収受に対して贈与税や相続税が課税されることはない。ただし、これらの寄附金で公益目的事業に供しないことが確実であるものについては、その政治団体に対して贈与税を

課すこととされている（相法66①、21の3①一、三）。

6 政治家による政治資金の流用と課税上の問題点

　政治家の資金管理団体や後援会などの政治団体には、党本部からの資金提供や個人献金、政治資金パーティーなどの収入がある。また、政治家個人等が代表者となっていることが多い政党支部は、これらの収入のほかに企業献金を受けることもできる。このように政治家個人が関係する政治団体には様々な政治資金収入があるが、これらの団体の事業は原則として公益目的の事業であるわけだから、政治資金収入が政治団体の収入である限り原則として課税されることはない。この点は、上記5において解説したとおりである。

　ところが、これらの団体は政治家の財布代わりに利用されることがあるため、マスコミなどでは、これらの団体の政治資金収入についても、あたかも政治家個人の収入であるかのように報道されることがある。これらの収入はあくまでも、収受した団体の収入であって、所得税法上、政治家個人の収入には当たらない。したがって、個人課税の問題にはならない。

　政治家個人の政治資金収入としては、既に解説したとおり、①政党から受ける政治活動のための資金、②個人や政党、後援会などの政治団体から受ける政治活動のための物品等による寄附（金銭等による寄附を除き、便益や役務による寄附を含む。）に限られるわけで、それらの給付が政治資金として提供されたものであり、その資金を政治活動のために必要なものとして費消するのであれば、その金額は必要経費になるので、差し引き、課税される所得は生じないこととなる。

　仮に特定の給付が政治資金規正法や公職選挙法などに違反するものであったとしても、その資金が経済的に有効に個人の収入として享受され

ており法律的に返還義務が生じていない限り、雑所得の収入金額に算入すべきことになる。しかしこの場合においても、それらの資金を政治活動のために必要なものとして費消するのであれば、その金額は必要経費になるので、341ページの②の非課税収入（調査研究広報滞在費）や342ページの**2**のなお書の非課税収入（一定の選挙運動費用）については、政治活動のために費消しなかった残額があるときにもその残額は課税対象にはならない。

　課税上の問題となるのは、次のような場合であると考える。

①　政治家個人が収受した政治資金（適法、違法を問わない。）を政治活動のために必要なものとして費消せず、家事のために費消した場合……その部分の必要経費がないため雑所得として課税される。

②　政治家が関係する政治団体（政党や政党支部を含む。）が収受した政治資金を政治資金として政治家個人に給付したが、それを政治活動のために必要なものとして費消せず、家事のために費消した場合……その部分の必要経費がないため雑所得として課税される。

③　政治家が関係する政治団体（政党や政党支部を含む。）が収受した政治資金を政治家個人に給付したが、その給付は政治活動のために必要なものとして給付されたものではない場合……その部分は、法人からの贈与に当たるとして一時所得として課税の対象となるか又は役務提供の対価として給与所得等として課税の対象となる。

④　政治団体が収受した資金ではあるが、その資金を政治家個人の家事のために費消することが確実であるものについては、その政治団体に対して贈与税が課される。

第2節　政治資金を寄附した場合の課税問題

　個人が政治団体に対して政治活動に関する寄附をすることは認められており、その寄附をした場合には、所得税法上、所得控除や税額控除の対象となる。

　その政治活動に関する寄附の中には、政治家個人が他の政治家のためにその政治家の政治団体に対して寄附をする場合がある。このケースについては、過去、所得税の不正還付を受けるために利用されたことがある。そこでここでは、政治資金の寄附に関してどのような問題があるのかについて解説することにする。

1　寄附金の支出をした場合の税制上の措置

　2千円を超える寄附金を支出した場合には、原則として寄附金控除及び政党等寄附金特別控除の適用を受けることができる。

　寄附金控除は、国や地方公共団体、公益法人、学校法人、政治団体などに対して寄附（特定寄附金という。）をした場合に、次の算式により計算した金額を寄附した者の所得金額から控除する措置（所得控除）である（所法78）。

> 特定寄附金の額又は総所得金額の
> 40％相当額のいずれか少ない金額　　－　　2千円　＝　寄附金控除額

　また、政党等寄附金特別控除は、政党及び政治資金団体（政治資金団体とは、政党のために資金上の援助をする目的を有する団体をいう。）に対して政治活動に関する寄附をした場合に、次の算式により計算した金額

を所得税額から控除する措置（税額控除）である（措法41の18）。

その年中に支出した政　　　　２千円（寄附金控除の適用を受ける特定寄
党等に対する政治活動　−　附金の額がある場合には、２千円からその
に関する寄附金の額　　　　　特定寄附金の額の合計額を控除した残額）

×　30%　=　政党等寄附金特別控除額
　　　　　　　　　（100円未満の端数切捨て）

　政治団体に対する一定の政治資金の寄附に関しては、寄附金控除及び
政党等寄附金特別控除のいずれも適用対象となるが、政党及び政治資金
団体以外の政治団体に対する一定の政治資金の寄附に関しては、寄附金
控除のみ適用対象となる。

2　寄附金控除及び政党等寄附金特別控除の適用要件

　個人が政治団体に対して政治活動に関する寄附をした場合には、寄附
金控除の対象となる。一方、政治活動に関する寄附のうち政党及び政治
資金団体に対するものについては、政党等寄附金特別控除の対象にもな
るので、この寄附については、確定申告においてどちらか有利な方を選
択することができる。

　これらの控除の対象となる寄附の主な要件は、次のとおりである。

①　政治資金規正法に規定する政治活動に関する寄附であること。

②　政治資金規正法に違反する寄附でないこと。

③　寄附者に特別の利益が及ぶ寄附でないこと。

④　寄附金控除（所得控除）を受ける場合には、総務大臣又は各都道
　　府県選挙管理委員会等の確認済の印を押した「寄附金（税額）控除
　　のための書類」（以下「確認書」という。）が、政党等寄附金特別控
　　除（税額控除）を受ける場合には、「確認書」と「政党等寄附金特
　　別控除額の計算明細書」が確定申告書に添付されていること。

なお、○○議員を励ます会などの名称のパーティーの会費については、寄附とは位置付けられていないので、控除対象外である。

3　政治資金規正法上の寄附と所得税法上の寄附との相違点

政治資金規正法上の「寄附」とは、金銭、物品その他の財産上の利益の供与又は交付で、党費又は会費その他の債務の履行としてされるもの以外のものをいうとされており（同法4③）、この中には、役務の無償提供や資産の無償貸与が含まれる。

しかし、税法上は、これらは利益の供与ではあるため収入金額又は益金額に加算されるが、所得税法上の寄附金の「支出」には当たらないため、寄附金控除及び政党等寄附金特別控除の対象とはならない。

4　寄附者に特別の利益が及ぶ寄附の取扱い

上記2の③のとおり、寄附金控除及び政党等寄附金特別控除の対象となる寄附の要件の1つに、寄附者に特別の利益が及ぶと認められる寄附でないことが掲げられている。このため、政治家自身の寄附金の支出で、例えば自己の資金管理団体や後援会に対してした支出については、その政治家自身に特別の利益が及ぶことになるので、寄附金控除及び政党等寄附金特別控除の対象とはならない。

政治家と生計を一にする親族がその政治家の後援会等に寄附する場合にも、実質的にみて政治家が自己の後援会に寄附するのと何ら異ならないので、寄附金控除及び政党等寄附金特別控除の対象とはならない。ただし、その親族が自己の所得の中から支出したもので、その政治家が負担したと認められないようなケースについては、寄附金控除及び政党等寄附金特別控除の対象になるものと考えられている。

　ところで、複数の政治家が互いに相手方の政治団体に対して政治資金の寄附をし合うことがある。この方式の寄附は「たすき掛け献金」といわれている。

図表1　たすき掛け献金

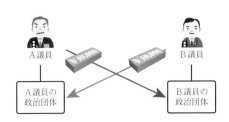

　この方式の場合、A議員がB議員の政治団体に対して寄附をし、その見返りにB議員がA議員の政治団体に対して寄附をするわけで、実質的にそれぞれの議員がそれぞれ自己の政治団体に対して寄附をするのと異ならない結果になっている。このため、寄附者に特別の利益が及ぶと認められる寄附に該当することになるので、寄附金控除及び政党等寄附金特別控除の対象とはならない。

　また、数人の議員が結託して、例えば、A議員はB議員の政治団体に対して寄附をし、B議員はC議員の政治団体に対して寄附をし、C議員はD議員の政治団体に対して寄附をし、D議員はA議員の政治団体に対して寄附をすることがある。この方式の寄附は「廻し献金」といわれている。

図表 2　廻し献金

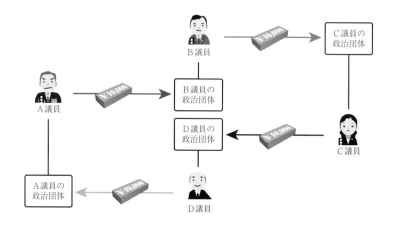

　この方式の場合、Ａ議員から出発してＢ・Ｃ・Ｄ議員を経由してＡ議員に戻っており寄附が一巡しているわけで、実質的にそれぞれの議員がそれぞれ自己の政治団体に対して寄附をするのと異ならない結果になっている。このため、寄附者に特別の利益が及ぶと認められる寄附に該当することになるので、寄附金控除及び政党等寄附金特別控除の対象とはならない。

　以上の「たすき掛け献金」や「廻し献金」といった方式は、過去において、所得税の不正還付を目的として行われたことがあり、当時、マスコミに大きく取り上げられた。

　なお、これらの寄附の場合、力関係などによってそれぞれの寄附金の金額が異なることがあるが、「寄附者に特別の利益が及ぶと認められる寄附」とはその行為を指すものであって、金額を指すものではないので、金額の多寡にかかわらず、それぞれの寄附そのものが控除対象外となることに留意を要する。

5　政治家個人がした寄附金の支出と雑所得の必要経費算入との関係

　政治家個人が、政党や政治資金団体、他の政治家の資金管理団体や後援会に対して寄附金の支出をした場合には、その寄附が政治活動に関してなされるものであれば、その政治家の雑所得の金額の計算上必要経費に算入することができる。

　その寄附金が、寄附者に特別の利益が及ぶものでないなどの寄附金控除及び政党等寄附金特別控除の対象となる寄附の要件に当てはまる場合には、雑所得の必要経費とするか、寄附金控除及び政党等寄附金特別控除の対象とするか、いずれかを選択することができる。

第3節　政治資金を後継者に承継する場合の課税問題

　同族会社の経営者が後継者に対して会社を承継する場合には、その会社の株式を後継者に贈与することになるが、その後継者は、原則として多額の贈与税を負担しなければならないことになっている。しかし、政治家の場合には、多額の団体財産を後継者に対して無税で承継することができるといわれている。以下では、どのような仕組みによって無税承継が可能になるのかについて解説する。

　政治家が関係する政治団体には、政治家の資金管理団体や後援会などがある。これらの政治団体は、政治資金規正法上、個人や他の政治団体から政治活動に関する寄附を受けることができることとされている。したがって、政治家の親族やその親族が関係する政治団体からその政治家が関係する政治団体に対して寄附を受けることができることになる。つまり、両親の私財を量的制限の範囲内でその政治家の関係する政治団体に対して寄附してもらうことができるし、両親が関係する政治団体からその政治家の関係する政治団体に対して寄附をしてもらうこともできるわけである。

　一方、税法上、政治団体は、人格なき社団等に該当するため、収益事業に該当しない政治活動のための寄附金の収受に対して法人税が課税されることはない。また、政治団体は、公益目的事業を行うものと位置付けられているため、政治活動のための寄附金の収受に対して贈与税や相続税が課税されることもない。

　このため、政治資金規正法上の量的制限の枠はあるものの、政治家の両親の私財や両親が関係する政治団体の資金を、無税のままその政治家の関係する政治団体に移転させることができることになっている。

　政治団体の代表者を両親から後継者に変更するだけでも、実質的に、政治団体の財産を無税で承継することができることになる。

　以上は、一見不合理のようにみえるが、公益目的にしか費消できない団体財産であると考えれば、公益団体一般に共通する問題であって、法令上、政治団体のみをあげつらうことは的外れといえる。公益団体のみの課税問題として取り上げるとすれば、その団体財産を公益目的以外に費消した場合にその団体に対して贈与税等を実際に課税できるか否かという一点だと考えられる。

　政党交付金、立法事務費、調査研究広報滞在費なども含め、政治資金収入全般について非課税措置を解除して課税対象の収入とし、実際に政治活動のために費消したもののみを必要経費として控除することにすることにより、少なくとも税務当局の監視下に置くことができるようにする方策も考えられるが、極めて実現性は低いと考えられる。

　なお、平成20年から実施されている登録政治資金監査人制度の下で実施される監査は、監査人である税理士等に対して収支の実態について質問し検査する権限が付与されていないため、十分な機能を果たしていないようである。

第 11 章

資産損失の必要経費算入等について

はじめに

　所得税法では、個人の資産を、所得の発生に対する寄与の態様によって、業務用資産と生活用資産とに大別し、更に、業務用資産を事業用資産と事業以外の業務用資産とに区分し、これらの各種態様の資産の損失について、それぞれ、課税所得の金額の計算に関する規定を設けている。

　その概要は、次のとおりである。

①　事業用資産（山林を除く。）の損失は、任意の取りこわしによるものも含めてその損失の原因を問わず、その年分の事業の所得の金額の計算上、必要経費に算入する。

②　事業以外の業務用資産（山林及び生活に通常必要でない資産を除く。）の損失は、その損失の原因が災害又は盗難若しくは横領によるものは、その年分の所得金額から控除（雑損控除）し、それ以外のものは、その年のそれらの資産から生じた所得の金額を限度として、それらの所得の金額の計算上、必要経費に算入する。

③　山林の損失は、災害又は盗難若しくは横領による損失に限り、その年分の山林の所得の金額の計算上、必要経費に算入する。

④　生活用資産（生活に通常必要でない資産を除く。）の損失は、災害又は盗難若しくは横領による損失に限り、その年分の所得金額から控除（雑損控除）する。

⑤　生活に通常必要でない資産の損失は、災害又は盗難若しくは横領

による損失に限り、その年分又はその翌年分に譲渡所得がある場合
において、その年分又はその翌年分の譲渡所得の金額の計算上控除
する。

　本章では、以上のような資産の損失のうち雑損控除の対象となるもの
以外のものに係る所得税の取扱いについて解説する（雑損控除について
は487ページの第13章参照）。

第1節　事業用資産について生じた損失

1　固定資産及び繰延資産について生じた損失

(1)　必要経費算入の対象となる損失の範囲

　不動産所得、事業所得又は山林所得を生ずべき事業の用に供される固定資産及びこれらの所得を生ずべき事業に係る繰延資産について、取りこわし、除却、滅失（資産の損壊による価値の減少を含む。）その他の事由により生じた損失の金額（保険金、損害賠償金その他これらに類するものにより補てんされる部分の金額及び資産の譲渡により又はこれに関連して生じたものを除く。）は、その損失の生じた日の属する年分の不動産所得の金額、事業所得の金額又は山林所得の金額の計算上、必要経費に算入することとされている（所法51①、所令140）。

　これは、事業に投下された資産そのものの損失をその事業の所得のマイナス要素と考え、所得税法第37条《必要経費》の規定の特段の定めとして必要経費算入を認めることとされたものである。ここで、資産の譲渡により又はこれに関連して生じた損失を除外することとしているのは、事業用の固定資産の譲渡による損益は、事業の所得のカテゴリーに含めず、譲渡所得のカテゴリーに含めることとされていることによるものであり、その損失は、譲渡所得の金額の計算上の損失として取り扱われる。

　したがって、事業用の固定資産等に係る損失で必要経費算入の対象となる損失の発生原因としては、資産の譲渡により又はこれに関連して生じたもの以外のすべての取りこわし、除却、滅失等が含まれるのであり、これらの取りこわし、除却、滅失等は、災害や不法行為その他突発的な事故によるものであるか又は納税者の任意によるものであるかを問わな

い。

　なお、必要経費算入の対象となる損失には、資産の損壊による価値の減少により生じた損失も含むこととされているが、例えば立地条件が変化し資産の効用が減少したことによる損失のような単なる未実現の損失は含まれない。

(注)1　自己と生計を一にする配偶者その他の親族の有する固定資産又は繰延資産を自己の事業の用に供している場合において、その資産について損失が生じたときには、その損失の金額は、自己の事業の所得の金額の計算上、必要経費に算入することとされている。この場合、その資産の所有者である親族の業務が事業として行われていないときには、その損失の金額は、その親族のその損失の生じた日の属する年分の不動産所得の金額又は雑所得の金額（その損失の金額を控除しないで計算したこれらの所得の金額）を限度として、自己の事業の所得の金額の計算上、必要経費に算入されることになる（所法51①④、56）。
　　　　しかし、実務上の取扱いとしては、その親族の業務が事業として行われていない場合であっても、その損失の金額の全額を自己の事業の所得の金額の計算上、必要経費に算入することができることとされている。ただし、その親族が雑損控除の適用を受ける場合には、必要経費に算入することはできない（所基通51―5）。
　　　2　土地等と共に取得した建物等を取り壊して、その土地等を利用する場合のその取壊費用は、その土地等の取得費に算入する（所基通38―1）。

(2)　損失の金額の計算の基礎となる資産の価額

　必要経費に算入される損失の金額は、その資産の原価ベースによる価額（いわゆる簿価）を基礎として計算することとされており、具体的には、それぞれ次に掲げる金額を基礎として計算することとされている（所令142一、三）。

　　①　固定資産の場合は、その固定資産の取得に要した金額並びに設備費及び改良費の額の合計額から減価償却費の額の累計額を控除した金額

　　②　繰延資産の場合は、その繰延資産の金額からその償却費として必要経費に算入される金額の累計額を控除した金額

� 昭和27年12月31日以前から引き続き所有していた固定資産の価額につい
ては、昭和28年 1 月 1 日現在のいわゆる相続税評価額を基礎として計算す
る特例が設けられている（所令143一）。

(3) 損失の金額の計算

　所得税法第51条《資産損失の必要経費算入》の規定は、同法第37条
《必要経費》に規定する「別段の定め」に該当するものであり、同法第
51条第 1 項の規定により必要経費に算入される金額は、資産そのものに
ついて生じた損失の金額である。したがって、同条の規定により必要経
費に算入される損失の金額は、原則として前記(2)に掲げる金額となるの
であるが、次に掲げる場合に該当するときは、それぞれ次によることと
なる。

イ　損害の発生直後の時価及び発生資材がある場合

　資産損失の基因となった事実の発生直後においてその資産の価額（時
価）及び発生資材の価額（時価）がある場合には、これらの価額の合計
額を前記(2)に掲げる金額から控除した残額が所得税法第51条第 1 項の規
定により必要経費に算入される損失の金額となる（所基通51― 2 ）。

ロ　保険金、損害賠償金等の支払を受ける場合

　資産について受けた損失を補てんするために支払を受ける保険金、損
害賠償金その他これらに類するものがある場合には、その資産について
受けた損失の金額からその保険金や損害賠償金などにより補てんされる
部分の金額が除かれる（所法51①）。すなわち、損失を補てんするため
に支払を受ける保険金や損害賠償金などがある場合には、損失の金額の
うちその保険金や損害賠償金などによって補てんされる部分の金額は、
必要経費には算入されない。

　なお、保険金や損害賠償金などの金額が損失の生じた年分の確定申告
書を提出する時までに確定していない場合には、その保険金や損害賠償

金などの見積額に基づいて必要経費に算入すべき損失の金額を計算し、
後日、保険金や損害賠償金などの確定額と見積額とが異なることとなっ
たときには、遡及して是正することとされている（所基通51─7）。

　㊟　資産の損害に基因して支払を受ける保険金や損害賠償金などは、原則と
　　して非課税とされている（所令30）。しかし、これらの保険金や損害賠償金
　　などであっても、各種所得の金額の計算上必要経費に算入される金額を補
　　てんするための金額は非課税とされていない（所令30本文かっこ書）。この
　　場合の「必要経費に算入される金額を補てんするための金額」は、各種所
　　得の金額の計算上収入金額に算入されることとなるから、結局、保険金や
　　損害賠償金などの収入金額とそれにより補てんされるべき必要経費とが両
　　建て経理されることになる。
　　　ところで、各種所得の金額の計算上必要経費に算入される金額を補てん
　　するための保険金や損害賠償金などの金額とは、例えば、心身又は資産の
　　損害に基因して休業する場合のその休業期間中における使用人の給料や店
　　舗の賃借料などの費用のように、保険金や損害賠償金などによって補てん
　　されるか否かに関係なく必要経費は必要経費として計算されるものを補て
　　んするための保険金や損害賠償金などの金額をいう。そこで、その意味に
　　おける保険金や損害賠償金などの金額の中に、資産について受けた損失を
　　補てんするための保険金や損害賠償金などの金額が含まれるか否かが問題
　　となるが、資産について受けた損失を補てんするための保険金や損害賠償
　　金などの金額は、それによって補てんされる部分の金額が必要経費に算入
　　されない（補てんされる部分の金額相当額だけ損失の金額が減額される）
　　ので、これらの保険金や損害賠償金などの金額は、「必要経費に算入される
　　金額を補てんするための金額」に含まれず、したがって、これらの保険金
　　や損害賠償金などの金額は非課税となる（所基通9─19）。

ハ　原状回復のための費用がある場合

　この(3)の冒頭において述べたように、所得税法第51条第1項の規定に
より必要経費に算入される金額は、資産そのものについて生じた損失の
金額に限られるのであるから、その損失の金額には、災害に関連する費
用（損壊した資産の取りこわし費用や除去費用、原状回復のための修繕費な
ど）は含まれない。これらの費用は、所得税法第51条第1項の規定によ
って必要経費に算入されるのではなく、必要経費の基本規定である同法
第37条の規定によってその費用の全額が必要経費に算入される。

　ただし、資産が損壊した場合において、その資産の修繕その他の原状
回復のために支出した費用があるときは、その費用の額のうち、その資

産の簿価（前記(2)により計算した資産の価額）からその損壊直後における
その資産の時価を控除した残額に相当する金額（即ち、資産自体の損失
の金額に相当する金額）は資本的支出の金額とし、残余の費用の額をそ
の支出をした日の属する年分の必要経費に算入することになる（所基通
51―3）。

　なお、損壊した資産について、単なる原状回復にとどまらず、損壊前
より価値を高めるような改良を併せて行った場合には、それに要した費
用の額を修繕その他の原状回復のために支出した部分の金額と資本的支
出の部分の金額とに区分することが困難なことが多いが、このような場
合には、その支出した費用の総額の30%相当額を原状回復のために支出
した部分の金額とし、70%相当額を資本的支出の金額とすることができ
る（所基通37―14の2）。ただ、この簡便法によって計算した場合におい
ても、これにより計算した原状回復のために支出した費用の額のうち、
その資産の簿価から損壊直後における当該資産の時価を控除した残額に
相当する金額は資本的支出の金額となる。

(注)　災害により被害を受けた固定資産の復旧に際して、災害前のその資産の
　　効用を維持するために行う補強工事、排水又は土砂崩れの防止等のための
　　支出（資産そのものの損失又は雑損控除の対象となる損失とするものを除
　　く。）は、必ずしも補修、修繕あるいは原状回復のための費用には該当しな
　　いため、原則として資本的支出に該当する。ただし、災害復旧といった特
　　殊性を考慮し、その支出について修繕費として確定申告している場合には
　　それを認めることとされている（所基通37―12の2）。

2　棚卸資産について生じた損失

　商品や製品などの棚卸資産が災害により減失したり盗まれたりした場
合には、それに相当する分だけ期末棚卸資産が減少し、それだけ売上原
価が増加することになる。また、棚卸資産が災害により著しく損傷した
り、棚ざらしや流行おくれなどで著しく陳腐化したなどの場合には、そ

の事実の生じた日の属する年以後の各年における当該棚卸資産の評価額の計算については、その年12月31日における当該棚卸資産の価額（時価）をもってその棚卸資産の取得価額とすることができることとされている（所令104、所基通47—22、47—23、47—24）。したがって、結局、棚卸資産について生じた損失の金額は、売上原価等の計算を通じて必要経費に算入されることになる（所法37）。

　なお、資産の損害に基因して支払を受ける保険金や損害賠償金などは、原則として非課税とされている（所令30）。しかし、棚卸資産について損失を受けたことにより取得する保険金や損害賠償金などは、本来課税されるべき所得に係る収入金額に代わる性質を有するものであるため非課税とされず、事業所得の収入金額に算入することとされている（所令94）。

（注）　所得税法上、棚卸資産には山林は含まれない。山林について生じた損失については、378ページの第3節参照。

3　現金について生じた損失

　業務遂行上の一般的な費用については、所得税法第37条に規定されており、資産損失については、同条の別段の定めとして、同法第51条に規定されていると解すると、例えば盗難により生じた事業用の現金の損失は、同法第37条に規定する必要経費には該当しない。しかし、その損失は、所得税法第51条に規定する資産損失にも該当しない。したがって、現金について生じた損失は、災害、盗難又は横領によるものに限り、所得税法第72条の規定により雑損控除の対象となるにすぎないことになる。

　しかし、事業に直接関係する資産の損失はその事業の所得のカテゴリーの中で処理すべきであり、事業用の現金について生じた損失が所得税法第51条の規定に該当しないからといって、その損失の必要経費算入が

まったく認められないことになるとも解されないことから、客観的にみて事業用の現金について受けた損失であることが明らかである場合には、必要経費に算入することとして取り扱われている。

4　売掛金等の債権について生じた損失

⑴　貸倒れ等による損失の必要経費算入

　不動産所得、事業所得又は山林所得を生ずべき事業の遂行上生じた売掛金、貸付金、前渡金その他これらに準ずる債権（以下この章において「貸金等」という。）の貸倒れにより生じた損失の金額は、その損失の生じた日の属する年分の不動産所得の金額、事業所得の金額又は山林所得の金額の計算上、必要経費に算入される（所法51②）。

　また、次に掲げる事由で不動産所得、事業所得又は山林所得を生ずべき事業の遂行上生じたものにより生じた損失の金額も、貸倒れにより生じた損失の金額と同じように、その損失の生じた日の属する年分の必要経費に算入される（所法51②、所令141）。

　　イ　販売した商品の返戻又は値引き（これらに類する行為を含む。）により収入金額が減少することとなったこと。

　　ロ　保証債務の履行に伴う求償権の全部又は一部を行使することができないこととなったこと。

　　ハ　不動産所得の金額、事業所得の金額若しくは山林所得の金額の計算の基礎となった事実のうちに含まれていた無効な行為により生じた経済的成果がその行為の無効であることに基因して失われ、又はその事実のうちに含まれていた取り消すことのできる行為が取り消されたこと。

㊟　「貸金等」には、販売業者の売掛金、金融業者の貸付金及びその未収利子、製造業者の下請業者に対して有する前渡金、工事請負業者の工事未収金、

自由職業者の役務の提供の対価に係る未収金、不動産貸付業者の未収賃貸料、山林経営者の山林売却代金の未収金等のほか、次に掲げるようなものも含まれる（所基通51―10）。

イ　自己の事業の用に供する資金の融資を受ける手段として他から受取手形を取得し、その見合いとして借入金を計上し、又は支払手形を振り出している場合のその受取手形に係る債権

ロ　自己の製品の販売強化、企業合理化等のため、特約店、下請先等に貸し付けている貸付金

ハ　事業上の取引のため、又は事業の用に供する建物等の賃借のために差し入れた保証金、敷金、預け金等の債権

ニ　使用人に対する貸付金又は前払給料、概算払旅費等

(2)　貸倒れ処理の対象となる事由及び金額

　債権の貸倒れとして処理できる形態としては、①債権が法律上消滅した場合、②法律上債権は存在するがその回収が事実上不可能である場合、③回収可能な債権が存在する場合で特定の事由に該当するときの３つの形態のものが認められている。

イ　債権が法律上消滅した場合

　　切捨てや免除によって債権が法律上消滅した場合であっても、債務者の資産状況、支払能力等からみて債務者に対する実質的な贈与と認められるときは、その債権の切捨てや免除は貸倒れには該当しない。

　　しかし、貸金等について次に掲げる事実が発生した場合には、その債権の切捨てや免除は、債務者に対し経済的利益を供与するものではあるが、実質的な贈与とは認められないから、その貸金等の額のうちそれぞれ次に掲げる金額を、その事実が発生した日の属する年分の必要経費に算入することとされている（所基通51―11）。

　　(イ)　更生計画の認可の決定又は再生計画認可の決定があったこと………それらの決定により切り捨てられることになった部分の金額

　　(ロ)　特別清算に係る協定の認可の決定があったこと………この決定により切り捨てられることとなった部分の金額

(ハ)　法令の規定による整理手続によらない関係者の協議決定で、次に掲げるものにより切り捨てられたこと………その切り捨てられることとなった部分の金額

①　債権者集会の協議決定で合理的な基準により債務者の負債整理を定めているもの。

②　行政機関又は金融機関その他の第三者のあっせんによる当事者間の協議により締結された契約でその内容が①に準ずるもの。

(ニ)　債務者の債務超過の状態が相当期間継続し、その貸金等の弁済を受けることができないと認められる場合において、その債務者に対し債務免除額を書面により通知したこと………その通知した債務免除額

ロ　法律上債権は存在するがその回収が事実上不可能である場合

法律上債権は存在するが、その回収が事実上不可能である場合については、債務者の資産状況、支払能力等からみてその全額が回収できないことが明らかになったときには、その債務者に対して有する貸金等の全額について貸倒れになったものとして、その明らかになった日の属する年分の必要経費に算入することとされている（所基通51―12）。

なお、この場合、その貸金等について担保物があるときには、その担保物を処分した後でなければ貸倒れとすることはできないこととされている（所基通51―12）。

ハ　回収可能な債権が存在する場合で特定の事由に該当するとき

法律上債権が存在し、かつ、その回収が事実上可能であっても、債務者について次に掲げる事由が発生した場合には、その債務者に対して有する売掛債権（売掛金、未収請負金その他これらに準ずる債権をいい、貸付金その他これに準ずる債権を含まない。以下このハにおいて同じ。）の額から備忘価額（１円でもよい。）を控除した残額を貸倒れになったものとして、必要経費に算入することができることとされている（所基

通51—13）。

　この取扱いは、債権の回収に要する費用からみた経済性等を考慮して、一定の要件に該当する売掛金等に限り特別の貸倒れ処理を認めることとされたものである。

(イ)　債務者との取引の停止をした時（最後の弁済期又は最後の弁済時が当該停止をした時より後である場合には、これらのうち最も遅い時）以後1年以上を経過したこと（当該売掛債権について担保物がある場合を除く。）。

(ロ)　同一地域の債務者について有する売掛債権の総額がその取立てのために要する旅費その他の費用に満たない場合において、当該債務者に対し支払を督促したにもかかわらず弁済がないこと。

(注)　上記(イ)の取引の停止は、継続的な取引を行っていた債務者につきその資産状況、支払能力等が悪化したため、その後の取引を停止するに至った場合をいうのであるから、例えば、不動産取引のように、たまたま取引を行った債務者に対して有するその取引に係る売掛債権については、この取扱いの適用はない。

第2節　事業以外の業務用の資産について生じた損失

1　固定資産、繰延資産及び貸付金等の元本について生じた損失

(1)　必要経費算入の対象となる損失の範囲

　不動産所得若しくは雑所得を生ずべき業務の用に供され又はこれらの所得の基因となる資産について生じた損失の金額（事業用資産について生じた損失の金額を除く。）は、次に掲げるものを除き、それぞれ、その損失の生じた日の属する年分の不動産所得の金額又は雑所得の金額（その損失の金額を控除しないで計算したこれらの所得の金額）を限度として、その年分の不動産所得の金額又は雑所得の金額の計算上、必要経費に算入することとされている（所法51④）。

　　イ　山林について生じた損失の金額（378ページの第3節参照）

　　ロ　生活に通常必要でない資産について生じた損失の金額（381ページの第4節参照）

　　ハ　損失の金額のうち、保険金、損害賠償金その他これらに類するものにより補てんされる部分の金額（次の(2)参照）

　　ニ　資産の譲渡により又はこれに関連して生じた損失の金額（359ページの(1)参照）

　　ホ　雑損控除（所法72）の対象となる損失の金額（次の(3)参照）

　㊟　所得税法第51条第4項の規定は、固定資産や繰延資産、貸付金の元本などのように業務の用に供され又はその業務に係る所得の基因となる資産の損失について適用される。したがって、例えば、貸付金の元本が貸倒れとなったことによる損失については適用があるが、未収利子が回収できなくなったことによる損失については適用されない。未収利子が回収できなく

369

なったことによる損失などの取扱いについては、372ページの **2** 参照。

(2)　固定資産及び繰延資産について生じた損失の金額の計算

　事業以外の業務用の固定資産及び繰延資産について生じた損失の金額を必要経費に算入する場合のその損失の金額の計算の基礎となる資産そのものの価額の計算や必要経費に算入する損失の金額の計算の方法は、事業用の固定資産及び繰延資産の場合と同じである（360ページの(2)及び361ページの(3)参照）。

(3)　雑損控除の対象となる損失の金額との関係

　事業と称するに至らない程度の業務の用に供される資産について生じた損失の金額については、その損失の金額のうち、災害又は盗難若しくは横領により生じた損失の金額（時価を基準として計算した金額。例外あり、491ページの㈲1参照）の部分は雑損控除の対象となり、その他の部分は不動産所得の金額又は雑所得の金額の計算上必要経費に算入される（所法51④、72①）。

　例えば、事業と称するに至らない程度の規模の業務の用に供される資産の被災直前の簿価が100万円、被災直前の時価が90万円、被災直後の時価が60万円の場合には、原価ベースによる損失の金額は40万円（100万円－60万円）となるが、その損失の金額のうち、時価ベースによる損失の金額30万円（90万円－60万円）は雑損控除の対象とされ、残りの損失の金額10万円（40万円－30万円）は必要経費に算入される。これを図で示すと、次のようになる。

第2節　　事業以外の業務用の資産について生じた損失

図表1

　また、被災資産の被災直前の簿価が90万円、被災直前の時価が100万
円、被災直後の時価が60万円の場合には、原価ベースによる損失の金額
は30万円（90万円－60万円）となるが、時価ベースによる損失の金額は
40万円（100万円－60万円）となるため、時価ベースによる損失の金額40
万円が雑損控除の対象とされ、必要経費に算入される損失の金額は0と
なる。これを図で示すと、次のようになる。

図表2

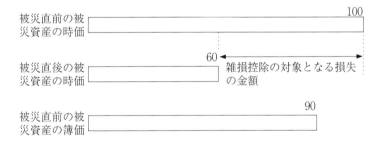

　しかし、以上による場合、災害又は盗難若しくは横領以外の事由によ
り損失が生じたときであれば、原価ベースで計算した損失の金額（図表
1のケースでは40万円（100万円－60万円）、図表2のケースでは30万円
（90万円－60万円））は必要経費に算入されるのに対し、災害又は盗難若

しくは横領により損失が生じたときには、原価ベースで計算した損失の金額の全部又は一部の金額（図表1、図表2のケースとも30万円）が必要経費に算入されないこととなり、一般の常識に合わないというような問題が生じる。このため、実務上は、その損失の金額が災害又は盗難若しくは横領により生じたものであっても、その損失の金額及び災害等に関連するやむを得ない支出（資本的支出に該当するものを除く。）の金額のすべてを必要経費に算入している場合には、これを認めることとされている（所基通72—1）。

　ただ、その選択に当たっては、次の点を考慮して決定することが必要である。

　イ　雑損控除額の計算の基礎となる損失の金額は、時価ベースで計算した金額であること。

　ロ　雑損控除額の計算上は、所得金額の合計額の10％相当額などの足切りがあること。

　ハ　必要経費に算入される損失の金額は、原価ベースで計算した金額であること。

　ニ　事業と称するに至らない程度の業務である場合には、必要経費に算入される損失の金額は、不動産所得の金額又は雑所得の金額（その損失の金額を控除しないで計算したこれらの所得の金額）を限度とすること。

2　回収不能の未収入金

　事業以外の業務に係る各種所得の金額の計算の基礎となる収入金額の全部又は一部を回収することができないこととなった場合には、その各種所得の金額の合計額のうち、その回収することができないこととなった金額に対応する部分の金額は、その各種所得の金額の計算上、なかっ

たものとみなすこととされている（所法64①、所令180）。

　この場合の回収不能の未収入金は、回収不能となった時点における損失として必要経費に算入するのではなく、その未収入金に係る収入金額が発生した年分に遡及して、その収入金額による所得がなかったものとみなすこととされるため、回収不能の事実が生じたときには、その事実が生じた日の翌日から２月以内に限り、税務署長に対し、更正の請求をすることができることとされている（所法152）。

　なお、事業以外の業務に係る各種所得の金額の計算の基礎となった事実のうちに含まれていた無効な行為により生じた経済的成果がその行為の無効であることに基因して失われ、又はその事実のうちに含まれていた取り消すことのできる行為が取り消された場合についても、上記と同様に、その収入金額が発生した年分に遡及して減額することになっている（所法152、所令274）。

㊟　事業に係るものについては、原則として、その損失の生じた日の属する年分の必要経費に算入される（365ページの(1)参照）。

【参考】　保証債務に係る求償権の行使不能の場合の取扱い

1　保証債務を履行するため譲渡所得の基因となる資産を譲渡した場合において、その履行に伴う求償権の全部又は一部を行使することができないこととなったときは、その行使することができないこととなった金額に対応する部分の金額は、譲渡所得の金額の計算上、なかったものとみなすこととされている（所法64②）。

2　上記1の場合の「求償権の全部又は一部を行使することができないことになった」かどうかの判定は、次によることとされている（所基通51―11、64―1）。

(1)　更生計画の認可の決定又は再生計画認可の決定があったこと。

(2)　特別清算に係る協定の認可の決定があったこと。

⑶　法令の規定による整理手続によらない関係者の協議決定で、次に掲げるものにより切り捨てられたこと。

イ　債権者集会の協議決定で合理的な基準により債務者の負担整理を定めているもの。

ロ　行政機関又は金融機関その他の第三者のあっせんによる当事者間の協議により締結された契約でその内容がイに準ずるもの。

⑷　債務者の債務超過の状態が相当期間継続し、その貸金等の弁済を受けることができないと認められる場合において、その債務者に対し債務免除額を書面により通知したこと。

3　平成5年2月26日名古屋地裁判決（抜粋）

　主債務者に資力がないため求償権の行使がそもそも不可能であることを知りながら、あえて保証をした場合には、最初から主債務者に対する求償を前提としていないものであり、むしろ保証人に対して主債務者の債務を引き受けたか、又は主債務者に対し贈与をした場合と実質的に同視できるものであるから、同項にいう「求償権の全部又は一部を行使することができないこととなったとき」との要件を欠くものと解するのが相当である。

4　昭和60年7月5日大阪高裁判決・昭和61年10月21日最高裁判決（抜粋）

　「求償権の行使をすることができないこととなったとき」とは、求償権行使の相手方である主債務者が倒産して事業を廃止してしまったり、事業回復の目処がたたず破産若しくは私的整理に委ねざるを得ない場合はもちろんのこと、主債務者の債務超過の状態が相当期間継続し、衰微した事業を再建する見通しがないこと、その他これに準ずる事情が生じ、求償権の行使、即ち債権の回収の見込みがないことが確実となった場合をいうものと解すべきである。

5　上記1及び2の法令等の規定の適用に関し、法人の経営が行き詰ま

ったため、法人の代表者等が、その法人の債務に係る保証債務を履行した場合で、求償権を行使することができないこととなったときの取扱いについて、中小企業庁から国税庁に対して**別紙1**の照会があり、**別紙2**のとおり回答している。

『**別紙1**』

平成14・12・18中庁第1号
平成14年12月19日

国税庁課税部長　殿

中小企業庁事業環境部長

保証債務の特例における求償権の行使不能に係る税務上の取扱
いについて

標記について、下記Ⅰのとおり解して差し支えないか、貴見を伺いたく照会申し上げます。
また、本特例措置に関して税務署に納税者等から相談があった場合は、下記Ⅱの対応が採られるものと承知していますが、念のため照会申し上げます。

（趣旨）

保証債務の求償権の行使不能における所得計算の特例規定（所得税法第64条第2項）は、保証債務を履行するために行われた個人保有資産の譲渡に係る所得について、求償権の行使が不能となった場合には、実質的な担税力が喪失することを勘案して設けられているものである。したがって、法人の経営が行き詰まったため、法人の代表者等が、その法人の債務に係る保証債務を履行した場合で、求償権を行使することができなくなるケースにも適用されることが想定される。

しかしながら、本特例が適用できるかどうかの判定については、法人

が解散しない限り適用できないのではないかという認識が実務界にあることから、実態として当該規定の適用を見送る例があると承知しているところである。

　昨今の企業倒産件数の増加等も踏まえ、当該規定の趣旨を十分実効あるものとするためには、代表者等が求償権を放棄することにより、法人の再建を目指す場合や、廃業に向かいつつもまだ法人が解散に至らない場合にも、本規定の適用があり得ることを明確にするとともに、その周知を図るために照会するものである。

記

Ⅰ　求償権行使の能否判定の考え方

　　主たる債務者である法人の代表者等が、その法人の債務に係る保証債務を履行した場合において、所得税法第64条第2項におけるその代表者等の求償権行使の能否判定等は、次による。

1　求償権行使の能否判定は、他のケースと同様、所得税法基本通達51―11に準じて判定する（所得税法基本通達64―1）。このうち、同通達51―11(4)については、その法人がその求償権の放棄後も存続し、経営を継続している場合でも、次のすべての状況に該当すると認められるときは、その求償権は行使不能と判定される。

①　その代表者等の求償権は、代表者等と金融機関等他の債権者との関係からみて、他の債権者の有する債権と同列に扱うことが困難である等の事情により、放棄せざるを得ない状況にあったと認められること。

　　これは、法人の代表者等としての立場にかんがみれば、代表者等は、他の債権者との関係で求償権の放棄を求められることとなるが、法人を存続させるためにこれに応じるのは、経済的合理性を有する、との考え方に基づくものである。

②　その法人は、求償権を放棄（債務免除）することによっても、なお債務超過の状況にあること。

　　これは、求償権の行使ができないと認められる場合の判定に際

しての考え方である。

　　なお、その求償権放棄の後において、売上高の増加、債務額の減少等があった場合でも、この判定には影響しないことになる。

2　その法人が債務超過かどうかの判定に当たっては、土地等及び上場株式等の評価は時価ベースにより行う。

　　なお、この債務超過には、短期間で相当の債務を負ったような場合も含まれる。

Ⅱ　特例の適用に関する相談等の対応

　保証債務の特例に関して相談があった税務署においては、仮に確定申告時点において求償権行使不能と判定されない場合であっても、その後、求償権が行使不能な状態に陥ったときには、所得税法第152条による更正の請求ができるのであるから、その旨及びその手続等について説明する。

　また、納付困難との申し出があった場合には、納付についての相談に応じる。

『別紙2』

課資3―13
課個2―30
課審5―16
平成14年12月25日

中小企業庁　事業環境部長

国税庁　課税部長

　　保証債務の特例における求償権の行使不能に係る税務上の取扱いについて（平成14年12月19日付照会に対する回答）

　標題のことについては、貴見のとおりで差し支えありません。

第3節　山林について生じた損失

1　必要経費算入の対象となる損失の範囲

　所得税法は、山林の所得の特殊性を考慮して、山林につき事業所得の金額、山林所得の金額又は雑所得の金額の計算上必要経費に算入すべき金額の計算は、原則として収支対応の方法によることとしている（所法37②）。

　しかし、その例外として、山林の所得を生ずべき業務に係る固定資産や債権などについて生じた損失の金額は、事業所得等と同様、その損失の発生した年分の必要経費に算入することとしている（359ページの1、365ページの4、369ページの1参照）。また、山林そのものについて生じた損失の金額についても、災害又は盗難若しくは横領により生じたもの（保険金、損害賠償金その他これらに類するものにより補てんされる部分の金額を除く。）に限り、その損失の生じた日の属する年分の事業所得の金額又は山林所得の金額の計算上、必要経費に算入することとしている（所法51③）。

　なお、これらの損失が生じた年において事業所得又は山林所得がない場合であっても、事業所得の金額又は山林所得の金額の計算上生じた損失の金額として、他の各種所得の金額と損益通算を行うことになる。

(注)　山林には、①山林所得の基因となる山林（保有期間が5年を超えるもの）、②事業所得の基因となる山林（保有期間が5年以下の山林で、その伐採又は譲渡に係る業務が事業と認められるもの）及び③雑所得の基因となる山林（保有期間が5年以下の山林で、②に該当しないもの）がある。
　　それらの山林そのものについて生じた損失の金額については、前記のとおり、災害又は盗難若しくは横領により生じたものに限り、その損失の生じた年分の山林所得の金額又は事業所得の金額の計算上、必要経費に算入

することとされている。したがって、山林所得の基因となる山林又は事業所得の基因となる山林について生じた災害等による損失の金額を山林所得の金額又は事業所得の金額の計算上必要経費に算入することは明らかである。しかし、雑所得の基因となる山林について生じた災害等による損失の金額をいずれの所得の金額の計算上必要経費に算入することになるのか、必ずしも明らかではない。そこで、実務上は、次に掲げることを理由に、雑所得の基因となる山林について生じた災害等による損失の金額は、山林所得の金額の計算上必要経費に算入することとされたといわれている（所基通51―5の2）。

① 雑所得の基因となる山林について生じた損失の金額は、同一所得区分の金額の計算上必要経費に算入するのが理屈に合っているとも考えられるが、条文上、山林所得の金額又は事業所得の金額の計算上、必要経費に算入することとされていること。

② 事業所得の基因となる山林と雑所得の基因となる山林との間には、その質的性格に基づいて両者の区分が行われるのに対して、山林所得の基因となる山林と雑所得の基因となる山林との間には、所有期間の差異があるにすぎず、所有期間の経過に伴って転化する。このため、雑所得の基因となる山林について生じた損失の金額は、より質的性格の類似する山林所得の金額の計算上必要経費に算入する方が適当であること。

しかしながら、そもそも雑所得の金額の計算上生じた赤字の金額は損益通算の適用対象とならないのであるから、立法の際には、そのことも考慮して、雑所得の基因となる山林について生じた損失の金額を雑所得の金額の計算上必要経費に算入することにしなかったとも考えることができよう。

2　損失の金額の計算

山林について生じた損失の金額を必要経費に算入する場合のその損失の金額の計算の基礎となる山林の価額は、損失の生じた日までに支出したその山林の植林費、取得に要した費用、管理費その他その山林の育成に要した費用の額である（所令142二）。

(注)　昭和27年12月31日以前から引き続き所有していた山林の価額については、昭和28年1月1日現在のいわゆる相続税評価額を基礎として計算する特例が設けられている（所令143二）。

山林について生じた損失の金額として必要経費に算入する金額は、原則として上記により計算した山林の価額である。しかし、資産損失の基

因となった事実の発生直後において当該山林の価額（時価）及び発生資材の価額（時価）がある場合には、これらの価額の合計額をその山林の価額から控除することとされている（所基通51−2）。

　また、山林について生じた損失を補てんするために支払を受ける保険金、損害賠償金その他これらに類するものがある場合には、その山林について受けた損失の金額からその保険金や損害賠償金などにより補てんされる部分の金額を差し引くこととされている（所法51③）。なお、保険金や損害賠償金などの金額が損失の生じた年分の確定申告書を提出する時までに確定していない場合には、その保険金や損害賠償金などの見積額に基づいて必要経費に算入すべき損失の金額を計算し、後日、保険金や損害賠償金などの確定額と見積額とが異なることとなったときには、遡及して是正することとされている（所基通51−7）。

㊟　山林について生じた損失を補てんするために支払を受ける保険金や損害賠償金などの金額が損失の金額を超える場合には、その超える部分の金額は、収入金額に代わる性質を有するものであるため、その山林の所得に係る収入金額に算入することとされている（所令30、94）。なお、棚卸資産（山林は含まれない。）について損失を受けたことにより取得する保険金や損害賠償金などの取扱いについては、363ページの**2**参照。

第4節　生活に通常必要でない資産に ついて生じた損失

1　生活に通常必要でない資産

　所得税法上、各種の資産の1つのグループ区分として、「生活に通常必要でない資産」が設けられており、これには、不動産所得若しくは雑所得を生ずべき業務の用に供され又はこれらの所得の基因となるものも含まれることが前提とされている（所法51④、62①）。

　この場合の「生活に通常必要でない資産」とは、次に掲げるものをいう（所令178①）。

　イ　競走馬（その規模、収益の状況その他の事情に照らし事業と認められるものの用に供されるものを除く。）その他射こう的行為の手段となる動産

　ロ　通常自己及び自己と生計を一にする親族が居住の用に供しない家屋で主として趣味、娯楽又は保養の用に供する目的で所有するものその他主として趣味、娯楽、保養又は鑑賞の目的で所有する資産（イ又はハに掲げる動産を除く。）

　ハ　生活に通常必要な動産のうち、貴金属、真珠、書画、骨とう、美術工芸品などで1個又は1組の価額が30万円を超えるもの。

(注)　上記ロの「資産」は従来「不動産」とされていたところ、平成26年度の税制改正により、ゴルフ会員権等を生活に通常必要でない資産に加えることとされた際に、「不動産」を「資産」に改正されている。
　　この改正により、解釈上、高級外車や高価な時計などもこの資産に該当するものがあり得ることになる。

2　損失の取扱い

　生活に通常必要でない資産について生じた損失の金額は、各種所得の
金額の計算上必要経費に算入されず（所法51）、雑損控除の対象となる
損失の金額にも含まれない（所法72）。また、災害減免法の適用を受け
ることもできない（災免通達2、4）。生活に通常必要でない資産に係る
所得の金額の計算上生じた赤字の金額についても、原則として他の所得
との損益通算をすることはできないこととされている（所法69②、所令
200）。

　ただし、生活に通常必要でない資産の損失の金額は、災害又は盗難若
しくは横領によるものに限って、その損失を受けた日の属する年分又は
その翌年分の譲渡所得の金額の計算上控除すべき金額とみなすこととさ
れている（所法62①）。したがって、その損失の金額は、その災害等の
あった年分又はその翌年分に譲渡所得に係る収入金額がある場合に限り、
譲渡所得の金額の計算上控除されることになる。

(注)　生活に通常必要でない資産の損失の金額をその損失を受けた日の属する
　　年分又はその翌年分の譲渡所得の金額の計算上控除することとされている
　　のは、この種の損失もキャピタル・ロスとして他のキャピタル・ゲインと
　　相殺するのが適当であると考えられること、損失を受けた資産の原状回復
　　や再取得のため他の資産を処分することがあることを考慮したことによる
　　といわれている。
　　　なお、事業の用に供されるもの以外の競走馬の損失の金額は、災害又は
　　盗難若しくは横領によるもののほかに、競走馬が競走中の事故により死亡
　　した場合など特定の場合の損失の金額（その競走馬の処分可能価額相当額
　　及び見舞金、保険金等により補てんされる部分の金額を除く。）についても、
　　実務上、その事故のあった日の属する年分又はその翌年分の譲渡所得の金
　　額の計算上控除することとして取り扱われている。

3　譲渡所得からの控除の順序

　生活に通常必要でない資産の損失の金額を譲渡所得の金額の計算上控

除する場合において、損失を受けた日の属する年分及びその翌年分のいずれにも譲渡所得の収入金額がある場合には、まず、その損失の金額をその損失を受けた日の属する年分の譲渡所得の金額の計算上控除し、なお控除しきれない損失の金額があるときは、これをその翌年分の譲渡所得の金額の計算上控除する（所令178②）。それでもなお控除しきれない損失の金額は、切り捨てられることになる（所法69②、所令200）。

　なお、その損失を受けた日の属する年分又はその翌年分の譲渡所得のうちに、短期譲渡所得と長期譲渡所得とがあるときには、まず、短期譲渡所得の金額の計算上控除し、次に長期譲渡所得の金額の計算上控除することとされている（所令178②）。

4　損失の金額の計算

　生活に通常必要でない資産の損失の金額の計算の基礎となる資産そのものの価額の計算や譲渡所得の金額の計算上控除する損失の金額の計算方法は、基本的には、事業用の固定資産の場合と同じである（所法62①、所令178③、所基通62―2、360ページの(2)及び361ページの(3)参照）。

第5節　実　務　問　答

1　除却前の未償却残額の必要経費算入（有姿除却）

問

　　新たに性能のよい工作機械を購入したので、これまで使用していた旧式の機械は工場の隅に放置している。放置している機械は、今後使用する見込みは全くなく、いずれ除却するが、この機械の未償却残額は除却する時でなければ必要経費に算入することはできないのか。

答

　　事業用の固定資産の損失は、実際に取りこわしや除却、滅失が行われない限り必要経費とすることはできないが（321ページの(1)参照）、次に掲げるような固定資産については、たとえその資産について解撤、破砕、廃棄等をしていない場合であっても、その資産の未償却残額から処分見込価額を控除した金額を必要経費に算入することができることとされている（所基通51―2の2）。

　イ　その使用を廃止し、今後通常の方法により事業の用に供する可能性がないと認められる固定資産

　ロ　特定の製品の生産のために専用されていた金型等で、その製品の生産を中止したことにより将来使用される可能性のほとんどないことがその後の状況等からみて明らかなもの。

　　質問の場合は、旧式の機械の使用を廃止し、今後使用する見込が全くないとのことであるから、上記イに該当するため、その機械の未償却残額から処分見込価額を控除した金額を、実際に除却する前の時点において必要経費に算入することができる。

2　スクラップ化していた資産の譲渡損失

問 ・・
　　既にスクラップ化し素材の価値しかない固定資産を売却したが、この売却による損失は、事業所得の損失になるのか。それとも譲渡所得の損失になるのか。

答
　　業務用の固定資産の譲渡による損失は譲渡所得の金額の計算上の損失として取り扱われるため（319ページの(1)参照）、スクラップ化し素材としての価値しか有しない業務用の固定資産で簿価が時価を超えるものを譲渡したことにより生じた損失であっても、譲渡所得の金額の計算上の損失として取り扱われることになる。したがって、例えば、簿価100万円の資産を20万円で売却したとすると、次のように80万円の譲渡損が生じる。

　（借）　現　　金　20　　（貸）　固定資産　100
　　　　　譲 渡 損　80
　しかし、その固定資産を売却するに先だって、帳簿上、除却処理を行うとすれば、簿価と時価との差額は、除却損として事業所得等の金額の計算上必要経費に算入されることになり、その除却処理後直ちに売却すれば、次のように譲渡損は生じないことになる。

イ　除却処理をした時
　（借）　貯 蔵 品　20　　（貸）　固定資産　100
　　　　　除 却 損　80
ロ　売却した時
　（借）　現　　金　20　　（貸）　貯 蔵 品　20
　したがって、スクラップ化している固定資産を売却する場合には、あらかじめ除却処理を行えば、その損失は事業所得等の金額の計算上

の損失とすることができることになるわけであるが、このような経理処理はあまりにも形式的にすぎるため、実務上は、スクラップ化していたと認められる固定資産の譲渡による損失については、除却処理をとらなかった場合であっても事業所得等の金額の計算上の損失として必要経費に算入することとされている（所基通51―4）。

3　資産損失を補てんするための保険金等の非課税

問
帳簿上の固定資産の損失の金額を超える金額の保険金や損害賠償金を受け取った場合には、その超える部分の金額について所得税が課されるのか。

答
損害保険契約に基づく保険金で資産の損害に基因して支払を受けるものや、不法行為その他突発的な事故により資産に加えられた損害につき支払を受ける損害賠償金、資産に加えられた損害につき支払を受ける相当の見舞金などは、次に掲げるものを除き、原則として非課税とされている（所令30）。

イ　各種所得の金額の計算上必要経費に算入される金額を補てんするためのもの。

ロ　次に掲げるもので、不動産所得、事業所得、山林所得又は雑所得を生ずべき業務の遂行により生ずべきこれらの所得に係る収入金額に代わる性質を有するもの。

(イ)　当該業務に係る棚卸資産（棚卸資産に準ずるものを含む。）、山林、工業所有権その他の技術に関する権利、特別の技術による生産方式若しくはこれらに準ずるもの又は著作権（出版権及び著作隣接権その他これに準ずるものを含む。）につき損失を受けたことによ

り取得する保険金や損害賠償金、見舞金など（災害又は盗難若しくは横領により山林について損失を受けたことにより取得するものについては、その損失の金額を超える場合におけるその超える金額に相当する部分に限る。）

㈹　業務の全部又は一部の休止、転換又は廃止その他の事由によりその業務の収益の補償として取得する補償金その他これに類するもの

したがって、資産損失を補てんするための保険金や損害賠償金で、上記のイ又はロに当てはまるもの以外のものについては、原則として所得税は課されないから、たとえ資産損失の金額を超える金額の保険金や損害賠償金を受け取ったとしても、その全額が非課税となる。

㈻　資産損失の金額を補てんするための保険金や損害賠償金が上記イに該当しないことについては、362ページの㈻参照。

4　社会保険診療報酬の所得計算の特例の適用を受ける場合の資産損失

問　毎年、租税特別措置法の社会保険診療報酬の所得計算の特例の適用を受けて確定申告している。現在使用している診療用ユニットは、型式が古く、また、たびたび故障するので、これを廃棄し、新式のユニットを購入することとした。

この場合の廃棄損（このユニットの未償却残高は、50万円である。）は、この特例により計算した必要経費の別わくとして、歯科医業の所得の必要経費にすることができるか。

答　事業用の固定資産の取りこわしや除却、滅失などにより生じた

損失の金額は、保険金や損害賠償金などにより補てんされる部分の金額及び資産の譲渡や資産の譲渡に関連して生じたものを除き、その事業の所得の金額の計算上、必要経費に算入することとされている（所法51①）。

　しかし、その必要経費に算入される金額（以下この項において「事業用資産の取りこわし損失等の金額」という。）は、租税特別措置法第26条《社会保険診療報酬の所得計算の特例》の規定を適用して必要経費の額の計算を行う場合、それにより計算される必要経費の中に含まれているものとして計算される（措法26①）。

　これを、もう少し具体的に説明すると、例えば、社会保険診療につき支払を受けるべき金額が2,000万円の場合には、その金額に72％を乗じて計算した1,440万円をその社会保険診療に係る費用として必要経費に算入することになるわけであるが、この1,440万円の中には、医薬品の購入費や雇人費などのほか、事業用資産の取りこわし損失等の金額など、その社会保険診療に係るすべての必要経費が含まれるものとされている。

　したがって、租税特別措置法第26条の規定を適用して必要経費の額の計算を行う場合において、その2,000万円の社会保険診療に係る費用として必要経費に算入することのできる金額は、この1,440万円に限られることになる。

　ただし、租税特別措置法第26条の規定は、社会保険診療報酬に限り適用することとされており、社会保険診療報酬以外の診療収入（以下この項において「自由診療収入」という。）には適用されない。

　このため、租税特別措置法第26条の規定を適用して必要経費の額の計算を行う場合において、事業用資産の取りこわし損失等の金額があるときには、その事業用資産の取りこわし損失等の金額を、社会保険診療報酬に対応する部分と自由診療収入に対応する部分とに区分し、

自由診療収入に対応する部分の金額についてのみ、その自由診療収入に係る費用として必要経費に算入することが必要となる。

　したがって、質問の場合については、診療用ユニットの廃棄により生じた損失の金額を、社会保険診療報酬に対応する部分と自由診療収入に対応する部分とに区分し、自由診療収入に対応する部分の金額について、その自由診療収入に係る所得の金額の計算上、必要経費に算入することになる。

　なお、この場合における必要経費の区分に当たっては、社会保険診療報酬に係る部分と自由診療収入に係る部分のそれぞれの使用薬価の比、延患者数の比などにより合理的に区分することが必要である。

5　横領による損失の計上時期

問　売上金を従業員に横領された場合は、横領されたことが分かった時に必要経費に計上すればよいのか。

答　売上金などを横領された場合、その横領について損害賠償請求権を有することになるため、横領の事実が判明したからといって、直ちに損失が生じたことにはならない。

　横領による損失として必要経費に計上できる時期は、横領額のうち賠償されない金額が具体的に確定した時であり、また、損失額として必要経費に計上できる金額は、その賠償されないことが具体的に確定した金額となる。

6　賃貸建物の取壊し損失等

問

　昭和63年に建築して以来他人に賃貸していた木造の独立家屋3棟を取り壊して、その跡地に鉄筋コンクリート造の賃貸マンションを建築しようと考えている。

　建物の取壊し損失などに係る所得税の取扱いは、ケースによって違うそうだが、①建物の取壊し損失（建物そのものの損失）、②建物の取壊し費用（建物の解体費用や除却費用）は、不動産所得の金額の計算上必要経費に算入することができるか。

　なお、この3棟の建物以外の不動産の貸付けは行っていない。

答

　建物の取壊しが土地等の譲渡のために行われたものであることが明らかである場合には、その建物が業務用であるか居住用であるかにかかわらず、その建物の取壊し損失（その建物の未償却残額から発生資材の価額を控除した残額に相当する金額）及び取壊し費用は、その土地等の譲渡に係る譲渡費用とすることとされている（所基通33—7、33—8）。

　しかし、建物の取壊しが土地等の譲渡のために行われたものでない場合で、その建物が業務を行う者の業務用の建物であるときには、その建物の取壊し損失及び取壊し費用は、その損失の生じた日又は支出した日の属する年分の業務に係る所得の金額の計算上必要経費に算入することとされている（所法37、51①④、所基通33—7、51—2、51—9）（注1）。ただし、建物の取壊し損失の方については、その所得を生ずべき業務が「事業」として行われていないときには、その損失の金額を差し引く前のその業務に係る所得の金額を限度としてしか必要経費に算入することはできないこととされている（所法51④）。

　　質問の場合についてみてみると、取り壊される建物は業務用の建物であるし、また、その取壊しは、土地等を譲渡するために行われるのではなく、貸家を取り壊して賃貸マンションに建て換えるために行われるわけであるから、建物の取壊し損失も取壊し費用も、不動産所得の金額の計算上必要経費に算入することになる。しかし、質問の場合の建物の貸付けは、事業として行われているとはいえないようであるから（注2）、貸家の取壊し損失の方については、その損失の金額を差し引く前の不動産所得の金額を限度として必要経費に算入することになる。

㊟　建物の貸付けが不動産所得を生ずべき事業として行われているかどうかの判定については、182ページの(9)参照。

7　賃借人の倒産による未収家賃の貸倒れ

> **問**
> 　　事務所用の建物の一室を甲社に貸し付けていたが、甲社は令和5年7月に経営不振により倒産した。家賃は令和4年8月分から支払を受けておらず、未収家賃の総額は180万円（月額15万円）になっていたが、家賃3カ月分に相当する敷金45万円を預っていたので、令和5年11月の債権者集会の協議決定では、この敷金を充当した残りの未収家賃135万円が切り捨てられることになった。
> 　　この場合の貸倒れによる損失はどのように取り扱われるか。

> **答**
> 　　家賃や地代などの不動産所得に係る収入金額の貸倒れによる損失については、その不動産の貸付けが事業としての規模で行われているかどうかによって取扱いが異なっている。
> 　　まず、それが事業としての規模で行われている場合には、貸倒れに

なった金額の全額を、その貸倒れになった日の属する年分の不動産所得の必要経費に算入することになる（所法51②）。質問の場合には、敷金の額を差し引いた9カ月分の家賃相当額135万円を、債権者集会の協議決定により切り捨てられることになった令和5年分の必要経費に算入することになる。その結果、令和5年分の不動産所得が赤字になる場合には、原則として令和5年分の他の黒字の所得と相殺（損益通算）することができる（所法69①）。

　次に、その不動産の貸付けが事業としての規模で行われていない場合には、貸倒れとなった家賃や地代などを未収入金として収入金額に計上した年分にさかのぼって、その年分の不動産所得の金額のうちその貸倒れとなった金額に対応する部分の金額はなかったものとみなすこととされている（所法64①、所令180）。

　質問の場合の不動産の貸付けが事業としての規模で行われていないものとすると、令和4年分については、家賃3カ月分に相当する敷金の額を差し引いた2カ月分の家賃相当額30万円に対応する所得の金額はなかったものとみなすこととなるし、また、令和5年分については、7カ月分の家賃相当額105万円に対応する所得の金額はなかったものとみなすこととなる。

　なお、この場合、令和4年分については、債権者集会の協議決定のあった日から2カ月以内に、更正の請求書を所轄の税務署に提出し、納めすぎとなっている所得税額の還付を受けることになる（所法152）。

㊟　不動産の貸付けが事業としての規模で行われているかどうかに係る取扱いについては、182ページの(9)参照。

8　親族の店舗を無償で使用している場合の店舗の損失

問

　　事業主甲は、生計を一にする親族乙が所有する店舗を事業用として無償で使用していたが、その店舗が火災により焼失してしまった。

　　乙には所得がないので、その火災による損失を甲の事業所得の必要経費に入れたいと考えているが、認められるか。

答

　　事業主と生計を一にする親族の有する資産をその事業主が有償で事業用として使用している場合には、所得税法上、その対価に相当する金額は、事業主の事業に係る所得の金額の計算上必要経費に算入しないこととし、一方、その親族のその対価に係る所得の金額の計算上必要経費に算入されるべき金額を、事業主の事業に係る所得の金額の計算上必要経費に算入することとされている（所法56）。

　　以上の取扱いは、事業主が有償で使用している場合に限られるのであるが、実務上は、無償で使用している場合であっても、有償であったとしたならば上記により事業主の所得の金額の計算上必要経費に算入することとなる金額を、その事業主の事業に係る所得の金額の計算上、必要経費に算入することとして取り扱われている（所基通56—1）。

　　ところで、所得税法上、必要経費に算入されるべき業務用固定資産の損失の金額の範囲は、その業務が事業として行われている場合とそうでない場合とでは異なっている（所法51①④）。

　　すなわち、その業務が事業として行われている場合には、その固定資産について生じた損失の金額は、その金額がその損失の生じた年分の必要経費に算入される（したがって、この結果、事業に係る所得が赤字になる場合も生じる。）。

　　これに対して、その業務が事業として行われていない場合には、そ

の固定資産について生じた損失の金額（災害又は盗難若しくは横領により生じた損失の金額で雑損控除の対象となるものは含まれない。ただし、納税者の選択により含めることもできる。）は、その損失の生じた年分のその業務に係る所得の金額（その損失の金額を控除しないで計算した金額）を限度として、その損失の生じた年分の必要経費に算入される。

　このため、前記の事業主と生計を一にする親族の業務用固定資産の損失の金額についても、事業主が必要経費に算入できる金額は、その親族の業務（乙の不動産貸付けに係る業務）が事業として行われている場合とそうでない場合とで異なることになる。つまり、その親族の業務が事業として行われている場合には、事業主はその損失の金額の全額を必要経費に算入することができるが、事業として行われていない場合には、その親族のその業務に係る所得の金額（その損失の金額を控除しないで計算した金額）の範囲内でしか必要経費に算入することができないことになる。

　しかし、実務上の取扱いとしては、その親族の業務が事業として行われていない場合においても、その業務が事業として行われている場合と同じように、固定資産について生じた損失の金額の全額を事業主の必要経費に算入することとして取り扱うこととされている。ただし、災害又は盗難若しくは横領により生じた損失の金額で雑損控除の適用を受けるものについては必要経費に算入することはできないこととされている（所基通51―5）。

　したがって、質問の場合については、有償であるか無償であるかを問わず、また、親族の業務が事業として行われているか否かを問わず、火災による損失の金額（雑損控除の適用を受ける金額を除く。）を、事業主の事業に係る所得の金額の計算上、必要経費に算入することができる。

9　貸金、利息及び損害金の貸倒れ

問

友人が経営する会社に、令和4年3月21日に、下記の条件で2,000万円を貸し付けた。

① 返済期日……令和5年3月20日

② 利　　率……年10％（利息の支払日は、令和5年3月20日）

なお、返済期日までに元本の返済がない場合には、これに代えて、期日を経過した日数に応じ、年15％の割合で損害金（いわゆる賠償額の予定に当たるもの）を支払うこと。

ところが、返済期日である令和5年3月20日には、元金の返済がなく、令和5年8月5日に利息の内金として100万円を受け取ったが、元金や利息の残金、損害金は、再三催促をしたにもかかわらず、会社の資金繰りの悪化を理由に支払に応じてくれない。

このような場合、返済を受けられない元本などの取扱いはどのようになるのか。

なお、貸金業を行っているわけではなく、親しい友人であるということから、金を貸すこととなった次第である。

答

事業と称するに至らない貸金の業務に係る貸金が貸倒れとなった場合には、その貸倒れとなった年分の雑所得の金額を限度として、その年分の雑所得の金額の計算上、必要経費に算入することとされている（所法51④）。

また、利息や損害金については、その全部又は一部を回収することができないこととなった場合には、その利息や損害金を収入すべき年分の所得の金額のうち、その回収することができなくなった利息や損害金の金額に対応する部分の金額は、なかったものとみなすこととさ

れている（所法64①）。

　質問の場合については、友人の会社の資産状況や支払能力等の詳細が明らかではないから判断できかねるが、その貸金の全額を回収できないことが明らかになったなどの事態に立ち至った場合には、上記のように貸倒れとして必要経費に算入するなどの処理をすることができる。

10　山林が全焼したが給与収入しかない場合の山林の損失の取扱い

問--

　　3年前に山林を購入した。ところが、今年の5月に山火事で、その山林が全焼してしまった。

　今年の収入は、会社からの給与収入以外の収入はないが、この山林の火災による損失については、所得税法上、なんらかの形で控除することはできないか。

答

　　山林そのものに生じた損失については、災害又は盗難若しくは横領による損失に限り、その損失の生じた日の属する年分の事業所得の金額又は山林所得の金額の計算上、必要経費に算入することとされている。

　ここにいう山林には、

①　山林所得の基因となる山林（保有期間が5年を超えるもの）

②　事業所得の基因となる山林（保有期間が5年以下の山林で、その伐採又は譲渡による所得が事業から生じたと認められるもの）

③　雑所得の基因となる山林（保有期間が5年以下の山林で、②に該当しないもの）

の3種類のものがある。

　これらの山林のうち、山林所得の基因となる山林又は事業所得の基因となる山林について生じた損失の金額は、山林所得の金額又は事業所得の金額の計算上必要経費に算入されるが、雑所得の基因となる山林について生じた損失の金額は、山林所得の金額の計算上必要経費に算入することとして取り扱われている。

　質問の場合の山林は、文面による限りでは、雑所得の基因となる山林に当たるものと思われるから、その火災による損失の金額は、山林所得の金額の計算上、必要経費に算入することができることになる。

　ところで、質問の場合、今年は山林に係る収入はないということであるから、問題は、いつの年分の必要経費として計上することができるかということになるわけであるが、上述のように、災害又は盗難若しくは横領による損失については、「その損失の生じた日の属する年分」の必要経費に算入することとされていることから、その損失の生じた年分に山林の伐採又は譲渡による収入のあるなしにかかわらず、その年分の必要経費に算入することができるものと考えられる。

　したがって、質問の場合は、その山林の損失の金額は、山林所得の金額の計算上生じた損失の金額として、他の所得の金額（質問の場合は給与所得の金額）と損益通算することができることとなる。

　なお、その山林に係る災害等関連費用についても、その支出をした日の属する年分の必要経費に算入することができることとされている。

第12章

損益通算及び純損失の
繰越控除等について

はじめに

　所得税法上、個人に帰属する所得は10種類に分類されている。所得を分類することとしている理由の一つとして、担税力の測定のために便利であるということができる。所得を計算する際に収入から控除すべき必要経費ないし支出等は、個人に帰属する純収入という形の担税力を測定する上において担税力の減殺要素として位置付けることができる。その必要経費ないし支出等の範囲は、個人に帰属する収入の内容がさまざまであるだけに、その収入を性質に応じて分類することによって適切に整理することができる。したがって、所得を計算するに当たって所得を分類するというのは、換言すれば、総収入を各種の所得の範ちゅうに区分することであり、その区分は純収入という形の担税力を測定するための便宜であるともいえる。

　以上によって、分類して測定された担税力としての各種の所得は、集計し、その合計額を算出することとされているが、その集計を行うに当たり各種の所得に黒字のものと赤字のものとがある場合には、原則として、その黒字と赤字を差引計算することとされている。これを「損益通算」という。

　その損益通算をしてもなお引ききれない赤字が残ることがあるが、所得の計算は暦年ごとに行うこととされており、原則として、ある年に生

じた赤字は他の年の所得の計算に影響させないこととされている。しかし、赤字を繰り越すという制度がないとすれば、例えば、同一年中に、ある所得は赤字でその他の所得が黒字であれば相互に通算されるのに対し、ある年に赤字の所得があり、その次の年に黒字の所得がある場合には赤字と黒字が通算されず、税負担にも相当の差が生じることとなるというような問題が生じる。そこで、一定の場合に限り、一種の年分間の損益通算を認めることとされている。これが「純損失の繰越控除及び繰戻し還付」である。

　本章では、以上の「損益通算」及び「純損失の繰越控除及び繰戻し還付」について解説する。

第1節　所得税の損益通算制度の仕組み

　所得税法上、個人に帰属する所得は、10種類の各種所得に分類され、各種所得ごとにそれぞれ所得金額を計算することとされている。このように、個人に帰属する所得を分類することとされているのは、①個人に帰属する所得にはさまざまの内容のものがあるため、類似するものは類似するものごとにグループ別に区分し、そのグループ別に一定の方法によって所得金額の計算をする方が、担税力としての所得の金額の計算方法として合理的であること、②一時的な所得に対する超過累進税率の緩和措置を講ずるためには、一定の所得を一時的な所得として区分する必要があること、③源泉徴収制度の適用上の必要があること、などの要請によるものといわれている。

　しかし、所得金額の計算を各種所得ごとに別々に行うこととすると、所得の種類によっては赤字となるものも生じるため、所得税法は、原則として、その赤字の金額を他の黒字の金額から控除することとし、その控除後の黒字の各種所得の金額の合計額を基として課税すべき所得の金額を計算することとしている。この赤字の金額と黒字の金額との差引計算を「損益通算」という（所法69①）。

第2節　損益通算の対象とならない
赤字の金額

　各種所得の金額の計算上生じた赤字の金額は、原則として他の各種所得の黒字の金額と損益通算することとされているが、配当所得、一時所得又は雑所得の金額の計算上生じた赤字の金額、生活に通常必要でない資産に係る所得の金額の計算上生じた赤字の金額などについては、次のとおり、他の各種所得の黒字の金額と損益通算することはできないこととされている。

1　配当所得、一時所得及び雑所得の金額の計算上生じた赤字の金額

　損益通算の対象となる赤字の金額は、原則として、不動産所得、事業所得、山林所得及び譲渡所得のそれぞれの金額の計算上生じた赤字の金額に限られている（これらの赤字のうち例外的に損益通算の対象とならないものがあるが、その赤字については、次の2から5まで参照）。

　損益通算の対象とされていないのは、利子所得、配当所得、給与所得、退職所得、一時所得及び雑所得のそれぞれの金額の計算上生じた赤字の金額である。このうち利子所得、給与所得及び退職所得については、これらの所得の金額の計算の仕組み上赤字の金額が生じないようになっているから、実質的に損益通算の適用除外とされているのは、配当所得、一時所得及び雑所得のそれぞれの金額の計算上生じた赤字の金額ということになる（所法69①）。

　㊟　「給与所得者の特定支出の控除の特例」（所法57の2）の適用を受ける場合には、給与所得の金額の計算上赤字の金額が生じるときがあるが、そも

そも給与所得の金額の計算上生じた赤字の金額は損益通算のラチ外とされているため、結果的に、その特例を適用することにより生じた赤字の金額についても、損益通算の対象とされないこととなる。

　以上のような損益通算が認められない赤字の金額については、損益通算が認められないこととされている論理が必ずしも明らかではないものもある。そこで、若干の考察を試みると次のとおりである。

(1)　配当所得の場合

　配当所得の金額の計算上株式等の元本の取得に要した負債の利子を控除するいわゆる負債利子控除の制度は、昭和15年の所得税法の「綜合所得税」の配当所得の金額の計算について創設された。配当所得の金額の計算について負債利子控除の制度が全面的に採用されたのは、分類所得税と綜合所得税の両建てによる課税が廃止され総合課税一本建てによることとされた昭和22年12月の所得税法の改正以来である。

　配当所得の金額の計算について負債利子控除を認める場合の損益対応の考え方については、株式等の元本の取得に要した負債の利子はその負債によって取得した株式の配当等の収入からのみ控除し、他の株式の配当等の収入からの控除を認めないいわゆる個別対応の考え方をとるか、あるいは個別の対応関係は無視して、株式等の元本の取得に要した負債の利子の総額を配当等の収入から控除するいわゆる総体対応の考え方をとるかという問題がある。

　配当所得の金額の計算上控除すべき負債の利子の範囲について、昭和15年の所得税法は「其ノ元本ヲ得ルニ要シタル負債ノ利子」と規定し、また、昭和22年の所得税法は「その元本を取得するために要した負債の利子」と規定しており、条文上は必ずしも個別対応の考え方を否定しているとはいえなかったが、実際の取扱いでは、株式等の元本の取得に要した負債の利子は、その負債によって取得した株式の配当等の収入から

403

控除できるほか、負債によらないで取得した株式等の配当等の収入から
も控除できることとし、総体対応により計算することとされていた。そ
して、その後、昭和40年の所得税法では「株式その他配当所得を生ずべ
き元本を取得するために要した負債の利子」と規定し、取扱いの実情に
合わせ現在に至っている。

　ところで、このように配当所得の金額の計算上負債利子控除を認める
場合には、その計算上赤字を生じるケースが起こる。この赤字の処理に
ついて、昭和22年の改正の際には他の黒字の所得と損益通算することが
認められていたが、昭和36年の改正では損益通算を認めないこととされ、
現在に至っている。

　昭和36年の改正で損益通算を認めないこととされた直接的動機は、無
配の株式を取得するために巨額の負債を負い、他に少額の有配の株式を
所有することにより、その配当から負債利子を控除して配当所得の金額
の計算上多額の赤字を計上し、もって給与所得等の他の黒字の所得と損
益通算する事例が発生したことであるといわれている。

　このような事例の発生を防止するためには、負債利子控除を個別対応
により行うこととするのも一つの方法と考えられるが、当時の記録によ
れば、税務の執行を考慮した場合、家事上の負債との区別が必ずしも容
易でなく、個別対応というような厳密な計算を強いることは困難である
ことや、多数の株式に投資する投資家にとっては、総体対応により計算
する方が所得計算の実感に合致することから、総体対応の計算は引き続
き踏襲することとし、次の点を考慮して、配当所得の金額の計算上生じ
た赤字については損益通算を認めないこととする方法でこの問題の処理
がされたようである（昭和35年12月、税調答申の別冊参照）。

イ　投資財産たる株式から生ずる所得を総体的にとらえてみた場合、株
　　式の配当及び譲渡所得を通じての投資採算を考慮すべきであり、その
　　ような考え方からみると、株式の取得に要した負債の利子は、配当所

　得と譲渡所得の双方に対応する性質を有していると認められる。この
　ような負債の利子を全額配当所得の必要経費とみることは、株式の譲
　渡所得がすべて課税されていれば特に不合理はないが、株式の譲渡所
　得が非課税とされている制度の下では理論的に正しくないと考えられ
　る。

ロ　家事上の負債との区別の問題は、原則的には税務執行の運営に期待
　すべき問題であるが、実際問題として、家事上の負債の利子が混入す
　る危険があることを考えれば、税制上そのことも考慮に入れておかな
　ければならない。

　上記2点のうちイについては、若干問題があるように思われる。イで
は、株式の取得に要した負債の利子の一部は譲渡所得に対応するものと
考えられているようであるが、投資採算という実態はともかく、所得計
算上は、資産の取得のために借り入れた資金の利子は、原則としてその
資産の取得費には含まれないと考えられており、所得税法上、その負債
の利子は資産の運用によって生ずる収入に対応させるべきものと考えら
れていることに立脚すると、株式の譲渡所得が非課税とされているか否
かを問わず、株式の取得に要した負債の利子は配当の収入から（ただし、
株式の譲渡による所得が事業所得又は雑所得に該当する場合にはそれらの所
得に係る収入から）控除すべきではないかと考えられる。

　してみると、配当所得の金額の計算上生じた赤字について損益通算を
認めないこととした理由は、①昭和36年改正の直接的な動機となった前
述の事例を防止するためには、配当所得の負債利子控除の計算を個別対
応の方法によることとするのが望ましいが、個別対応の方法によること
は実際上困難であること、②株式を取得するための借入金と家事上の借
入金との区別が難しいことの2点に整理される。これらの理由は、所得
の計算構造の理論に裏打ちされたものではなく、起こり得る課税上の弊
害を防止するための実際的な理由であると考える。

⑵　一時所得の場合

　一時所得の金額の計算上生じた赤字の金額を損益通算の対象としないこととされたのは、昭和22年12月の所得税法の改正によって一時所得が新たに課税することとされた時からである。

　一時所得については、その年中の総収入金額からその収入を得るために支出した金額を控除することとされている。この「その収入を得るために支出した金額」の範囲については、昭和40年改正前においては、一時所得の収入を生じた各行為又は各原因ごとにこれを定めるものとし、収入を生じない行為又は原因に伴う支出は含まれないと解釈されていたが、昭和40年の所得税法では、「その収入を得るための金額」は「その収入を生じた行為をするため、又はその収入を生じた原因の発生に伴い直接要した金額に限る」ことが法令上明らかにされた。

　このように、一時所得の金額の計算を厳密な収入と支出の個別対応によって行う場合には、各行為又は各原因ごとにみて収入が得られたものについてだけ収入と支出の個別対応計算を行い、現実に支出があったとしてもそれを基因として収入が生じなかったものについては、所得の金額の計算上考慮されず、その支出は、いわば家事費的支出ないし所得の処分として取り扱われることとなる。

　損益通算の問題領域に入る赤字は、上述の個別対応により計算をした場合に生じるその赤字となった部分の支出である。この赤字の部分の支出についても、所得税法上考慮されず、収入を生じなかった支出と同様の取り扱いを受けることとされている。しかし、課税所得の金額の計算上控除すべき支出は、個人に属する純収入という形の担税力を測定する上での担税力の減殺要素であると理解するならば、この赤字となった部分の支出は他の黒字の所得と損益通算すべきものと考えられる。

　この赤字になった部分の支出について、「赤字になったこと」を理由に担税力の減殺要素としての性質が消滅すると説明するのは困難である。

これを合理的に説明するには、結果として収入が得られたか否かや、所得金額の計算の結果赤字が生じたかどうかによってその支出の性質が変化するのではなく、その支出は本来家事費的性質ないし所得の処分としての性質を有するものであり、結果として収入が得られた場合には、その収入に対して所得税が課されるので、担税力の測定という観点から、その収入の金額を限度として、その収入を得るために支出した金額を控除することが認められていると解することとなるのではないかと思われる。

　この点について、植松守雄氏は「一時所得の損失の損益通算を認めないのは、とりもなおさずその投下費用はその収入の限度でしか差し引かないことを意味し、それはその費用が本来家事費的性格をもつと考えたからにほかならない」と述べている（昭和53年11月、一橋論叢第80巻第5号59ページ参照）。

(3)　雑所得の場合

　雑所得の金額の計算上生じた赤字の金額については、昭和43年の所得税法の改正により損益通算の対象としないこととされ、現在に至っている。

　損益通算が認められない赤字は、一時所得の場合には、その控除すべき支出それ自体が家事費的性質を有するものであって担税力の減殺要素ではないとか、あるいは個人的な消費という面が強く所得の処分にすぎないと解されているものと考えられる。しかして、結果として収入が得られたか否かにかかわらずその支出の性質は変わらないのであるが、所得税法上は収入がある限り原則として課税されることになるので、その収入の金額を限度としてその支出の金額を控除することを認めているものと考えられる。所得の内容がある程度似通っている場合には以上のような理解の仕方に妥当性も見出せるであろうけれども、雑所得のように

その所得の内容がいろいろの所得によって構成されている場合には、雑所得の金額の計算上生じた赤字を全体として損益通算を認めない根拠が那辺にあるか一概にいえない。

　雑所得の金額の計算上生じた赤字について損益通算を認めないこととされた直接の原因は、政治家の政治献金収入による雑所得の赤字申告の問題や、株式売買による雑所得の赤字申告の問題ではなかったかと思われる。

　雑所得の金額の計算上生じた赤字を損益通算の対象から控除するという法改正案を含む「所得税法の一部を改正する法律案」が付議された昭和43年3月25日の衆議院大蔵委員会において、政府委員が損益通算を認めるべきではないものとしてまず例示したのは、しろうとが行った商品先物取引による赤字であった。これは、商品先物取引は、プライスリスクを回避するためにヘッジングする場合や投機利益を得ることを目的とする場合があるが、たまたましろうとが投機利益を得ることを目的として取引し赤字を出した場合のその赤字は、家事費的性質が強く、損益通算しなくても支障がないという考え方も採り得よう。

　損益通算を認めるべきではないものとして次に例示したのは、株式取引による赤字である。政府委員は、「……これも名前をあげればすぐお分かりになるような方が一文も税金を払っておられないのです。しかもそれが有名な株の大手であることも皆さん御承知だと思います。そういう弊害のある点はわれわれも考えておったわけであります……」と説明している。ここでは、その赤字の家事費的性質の有無は問題とされておらず、雑所得の金額の計算上生じた赤字について損益通算を認めることによって生じる弊害だけが問題とされている。

　結論的には、大蔵大臣が次のように述べている。「政治家所得は損益通算できないようにする。これは問題ございませんが、それじゃ、それ以外の雑所得がどうなっているかと申しますと、実際においては、弊害

こそあっても、これを損益通算しなくてもほとんど支障のないものが大部分だという。検討をした結果、この際、これをあわせて損益通算できないことにする措置の方がいいというふうに一応了解を願っておる措置ということでございます。もし、これでそういった措置をとって非常に困まる雑所得があるというようなことでございましたら、これは将来の検討事項になると思いますが、いまのところでは、むしろ雑所得も一切損益通算しないという措置の方がいままでいわれておるいろんな弊害をなくする措置であるというふうに私どもは考えます。」

　以上によれば、雑所得の金額の計算上生じた赤字について損益通算を認めないこととする根拠は、必ずしも理論によるものではなく、起こり得る弊害を防止することに重点があるものと考えられる。

2　生活に通常必要でない資産に係る所得の金額の計算上生じた赤字の金額

　不動産所得、事業所得、山林所得又は譲渡所得の金額の計算上生じた赤字の金額は、原則として損益通算の対象とされているが、これらの赤字の金額であっても、「生活に通常必要でない資産」に係る所得の金額の計算上生じたものに該当するものについては、損益通算の対象としないこととされている（所法69②）。

　この場合の「生活に通常必要でない資産」とは、381ページの1に掲げる資産をいう。

　ただし、譲渡所得の金額の計算上生じた赤字の金額の中に381ページの1のイに掲げる競走馬の譲渡に係る譲渡所得の金額の計算上生じた赤字の金額が含まれている場合には、その競走馬に係る赤字の金額に相当する部分の金額については、その年分の競走馬の保有に係る雑所得（賞金等による所得）の黒字の金額を限度としてその黒字の金額と損益通算

をすることができることとされている（所法69②、所令200）。

　生活に通常必要でない資産に係る所得の金額の計算上生じた赤字の金額については、昭和36年の所得税法の改正により損益通算の対象としないこととされ、現在に至っている。

　昭和36年の改正の趣旨は、要するに、これらの所得の金額の計算上生じた赤字は、家事費的性質を有するものであって担税力の減殺要素ではないこと、あるいは個人的な消費という面が強く所得の処分にすぎないことから、他の一般の黒字の所得との間で損益通算することを認めるのは適当でないという認識によるものであるといわれている。

3　不動産所得の金額の計算上生じた赤字の金額のうち、土地等を取得するために要した負債の利子の額に相当する部分の金額

　各年分の不動産所得の金額の計算上生じた赤字の金額がある場合において、その年分の不動産所得の金額の計算上必要経費に算入した金額のうちに不動産所得を生ずべき業務の用に供する土地又は土地の上に存する権利を取得するために要した負債の利子の額があるときは、その赤字の金額のうちその負債の利子の額に相当する部分の金額はないものとみなすこととされ、損益通算の対象にはならないこととされている（措法41の4）。

(注)　この不動産所得に係る損益通算の特例については、439ページの問10から問20までにおいて詳しい内容を記述している。

　不動産所得の金額の計算上生じた赤字の金額のうち、土地等を取得するために要した負債の利子の額に相当する部分の金額については、平成3年3月の租税特別措置法の改正により損益通算の対象としないこととされた。

　損益通算の対象としないこととされた理由としては、平成2年10月の税制調査会の「土地税制のあり方についての基本答申」において、「近年、マンション等を借入金により購入してこれを貸し付けることにより不動産所得に係る損失を生じさせ、これを給与所得や事業所得から控除することにより節税を図る動きが増加している。このような損失を他の所得から控除することが認められていることは、不公平感を高めているだけでなく、不要不急の土地需要を産み出し地価高騰の一因となっているという問題もあると考えられる。このような観点から、不動産所得に係る損失の損益通算のあり方について検討すべきものと考える」と述べられているような問題があったことによるものである。

4　株式等に係る譲渡所得等の金額の計算上生じた赤字の金額

　申告分離課税の株式等に係る譲渡所得等の金額の計算上赤字の金額が生じた場合には、その赤字の金額は生じなかったものとみなすこととされていることから（措法37の10①、37の11①）、所得税法上の損益通算の規定（所法69）の適用についても、その赤字の金額は他の各種所得の黒字の金額と通算することはできないこととされている。また、逆に、他の各種所得に赤字の金額があり、株式等に係る譲渡所得等が黒字である場合においても、その各種所得の赤字の金額と株式等に係る譲渡所得等の黒字の金額は通算できないこととされている（措法37の10⑥四、37の11⑥）。

　ただし、上場株式等に係る譲渡損失については、申告分離課税の上場株式等に係る配当所得等から控除することとされている（措法37の12の2）。

㊟　株式等に係る譲渡所得等及び配当所得等に関する損益通算及び繰越控除

の詳細は第1章参照

　申告分離課税の株式等に係る譲渡所得等の金額の計算上生じた赤字の金額については、昭和63年12月の租税特別措置法の改正により損益通算の対象としないこととされた。

　損益通算の対象としないこととされた理由としては、次に掲げるようなことを考慮し、納税者の恣意的な操作を最小限にとどめることとされたものと考えられる。

① 　昭和63年4月の税制調査会の「税制改革についての中間答申」において、有価証券の「譲渡損失については、完全な総合課税の下では、譲渡損失を他の所得から控除することも一つの考え方としてあり得るが、有価証券取引を把握する体制が十分整備されないままに譲渡損失を他の所得から控除することには譲渡損失ばかり申告されるといった基本的な問題があり、譲渡損失を有価証券以外の他の所得から控除することは適当でないとする意見が大勢を占めた」と述べられていること。

② 　株式には、所有株式の時価が下落している場合には、その株式を売却し、その後直ちに同一銘柄の株式を購入することにより、所有株式数を異動させずに容易に損失を生じさせることができるといった他の資産にはない側面があること。

　なお、平成20年4月改正により、上場株式等に係る譲渡損失については、申告分離課税の上場株式等に係る配当所得から控除することとされている。これは、個人投資家の株式投資リスクの軽減を図るためである。

5　土地建物等に係る譲渡所得の金額の計算上生じた赤字の金額

　申告分離課税の土地建物等に係る譲渡所得の金額の計算上赤字の金額

が生じた場合には、その赤字の金額は生じなかったものとみなすこととされていることから（措法31①、32①）、所得税法上の損益通算の規定（所法69）の適用についても、その赤字の金額は他の各種所得の黒字の金額と通算することはできない。また、逆に、他の各種所得に赤字の金額があり、土地建物等に係る譲渡所得等が黒字である場合においても、その各種所得の赤字の金額と土地建物等に係る譲渡所得等の黒字の金額は通算できないこととされている（措法31③二、32④）。

　なお、一定の要件に当てはまる①居住用財産の買換え等の場合及び②特定居住用財産の譲渡の場合のそれぞれの譲渡所得の金額の計算上生じた赤字の金額については、上記の例外として、その譲渡をした年分の土地建物等の長期譲渡所得の金額の計算上生じた赤字の金額に達するまでの金額を、その年分の他の所得の金額との損益通算を認めることとされている（措法41の5）。

　申告分離課税の土地建物等の譲渡所得の金額の計算上生じた赤字の金額については、平成16年3月の租税特別措置法の改正により損益通算の対象としないこととされた。

　損益通算の対象としないこととされた理由としては、土地建物等の譲渡所得に対する課税については、利益が生じた場合には比例税率の分離課税とされている一方で、損失が生じた場合には総合課税の対象となる他の所得の金額から控除することができるという主要諸外国に例のない不均衡な制度であるといったこと等の問題点が指摘されていたことが背景にあり、また、申告分離課税とされている株式等に係る譲渡所得等に対する課税とのバランスを踏まえて、損益通算の対象としないこととされたものである。

6　特定の組合事業又は信託から生じる不動産所得の金額及び有限責任事業組合の事業に係る事業所得等の金額の計算上生じた赤字の金額

　特定組合員又は特定受益者に該当する個人が、組合事業又は信託から生ずる不動産所得を有する場合においてその年分の不動産所得の金額の計算上その組合事業又は信託による不動産所得の損失の金額として一定の金額があるときは、その損失の金額に相当する金額は、生じなかったものとみなすこととされており、損益通算の対象にもならないこととされている（措法41の4の2①）。

(注)　この特例の対象となる特定組合員の範囲や赤字の金額の計算方法等については、451ページの問21及び問22において記述している。なお、「特定受益者」とは、一定の信託の受益者をいう（所法13①②）。

　また、有限責任事業組合契約を締結している組合員である個人が、各年において、その組合契約に基づいて営まれる事業から生ずる不動産所得、事業所得又は山林所得を有する場合においてその組合の事業によるこれらの所得の損失の金額があるときは、当該損失の金額のうちその組合の事業に係る当該個人の出資の価額を基礎として計算した「調整出資金額」を超える部分の金額に相当する金額は、その年分の不動産所得の金額、事業所得の金額又は山林所得の金額の計算上、必要経費に算入しないこととされており、損益通算の対象にもならないこととされている（措法27の2①）。

　特定の組合事業から生ずる不動産所得の金額の計算上生じた赤字の金額については、平成17年3月の租税特例措置法の改正により、また、特定の信託から生ずる不動産所得の金額の計算上生じた赤字の金額については、平成19年3月の租税特別措置法の改正によりなかったものとみなすこととされており、損益通算の対象にもならないこととされた。

　損益通算等の対象としないこととされた理由としては、平成16年11月の税制調査会の「平成17年度の税制改正に関する答申」において、「今日、法人形態に限らず、多様な形態による事業・投資活動が行われるようになっているが、こうした中で、組合事業から生じる損失を利用して節税を図る動きが顕在化している。このような租税回避行為を防止するため、適切な対応措置を講じる必要がある」と述べられているような問題があったことにより、平成17年3月改正に至ったものである。それ以前においては、いわゆる航空機リースに関する任意組合の事業をはじめ、組合の事業から生ずる損失を利用して節税を図る動きが顕在化しており、例えば、組合員からの出資と借入金を原資として購入した高額な減価償却資産（航空機、船舶等）を他の者に貸し付ける事業を営み、減価償却費や借入金利子を計上することによって創出した組合損失を組合員に帰属させ、組合員の他の所得を圧縮して税負担の軽減を実現させているケースが見受けられていた。

　平成19年3月改正では、特定の信託から生ずる損失についても、この特例の対象とすることとされている。これは、特定の組合事業の場合のような節税スキームは、信託を利用することにより行うことも可能であることは従来より指摘されていたところであったが、信託法の改正により多岐にわたる規定の整備が行われ、信託の利用機会は大幅に拡大することが考えられることから、課税の中立性・公平性を確保する観点から、信託から生ずる不動産所得の損失についても同様の措置を講ずることとされたものである。

　また、平成17年3月改正では、有限責任事業組合の事業に係る事業所得等の赤字の金額についても、この特例の対象とすることとされているが、これも同様の趣旨によるものである。

7　国外中古建物に係る不動産所得の計算上生じた赤字の金額のうち償却費に相当する部分の金額

　個人が国外中古建物から生ずる不動産所得を有する場合において、その年分の不動産所得の金額の計算上国外不動産所得の損失の金額があるときは、その国外不動産所得の損失の金額のうち国外中古建物の償却費に相当する部分の金額（その建物の耐用年数を簡便法により算定している場合などに限る。）については、損益通算の対象にしないこととされている（措41の4の3）。

　なお、その国外中古建物を譲渡した場合における譲渡所得の金額の計算上、その取得費から控除することとされる償却費の額の累計額からは、その損益通算の対象外とされた償却費に相当する部分の金額は除くことになっている。

　海外に所在する中古建物は、日本の建物と比較して使用期間が長いものが多いといわれている。一方、日本の税制により中古資産に対して適用される簡便法による耐用年数は、その使用期間と比べて短い年数によることとされている。このためこの簡便法を利用して早期に多額の減価償却費を前倒し計上し、不動産所得の金額をより低く計算して総合課税の税負担を軽減している事例が多数存在するといわれている。また、この簡便法で減価償却した建物の場合、取得価額はその分だけ低額にはなるが、その後に譲渡したときには、その譲渡所得について低率の申告分離課税の適用を受けることが可能となる。これは納税者が国内に居住している場合であるが、その納税者が非居住者となった後にその建物を譲渡したときには、その譲渡所得について日本の課税関係が及ばないことになってしまう。

　このような方法は、高率の超過累進税率の適用を受ける富裕層にとって有利なものとなっているわけで、会計検査院の指摘を受け、令和2年

の税制改正では、個人が国外中古建物を有する場合において、その個人の不動産所得の金額の計算上その国外中古建物の貸付けによる損失の金額があるときは、その損失の金額のうちその国外中古建物の償却費に相当する部分の金額については、損益通算の適用対象から除外することとされた。

　この損益通算の特例は、残存耐用年数を簡便法によって計算している場合のほか、見積法によって計算している場合であってもその見積もり方法が不適切である場合にも適用される。

8　先物取引に係る雑所得等の金額の計算上生じた赤字の金額

　申告分離課税の先物取引に係る雑所得等の金額の計算上赤字の金額が生じた場合には、その赤字の金額は生じなかったものとみなすこととされていることから（措法41の14①）、所得税法上の損益通算の規定（所法69）の適用についても、その赤字の金額は他の各種所得の黒字の金額と通算することはできない。また、逆に、他の各種所得に赤字の金額があり、先物取引に係る雑所得等が黒字である場合においても、その各種所得の赤字の金額と先物取引に係る雑所得等の黒字の金額は通算できないこととされている（64ページの**2**参照）（措法41の14②二）。

9　損益通算の対象とならないその他の赤字の金額

　非課税所得の金額の計算上生じた赤字の金額や、譲渡所得の基因となる資産又は山林（事業所得の基因となるものを除く。）を個人に対して時価の2分の1未満の対価の額で譲渡したことにより生じた赤字の金額は、損益通算前の各種所得の金額の計算上ないものとみなすこととされてい

る（所法9②、59②）。このため、これらの赤字の金額についても、実際上、損益通算の適用がないことになる。

　また、源泉分離課税の所得の金額の計算上生じた赤字の金額についても、損益通算の対象とはならないこととされている。

第3節　損益通算の順序

　各種所得のうち、不動産所得の金額、事業所得の金額、山林所得の金額又は譲渡所得の金額の計算上生じた赤字の金額（402ページの第2節に掲げる損益通算の対象とならない赤字の金額に該当するものを除く。以下この節において同じ。）と他の各種所得の黒字の金額との損益通算に当たっては、①各種所得は経常的な所得のグループ（不動産所得や事業所得など）と一時的な所得のグループ（山林所得や譲渡所得など）とに分けることができるが、税負担の調整規定の存在を考慮すると同一グループ内の損益は同一グループ内において通算するのが合理的であること、②納税者に有利になったり不利になったりするケースについては、順序を統一しておく必要があることなどの理由から、次のとおり、損益通算の順序が定められている（所令198）。

1　経常所得グループ内の損益通算

　経常所得（利子所得、配当所得、不動産所得、事業所得、給与所得及び雑所得をいう。以下同じ。）の金額のうち、不動産所得の金額又は事業所得の金額の計算上生じた赤字の金額があるときは、これをまず他の経常所得の黒字の金額から控除する。

　この場合において、経常所得の黒字の金額の中に申告分離課税の土地の譲渡等による事業所得等の黒字の金額があるときは、その黒字の金額から先に控除する（措令19㉔）。

　また、不動産所得の金額又は事業所得の金額の計算上生じた赤字の金額の中に、①変動所得の金額の計算上生じた赤字の金額、②被災事業用

資産の損失の金額、③その他の赤字の金額の２以上があるときは、まず③のその他の赤字の金額を控除し、次に②の被災事業用資産の損失の金額及び①の変動所得の金額の計算上生じた赤字の金額の順に控除する（所令199）。

2　譲渡所得と一時所得の間の損益通算

　譲渡所得の金額の計算上生じた赤字の金額があるときは、これをまず一時所得の黒字の金額（２分の１する前の金額）から控除する。

㊟　土地建物等に係る譲渡所得の金額の計算上生じた赤字の金額は、原則として損益通算の対象とはならない（412ページの５参照）。

3　経常所得の金額が赤字になった場合の損益通算

　上記１の控除をしても引ききれない赤字の金額があるときは、これをまず譲渡所得の黒字の金額から控除し、それでも引ききれない赤字の金額が残るときは、次に一時所得の黒字の金額（上記２の控除が行われるときは、その控除後の黒字の金額）から控除する。

　この場合において、譲渡所得の黒字の金額の中に短期譲渡所得に係る部分と長期譲渡所得に係る部分があるときは、その引ききれない赤字の金額は、次の黒字の金額から順次控除する（所令198三）。

　イ　総合課税の短期譲渡所得に係る部分の黒字の金額

　ロ　総合課税の長期譲渡所得に係る部分の黒字の金額（２分の１前の金額）

4　譲渡所得の赤字の金額が一時所得の黒字の金額より多い場合の損益通算

　上記2の控除をしても引ききれない赤字の金額があるときは、これを経常所得の黒字の金額（上記1の控除が行われるときは、その控除後の黒字の金額）から控除する。

　この場合において、経常所得の黒字の金額の中に申告分離課税の土地の譲渡等による事業所得等の黒字の金額があるときは、その黒字の金額から先に控除する（措令19㉔）。

5　総所得金額等が赤字になった場合の損益通算

　上記3及び4の控除をしても引ききれない赤字の金額があるときは、これをまず山林所得の黒字の金額から控除し、それでも引ききれない赤字の金額が残るときは、次に退職所得の金額から控除する。

　この場合において、①上記3の控除をしても引ききれない不動産所得の金額又は事業所得の金額の計算上生じた赤字の金額と、②上記4の控除をしても引ききれない譲渡所得の金額の計算上生じた赤字の金額があるときは、①の不動産所得の金額又は事業所得の金額の計算上生じた赤字の金額を先に控除する。ただし、納税者がこれと異なる計算をして申告したときはその計算が認められる。

6　山林所得の金額が赤字になった場合の損益通算

　山林所得の金額の計算上生じた赤字の金額は、これをまず経常所得の黒字の金額（上記1又は4の控除が行われるときは、その控除後の黒字の金額）から控除し、なお引ききれない赤字の金額があるときは、譲渡所得

及び一時所得の黒字の金額（上記 2 又は 3 の控除が行われるときは、その
控除後の黒字の金額）から控除する。それでもなお控除しきれない赤字
の金額があるときは、退職所得の金額（上記 5 の控除が行われるときは、
その控除後の金額）から控除する。

　山林所得の金額の計算上生じた赤字の金額を経常所得の黒字の金額か
ら控除する場合において、その経常所得の黒字の金額の中に分離課税の
土地の譲渡等による事業所得等の黒字の金額があるときは、その黒字の
金額から先に控除する（措令19㉔）。

　また、山林所得の金額の計算上生じた赤字の金額を譲渡所得の黒字の
金額から控除する場合において、その譲渡所得の黒字の金額の中に短期
譲渡所得に係る部分と長期譲渡所得に係る部分があるときは、その引き
きれない赤字の金額は、次の黒字の金額から順次控除する（所令198六）。

　イ　総合課税の短期譲渡所得に係る部分の黒字の金額

　ロ　総合課税の長期譲渡所得に係る部分の黒字の金額（2 分の 1 前の
　　　金額）

　なお、山林所得の金額の計算上生じた赤字の金額の中に①被災事業用
資産の損失の金額と②その他の赤字の金額があるときは、まず②のその
他の赤字の金額を控除し、次に①の被災事業用資産の損失の金額を控除
する（所令199）。

第4節　純損失の繰越控除及び繰戻し還付等

　その年分の不動産所得の金額、事業所得の金額、山林所得の金額又は譲渡所得の金額の計算上生じた赤字の金額（402ページの第2節に掲げる損益通算の対象とならない赤字の金額を除く。）がある場合において、その赤字の金額につき損益通算の規定を適用してもなお控除しきれない赤字の金額（「純損失の金額」という。）が生じたときは、その純損失の金額を、その年の翌年以後3年内の各年分の所得金額から控除する。これを「純損失の繰越控除」という。純損失の繰越控除の対象となる純損失の金額の範囲は、青色申告者である場合と白色申告者である場合とでは異なる。

　また、青色申告者である場合には、純損失の金額の全部又は一部を翌年以後の年に繰り越して控除することに代えて、純損失の金額が生じた年の前年に繰り戻すことにより、前年分の所得税額の全部又は一部の還付を受けることもできる。これを「純損失の繰戻し還付」という。

　なお、確定申告書を提出する個人が、居住用財産の買換え等の場合及び特定居住用財産の譲渡の場合の譲渡損失の金額を有するときに、412ページの5の損益通算の規定を適用してもなお控除しきれない赤字の金額が生じたときは、その赤字の金額をその有することとなった年の翌年以後3年内の各年分の他の所得金額から控除することができる「特定の居住用財産の買換え等の場合の譲渡損失の損益通算及び繰越控除の特例（措法41の5）」及び「特定居住用財産の譲渡損失の損益通算及び繰越控除の特例（措法41の5の2）」が設けられている。

1　青色申告者の純損失の繰越控除

　青色申告者について純損失の金額が生じた場合には、純損失の金額の発生原因が何であるかを問わず、その純損失の金額（純損失の繰戻し還付の適用を受ける金額を除く。）をその年の翌年以後3年内の各年分の所得金額から控除する（所法70①）。

　この青色申告者の純損失の繰越控除の規定は、純損失の金額が生じた年分の所得税について青色申告書をその提出期限までに提出した場合（税務署長がやむを得ない事情があると認める場合には、その提出期限後に青色申告書を提出した場合を含む。）であって、その後の年において連続して確定申告書を提出しているときに限り適用する（所法70④）。

2　白色申告者の純損失の繰越控除

　白色申告者について純損失の金額が生じた場合には、純損失の金額のうち、被災事業用資産の損失の金額及び変動所得の金額の計算上生じた損失の金額に限り、その年の翌年以後3年内の各年分の所得金額から控除する（所法70②）。

　この場合の「被災事業用資産の損失の金額」とは、棚卸資産、事業用の固定資産若しくは繰延資産又は山林について、災害により受けた損失の金額（災害に関連するやむを得ない費用の額を含み、保険金、損害賠償金その他これらに類するものにより補てんされる部分の金額を除く。）で、変動所得の金額の計算上生じた損失の金額に該当しないものをいう（所法70③）。

　また、「変動所得の金額」とは、①漁獲又はのりの採取から生ずる所得、②はまち、まだい、ひらめ、かき、うなぎ、ほたて貝、真珠又は真珠貝の養殖から生ずる所得、③原稿又は作曲の報酬に係る所得、④著作

権の使用料に係る所得の金額をいう（所令7の2）。

　この白色申告者の繰越控除の規定は、純損失の金額が生じた年分の所得税について、被災事業用資産の損失の金額及び変動所得の金額の計算上生じた損失の金額に関する事項を記載した確定申告書をその提出期限までに提出した場合（税務署長がやむを得ない事情があると認める場合には、その提出期限後に当該確定申告書を提出した場合を含む。）であって、その後の年において連続して確定申告書を提出しているときに限り適用する（所法70④）。

㊟　青色申告の場合と白色申告の場合とのこのような差異は、青色申告書を提出している場合には、純損失の発生状況が明らかにされ、その計算が正しく行われており、帳簿書類の記録・保存が完全であるということを前提として、純損失の繰越控除制度を青色申告の特典として位置付けられていることによるものと考えられる。

　　青色申告書を提出していない場合であっても、変動所得の金額の計算上生じた損失の金額について繰越控除の対象とすることとされていることについては、そもそも変動所得については、平均課税の方法によって各年分の所得の変動による税負担の調整を図っているところであり、損失が生じた場合についても平準化を図る必要があると考えられたことによるものと思われる。また、被災事業用資産の損失の金額について繰越控除の対象とすることとされていることについては、主として担税力の調整という面が考慮されたことによるものと思われる。

3　特定非常災害に係る純損失の繰越控除期間の特例

　繰越控除の期間は、上記1及び2のとおり、翌年以後3年間とされているが、特定非常災害として指定された災害に係る純損失の金額については、令和5年4月1日以後に発生するものから翌年以後5年間に繰り越して控除することができる（所法70の2）。

　繰越控除の対象となる金額は、次の区分に応じ、次に掲げる金額である。

①　保有する事業用資産のうち、特定非常災害により生じた損失（特定

被災事業用資産の損失）の割合が10%以上である場合

　A　青色申告者についてはその年に発生したすべての純損失の金額

　B　白色申告者については被災事業用資産の損失の金額と変動所得に
　　　係る損失の金額

②　特定被災事業用資産の損失の割合が10%未満の場合……特定被災事
　業用資産の損失による純損失の金額

4　青色申告者の純損失の繰戻し還付

　青色申告者について純損失の金額が生じた場合には、その純損失の金
額が生じた年分の青色申告書の提出と同時に、原則として次のイに掲げ
る金額からロに掲げる金額を控除した金額に相当する所得税の還付を請
求することができる（所法140①②）。

　　イ　その年の前年分の課税所得金額に税率の規定を適用して計算した
　　　所得税の額

　　ロ　その年の前年分の課税所得金額からその純損失の金額の全部又は
　　　　一部を控除した金額に税率の規定を適用して計算した所得税の額

　この繰戻し還付の規定は、その年の前年分の所得税について青色申告
書を提出している場合であって、その年分の青色申告書をその提出期限
までに提出した場合（税務署長がやむを得ない事情があると認める場合には、
その提出期限後に青色申告書を提出した場合を含む。）に限り適用する（所
法140④）。

　なお、純損失の繰戻し還付の請求をしようとする者は、その還付を受
けようとする所得税の額、その計算の基礎その他一定の事項を記載した
還付請求書を納税地の所轄税務署長に提出しなければならない（所法
142①）。

5　同一類型の所得間の損失の繰越控除の特例

⑴　上場株式等に係る譲渡損失の繰越控除の特例

　上場株式等の譲渡をしたことにより生じた赤字の金額がある場合において、その譲渡をした年分の上場株式等に係る譲渡所得等の金額の計算上控除してもなお控除しきれないその上場株式等に係る赤字の金額（上場株式等に係る譲渡損失の金額）を有するときは、その上場株式等に係る譲渡損失の金額を、その年分の申告分離課税の上場株式等に係る配当所得等との損益通算をすることが認められており、また、その損益通算をしてもなお残る赤字の金額については、その翌年以後3年内の各年分の申告分離課税の上場株式等に係る譲渡所得等及び配当所得等への繰越控除をすることが認められている（48ページの第7節参照）。

⑵　特定管理株式等又は特定口座内公社債が株式等としての価値を失ったことによる損失の特例

　特定管理株式等又は特定口座内公社債について、一定の事実の発生により株式又は公社債としての価値を失ったことによる損失が生じた場合には、その事実が発生したことは株式等の譲渡をしたこととみなし、その価値喪失の金額は上場株式等の譲渡により生じた損失の金額とみなして、それらの事実が発生した年分の上場株式等に係る譲渡所得等の金額の計算をすることとされており、そのみなし譲渡損失の金額で、その年分の他の上場株式等の譲渡益の金額から控除してもなお控除しきれない損失の金額については、その年分の上場株式等に係る配当所得等の金額との損益通算をすることができることとされており、その損益通算をしてもなお控除しきれない損失の金額については、翌年以後3年内の各年分に操り越して、上場株式等に係る譲渡所得等の金額及び上場株式等に係る配当所得等の金額から控除することもできることとされている（措

427

法37の11の2①、55ページの(1)参照)

(3) 特定中小会社（ベンチャー企業）の特定株式が株式としての価値を 失ったことによる損失

　特定中小会社の同族株主等一定の関係者以外の個人が払込みにより取得した特定中小会社の特定株式について、特定中小会社の設立の日からその特定株式の上場等の日の前日までの期間内に、株式としての価値を失ったことによる損失が生じた場合には、その事実が発生したことはその特定株式の譲渡をしたこととみなし、その価値喪失の金額はその特定株式の譲渡により生じた損失の金額とみなして、それらの事実が発生した年分の一般株式等に係る譲渡所得等の金額及び上場株式等の譲渡所得等の金額の計算上控除することとされており、そのみなし譲渡損失の金額及び特定中小会社の設立の日からその特定株式の上場等の日の前日までの期間内にその特定株式を譲渡したことにより生じた損失の金額で、その年分の他の株式等の譲渡益の金額から控除してもなお控除しきれない金額がある場合には、その控除しきれない金額を、翌年以後3年内の各年分の一般株式等に係る譲渡所得等の金額及び上場株式等に係る譲渡所得等の金額を限度として、それぞれの年分の一般株式等に係る譲渡所得等の金額及び上場株式等の譲渡所得等の金額から順次控除することもできることとされている（措法37の13の3、57ページの(2)参照）。

(注)　特定新規中小企業者については、別途「特定新規中小企業者がその設立の際に発行した株式の取得に要した金額の控除等」の特例（措法37の13の2）が設けられている。この特例には、その設立の日以後1年を経過していないこととされているが、その設立特定株式についても、上記(2)の特例の適用が受けられることになっている。

(4) 先物取引の差金等決済に係る損失の繰越控除の特例

　先物取引の差金等決済をしたことにより生じた赤字の金額がある場合

において、その差金等決済をした年分の先物取引に係る雑所得等の金額の計算上控除してもなお控除しきれないその先物取引に係る赤字の金額（先物取引の差金等決済に係る損失の金額）を有するときは、その先物取引の差金等決済に係る損失の金額を、その年の翌年以後3年内の各年分の先物取引に係る雑所得等の金額を限度として、その各年分の先物取引に係る雑所得等の金額の計算上控除することとされている（措法41の15①②）（64ページの**2**参照）。

第5節　実務問答

1　総合課税の長期譲渡所得の2分の1課税の適用がある場合

問
　　不動産所得の赤字の金額と総合課税の長期譲渡所得の黒字の金額を損益通算する場合は、2分の1後の長期譲渡所得の金額と損益通算することになるのか。

答
　　総合課税の長期譲渡所得の金額及び一時所得の金額については、その合計額の2分の1の金額を総所得金額に算入することとされているが、損益通算の規定の適用がある場合には、損益通算後の長期譲渡所得の金額及び一時所得の金額の合計額の2分の1の金額を総所得金額に算入することとされている（所法22②）。

　　質問の場合には、不動産所得の赤字の金額は、2分の1前の長期譲渡所得の金額から控除することになる（432ページの図表1参照）。

2　黒字の雑所得と赤字の雑所得がある場合

問
　　雑所得の金額の計算上生じた赤字の金額は損益通算の対象とならないということであるが、同一年中に、非営業貸金による雑所得の赤字と原稿料による雑所得の黒字がある場合には、その赤字と黒字も損益通算できないのか。

答

　雑所得の金額の計算上生じた赤字の金額は損益通算の対象とならないこととされているが、これは、雑所得の金額の計算上生じた赤字の金額は雑所得以外の各種所得の黒字の金額と損益通算することができないということであって、同じ雑所得の中の黒字の金額と赤字の金額を差引計算することができないということではない。

　したがって、質問の場合は、非営業貸金による赤字の金額と原稿料による黒字の金額を差引計算することができる。ただし、その赤字の金額が黒字の金額より多いため、差引計算をしてもなお赤字の金額が残るときは、その残った赤字の金額は他の黒字の各種所得の金額と損益通算することはできない。

図表1　所得税の計算の仕組みの中の損益通算の位置付け

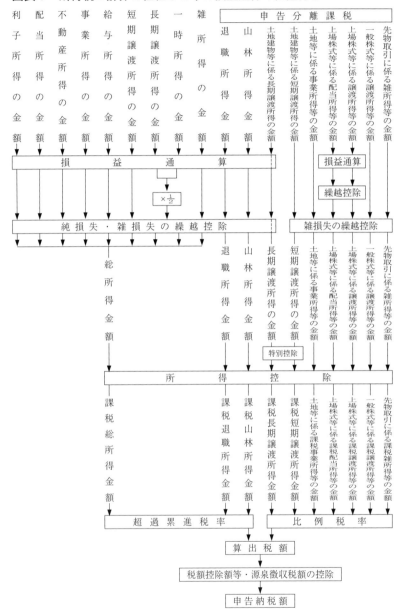

3　ゴルフ会員権の譲渡損

問
- -
　ゴルフ会員権を譲渡したが、値下がりしていたため譲渡損が生じた。

　生活に通常必要でない資産の譲渡損は損益通算の対象にならないということであるから、ゴルフ会員権の譲渡損も損益通算の対象にならないのか。

答
　生活に通常必要でない資産に係る所得の金額の計算上生じた赤字の金額は、競走馬の譲渡損で一定の要件に当てはまるものを除き、損益通算の対象とならないこととされており、この場合の「生活に通常必要でない資産」とは、次に掲げる資産をいうこととされている（所法69②、所令178①）。

　　イ　競走馬（その規模、収益の状況その他の事情に照らし、事業と認められるものの用に供されるものを除く。）その他射こう的行為の手段となる動産

　　ロ　通常自己及び自己と生計を一にする親族が居住の用に供しない家屋で主として趣味、娯楽又は保養の用に供する目的で所有するものその他主として趣味、娯楽、保養又は鑑賞の目的で所有する資産

　　ハ　生活の用に供する動産で、所得税法施行令第25条《譲渡所得について非課税とされる生活用動産の範囲》の規定に該当しないもの（貴金属、真珠、書画、骨とうなどで1個又は1組の価額が30万円を超えるものがこれに該当する。）

　上記ロの「資産」は、平成26年度の税制改正前は「不動産」とされていたのであるが、ゴルフ会員権等を生活に通常必要でない資産に加

えるために、「資産」に改正された。したがって、ゴルフ会員権等で
上記ロの要件に該当するものの譲渡損は、損益通算の対象とはならな
いことになった。

4　生活に通常必要でない資産の譲渡損とその他の資産の譲渡益がある場合

問

同一年中に避暑地の別荘と市内の土地を売却した。避暑地の別
荘の方は譲渡損が生じたが、市内の土地の方は譲渡益が生じた。

　この場合、避暑地の別荘の譲渡損は市内の土地の譲渡益から差し引
くことはできないか。

答

不動産所得の金額、事業所得の金額、山林所得の金額又は譲渡
所得の金額の計算上生じた赤字の金額であっても、その中に含まれる
生活に通常必要でない資産に係る所得の金額の計算上生じたものは、
原則として他の各種所得の黒字の金額と損益通算することはできない
こととされている。これは、異なる種類の所得との間での赤字と黒字
の差引計算を認めないということであって、同じ種類の所得の中での
差引計算を認めないというものではない。

　つまり、生活に通常必要でない資産に係る所得の金額の計算上生じ
た赤字の金額は損益通算の対象とならないというのは、生活に通常必
要でない資産に係る損益とそれ以外の資産に係る損益を含めて譲渡所
得や不動産所得などの各種所得の金額の計算をした結果、その譲渡所
得や不動産所得が赤字となったときは、その赤字の金額の中に含まれ
ている生活に通常必要でない資産に係る所得の赤字に相当する部分の
金額は、他の各種所得の黒字の金額と差引計算することはできないと

いう意味である。

　質問の場合は、別荘の売却による所得も市内の土地の売却による所得もいずれも譲渡所得であるから、その年分の譲渡所得の金額の計算は、別荘の売却による損益と市内の土地の売却による損益を合わせて計算することになる。その結果、赤字と黒字とが相殺されることになる。その相殺をしてもなお赤字の金額が残るときのその赤字の金額は譲渡所得の金額の計算上生じた赤字の金額であるが、その赤字の金額は土地建物等の売却によるものであるから、別荘の売却による赤字か否かを問わず、原則として他の各種所得（例えば、給与所得や事業所得）の黒字の金額との損益通算はできないこととなる。

5　家財の譲渡損

問
　転勤に伴い、これまで使用していた家具の大部分を売却したが、取得費より安くでしか売れなかったので譲渡損が生じた。

　この場合の譲渡損は、給与所得と損益通算することができるか。

答
　自己又はその配偶者その他の親族が生活の用に供する家具、じゅう器、衣類など一定の生活用動産を譲渡したことによる所得は、非課税とされている（所法9①九）。

　その反面、これらの生活用動産を譲渡したことにより赤字が生じた場合には、その赤字はないものとみなすこととされている（所法9②）。

　以上の取扱いを受ける一定の生活用動産とは、生活に通常必要な動産のうち、次に掲げるもの以外のものをいう（所令25）。

　イ　貴石、半貴石、貴金属、真珠及びこれらの製品、べっこう製品、
　　　さんご製品、こはく製品、ぞうげ製品並びに七宝製品で、１個又

は１組の価額が30万円を超えるもの

ロ　書画、骨とう及び美術工芸品で、１個又は１組の価額が30万円
を超えるもの

質問のケースについては、譲渡した家具が上記イ又はロに当てはま
らないものであれば、その譲渡損はなかったものとして取り扱われる
ため、給与所得の金額と損益通算することはできない。

なお、譲渡した家具が上記イ又はロに当てはまるものであれば、そ
の譲渡損は、他に譲渡所得の基因となる資産を譲渡したことによる利
益がある場合に限り、その利益の範囲内で差引計算することができる
（所法69②）。

6　生活に通常必要な動産の譲渡損とその他の資産の譲渡益がある場合

問 --
生活に通常必要な動産の譲渡損が生じた年において、他に譲渡
所得の基因となる資産の譲渡益がある場合には、これらの譲渡損益は
差引計算することができるか。

答
生活に通常必要な動産（貴金属、真珠、書画、骨とうなどで１個
又は１組の価額が30万円を超えるものを除く。）の譲渡損はないものとみ
なすこととされているため、たとえその譲渡損が生じた年において、
他に譲渡所得の基因となる資産の譲渡益があったとしても、その譲渡
益と差引計算することはできない。

7　生活に通常必要な動産と生活に通常必要でない動産の区分

問　- -

所得税法は、生活用動産を生活に通常必要なものと生活に通常必要でないものとに区分しているようであるが、どのような基準で区分することとされているのか。

答

所得税法上、生活の用に供する動産について、生活に通常必要な動産と生活に通常必要でない動産とに区分して取扱いが定められているが、この点について注意を要するのは、①生活に通常必要であるかどうかの判断の基準は法令上明らかでないため、一般的には社会通念に従って判定することになることと、②生活に通常必要な動産であっても、貴金属、真珠、書画、骨とうなどで1個又は1組の価額が30万円を超えるものは、生活に通常必要でない動産に含めて取り扱うこととされていることである（所法9①九、所令25、所法69②、所令178①三）。

8　競走馬の譲渡損について損益通算ができる場合

問　- -

競走馬を1頭所有していたが、本年7月にこれを譲渡した。この競走馬は登録馬で3年前から引き続き所有していたものである。

この競走馬の本年の賞金等の収入による所得は黒字となったが、譲渡による所得は赤字となった。この譲渡による所得の赤字は、賞金等の収入による黒字の所得や給与所得と損益通算することはできないか。

答

譲渡所得の金額の計算上生じた赤字の金額のうち競走馬の譲渡

による赤字の金額は、競走馬の保有が事業的規模であるときは、その赤字の金額はその年分の他の各種所得の黒字の金額と損益通算することができるが、競走馬の保有が事業的規模でないときは、その年分の競走馬の保有に係る雑所得（競走馬の賞金等の収入による所得）の黒字の金額を限度として、その黒字の金額からだけしか控除することができないこととされている（所法69②、所令200）。

　この場合、競走馬の保有が事業的規模であるかどうかは、その規模、収益の状況その他の事情を総合勘案して判定することになるが、次のイ又はロのいずれかに該当するときは、その年の競走馬の保有は事業的規模であるものとして取り扱われる（所基通27―7）。

イ　その年において、競馬法の規定による登録を受けている競走馬（以下この項において「登録馬」という。）でその年における登録期間が6月以上であるものを5頭以上保有している場合

ロ　次の(イ)及び(ロ)のいずれにも該当する場合

　(イ)　その年以前3年以内の各年において、登録馬（その年における登録期間が6月以上であるものに限る。）を2頭以上保有していること。

　(ロ)　その年の前年以前3年以内の各年のうちに、競走馬の保有に係る所得の金額が黒字である年が1年以上あること。

　質問の場合は、登録馬を1頭しか所有していなかったのであるから、競走馬の保有の規模は事業的なものではないことになるため、競走馬の譲渡による赤字の金額は、その年分の競走馬の賞金等に係る雑所得の黒字の金額の範囲内でだけ控除することができることになる。

9　変動所得の赤字や被災事業用資産の損失がある場合

問

　本年中の所得は事業所得と給与所得で、事業所得は800万円の赤字となった。この赤字のうち700万円は変動所得の計算上生じたものである。

　事業所得の赤字800万円については、給与所得600万円と損益通算したいと考えているが、差引計算には順序があるのか。

答

　不動産所得の金額、事業所得の金額又は山林所得の金額の計算上生じた赤字の金額の中に、変動所得の赤字の金額、被災事業用資産の損失の金額又はその他の赤字の金額の2以上があるときは、まずその他の赤字の金額を控除し、次に被災事業用資産の損失の金額及び変動所得の赤字の金額を順次控除する（所令199）。

　質問の場合は、まず、変動所得以外の事業所得の金額の計算上生じた赤字の金額100万円（800万円－700万円）を給与所得の金額（600万円）と損益通算し、残りの給与所得の金額500万円（600万円－100万円）と変動所得の赤字の金額700万円を損益通算することになる。

(注)　損益通算後の変動所得の赤字の金額のうち200万円（700万円－500万円）は、翌年以後3年内の各年分において繰越控除の対象となる。

10　土地等の取得に要した負債の利子の額に相当する部分の金額の計算

問

　不動産所得の金額の計算上生じた赤字の金額のうち土地等の取得に要した負債の利子の額に相当する部分の金額は損益通算の対象に

ならないこととされているが、この場合の「不動産所得の金額の計算上生じた赤字の金額」と「土地等の取得に要した負債の利子の額に相当する部分の金額」との関係は、どのようになるのか。

答　不動産所得の金額の計算上生じた赤字の金額がある場合において、その不動産所得の金額の計算上必要経費に算入した金額のうちに、不動産所得を生ずべき業務の用に供する土地又は土地の上に存する権利（以下この章において「土地等」という。）を取得するために要した負債の利子の額があるときは、その赤字の金額のうち、その負債の利子の額に相当する部分の金額は、生じなかったものとみなすこととされており、不動産所得以外の各種所得の黒字の金額と損益通算をすることはできないこととされている（措法41の4。以下「不動産所得に係る損益通算の特例」という。）。

そして、この場合の土地等を取得するために要した負債の利子の額に相当する部分の金額（損益通算の対象とならない金額）は、次に掲げる区分に応じ、それぞれ次に掲げる金額とすることとされている（措令26の6①）。

(1)　その年分の不動産所得の金額の計算上必要経費に算入した土地等を取得するために要した負債の利子の額が、その不動産所得の金額の計算上生じた赤字の金額を超える場合……その不動産所得の金額の計算上生じた赤字の金額の全額

(2)　その年分の不動産所得の金額の計算上必要経費に算入した土地等を取得するために要した負債の利子の額が、その不動産所得の金額の計算上生じた赤字の金額以下である場合……その不動産所得の金額の計算上生じた赤字の金額のうち、その不動産所得の金額の計算上必要経費に算入した土地等を取得するために要した負債の利子の額に相当する部分の金額

以上の関係を図で示すと、次ページのようになる。

図表2　損益通算の対象外となる負債の利子の額

(1) のケース　　　　　　　(2) のケース

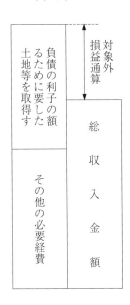

11　土地と建物を一括して借入金で取得した場合の土地の部分の利子の額の計算

問

土地と建物を一括して借入金で取得して賃貸した場合には、不動産所得に係る損益通算の特例の適用上、その借入金の利子の額は、どのような方法で土地の部分と建物の部分とに区分するのか。

答

不動産所得の金額の計算上生じた赤字の金額のうち損益通算の対象とならないこととされているのは、土地等の取得に要した負債の

利子の額に相当する部分の金額である（措法41の4①）。

　一の契約により同一の者から土地と建物を一括して借入金で取得した場合で、その借入金を土地と建物の別に区分することができないときは、その借入金の利子の額は土地の取得に要したものであると同時に建物の取得に要したものでもあるといえる。したがって、一般的には、土地と建物のそれぞれの取得価額の比によって按分した金額をそれぞれの資産の取得に要した借入金の利子の額とするのが合理的である。

　しかし、損益通算の規定の適用に当たっては、このような場合の負債の額は、まず建物（その附属設備を含む。）の取得のために充てられたものとして判定することができることとされている（措令26の6②）。

　したがって、一の契約により同一の者から土地と建物を一括して借入金で取得した場合で、その借入金を土地と建物の別に区分することができないときは、不動産所得の金額の計算上生じた赤字の金額のうち土地の取得に要した負債の利子の額に相当する部分の金額として損益通算の対象とならない金額は、次に掲げる場合に応じそれぞれ次に掲げる金額とすることができる（措通41の4－3）。

(1)　その借入金の額から建物の取得価額に相当する部分の金額を控除した結果残額がある場合において、その残額の借入金に係る利子の額より不動産所得の金額の計算上生じた赤字の金額の方が少ないとき……その不動産所得の金額の計算上生じた赤字の金額の全額

(2)　その借入金の額から建物の取得価額に相当する部分の金額を控除した結果残額がある場合において、その残額の借入金に係る利子の額より不動産所得の金額の計算上生じた赤字の金額の方が多いとき……その不動産所得の金額の計算上生じた赤字の金額のうち、その残額の借入金に係る利子の額に相当する部分の金額

(注)　この場合の建物の取得価額には、建物（その附属設備を含む。）及び門、

塀等の構築物をその敷地の用に供されている土地等とともに取得した場合におけるその構築物の取得価額を含めて差し支えないこととされている（措通41の4－2）。

設　例

○　土地の取得価額⋯⋯⋯⋯⋯⋯⋯⋯⋯⋯⋯⋯⋯⋯⋯20,000,000円

○　建物の取得価額⋯⋯⋯⋯⋯⋯⋯⋯⋯⋯⋯⋯⋯⋯⋯10,000,000円

○　自己資金⋯⋯⋯⋯⋯⋯⋯⋯⋯⋯⋯⋯⋯⋯⋯⋯⋯⋯⋯12,000,000円

○　借入金の額⋯⋯⋯⋯⋯⋯⋯⋯⋯⋯⋯⋯⋯⋯⋯⋯⋯⋯18,000,000円

○　必要経費に算入した利子の額⋯⋯⋯⋯⋯⋯⋯⋯⋯1,400,000円

(1)　土地の取得に要した借入金の額

$\quad$ 18,000,000円－10,000,000円＝<u>8,000,000円</u>

(2)　土地の取得に要した借入金の利子の額

$\quad$ $1,400,000円 \times \dfrac{8,000,000円}{18,000,000円} = \underline{\underline{622,222円}}$

(3)　損益通算の対象とならない利子の額

イ　不動産所得の金額の計算上生じた赤字の金額が500,000円の場合

$\quad$ 500,000円＜622,222円→<u>500,000円</u>

ロ　不動産所得の金額の計算上生じた赤字の金額が1,000,000円の場合

$\quad$ 1,000,000円＞622,222円→<u>622,222円</u>

12　土地と建物を一括して取得した場合の建物の部分の取得価額の計算

問　---

一括して取得した土地と建物に係る不動産所得について、損益

通算の特例を適用する場合、建物の部分の取得価額はどんな方法で区分するのか。

答　一の契約により同一の者から土地と建物を一括して取得した場合で、その土地と建物のそれぞれの取得価額が区分できないときは、消費税の課税標準の計算や土地の譲渡等に係る事業所得等の金額の計算の場合等と同様に、その土地と建物の取得価額の合計額を合理的な方法により、土地の部分と建物の部分に区分することが必要となる。

(注)　消費税法基本通達10―1―5、租税特別措置法関係通達（所得税関係）
　　　28の4―31〜28の4―33参照。

13　2年目以後の年の土地等の部分の利子の額の計算

問　土地と建物を一括して借入金で取得した場合、不動産所得に係る損益通算の特例の適用上、翌年以後の年の土地の取得に要した借入金の利子の額の計算に当たっては、その借入金の返済は土地の取得に要した部分から先に返済したものとして計算することになるか。

答　土地と建物を一括して借入金で取得した場合でその借入金を土地と建物の別に区分することができないときにおける損益通算の規定の適用に当たっては、その借入金の額は、まず建物の取得のために充てられたものとすることができることとされているが、その後の借入金の返済については、土地・建物のいずれの取得に要した部分の額から先に返済したものとするかについては、特別の定めはされていない。

　このため、その借入金の返済は、土地の取得に要した部分の借入金の額と建物の取得に要した部分の借入金の額との割合に応じてそれぞ

れ返済されたものとして取り扱うこととされている（措通41の4－3）。

　したがって、問11の【設例】の場合において、その翌年の必要経費に算入した利子の額が1,300,000円であったとすると、そのうち土地の取得に要した借入金の利子の額は、次のとおりとなる。

$$1,300,000円 \times \frac{8,000,000円}{18,000,000円} = \underline{\underline{577,778円}}$$

14　不動産所得を生ずべき業務の用とそれ以外の用とに併用する土地・建物を取得した場合

問

　土地と建物を一括して借入金で取得し、その土地と建物を不動産所得を生ずべき業務の用とそれ以外の用とに併用する場合は、「業務の用に供する部分の土地の取得に要した借入金の額」と「業務の用に供する部分の土地の取得に要した借入金の利子の額」は、どのような方法で計算するのか。

答

　借入金で取得した土地・建物を不動産所得を生ずべき業務の用とそれ以外の用とに併用する場合には、その借入金の利子については、その利子の全額をその業務に係る所得の金額の計算上必要経費に算入するのではなく、その業務の用に供される部分に対応する金額のみを必要経費に算入することになる。

　このため、先ず、その土地・建物の業務に使用する割合に基づいて、その業務の用に供される部分の土地・建物のそれぞれの取得価額、及びその取得価額の合計額に対応する借入金の額を計算し、必要経費に算入すべき利子の額（その借入金の額に対応する利子の額）を計算することが必要となる。

　以上は、不動産所得に係る損益通算の特例以前の問題である。その損益通算の問題は、そのようにして計算して必要経費に算入した利子の額のうちいかなる金額を土地の取得に要した借入金に対応する金額とすべきかである。

　これについては、問11において説明したように、一の契約により同一の者から土地と建物を一括して借入金で取得した場合で、その借入金を土地と建物の別に区分することができないときは、その借入金は先ず建物の取得のために充てられたものとして区分することができることとされているので、それに従って、その必要経費に算入した利子の額のうち土地の取得に要した借入金に対応する金額を計算することになる（措通41の4−1）。

設　例

○　土地の取得価額……………………………………30,000,000円

　　　内　業務に使用する部分（50%）…………………15,000,000円

○　建物の取得価額……………………………………20,000,000円

　　　内　業務に使用する部分（40%）…………………8,000,000円

○　自己資金……………………………………………10,000,000円

○　借入金の額…………………………………………40,000,000円

　　　内　業務に使用する部分………………………………18,400,000円

$$40,000,000円 \times \frac{15,000,000円+8,000,000円}{30,000,000円+20,000,000円} = 18,400,000円$$

○　借入金の利子の額…………………………………3,000,000円

　　　内　必要経費に算入すべき利子の額……………1,380,000円

$$3,000,000円 \times \frac{15,000,000円+8,000,000円}{30,000,000円+20,000,000円} = 1,380,000円$$

(1)　業務に使用する部分の土地の取得に要した借入金の額

$$18,400,000円 - 8,000,000円 = \underline{10,400,000円}$$

(2) 業務に使用する部分の土地の取得に要した借入金の利子の額

$$1,380,000円 \times \frac{10,400,000円}{18,400,000円} = \underline{780,000円}$$

15　借地権の取得に要した負債があるため不動産所得が赤字となる場合

問

　不動産所得の金額の計算上生じた赤字の金額のうち借地権の取得に要した負債の利子の額に相当する部分の金額は、損益通算の対象となるか。

答

　不動産所得の金額の計算上生じた赤字の金額のうち土地等の取得に要した負債の利子の額に相当する部分の金額は損益通算の対象とはならないこととされているが、この場合の「土地等」には、「土地の上に存する権利」が含まれることとされている（措法41の4）。また、「土地の上に存する権利」とは、地上権、土地の賃借権、地役権、永小作権等の土地の使用収益に関する権利をいい、「借地権」とは、建物の所有を目的とする地上権及び賃借権をいうものと解される。

　したがって、「土地等」には、いわゆる借地権も含まれることになるため、不動産所得の金額の計算上生じた赤字の金額のうち借地権の取得に要した負債の利子の額に相当する部分の金額は損益通算の対象とはならない。

16　土地等の取得に要した負債があるため赤字となる不動産所得とその他の黒字の不動産所得がある場合

問

　A建物とB建物を賃貸している。いずれも土地付きである。A建物の方の不動産所得は黒字であるが、B建物の方の不動産所得は、ほとんど借入金で取得したため、赤字である。

　この場合の黒字と赤字は差引計算をすることができるか。

答

　不動産所得に係る損益通算の特例は、異なる種類の所得との間での赤字と黒字の差引計算を認めないということであって、同じ種類の所得の中での差引計算を認めないというものではない。

　したがって、質問の場合は、A建物とB建物の黒字と赤字を差引計算することができる。

　しかし、その差引計算をしてもなお赤字の金額が残る場合には、その赤字の金額のうち土地等の取得に要した負債の利子の額に相当する部分の金額については、他の各種所得（例えば給与所得や事業所得）の黒字の金額との損益通算をすることはできない。

17　土地等の取得に要した負債を借り換えた場合

問

　賃貸用の土地付建物を取得するために要した借入金を借り換えた場合は、借換後の借入金の利子についても、不動産所得に係る損益通算の特例の対象となるのか。

答

　業務の用に供する資産を取得するために要した負債を借り換え

た場合のその借換後の負債の利子は、その業務に係る費用に該当する

ため、その業務に係る所得の金額の計算上必要経費に算入することに

なる。また、業務の用に供する資産を取得するために要した負債を借

り換えたとしても、その借換後の新たな負債が当初の負債を消滅させ

るためのものであるときは、その借換後の新たな負債も、当初の負債

と同様、その業務の用に供する資産を取得するために要した負債に該

当すると解すべきものと考えられる。

　したがって、質問の場合は、借換後の借入金（増額借換えの場合には、

増額部分を除く。）の利子についても、不動産所得に係る損益通算の特

例の対象となる。

18　土地等の取得に要した負債がある場合の不動産の貸付け
　の規模の大小

問　　- -
　　　不動産所得に係る損益通算の特例は、その不動産の貸付けの規

模が事業といえる程度の規模で行われているときは適用されないのか。

答
　　　不動産所得に係る損益通算の特例は、その不動産の貸付けの規

模の大小にかかわらず適用される（措法41の4①）。

　したがって、その不動産の貸付けの業務が社会通念上事業と認めら

れる場合であっても、この特例の適用を受けることになる。

(注)1　不動産の貸付けが不動産所得を生ずべき事業として行われているか
　　　どうかの判定については、182ページの(9)参照。
　　2　所有形態が信託や組合の形態をとるものであっても、その所得が不
　　　動産所得に該当するものであれば、この特例の対象となる。

19　不動産所得に係る損益通算の特例の適用がある場合の純損失の繰越控除等

問
　不動産所得に係る損益通算の特例が適用され、ないものとみなされる部分の不動産所得の赤字は、純損失の繰越控除又は繰戻し還付の対象にもならないのか。

答
　不動産所得の金額の計算上生じた赤字の金額のうち土地等の取得に要した負債の利子の額に相当する部分の金額は、損益通算の対象とならないのみならず、純損失の繰越控除又は繰戻し還付の対象にもならない（措法41の4①）。

20　借入金で取得した土地付きの別荘の賃貸による不動産所得が赤字になる場合

問
　借入金をして土地付きの別荘を買ったが、維持費がかかるので、時々他人に賃貸している。この賃貸による不動産所得は赤字であるが、その赤字の金額は、「生活に通常必要でない資産に係る所得」の金額の計算上生じた赤字として、その全額が損益通算の対象とならないことになるのか。それとも、その赤字の金額のうち土地等の取得に要した負債の利子の額に相当する部分の金額に限って、損益通算の対象とならないことになるのか。

答
　不動産所得の金額、事業所得の金額、山林所得の金額又は譲渡所得の金額の計算上生じた赤字の金額のうち、生活に通常必要でない

資産に係る所得の金額の計算上生じた赤字については、その赤字の金額のうちに土地等の取得に要した負債の利子の額に相当する部分の金額があるか否かにかかわらず、その全額が損益通算の対象とならない（所法69②）。

21　損益通算等の特例の対象となる特定組合員の範囲

問

　　特定の組合事業又は信託から生ずる不動産所得の金額の計算上生じた赤字の金額はないものとみなすこととされているが、この特例の対象となる特定組合員とは、どういう者をいうのか。

答

　　特例の対象となる特定組合員とは、次の(1)に掲げる組合契約を締結している次の(2)に掲げる個人をいう。

(1)　特例の対象となる組合契約の範囲

　　特例の対象となる組合契約とは、次に掲げる組合契約（以下「組合契約」という。）とされている（措法41の4の2②、措令26の6の2⑤）。

①　民法第667条第1項に規定する組合契約（いわゆる任意組合契約）

②　投資事業有限責任組合契約に関する法律第3条第1項に規定する投資事業有限責任組合契約

③　外国における上記①及び②に類する契約（外国における有限責任事業組合契約に関する法律第3条第1項に規定する有限責任事業組合契約に類する契約を含む。）

(注)　匿名組合契約についてはこの特例の対象から除かれている。これは、匿名組合の事業は、商法上、匿名組合の営業者の単独事業とされ組合の財産や収益は営業者に帰属し、組合員は営業者から利益の配当を受ける権利を有することとされていることなどにより、個人の組合員が

営業者から分配される利益については基本的には雑所得として扱われ、その損失については損益通算が認められていないことからあえてこの特例の対象とする必要性が乏しいことによるものである。

(2)　特例の対象となる特定組合員の範囲

特例の対象となる特定組合員とは、上記(1)の組合契約を締結している組合員たる個人である。

ただし、組合事業に係る重要な財産の処分若しくは譲受け又は組合事業に係る多額の借財に関する業務（以下「重要業務」という。）の執行の決定に関与し、かつ、その重要業務のうち契約を締結するための交渉その他の重要な部分を自ら執行する組合員は除くこととされている（措法41の4の2①、措令26の6の2①）。

この場合の「組合事業に係る重要な財産の処分若しくは譲受け」に該当するかどうかは、組合事業に係る当該財産の価額、当該財産が組合事業に係る財産に占める割合、当該財産の保有又は譲受けの目的、処分又は譲受けの行為の態様及びその組合事業における従来の取扱いの状況等を総合的に勘案して判定することとされている（措通41の4の2—2）。

また、「組合事業に係る多額の借財」に該当するかどうかは、組合事業に係る当該借財の額、当該借財が組合事業に係る財産及び経常利益等に占める割合、当該借財の目的並びにその組合事業における従来の取扱いの状況等を総合的に勘案して判定することとされている（措通41の4の2—2）。

(3)　特定組合員の判定の時期

特定組合員の判定の時期は、原則として各年の12月31日において引き続き重要業務のすべての執行の決定に関与し、かつ、その重要業務のうち重要な部分のすべてを自ら執行しているかどうかにより判定するものとされている（措令26の6の2②）。したがって、契約

締結後の各年のいずれかの年においてこれらの決定又は執行に係わらなければ、以後の各年において特定組合員に該当することとなる。

　ただし、任意組合の業務執行については、①すべての組合員が業務執行する、②組合契約により組合員の中から選任した1人又は数人の者が業務執行する、③組合契約により委任された組合員以外の第三者が業務執行するというように3つの形態があるが、②及び③の形態において、組合事業の業務の執行の全部を委任している組合員については、無条件に、形式基準により特定組合員に該当することとされている（措令26の6の2③）。

22　損益通算等の特例の対象となる組合事業による赤字の金額の計算

問

　特定の組合事業から生ずる不動産所得の金額は、具体的には、どのように計算するのか。他の不動産所得の金額がある場合には、どのようになるのか。

答

　損益通算の特例の対象となる不動産所得の損失の金額は、その年中の不動産所得の金額を総収入金額から必要経費を控除した金額とする計算規定（所法26②）、損益通算の規定（所法69①）その他の所得税に関する法令の規定の適用については、生じなかったものとみなすこととされている（措法41の4の2①）。

　そしてその不動産所得の損失の金額は、特定組合員又は特定受益者のその年分における組合事業又は信託から生ずる不動産所得に係る総収入金額に算入すべき金額の合計額がその組合事業又は信託から生ずる不動産所得に係る必要経費に算入すべき金額の合計額に満たない場

合におけるその満たない部分の金額に相当する金額とされている（措令26の6の2④）。

　この場合において、その個人が、複数の組合契約を締結していたときはどうなるのかということが問題となってくる。この点については、法令上、組合事業とは「各組合契約に基づいて営まれる事業」と定義されていることから（措法41の4の2②二）、各組合契約に係る組合の事業ごとに計算することとなる（措通41の4の2－1）。

　したがって、その年中に1つの組合事業による不動産所得の赤字の金額の他に別の黒字の組合事業による不動産所得の金額があったとしてもその組合事業による不動産所得の赤字の金額は他の黒字の組合事業による不動産所得の金額から控除することはできない。また、組合事業以外の黒字の不動産所得の金額からも控除することはできない。

　なお、土地等を取得するために要した負債の利子がある場合の不動産所得に係る損益通算の特例（措法41の4）の規定の適用については、その年分の不動産所得の金額の計算上必要経費に算入した土地等を取得するために要した負債の利子の額は、組合事業に係る不動産所得を生ずべき業務の区分ごとに、次により計算した金額の合計額となる。有限責任事業組合の事業に係る事業所得等についても、同様である（措通41の4－4）。

　イ　当該負債の利子の額が、特定組合員の不動産所得に係る損益通算等の特例の規定の適用により不動産所得の金額の計算上、生じなかったものとみなされる金額を超える場合……当該超える部分に相当する額

　ロ　当該負債の利子の額が、不動産所得の計算について生じなかったものとみなされる金額以下である場合……当該負債の利子はなかったものとする。

23　株式の売却損とゴルフ会員権の売却益との損益通算

問

　本年4月に株式を売却し100万円の譲渡損が生じたが、本年5月にゴルフ会員権を売却し300万円の譲渡益が生じた。この場合、株式の譲渡損をゴルフ会員権の譲渡益から差し引くことができるか。

答

　申告分離課税の株式等の譲渡による所得については、その株式等の譲渡による赤字の金額と黒字の金額は相互に差引計算をすることができることとされているが、その差引計算をしてもなお赤字の金額が残るときには、その赤字の金額はないものとみなすこととされている。したがって、その赤字の金額は、その他の申告分離課税の所得や総合課税の各種所得の黒字の金額から差し引くことはできない。また、逆に、申告分離課税の株式等の譲渡による所得以外の所得の赤字の金額は、申告分離課税の株式等の譲渡による所得の黒字の金額から差し引くこともできないこととされている。

　質問の場合の株式の譲渡による赤字の金額は、ゴルフ会員権の譲渡による黒字の金額から差し引くことはできない。

　なお、ゴルフ会員権には株式形態のものとそうでないものとがあるが、いずれの形態のゴルフ会員権の譲渡による所得も総合課税の対象とすることとされている。したがって、仮に質問の場合のゴルフ会員権が株式形態のものであったとしても、その株式の譲渡による所得については申告分離課税の対象とならないため、その所得の黒字の金額から質問の株式の譲渡による赤字の金額を差し引くことはできない。

24　法人成りして給与と配当の収入だけとなった場合の純損失の繰越控除

問

　青色申告者である個人が、自己の行っていた事業を法人組織で行うこととし、いわゆる法人成りしたため、事業所得はなくなり、代わりに給与所得と配当所得があることとなった。

　ところで、この法人成りの際に個人所有の資産を法人に譲渡したが、値下がりしているものや陳腐化しているものがあったため譲渡所得の赤字が生じ、その年分の事業所得の黒字と損益通算してもなお赤字が残ることとなった。

　この赤字の金額は、法人成りした年の翌年の給与所得及び配当所得の黒字から控除することができるか。

答

　質問の場合には、譲渡所得の金額の計算上生じた赤字の金額は純損失の繰越控除の対象となるかという点と、青色申告でなくなった年に繰り越して控除することができるかという点、及び事業所得がなくなった年に繰り越して控除することができるかという点が問題になる。

　まず、譲渡所得の金額の計算上生じた赤字の金額は純損失の繰越控除の対象となるかという点については、白色申告の場合と異なり、青色申告の場合には、損益通算をしてもなお控除しきれない赤字の金額について、その赤字の発生原因のいかんを問わず、繰越控除の対象とすることができることとされている（ただし、既に述べたように一般の土地建物等の譲渡損のように損益通算や繰越控除の対象とならない赤字の金額及び純損失の繰戻し還付の適用を受ける部分の赤字の金額を除く。）。

　次に、青色申告でなくなった年に繰り越して控除することができる

かという点についてであるが、青色申告の場合の純損失の繰越控除の規定は、純損失が生じた年分の所得税について青色申告書をその提出期限までに提出（税務署長がやむを得ない事情があると認める場合には、期限後に青色申告書を提出したときを含む。）しておれば、その後の年については連続して確定申告書を提出すればよいこととされており、必ずしも青色申告書を連続して提出しなくてもよいこととされている。質問の場合のように、事業を廃止（法人成りも事業の廃止に当たる。）した場合には、その廃止した年の翌年以後の年分は原則として青色申告の承認の効力がなくなるが（所法151②）、青色申告でなくなったとしても、連続して確定申告書を提出することにより、青色申告であった年に生じた純損失の金額について繰越控除の適用を受けることができる。

　また、事業所得がなくなった年に繰り越して控除することができるかという点については、繰り越して控除する年の所得の種類は問わないこととされているので、質問の場合のように給与所得と配当所得しかないこととなったとしても、その年に繰り越して控除することができる。

25　損益通算によって配当所得の金額がなくなった場合の配当控除

問

平成29年分の所得金額の内訳は、次のとおりである。

配当所得の金額……………………700,000円

不動産所得の金額………………△2,400,000円

給与所得の金額……………………900,000円

分離短期譲渡所得金額………………5,000,000円

　そこで、赤字の不動産所得の金額を損益通算の順序に従って他の黒字の所得の金額から控除したところ、損益通算後の所得金額は、短期譲渡所得の金額だけとなり、配当所得の金額がないこととなった。

　この場合には、配当控除の適用は受けられないことになるのか。

答

　配当控除は、配当所得を有する年分において、配偶者控除、扶養控除等の所得控除後のその年分の課税所得金額の多寡に応じ、その年分の配当所得の金額に、原則として、10％又は５％を乗じて計算した金額をその年分の所得税額から控除するというものである（所法92）。

　そこで、この場合の「配当所得の金額」とは何をいうのかが問題となるわけであるが、これは、原則として、次の算式により計算した額をいうこととされており、たとえその年分において配当所得の金額以外の所得の金額に赤字が生じ、損益通算によってその赤字を配当所得の金額を通算することになったとしても、「配当所得の金額」は、あくまでもその損益通算前の所得の金額をいうこととされている（所法24②）。

$$\text{その年中の配当等の収入金額} - \substack{\text{株式等の元本を取得するた}\\\text{めに要した負債の利子の額}\\\text{でその年中に支払う金額}} = \text{配当所得の金額}$$

　したがって、質問の場合には、配当所得の金額が損益通算によってなくなったとしても、その損益通算前の配当所得の金額を基として計算した配当控除額をその年分の所得税額から控除することができる。

　なお、申告分離課税を選択した配当や確定申告しないことを選択した配当などに係る配当所得については配当控除をすることができないこととされている。

第6節　損益通算に関する裁判例等

1　リゾートマンションの貸付けによる赤字は損益通算の対象とならないとされた事例

昭和55年分・昭和56年分　所得税　昭和59年2月13日裁決

(1)　論　点

　医業を営む者である審査請求人Xは、保養地に所在するいわゆるリゾートマンションの一室（以下「本件不動産」という。）を取得し、A社が経営する会員制ホテルの客室としてA社に賃貸したが、その貸付けによる不動産所得の金額の計算上赤字が生じたので、医業による事業所得の黒字と損益通算して確定申告をした。これに対し、原処分庁は、本件不動産は生活に通常必要でない資産に当たるため、本件不動産の貸付けに係る赤字の金額は損益通算の対象とならないとして更正処分をした。Xは、これを不服として異議申立てをしたところ、異議審理庁は棄却の異議決定をしたため、Xはなお不服があるとして審査請求をした。

　本件は、本件不動産は「生活に通常必要でない資産」に当たるか否かを論点とするものである。

(2)　審査請求人の主張

　審査請求人Xは、本件不動産は次に掲げるとおり生活に通常必要でない資産には該当しないので、本件不動産の貸付けに係る赤字の金額は損

益通算の対象になると主張した。

- イ　本件不動産のあるマンションはA社が分譲したマンションであるが、各室の所有者はA社に対し各室を賃貸し、A社はこれを自社の経営する会員制ホテルの客室として利用している。

- ロ　Xは、本件不動産をホテルの客室としてA社に賃貸し、将来収益をあげることを期待してこれを取得したものであり、自己の保養等の用に供する目的で取得したものではない。なお、A社から申込みのあった賃貸契約の内容がXに不利なものであり収支計算上かなりの赤字が見込まれたので、XはA社との契約締結をいったん見合わせ、他の者に賃貸することを考えたが、適当な借主が見つからなかったので、多少でも赤字を少なくするため暫定的にA社に貸し付けることとしたものである。

- ハ　原処分庁は、Xが本件不動産を優先的に使用する権利を有するものとして、これを根拠に、Xは主として保養の用に供する目的で本件不動産を所有しているとの結論を導いている。しかしながら、A社との契約によれば、Xも利用日を定めて本件不動産を利用することができることになっているものの、比較的ホテルの利用客が多い時期には、A社経営の会員制ホテルの会員と同様、約2、3か月前にA社に利用の予約をしておく必要があり、しかも、A社に対し会員と同じく1人1泊1,000円の宿泊料のほか利用税、サービス料を支払わなければならないのであって、Xが所有者としていつでも自由に使用できるわけではない。

(3)　原処分庁の主張

　原処分庁は、次に掲げるとおり、Xは本件不動産を主として保養の用に供する目的で所有しているものと認められ、本件不動産は生活に通常必要でない資産に該当するため、その貸付けに係る赤字の金額は損益通

算の対象にならないと主張した。

　イ　X及びXと生計を一にする親族は、本件不動産には居住していない。

　ロ　本件不動産は別荘地に所在している。

　ハ　XとA社との間で締結した本件不動産の賃貸借契約によると、Xは自らが使用する日を優先的に定めて本件不動産を使用することができ、A社はそれ以外の日をホテルの客室用として賃貸することになっている。

　ニ　Xは、前記契約に基づき本件不動産を自らが利用する日を昭和55年に9日、昭和56年に6日の計15日を指定し、そのうち昭和55年に6日、昭和56年に3日の計9日を保養のため利用している。

⑷　審判所の判断

　審判所は、所得税法施行令第178条第1項第2号に規定する「通常自己及び自己と生計を一にする親族が居住の用に供しない家屋で主として趣味、娯楽又は保養の用に供する目的で所有するもの」とは、特定の時期又は期間に限り個人の趣味、娯楽又は保養の目的で臨時的に利用するいわゆる別荘その他の家屋と解され、その家屋が主として保養の用に供する目的で所有するものであるか否かは、その家屋を利用する日数、期間のみによって判断するのではなく、その家屋の所有目的によって判断するのが相当であるとし、本件不動産については、次に掲げるとおり判断している。

　①審査請求人Xは、本件不動産を所有者として優先的に使用する権利を確保した上、自己が利用する日以外の日に限り、これをA社に対しホテルの客室用として賃貸していること、②本件不動産は保養地に所在し、Xはこれを自己及び自己の家族の保養のために利用していること、③A社に対する本件不動産の賃貸は、本件不動産を管理してもらうことを兼

ねてなされたものであって、基本賃料は、XがA社に支払うべき同額の
管理費用と相殺されており、また、XがA社から支払いを受ける運用分
配金及びボーナス分配金も本件不動産に係る租税公課、借入金利子及び
減価償却費の額をかなり下回ることなどに照らせば、Xは、主として保
養の用に供する目的で本件不動産を所有しているものと認めるのが相当
である。もっとも、Xは、本件不動産を利用する場合に料金を支払って
いるが、本件契約の内容及び宿泊料の金額に照らすと、それは宿泊の際
に受けるホテルのサービスに対する対価であって、本件不動産の使用自
体の対価とは認められない。また、Xが本件不動産をA社に賃貸してい
るのは、本件不動産の管理費等の負担の軽減を図るためにすぎないもの
と認めるのが相当である。したがって、本件不動産は、生活に通常必要
でない資産に該当する。

⑸　**注　釈**

　生活に通常必要でない資産に係る所得の金額の計算上生じた赤字の金
額は、競走馬の譲渡損で一定の要件に当てはまるものを除き、損益通算
の対象とならないこととされており、この場合の「生活に通常必要でな
い資産」とは、次に掲げる資産をいうこととされている（所法69②、所
令178①）。

　イ　競走馬（その規模、収益の状況その他の事情に照らし、事業と認めら
　　　れるものの用に供されるものを除く。）その他射こう的行為の手段と
　　　なる動産

　ロ　通常自己及び自己と生計を一にする親族が居住の用に供しない家
　　　屋で主として趣味、娯楽又は保養の用に供する目的で所有するもの
　　　その他主として趣味、娯楽、保養又は鑑賞の目的で所有する資産

　ハ　生活の用に供する動産で、所得税法施行令第25条《譲渡所得につ
　　　いて非課税とされる生活用動産の範囲》の規定に該当しないもの

（貴金属、真珠、書画、骨とうなどで1個又は1組の価額が30万円を超えるものがこれに該当する。）

　以上のうちロに掲げる資産については、「主として趣味、娯楽、保養又は鑑賞の目的で所有しているもの」に該当することが要件（なお、家屋については、通常自己及び自己と生計を一にする親族が居住の用に供しないものであることも要件とされている。）とされており、これに該当するかどうかは、その資産の主たる所有目的が何であるかによって判断することとされている。

　ところで、いわゆる別荘とかリゾートマンションとかいうようなものは、一般的に考えれば、通常自己や自己と生計を一にする親族が居住の用に供しないものであり、主として保養とか娯楽の用に供するために所有するものである。したがって、このような不動産は、一般的には、「生活に通常必要でない資産」に該当すると考えてよい。

　しかし、投資の目的で所有する場合も考えられるし、貸し付けて運用益を得る目的で所有する場合も考えられる。また、これらの目的の2つ以上が重なる場合も考えられ、このような場合、その主たる所有目的の判定が問題となってくる。

　本件不動産については、その主たる所有目的について、審査請求人Xは、本件不動産をホテルの客室用としてA社に賃貸し、将来収益をあげることを期待してこれを取得したものであり、自己が保養等の用に供する目的でこれを取得したものではないと主張したが、原処分庁は、Xが自ら使用する日を優先的に定めて本件不動産を使用しており、主として自己の保養の用に供する目的で所有するものであると主張して対立している。

　いわゆる別荘といわれるようなものは、審判所の判断の中にもうかがわれるように、特定の時期又は期間に限り保養等の目的で臨時的に利用されるのが通常であり、それ以外の時期又は期間は利用されないため、

利用割合が低い。しかし、その利用割合のいかんにかかわらず維持管理費用はかかる。そこで、いわゆる別荘として利用しない時期又は期間については、自己又は自己の親族等以外の者に有償で貸し付けることにより、維持管理費用の負担の軽減を図ることが考えられる。このような論法で考えると、その貸付けは、自己の保養等のために所有する別荘の維持管理のために行われていると考えることができる。

　その点、審判所は、その認定した事実に照らし、本件不動産は、本来、自己及び自己の家族の保養のために所有しているものであり、A社に対する貸付けは本件不動産の管理を兼ねてなされたものであると判断している。

　専ら投資目的で取得し保有している別荘地の土地とか、専ら賃貸の用に供しているリゾートマンションというようなものであれば、生活に通常必要でない資産には該当しないが、審判所が認定した本件不動産のようなケースは生活に通常必要でない資産に該当するものと考える。

2　リゾートホテルの貸付けによる赤字は損益通算の対象とならないとされた事例（その1）

東京地裁・平成10年2月24日判決・平8（行ウ）146・所得税更正処分等取消請求事件・確定

(1) 論　点

　会社役員である原告Xは、いわゆるコンドミニアム形式のリゾートホテルの一室（以下「本件建物」という。）を購入し、本件建物をホテルの営業に供する目的で○○観光㈱に貸し付けている。

　Xは、本件建物の貸付けに係る不動産所得の金額の計算上赤字が生じたため、その赤字の金額を他の黒字の各種所得の金額から控除して、青色の申告書により確定申告をした。

　被告Y税務署長は、本件建物は生活に通常必要でない資産に当たるから、その赤字の金額を損益通算の対象とすることはできないとして更正処分をした。

　Xは、その更正処分を不服として、Yに対し異議申立てをしたが、Yはその異議申立てを棄却し、更に、Xは国税不服審判所長に対し審査請求をしたが、同所長はその審査請求を棄却したため、本訴に及んだものである。

　本件は、生活に通常必要な資産に該当するかどうかの判定に当たり、その主たる所有目的の認定方法を論点とするものである。

⑵　被告Y税務署長の主張

　被告Y税務署長の主張の要旨は、次のとおりである。

　生活に通常必要でない資産のうち所得税法施行令第178条第1項第2号に規定する「生活に通常必要でない不動産」についていえば、個人が不動産を取得し、維持管理し、処分するなどに当たっては様々な支出を要するのが通常であるが、その不動産の主たる所有目的が趣味、娯楽、保養又は鑑賞である場合には、その取得、維持管理、処分等に要する支出も、主として、所得獲得目的ではなく、趣味、娯楽、保養又は鑑賞という目的で行われたものとみられるが故に、基本的に家事費的性質、すなわち、個人的な消費支出という経済的性質を帯び、余剰所得の処分的側面を有するものと観念されることになる。このような支出も従として何らかの収入獲得に寄与することはあり得るが、なお基本的には余剰所得の処分たる経済的性質を有することにかんがみると、獲得された収入の金額を超える損失を他の所得の担税力の減殺要素として取り扱い、損

益通算の対象とすることは相当ではない。

　例えば、生活に通常必要でない不動産に該当するとされる典型的な例として別荘やリゾートマンションを挙げることができるが、別荘やリゾートマンションの取得費、維持管理費等は、本来これらを所有するために負担しなければならない家事費であって、課税上考慮されるべきものではないのであるから、たまたまこれを短期間他に賃貸し収入を得たことにより右支出中に右収入に対応する経費部分を観念することができたとしても、当該収入を超える経費部分を他の各種所得から控除することが相当でないことは明らかである。

　このように解すると、所得税法施行令第178条第1項第2号の要件は、主たる所有目的により支出の基本的な経済的性質が決せられることを前提に設けられたものということができる。

　ところで、およそ個人が不動産を所有する意図は多種多様であり得、生活に通常必要でない不動産の典型例である別荘やリゾートマンションでさえ、これを所有する意図が必ずしも常に趣味、娯楽又は保養に尽きるわけではなく、将来の財産形成を図る意図や他に貸し付けることによってその運用益を得る意図など他の意図で所有する場合や、これらの意図を併せ有する場合もある。しかしながら、前記のとおり、所得税法施行令第178条第1項第2号の要件が主たる所有目的によって支出の基本的な経済的な性質が決せられることを前提に設けられたと解されることからすると、右要件該当性の判断に当たっては、当該不動産に係る支出ないし負担の経済的性質を重視し、所有者の主観的な意図によることなく、当該不動産の立地状況及び整備、所有者が当該不動産を所有するに至った経緯、当該不動産により所有者が受け又は受けることができた利益及び負担の性質、内容、程度など諸般の事情を総合し、客観的にその主たる所有目的を判断すべきものである。

(3)　**原告Xの主張**

　原告Xの主張の要旨は、次のとおりである。

　原告が本件建物を主として趣味、娯楽、保養の用に供する目的で所有するものであるかどうかを判断するに当たっては、原告の主観的な意思を最優先すべきである。

　すなわち、原告は、○○観光㈱から、本件建物は事業用不動産と認定されるので、節税対策として有効であるとの説明を受け、その点に着目して本件建物を取得したものである。原告としては、本件建物はホテル事業がうまくいけばかなりの高収入を上げられるし、そうでないとしても、その賃料収入、所得税及び住民税の節税効果並びに不動産所得の計算上必要経費となる建物の減価償却費は金銭の支出を伴わないことにより、結局、本件建物を購入したときは購入しないときより、現金の出費が少なくなり、そのうちに本件建物の値上がり益も見込めるものと考えて本件建物を購入したものである。

　これに対し、原告には、本件建物を主として趣味、娯楽、保養の用に供する目的で取得し、所有する意思は全くなかった。原告は、本件建物が存在するような原告の住所地から遠方に、主として趣味、娯楽、保養の用に供する不動産を購入するつもりは全くなかったし、原告にそのような意思があったと考えること自体不合理である。原告が主として趣味、娯楽、保養の用に供する目的で不動産を購入するつもりであるならば、原告の住所地から近い、交通の便のよい所を選択するのが当然である。

　原告にとっては、本件建物を購入することにより得られる利用上の特典は、取るに足らないどうでもよいことであり、利用上の特典があるから本件建物を購入したというものでは決してない。

(4)　**判決の要旨**

　判決の要旨は、次のとおりである。

イ　所得税法施行令第178条第 1 項第 2 号の要件該当性の判断方法

　所得税法第69条第 2 項により、生活に通常必要でない資産に係る所得の計算上生じた損失の金額は、競走馬の譲渡に係る譲渡所得の金額の計算上生じた損失の金額について限定的に損益通算が認められているほかは、損益通算の対象とならないものであるが、これは、生活に通常必要でない資産に係る支出ないし負担は、個人の消費生活上の支出ないし負担としての性格が強く、このような支出ないし負担の結果生じた損失の金額について、損益通算を認めて担税力の減殺要素として取り扱うことは適当でないとの考え方に基づくものと解される。

　ところで、所得税法施行令第178条第 1 項第 2 号は、「通常自己及び自己と生計を一にする親族が居住の用に供しない家屋で主として趣味、娯楽又は保養の用に供する目的で所有するものその他主として趣味、娯楽、保養又は鑑賞の目的で所有する不動産」を生活に通常必要でない資産として規定しており、家屋その他の不動産については、その主たる所有目的によって、当該不動産に係る所得の計算上生じた損失が損益通算の対象となるか否かが決せられることとなるところ、原告は、右の主たる所有目的の認定に当たっては、当該所有者の主観的な意思を最優先すべきであるとの趣旨の主張をしている。

　しかしながら、個人の主観的な意思は外部からは容易には知り難いものであるから、一般論として、租税法上の要件事実の認定に当たり、客観的事実を軽視し、個人の主観的な意思を重視することは、税負担の公平と租税の適正な賦課徴収を実現する上で問題があり、適当でないというべきである。のみならず、前示のとおり、所得税法第69条第 2 項が生活に通常必要でない資産に係る所得の計算上生じた損失について損益通算を認めていないのは、その資産に係る支出ないし負担の経済的性質を理由とするものであるところ、このような支出ないし負担の経済的性質は、本来、個人の主観的な意思によらずに、客観的に

判定されるべきものであることからすると、所得税法施行令第178条第1項第2号の要件該当性を判断する上でも、当該不動産の性質及び状況、所有者が当該不動産を取得するに至った経緯、当該不動産より所有者が受け又は受けることができた利益及び所有者が負担した支出ないし負担の性質、内容、程度等の諸般の事情を総合的に考慮し、客観的にその主たる所有目的を認定するのが相当である。

したがって、原告の前記主張は採用することができない。

□　**本件建物の所得税法施行令第178条第1項第2号の要件該当性**

認定された各事実に基づき原告の本件建物の所有目的について検討するに、本件建物は、著名なリゾート地に所在し、充実した設備を有するいわゆるコンドミニアム形式のリゾートホテルの一室であり、そのオーナーとなることによって、客室料金の負担なしで宿泊が可能になるなどの種々の利用上の利益があるものであって、実際に原告又は原告の指定する者が本件建物を利用していること（○○年中は延べ23日間、○○年中及び○○年中はそれぞれ延べ8日間の利用であった。）にかんがみれば、原告が本件建物を保養の用に供する目的をもって所有していたことは明らかである。

そこで、進んで、保養の用に供する目的が本件建物の主たる所有目的であったか否かについて検討するに、原告が本件建物を所有することにより受け又は受けることができた利用上の利益は、客室料金の負担なしで年何回でも本件建物に宿泊することができるほか、本件ホテル及びタワー内の各種スポーツ施設の特別料金での利用、本件ホテル及びタワー内のオーナー専用施設の利用、ゴルフ場の利用面での優遇、スキー場の無料リフト券の提供といったオーナーの特典を享受でき、充実した内容となっていたのに対し、本件建物を○○観光㈱に貸し付けることによる原告の家賃収入は、原告が○○観光㈱に支払う管理費の2割にも達せず、減価償却費、借入金利子、租税公課等を含めた年

間経費全体と比較するとその１割にさえ遠く及ばない金額であった。

右の事実に加えて、本件建物の性質及び状況を客観的にみるならば、本件建物の貸付けによる金銭的収入の獲得は、本件建物の利用による利益の享受と比較して副次的なものとみざるを得ず、原告は、本件建物を主として保養の用に供する目的で所有していたと認めるのが相当というべきである。

　なお、原告は、本件建物を貸し付けることによる家賃収入が得られるほか、これを所有することによる節税効果に着目し、また、将来の値上がり益をも見込んで本件建物を購入したのであって、主として保養の用に供する目的で本件建物を所有していたものではない旨主張しているところ、○○観光㈱による本件ホテルの購入希望者等に対する説明又は勧誘の際には、合理的な節税対策となる点が強調されていたことからすると、原告が本件建物の購入を決定するに当たり、その節税効果に着目していたことは、これを認めるに難くないところである。

　しかしながら、原告は、本件建物を所有することが節税対策として有効であるといっても、右の節税効果というのは、原告の納付すべき所得税額が減少し、納付すべき税額の減少分だけ本件建物の所有のために要する多額の費用の一部を補うことができるというものであって、資産の運用によって損失が生ずることに伴う副次的経済効果にすぎない。

　したがって、本件建物は、通常自己及び自己と生計を一にする親族が居住の用に供しない家屋で主として保養の用に供する目的で所有するものと認められるから、所得税法施行令第178条第１項第２号に規定する生活に通常必要でない不動産に該当するというべきである。

3　リゾートホテルの貸付けによる赤字は損益通算の対象とならないとされた事例（その２）

仙台高裁・平成13年４月24日判決・平12（行コ）１・課税処分取消
請求控訴事件・確定
〈第一審〉　盛岡地裁・平成11年12月10日判決・平９（行ウ）８・
　　　　　課税処分取消請求事件

⑴　**論　点**

　本件は、リゾート地に所在するホテルの一室が「主として保養の目的
で所有する不動産」に当たるか否かが中心的な争点であり、その所有目
的如何を論点とするものである。

　なお、本件は、第一審の盛岡地裁では、本件物件は「生活に通常必要
でない資産」に該当しないとして、国側敗訴となったのであるが、仙台
高裁においては、本件物件の主たる所有目的は保養にあるとし、「生活
に通常必要でない資産」に該当するとして、原判決を取り消している事
例である。

　「生活に通常必要でない資産」をめぐる判決としては、高裁レベルで
の初めての事例である。

⑵　**第一審判決の要旨**

　第一審判決の要旨は、次のとおりであり、本件ホテルは「生活に通常
必要でない資産」に該当せず、その賃貸による損失は損益通算の対象と
なるというべきであると判示した。

　イ　前記○認定の事実によれば、本件物件が「通常自己及び自己と生計

を一にする親族が居住の用に供しない家屋」に該当することは明らか
である。そこで、右認定事実に基づき、本件物件が「主として趣味、
娯楽又は保養の用に供する目的で所有するもの」に該当するか否かを
検討する。

(イ)　被告は、本件物件が「保養の用に供する目的で所有するもの」に
　該当すると見るべき事情として、本件物件が保養地内にあることを
　挙げる。

　　確かに、本件物件は、全国的に知られたリゾート地に所在するホ
　テルの一室であるが、リゾート地に所在するホテルの客室であるか
　らといって、取得者がこれを自ら利用することを目的とすることも
　あれば、自ら利用することなく保養に来る一般客の利用に供し賃料
　を得ることを目的とすることもあり得るのであって、この点から原
　告の取得目的が保養にあったと断じることはできない。そして、本
　件分譲案内書及び賃貸借契約書には、本件物件をオーナーが使用し
　ない日には一般客にホテルとして供し、客室料金の50％を受けられ
　るといった点で資産活用ができ、事業用不動産として不動産投資の
　対象とすることが可能なことも記載されているのであるから、本件
　物件の売買に際しては、取得者が自ら利用することだけでなく賃貸
　目的で取得することも想定されていたというべきである。

(ロ)　被告は、本件物件には原告に利用上の特典があることを挙げる。
　確かに、本件物件について、本件分譲案内書及び賃貸借契約書には、
　オーナーが宿泊した場合に宿泊料及びリフトが無料となること、ゴ
　ルフ場・各種スポーツ施設の利用割引、オーナー専用のラウンジや
　ロッカー等が用意されていることが記載されているが、右のような
　利用上の特典は、取得者が自ら本件物件を年間多数回に亘り利用す
　る場合には大いに魅力的なものとなるとしても、現実に年間わずか
　な回数しか利用せず、また、既にA高原ゴルフ場の会員権を有して

いた原告にとって、こうした特典のあることがそれほど大きな意味を持つとは考え難く、このようなわずかな利用上の利益を享受することを主たる目的として、原告が年間130万円を超える高額の管理費その他の経費を支払っていると見ることのほうがはるかに不合理であるといわざるを得ない。

(ハ)　被告は、本件物件の収益性がないこと、とりわけ本件物件にかかる管理費が高額であり、賃貸料が管理費に満たない状況である点を挙げる。

確かに、本件物件の係争各年の賃料収入が管理費にも満たない状況となってはいるが、他方、原告は、本件物権取得の際、Ｂとの間で収益性を中心とする質問をし、その上で本件物件を購入することとしたものであり、その際、Ｂから本件物件の室料が５万円であって、将来40％の稼働率となることが予想される旨の説明を受けてその旨信じ、管理費、固定資産税、保険料及び借入金利と預金金利の差額の合計額を大幅に超える賃料収入が見込まれると計算したものであり、その計算が特別不合理なものであるとも考えられず、また当時の経済状況を考えたとき、原告がＢの説明を信じて、本件物件の稼働率を高く見込んだのもやむを得ないところであって、その後経済状況が悪化し、稼働率の低迷や管理費の値上げ等により、収益状況が悪化し、結果的に大幅な赤字になっているからといって、原告の本件物件の購入目的が賃料収入の獲得にあったことを覆す理由となるとは考え難い。

(ニ)　被告は、原告の得る賃料収入が、反対給付との経済的な対応関係に乏しい偶発的なものである旨主張する。

確かに、原告とＣ観光ホテルとの間の賃料の算出方法は固定的なものではなく、一般客が本件物件と同タイプの客室を年間を通じどの程度利用したかに左右されるものではあるが（なお、右賃料は年

1回、1年分が支払われるものであるから、季節によって一般客の利用に偏りがあることは賃料の安定性と無関係である。）、賃料収入の一定しないことが直ちに原告が自らの保養の目的で本件物件を取得したことにつながるものではない。

㈠ 以上のとおり、被告の主張は採用できないものであるほか、本件物件は、C観光ホテルにホテル客室として賃貸することを前提として分譲された物件であること、原告の本件物件の利用状況は、平成3年は利用なし、平成4年には日中の利用2回と宿泊1回、平成5年には宿泊4回と少ない回数であったこと、原告は、本件物件の取得と同時期に、他にも不動産を順次取得し、いずれもこれをほかに賃貸して賃料収入を得る事業を開始しており、本件物件についても、Bからその収益や値上がり状況についての説明を受けた上でその購入に至っている経緯があり、本件物件についてのみ他の物件と異なる目的をもって購入したという事情は窺われないこと等の諸事情をも併せ考慮すれば、原告の本件物件の主たる所有目的が保養にあったと解することはできないというべきである。

ロ 以上によれば、本件物件が施行令178条1項2号の「通常自己及び自己と生計を一にする親族が居住の用に供しない家屋で主として趣味、娯楽又は保養の用に供する目的で所有するものその他主として趣味、娯楽、保養又は鑑賞の目的で所有する不動産」に該当するということはできないから、法62条1項の「生活に通常必要でない資産」に該当せず、原告の本件物件をC観光ホテルに賃貸したことによって生じた本件損失金額は、同法69条1項により損益通算の対象となるというべきであり、これが損益通算の対象とならないとしてなされた本件更正処分は、その余の点について判断するまでもなく違法であってその取消しを免れず、また、右更正処分を前提としてなされた本件賦課決定処分も違法であるから、その取消しを免れないというべきである。

(3)　控除審判決の要旨

　控訴審判決の要旨は、以下のとおりであり、本件物件の主たる所有目的は保養にあると解するべきであり、その賃貸による損失は損益通算の対象とすべきではないと判示した。

イ　本件においては、被控訴人所有の家屋である保険物件が所得税法施行令178条１項２号に規定する「主として保養の目的で所有する不動産」に当たるか否かが中心的な争点である。

　　同条項は、このように家屋の所有者の「主たる所有目的」という主観的要件を定めているが、個人の主観的な意思は外部からは容易に知り難いものであるから、その認定に当たって、客観的事実を軽視し、個人の主観的な意思を重視することは税負担の公平と租税の適正な賦課徴収を実現する上で適当でないというべきである。のみならず、所得税法69条２項が生活に通常必要でない資産に係る所得の計算上生じた損失について損益通算を認めていないのは、その資産に係る支出ないし負担の経済的性質を理由とするものであるが、このような支出ないし負担の経済的性質は、本来、個人の主観的な意思によらずに客観的に判定されるべきものであることに鑑みれば、所有者の主観を重視するのは相当でなく、所有者の職業、生活状況、所有者の他の不動産の取得・利用状況、当該不動産の性質及び状況、所有者が当該不動産を取得するに至った経緯、当該不動産より所有者が受け又は受けることができた利益及び所有者の支出ないし負担の性質、内容、程度等の諸般の事情を総合的に考慮して、客観的に所有者の主たる所有目的を認定すべきである。

ロ　（前記認定の事実に基づいて、本件物件の所有目的を検討すると）本件物件の立地条件、本件物件より受けることのできた利益（ホテルＤグランド・タワーのオーナーに対する特典）や本件物件の利用実績からすれば、被控訴人に保養の目的があったと認めざるを得ない。確かに被

控訴人の利用回数は少ないが、一般的に別荘を所有していても多忙な
どのためほとんど利用しない所有者も稀ではなく、また、余剰所得が
あれば、すぐに利用する予定がなくとも、買い時と考えて取得するこ
とは十分考えられること、被控訴人の三女が生まれて間がなかったこ
とや、被控訴人の診療所が忙しかったことから、利用が難しい状況で
あったことを考慮すると、そのことから保養の目的を否定することは
相当でない。もっとも、だからといって、保養が主たる目的であった
と即断することはできないから、その余の事情についてさらに検討す
る。

ハ　被控訴人は、本件物件を不動産投資の事業目的で所有していたと主
張するので、前記の諸要素中、本件物件の賃料と本件物件の負担、特
にその中心となる管理費の定め方の関係について検討する必要がある。
この点については、前記認定の事実から次のとおりと考えられる。

　　本件ホテルの客室のオーナーは、年間を通じて自らの客室を同ホテ
ルに賃貸する契約を締結しているにもかかわらず、年間の賃料の原資
は、宿泊客の見込めるごく限られた期間の宿泊料収入（実際上、相当
数の宿泊客が見込める期間はスキーシーズンと８月に限られる。）のわず
か５割にすぎず（しかも、上記期間中、オーナーが所有する客室と同タイ
プの客室の宿泊がなければ賃料は発生しない。）、他方で、高額な一定額
の管理費負担を余儀なくされる仕組みがとられており、本来の賃貸借
契約であれば、オーナーに年間の賃貸期間を通じて一定額の賃料が支
払われるのに比して、賃料額が不確定で廉価に抑えられている。

　　しかも、本件において、被控訴人は、本件物件を賃貸しているにも
かかわらず、同物件と同タイプの客室について一般客の利用客がなけ
れば賃貸料の支払を受けられないか、ごくわずかしか受けられないこ
とになり、逆に本件物件について一般客の利用がなくても、これと同
タイプの客室について一般客の利用があれば賃貸料の支払を受けられ

ることになるなど、本件物件の賃貸料は、本件物件の利用に見合って
設定されているわけではなく、本件と同タイプの客室全体についての
収益いかんによって決定される、通常の賃貸の場合の使用の対価とは
異質の経済的性質をもつものとなっている。

　このようにみてくると、本件賃貸借契約における賃料は、客室の使
用の対価とはいい難く、むしろ、オーナーの管理費等の経費負担を軽
減する目的で、オーナーに支払われる利益に名目上「賃料」の名を付
したにすぎないものと認めるべきである。

　現に、本件ホテルで、管理費を上回る賃料が支払われた実績は皆無
であって（なお、同様の仕組みをとっているホテルＤグランドでは、バブ
ル最盛期の平成元年ころ、スタンダードタイプの客室について管理費を上
回る賃料が支払われたことがあったが、そのような差額が生じたのは一度
のみであり、その金額もわずか10万円から20万円である。）、平成３年から
平成11年にかけての管理費に対する賃料収入の割合はほぼ年々低下し、
平成９年以降は40％前後にまで落ち込んでいる。したがって、本件ホ
テルのオーナーに支払われる賃料は、実際上も、管理費を軽減する機
能しか果たしていないということができる。

　以上の本件物件の賃料と本件物件の負担、特に管理費の関係からす
れば、本件ホテルの客室オーナーが、賃料収入により管理費その他の
高額の経費負担を上回る利益が生み出されることを期待し、そのよう
な利益を目当てに当該客室を購入することは、考え難いことといわざ
るを得ない。

　現に、別表○に記載するように、本件賃貸借がなされた当初から、
経費の一部にすぎない管理費よりも賃料収入が下回り、しかも、平成
11年に至るまで一貫して巨額の賃料収支の赤字が継続していたにもか
かわらず、本件において、証拠上被控訴人がＣ観光ホテルに対し、賃
料の増額ないし管理費の減額を申し入れた形跡は認められず、このこ

とからも、被控訴人が収益性を主たる目的として本件物件を所有して
いたと認めることは困難である。

　なお、本件物件の購入資金の借入れの際にE銀行F支店において作
成された稟議書に「被控訴人は、当地より高速道を利用して至近距離
にあること、別荘を購入し維持するよりもはるかに安いメンテナンス
費用にて賄えることから家族及び医院職員の福利厚生に供する目的と
して買得するもの」と記載されており、甲○及び調査嘱託の結果によ
れば、この記載は銀行担当者が本件分譲案内書を参考にして、そのよ
うな目的であろうと判断して記述したにすぎないものの、本件物件の
購入は第三者からそのように受け止められるべき性質のものであった
ということができる。

　そうすると、本件物件に係る管理費その他の支出ないし負担は、賃
料収入獲得に供される性質のものではなく、所得獲得とは無縁の家事
費ないし余剰所得の処分的性質のものと解するのが相当である。

　したがって、本件物件の主たる所有目的は保養にあると解するべき
であり、当該支出ないし負担をもって、他の各種所得の金額から控除
し、損益通算の対象とすべきではないことになる。

二　なお、被控訴人は、インフレによる預貯金の実質的価値の目減りに
対する懸念から、不動産を取得することを考えるようになった、将来
の値上がりの可能性や損益通算も考えた旨供述し、被控訴人の妻も、
当面の収支として管理費等の出費と賃料が均衡すればよいと考えてい
た旨証言するが、上記の諸事実とも矛盾せず、これらは被控訴人夫婦
の正直な思いであったものと思われる。

　そこで、将来の値上がり利益や節税目的（損益通算をする目的）が
主たる目的となるかを検討するに、近い将来確実に転売して利益を得
ることを目的としているという場合（不動産販売の事業目的の場合）以
外は、転売利益は将来転売した時点で現実化する不確定的な収入ない

し利益であるにすぎず、これが本件物件に係る支出ないし負担の経済的性質を決定するものとはいえないから、本件物件の主たる所有目的を左右するものではない（いわば、主たる所有目的に付随する目的にすぎないといえる。）。損益通算する目的についても、「生活に通常必要でない不動産」か否かを判断するためその資産の所有目的を客観的に認定しようとする際に、その所有目的如何によって決せられる節税効果を得ることを判断要素とすることは本末転倒というべきであって相当でないから、節税効果に注目して取得したかどうかという点は、被控訴人の本件物件の所有目的を認定する際に考慮に入れることはできないというべきである。

4　給与所得者の所有する自動車が生活に通常必要でない資産に該当するとされた事例

大阪高裁・昭和63年9月27日判決・昭61（行コ）46・所得税更正処分取消請求控訴事件
〈第一審〉　神戸地裁・昭和61年9月24日判決・昭57（行ウ）12・所得税更正処分取消請求事件
〈上告審〉　最高裁・平成2年3月23日判決・昭63（行ツ）192・上告棄却

(1)　論　点

　給与所得者である控訴人Xは、自己の所有する自家用自動車（以下「本件自動車」という。）を売却したことにより生じた損失の金額を自己の給与所得の金額と損益通算し、源泉徴収税額の還付を受けるための確

定申告書を被控訴人Y税務署長に提出したところ、Y税務署長は、Xの損益通算の計算を否認する更正処分を行った。

　Xは、当該更正処分を不服として異議申立て及び審査請求を行ったがいずれも棄却されたため本訴に及んだものであり、第一審裁判所は、原告の請求を棄却したため、控訴に及んだのが本件である。

　なお、本件自動車は、Xが、Xの自宅から約2.3キロメートル離れた○○駅まで毎日通勤のために使用し（○○駅から△△駅までの区間の定期券購入代については、勤務先から通勤手当として実費の支給を受けていた。）、勤務先である○○事務所の外回りの仕事があるときは当該事務所まで運転して行ってその用に供し、休日等にはドライブや旅行等のレジャーに使用していたものであり、廃車に至るまでの全走行距離約6万1,000キロメートルのうち、自宅から○○駅までの通勤に使用した走行距離は約4,912キロメートル、自宅・○○事務所間の往復や外回りの業務に使用した走行距離は約3万4,110キロメートル、レジャーに使用した走行距離は約1万9,600キロメートルであった。

　本件では、本件自動車は譲渡損がないものとみなされる「生活に通常必要な動産」に該当するか、又は譲渡損が損益通算の対象とされない「生活に通常必要でない資産」に該当するか、若しくは譲渡損が損益通算の対象となるこれら以外の資産に該当するかが争点となっている。

　後に掲げるように、第一審判決及び控訴審判決のいずれも原告及び控訴人の主位的主張及び予備的主張を排斥しており、本件自動車の譲渡により生じた損失の金額を給与所得の金額から差し引くことを認めないという点で一致しており、いずれも国側勝訴となっている。

　しかし、第一審判決は「生活に通常必要な動産」に該当するため譲渡損はないものとみなされるとしているのに対し、控訴審判決は「生活に通常必要でない資産」に該当するため譲渡損は損益通算の対象とされないとしており、実質的には両者において見解の相違がある。

このため、本件のように譲渡所得の基因となる資産の譲渡により生じた損失の金額と給与所得の金額の差引計算の可否の問題であれば、これらの見解の相違によって取扱いには差は生じないが、同一年中に他に譲渡所得の基因となる資産の譲渡益がある場合には、控訴審判決の見解によれば、その譲渡損益相互間では差引計算することができることとなる（ただし、差引計算をしてもなお残った損失の金額については損益通算の対象とならない。）ため、控訴審判決の見解の方が納税者有利となる。

　また、観点を変えて、災害や盗難、横領により納税者の有する資産に損失が生じた場合についてみてみると、第一審判決の見解によれば雑損控除（所法72）の対象となるが、控訴審判決の見解によれば雑損控除の対象とされず、その年中又はその翌年中に他の資産の譲渡益がない限り控除されない（所法62）こととなり、ケースによっては納税者不利となるため、控訴審判決の見解の方がどちらかというと納税者不利となる。

㊟　本件自動車は、控訴人の自損事故後にスクラップ業者に売却されたことから、本件自動車に係る損失は、自損事故による滅失損に該当し、譲渡損には該当しないのではないかという点も争点となっているが、本稿では、その点に関する説明は割愛した。

(2)　控訴人の主張

　控訴人は、主位的主張として、給与所得者が保有し、その生活の用に供する動産は、所得税法上「生活に通常必要な動産」と「生活に通常必要でない資産」の2種の分類に尽きるものではなく、他に所得税法第33条第1項《譲渡所得》の予定する「一般資産」とでも呼ばれるべきものが分類され、本件自動車は、前2種のいずれにも該当するものではなく、この「一般資産」に該当するものであり、その譲渡損失については、所得税法第69条第1項《損益通算》により控訴人の給与所得の金額から控除すべきものであると主張した。

　また、控訴人は、予備的主張として、給与所得者の保有する有形固定

資産は、税法上事業所得者の保有するそれに類似して「収入を得るために用いられる資産」と「生活の用に供する資産」の２種に分類され、本件自動車は前者に該当し、その譲渡損失については、所得税法第69条第１項により控訴人の給与所得の金額から控除すべきものであると主張した。

(3)　被控訴人の主張

　被控訴人の主張の骨子は、次のとおりであり、本件自動車は「生活に通常必要でない資産」に該当し、その譲渡損失の金額は損益通算の対象とならないと主張した。

　給与所得者が所有する自家用自動車は、その使用態様にかかわらず、所得税法上は「生活の用に供する動産」として取り扱われる。すなわち、給与所得者は、雇用又はこれに類する原因により自己の危険と計算とによらず使用者の指揮命令に服して労務の提供を行うことに基づいて給与を取得するものであるから、その受ける報酬と対価関係に立つのは労務の提供のみであって、本来、給与所得者は労務を提供するに当たって、その有する資産を供することは予定されていない。したがって、給与所得者が所有する自家用自動車は、消費生活のために所有する資産、すなわち「生活の用に供する動産」に該当する。

　ところで、いわゆる「生活に通常必要な動産」の意義については、所得税法上何らの定めがないので解釈によらざるを得ないところであるが、所得税法第９条第１項《非課税所得》、同法施行令第25条《譲渡所得について非課税とされる生活用動産の範囲》及び同令第175条第１項《生活に通常必要でない資産の災害による損失額の計算等》の規定を総合すると、「生活に通常必要な動産」とは、「家具、じゅう器、衣服」及びこれらに類似する生活用資産であって、通常の社会生活を営むのに必要とされる資産をいうものと解すべきである。

　そうすると、給与所得者が、その所有する自家用自動車を譲渡したことによって生じた所得は、これを生活の用に供していた時における使用の態様に応じて、次のとおり、二つに大別して取り扱うこととなる。すなわち、自家用自動車を通勤のため毎日のように使用している場合には、これは「生活に通常必要な動産」に属することとなり、他方、主として娯楽用として使用し、随時、買物、通勤等に使用している場合には、これは「生活に通常必要な資産」とはいえないこととなる。

　本件自動車については、主として娯楽用に使用されていたことが認められ、「生活の用に供する動産」には該当するが、所得税法施行令第25条にいう「生活に通常必要な動産」というまでには至らないものであり、その譲渡による損失については、所得税法第69条第2項の規定が適用され、損益通算は認められない。

⑷　第一審判決の要旨

　第一審判決の要旨は、次のとおりであり、本件自動車は「生活に通常必要な動産」に該当し、その譲渡損失の金額はないものとみなされるから、給与所得の金額から控除することはできないと判示した。

　なお、原告の主位的主張については、立法論としてはともかくも、「生活に通常必要な資産」の範囲を原告主張のように限定的に解釈する合理的な根拠はないとし、また、予備的主張については、その前提において独自の見解によるものであり、しかも、本件自動車が課税される資産に該当することを前提とするものであるが、本件自動車は非課税資産に該当するものであるから、その前提において理由がないとしている。

　イ　原告は給与所得者であるが本件自動車の使用状況も○○事務所の
　　　通勤の一部ないし全部区間、また勤務先での業務用に本件自動車を
　　　利用していたこと、本件自動車を通勤・業務のために使用した走行
　　　距離・使用日数はレジャーのために使用したそれらを大幅に上回っ

ていること、車種も大衆車であることのほか、現在における自家用自動車の普及状況等を考慮すれば、本件自動車は原告の日常生活に必要なものとして密接に関連しているので、「生活に通常必要な動産」（所得税法第９条第１項第９号、同法施行令第25条）に該当するものと解するのが相当である。そして、自動車が所得税法施行令第25条各号にあげられた資産に該当しないことは明らかであるから、原告の本件自動車の譲渡による損失の金額は、所得税法第９条第２項第１号に基づき、ないものとみなされることになる。したがって、損益通算の規定（同法第69条）の適用の有無につき判断するまでもなく右損失の金額を給与所得の金額から控除することはできない。

ロ　また、仮に本件自動車が原告の生活に通常必要でない動産に該当するとしても、所得税法第69条第２項、同法施行令第200条により譲渡損失の金額は生じなかったこととなるから、譲渡損失の金額を給与所得の金額から控除すべき旨の原告の主張は、その余の点について判断するまでもなくいずれにしても採用することはできない。

⑸　控訴審判決の要旨

　控訴審判決の要旨は、次のとおりであり、本件自動車は「生活に通常必要でない資産」に該当し、その譲渡損失の金額は損益通算の対象とならないと判示した。

イ　控訴人の主位的主張について

　法・令は、給与所得者が保有し、その生活の用に供する動産については、「生活に通常必要な動産」（所得税法第９条第１項第９号、同法施行令第25条）と「生活に通常必要でない資産」（所得税法第62条第１項、同法施行令第178条第１項第３号）の２種に分類する構成をとり、前者については譲渡による所得を非課税とするとともに譲渡による損失もないものとみなし、後者については原則どおり譲渡による所得に課税

するとともに、譲渡による損失については特定の損失と所得との間でのみ控除を認めているものと解するのが相当であって、「一般資産」のような第三の資産概念を持ち込む解釈には賛同することができない。したがって、控訴人の主位的主張は実定法上の根拠を欠き失当である。

□　控訴人の予備的主張について

　給与所得者については、事業所得者についてのように、法・令において必要経費やこれに関連して所得を生ずべき事業の用に供される資産等の規定がおかれていないが、それは法が給与所得の金額をもって、その年中の俸給・給料・賃金・歳費及び賞与並びにこれらの性質を有する給与等の収入金額から給与所得控除額を控除した残額とし（所得税法第28条）、事業所得の金額のように、その年中の事業所得に係る総収入金額から必要経費を控除した金額とする仕組みを採用していないことによるものである。思うに、所得を収入と経費との差額としてとらえる考え方は合理的であり、収入を得るために必要とする財の犠牲が経費である以上、このような意味での必要経費は給与所得者についても存在し得ることは否定できないけれども、問題は、これに関して法律上いかなる仕組みが採用されているかであって、現行の所得税法は給与所得者について事業所得者におけるとは異なる仕組みを採用し、必要経費の実額控除を認めず、その代わりに事業所得者等との租税負担の公平を考慮し概算経費控除の意味で給与所得控除を認めているのである。このことに照らすと法は必要経費の実額控除をなすことに係る「収入を得るために用いられる資産」なるものは認めていないものと言うほかはない。したがって、控訴人の予備的主張も実定法上の根拠を欠き失当である。

ハ　本件自動車が生活に通常必要な動産に該当するかどうかについて

　本件自動車は給与所得者である控訴人が保有し、その生活の用に供せられていた動産であって、供用範囲はレジャーのほか、通勤及び勤

務先における業務にまで及んでいると言うことができる。

　ところで、右のうち、自動車をレジャーの用に供することが生活に
通常必要なものと言うことができないことは多言を要しないところで
あるが、自動車を勤務先における業務の用に供することは雇用契約の
性質上使用者の負担においてなされるべきことであって、雇用契約に
おける定め等特段の事情の認められない本件においては、被用者であ
る控訴人において業務の用に供する義務があったと言うことはできず、
本件自動車を○○駅・△△駅間の通勤の用に供したことについても、
その区間の通勤定期券購入代金が使用者によって全額支給されている
以上、控訴人において本来そうする必要はなかったものであって、右
いずれの場合も生活に通常必要なものとしての自動車の使用ではない
と言わざるを得ない。

　そうすると、本件自動車が生活に通常必要なものとしてその用に供
されたとみられるのは、控訴人が通勤のため自宅・○○駅間において
使用した場合のみであり、それは本件自動車の使用全体のうち僅かな
割合を占めるにすぎないから、本件自動車はその使用の態様よりみて
生活に通常必要でない資産に該当するものと解するのが相当である。

第13章

雑損控除及び雑損失の
繰越控除等について

はじめに

　事業用の資産や生活に通常必要でない資産以外の資産について、災害又は盗難若しくは横領により損失が生じた場合には、「雑損控除」の適用を受けることができることとされており、その雑損控除を行ってもなお控除しきれない損失の金額がある場合には、「雑損失の繰越控除」の適用を受けることができることとされている。また、一定の場合には、災害減免法による所得税の軽減又は免除を受けることができることとされている。

　本章では、これらに関する取扱いについて解説する。

第1節　雑損控除の仕組み

1　雑損失の金額の意義

　その年において生じた雑損失の金額がある場合には、その雑損失の金額をその年分の所得金額から控除する（所法72①）。これを「雑損控除」という。

　この場合の「雑損失の金額」とは、納税者又はその者と生計を一にする配偶者その他の親族でその年分の総所得金額等の合計額が基礎控除の額に相当する金額以下であるものの有する資産（生活に通常必要でない資産、棚卸資産、事業用の固定資産・繰延資産、山林を除く。）について、災害又は盗難若しくは横領による損失が生じた場合（納税者が災害又は盗難若しくは横領に関連してやむを得ない支出をした場合を含む。）において、その年におけるその損失の金額（その支出の金額を含み、保険金、損害賠償金その他これらに類するものにより補てんされる部分の金額を除く。以下この章において「損失の金額」という。）が次に掲げる場合の区分に応じそれぞれ次に掲げる金額を超えるときの、その超える部分の金額をいう（所法72①）。

① 　その年における損失の金額に含まれる災害関連支出の金額が5万円以下である場合（その年における災害関連支出の金額がない場合を含む。）……その納税者のその年分の総所得金額等の合計額の10分の1に相当する金額

② 　その年における損失の金額に含まれる災害関連支出の金額が5万円を超える場合……その年における損失の金額から災害関連支出の金額のうち5万円を超える部分の金額を控除した金額と①に掲げる

金額とのいずれか少ない方の金額

③　その年における損失の金額がすべて災害関連支出の金額である場

合……5万円と①に掲げる金額とのいずれか少ない方の金額

以上を要約すると、雑損失の金額は、次の㋑の金額と㋺の金額とのい

ずれか多い方の金額となる。

㋑　損失の金額－総所得金額等の合計額の10％に相当する金額

㋺　損失の金額のうち災害関連支出の金額－5万円

㊟　「総所得金額等の合計額」とは、総所得金額、土地等に係る事業所得等の
金額、上場株式等に係る配当所得等の金額、一般株式等及び上場株式等に
係る譲渡所得等の金額、先物取引に係る雑所得等の金額、特別控除前の短
期・長期譲渡所得の金額、退職所得金額及び山林所得金額の合計額をいう。
以下、本章において同じ。

2　雑損控除の対象となる損失の発生原因

雑損控除の対象となる損失の発生原因は、災害又は盗難若しくは横領
に限られており、任意の取壊しや除去などによる損失は含まれない（所
法72①）。

この場合の「災害」とは、次に掲げるものをいう（所法2①二十七、
所令9）。

①　震災、風水害、火災

②　冷害、雪害、干害、落雷、噴火その他の自然現象の異変による災
害

③　鉱害、火薬類の爆発その他の人為による異常な災害

④　害虫、害獣その他の生物による異常な災害

㊟　雑損控除の制度は、沿革的にみてみると、昭和25年のシャウプ勧告によ
り、通常の所得計算の過程ではとらえられない資産の損失のうち、災害又
は盗難による損失を担税力の減殺要素として、所得控除として取り入れら
れたものであり、その後、昭和37年の改正で横領による損失が加えられて
いる。

昭和37年の改正の際に、詐欺や恐かつによる損失についても検討されているが、横領や詐欺、恐かつは、いずれも盗難と異なり法律上微妙な問題があるほか詐欺又は恐かつに当たるかどうかの判定をめぐる税務執行上の問題もあり、その性質が最も盗難に近いと思われる横領による損失に限って雑損控除の対象に追加されたもののようである。

3　生計を一にする親族の有する資産に係る損失の金額

雑損控除の対象となる損失の金額には、納税者本人の有する資産に係る損失の金額のほか、納税者と生計を一にする配偶者その他の親族でその年分の総所得金額等の合計額が基礎控除の額に相当する金額以下であるものの有する資産に係る損失の金額も含まれる（所法72①）。

この場合、納税者と生計を一にする親族であるかどうかは、次に掲げる場合の区分に応じ、それぞれ次に掲げる日の現況により判定する（所基通72—4(1)）。

① 　資産そのものについて生じた損失について雑損控除の適用を受けようとする場合……その損失が生じた日

② 　災害等に関連するやむを得ない支出について雑損控除の適用を受けようとする場合……その損失が生じた日又は現実に支出をした日

また、親族のその年分の総所得金額等の合計額が基礎控除の額に相当する金額以下であるかどうかは、上記①又は②に掲げる場合の区分に応じ、それぞれ①又は②に掲げる日の属する年の12月31日の現況により判定する（所基通72—4(2)）。

4　損失の金額の計算の基礎となる資産の価額

損失の金額の計算の基礎となる資産の価額は、その損失を生じた時の直前におけるその資産の価額（時価）である（所令206③）。したがって、

損失の金額は、損失の生じた資産の被災直前の時価から被災直後の時価を差し引いて計算することになる。

(注)1　損失の金額については、その資産が家屋等の使用又は期間の経過により減価するものである場合には、その資産の損失が生じた時の直前における時価を基礎として計算する方法のほか、その資産の取得価額から減価償却費累積額相当額を控除した金額を基礎として計算する方法が認められている（所令206③）。

　　2　雑損控除の場合の損失の金額の計算が時価ベースによっている理由は、被災資産の再取得や原状回復のための支出に具体的な担税力の減殺が認められることが多いことに顧み、所得税を課されないままの資金により、その再取得や原状回復をすることができるようにするためであるといわれている。

5　損失を補てんするための保険金や損害賠償金等

　災害等に係る損失や支出を補てんするために支払を受ける保険金、損害賠償金その他にこれらに類するものがある場合には、損失の金額の計算上、それらの保険金や損害賠償金等により補てんされる部分の金額を差し引く（所法72①）。

　その保険金や損害賠償金等の金額が、災害等に係る損失や支出の生じた年分の確定申告書を提出する時までに確定していない場合には、その保険金や損害賠償金等の見積額に基づいて損失の金額を計算し、後日、保険金や損害賠償金等の確定額と見積額とが異なることとなった場合には、その年分に遡及して訂正する（所基通72―7により51―7を準用）。

　なお、保険金や損害賠償金等には、次のようなものも含まれる（所基通72―7により51―6を準用）。

①　損害保険契約又は火災共済契約に基づき被災者が支払を受ける見舞金

②　資産の損害の補てんを目的とする任意の互助組織から支払を受ける災害見舞金

6　雑損控除の順序

　その年分の所得金額から各種の所得控除をする場合は、まず、雑損控除を行い、次に、雑損控除以外の所得控除を同順位で行う（所法87①）。

　その年分の所得金額から雑損失の金額を控除するに当たっては、まず、総所得金額から控除し、次に、土地等に係る事業所得等の金額、特別控除後の短期・長期譲渡所得の金額、上場株式等に係る配当所得等の金額、一般株式等及び上場株式等に係る譲渡所得等の金額、先物取引に係る雑所得等の金額から順次控除し（これと異なる順序で控除しても差し支えない。）、なお控除しきれない雑損失の金額があるときは、山林所得金額、退職所得金額から順次控除する（所法87②、措法28の4⑤二、31③三、32④、37の10⑥五、37の11⑥）。

(注)　他の所得控除に先がけて雑損控除を行うこととされているのは、雑損控除を行ってもなお控除しきれない雑損失の金額については雑損失の繰越控除の適用があるためである。

第2節 雑損控除の対象となる資産の損失

1 資産について生じた損失の範囲

　雑損控除の対象となる資産の損失は、生活に通常必要でない資産、棚卸資産、事業用の固定資産・繰延資産及び山林以外の資産の損失である（所法72①）。したがって、事業と称するに至らない程度の業務の用に供されている資産の損失も雑損控除の対象に含まれるが、雑損失の金額は当該資産の時価をベースとして計算するため、当該資産の簿価との関係が問題となる。

　例えば、被災資産の被災直前の簿価が100万円、被災直前の時価が90万円、被災直後の時価が40万円の場合には、原価ベースによる損失の金額は60万円（100万円－40万円）となるが、時価ベースによる損失の金額は50万円（90万円－40万円）となり、原価ベースによる損失の金額の方が多くなる。この場合には、時価ベースによる損失の金額50万円は雑損控除の対象となり、残りの損失の金額10万円（60万円－50万円）は各種所得の金額の計算上必要経費に算入する。

　また、被災資産の被災直前の簿価が90万円、被災直前の時価が100万円、被災直後の時価が40万円の場合には、原価ベースによる損失の金額は50万円（90万円－40万円）となるが、時価ベースによる損失の金額は60万円（100万円－40万円）となり、時価ベースによる損失の金額の方が多くなる。この場合には、時価ベースによる損失の金額60万円は雑損控除の対象となり、各種所得の金額の計算上必要経費に算入する金額は0となる。

　しかし、実務上の取扱いとして、原価ベースによる損失の金額及び災

害等に関連するやむを得ない支出（資本的支出に該当するものを除く。）の額のすべてを各種所得の金額の計算上必要経費に算入している場合には、これを認めることとされている（所基通72-1）（370ページの(3)参照）。

㊟　業務用の資産の損失については、第11章参照

2　生活に通常必要でない資産の損失

　生活に通常必要でない資産の損失は、雑損控除の対象には含まれない（所法72①）。また、各種所得の金額の計算上必要経費にも算入されず（所法37①②、51①④）、災害減免法の適用を受けることもできない（災免通達2、4）。

　この場合の「生活に通常必要でない資産」とは、381ページの1に掲げるものをいう（所令178①）。

㊟　生活に通常必要でない資産の損失が雑損控除の対象から除外されているのは、その損失が直ちに担税力を減殺するとは認められないからであるといわれている。
　　なお、生活に通常必要でない資産の損失の金額（原価ベースで計算した損失の金額）のうち災害又は盗難若しくは横領により生じたものについては、その損失を受けた日の属する年分又はその翌年分の譲渡所得の金額の計算上控除すべき金額とみなすこととされている（所法62①）。このように、その損失の金額を譲渡所得の金額の計算上控除することとされているのは、この種の損失もキャピタル・ロスとして他のキャピタル・ゲインと相殺するのが適当であると考えられたこと、損失を受けた資産の原状回復や再取得のため他の資産を処分することがあることを考慮したことによるものといわれている（382ページの2の「ただし書」及び㊟参照）。

第3節　災害等に関連するやむを得ない支出

1　災害等に関連するやむを得ない支出及び災害関連支出の意義

(1)　災害等に関連するやむを得ない支出の意義

　雑損控除の対象となる損失の金額には、納税者が災害又は盗難若しくは横領に関連してやむを得ない支出をした場合のその支出（以下「災害等に関連するやむを得ない支出」という。）の金額が含まれる（所法72①）。

　この場合の「災害等に関連するやむを得ない支出」とは、次に掲げるものをいう（所令206①）。なお、その納税者の雑損控除の対象となる災害等に関連するやむを得ない支出は、その納税者本人が支出したものに限られており、その納税者と生計を一にする親族等が支出したものは含まれない。

① 　災害により住宅家財等（その損失の金額が雑損控除の対象となる資産をいう。以下この章において同じ。）が滅失し、損壊し又はその価値が減少したことによる当該住宅家財等の取壊し又は除去のための支出その他の付随する支出

② 　災害により住宅家財等が損壊し又はその価値が減少した場合その他災害により当該住宅家財等を使用することが困難となった場合において、その災害のやんだ日の翌日から1年を経過した日（大規模な災害その他やむを得ない事情がある場合には、3年を経過した日。以下この節において同じ。）の前日までにした次に掲げる支出その他これらに類する支出

イ 　災害により生じた土砂その他の障害物を除去するための支出

　　㋺　当該住宅家財等の原状回復のための支出（その災害により生じた当該住宅家財等の損失の金額に相当する部分の支出を除く。）

　　㋩　当該住宅家財等の損壊又はその価値の減少を防止するための支出

③　災害により住宅家財等につき現に被害が生じ、又はまさに被害が生ずるおそれがあると見込まれる場合において、当該住宅家財等に係る被害の拡大又は発生を防止するため緊急に必要な措置を講ずるための支出

④　盗難又は横領による損失が生じた住宅家財等の原状回復のための支出その他これに類する支出（その盗難又は横領により生じた当該住宅家財等の損失の金額に相当する部分の支出を除く。）

(2)　災害関連支出の意義

　雑損控除の対象となる雑損失の金額は、損失の金額に含まれる災害関連支出の金額が5万円を超えるかどうかによって異なる場合がある（489ページの㋑及び㋺の算式参照）。これは、5万円を超える災害関連支出の金額がある場合には、その納税者の所得金額の多寡にかかわらず、その5万円を超える部分の金額を雑損失の金額として最低保障することとされていることによるものである。

　この場合の「災害関連支出」とは、前掲の災害等に関連するやむを得ない支出のうち、①、②及び③に掲げる支出をいう（所令206②）。

2　災害等に関連するやむを得ない支出の留意点

(1)　原状回復のための支出がある場合

　雑損控除の対象となる災害等に関連するやむを得ない支出には、災害等により損失が生じた資産の原状回復のための支出も含まれる（所令

206①二ロ、四）。

　しかし、原状回復のための支出であっても、資産の損失の金額（その資産自体に受けた損失の金額）に相当する部分の支出は、雑損控除の対象にはならない（所令206①二ロかっこ内）。これは、資産の損失の金額は雑損控除の対象となるのであるから、それを前提として、資産の原状回復のための支出の金額のうち、資産の損失の金額に相当する金額までの部分の金額は資本的支出の金額とし、残余の金額は雑損控除の対象となる原状回復のための支出の金額とするという考え方によるものである。

　ところで、損失が生じた資産について、単なる原状回復にとどまらず、損失が生じる前より価値を高めるような改良を併せ行った場合には、そのための支出の金額を原状回復のための支出の部分と資本的支出の部分とに区分することが困難なことも多いと思われる。そこで、このような場合には、その支出の金額の30％に相当する金額を原状回復のための支出の部分の金額とし、残余の金額を資本的支出の部分の金額とすることができることとされている（所基通72－3）。

　ただ、この簡便法によって計算した原状回復のための支出の金額であっても、資産の損失の金額に相当する金額までの金額は資本的支出の金額となる。

　これを設例で示すと、次のようになる。

【設　例】

被災直前の被災資産の時価……………………………………………3,000万円

被災直後の被災資産の時価……………………………………………2,800万円

被災資産について支出した金額で区分困難なもの………………1,000万円

　①　区分困難な支出の区分

　　㋑　原状回復のための支出の部分

　　　　1,000万円×30％＝<u>300万円</u>

$\qquad$　㋺　資本的支出の部分

$\qquad\qquad$ 1,000万円×70％＝<u>700万円</u>

　　②　原状回復のための支出の区分

$\qquad$　㋑　資本的支出の部分（資産の損失の金額に相当する支出の部分）

$\qquad\qquad$ 3,000万円－2,800万円＝<u>200万円</u>

$\qquad$　㋺　雑損控除の対象となる原状回復のための支出の部分

$\qquad\qquad$ 300万円－200万円＝<u>100万円</u>

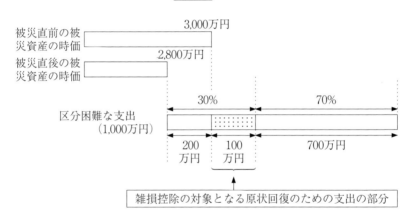

⑵　災害後１年以内に取壊し等をした場合

　雑損控除の対象となる災害等に関連するやむを得ない支出には、災害により住宅家財等が減失し、損壊し又はその価値が減少したことによる住宅家財等の取壊し又は除去のための支出その他の付随する支出も含まれるが（所令206①一）、その取壊し又は除去が災害後相当の期間使用された後に行われた場合は、その取壊し又は除去により生じた資産の損失の金額はもちろん、その取壊し又は除去に要する支出その他の付随する支出の金額も雑損控除の対象とはならない。

　しかし、その取壊し又は除去が災害後おおむね１年以内に行われたときは、その取壊し又は除去により生じた資産の損失の金額及びその取壊

し又は除去に要する支出その他の付随する支出の金額のすべてを雑損控除の対象としても差し支えないこととされている（所基通72─7により70─6を準用）。

⑶　第三者に対する損害賠償金などの支出がある場合

雑損控除の対象となる災害等に関連するやむを得ない支出には、次に掲げる支出も含まれる（所基通72─7により70─7、70─8及び70─12を準用）。

①　災害により建物又は構築物等が倒壊しその倒壊により第三者に損害を与えた場合や、災害により保管している第三者の物品について損害が生じた場合において支出した損害賠償金、見舞金、弔慰金等の支出

②　災害により滅失した住宅家財等や、損壊し又は価値が減少したことにより取壊し又は除去した住宅家財等の登記登録の抹消のために要する支出

③　災害により行方不明となった住宅家財等の捜索のための支出

⑷　災害による損失の防止のための支出がある場合

イ　災害による損失の防止のための支出の種類

雑損控除の対象となる災害等に関連するやむを得ない支出には、災害による損失の防止のための支出も含まれる（所令206①二ハ、三）が、この災害による損失の防止のための支出には、次の2つの形態のものがある。

①　災害により住宅家財等が損壊し又は価値が減少した場合その他災害により住宅家財等を使用することが困難となった場合において、その災害のやんだ翌日から1年を経過した日の前日までにした支出で、住宅家財等の損壊又はその価値の減少を防止するための支出

（所令206①二ハ）

②　災害により住宅家財等につき現に被害が生じ、又はまさに被害が生ずるおそれがあると見込まれる場合において、住宅家財等に係る被害の拡大又は発生を防止するため緊急に必要な措置を講ずるための支出（所令206①三）

このうち②に掲げる支出について整理すると、次の2つの形態に分けられる。

㋑　被害拡大防止緊急支出……災害により住宅家財等につき現に被害が生じた場合において、住宅家財等に係る被害の拡大を防止するため緊急に必要な措置を講ずるための支出

㋺　被害発生防止緊急支出……災害により住宅家財等につきまさに被害が生ずるおそれがあると見込まれる場合において、住宅家財等に係る被害の発生を防止するため緊急に必要な措置を講ずるための支出

☐　被害発生防止緊急支出に該当するための要件

被害発生防止緊急支出に該当するためには、第1に、災害によりまさに被害が生ずるおそれがあると見込まれる状況にあることが必要であり、第2に、その被害の発生を防止するため緊急に必要な措置を講ずるための支出であることが必要である。

まず、災害によりまさに被害が生ずるおそれがあると見込まれる状況にある場合としては、災害により被害が生ずることが、単なる個人の主観的な判断による予測ではなく、客観的に、相当高い確率で予測されるような状況にある場合が考えられる。

したがって、災害により被害が生ずることが必ずしも確実と認められないような状況の下において、災害による損壊等に備えて事前にその損壊等を防止するためにする支出は、被害発生防止緊急支出には該当しない。ただし、結果的に現実に災害による損壊等の事実が生じた

場合には、その支出は雑損控除の対象となる（所令206①二ハ、三）（所基通72―7により70―10を準用）。

　次に、被害の発生を防止するために緊急に必要な措置を講ずるための支出としては、例えば、切迫している被害の発生を防止するための応急措置を講ずるための支出が考えられる。この場合の支出は、応急措置に係る支出であることからして、その支出の効果は、その災害による被害の発生を防止することのみに寄与するものであって、災害がやんだ後には、その応急措置は撤去され、その支出の効果は残らないことが必要である（所基通72―7により70―11を準用）。

　したがって、台風の来襲が目前に迫っているような状況の下において、損壊している屋根瓦や窓ガラスを修理するといったことは、その限りにおいて被害の発生を防止するために必要な措置といえるが、一方において、台風による危難が去った後にもその修理の効果は残るから、そのための支出は、被害発生防止緊急支出には該当しない。

⑸　雪おろし費用がある場合

　一定の雪おろし費用は、被害発生防止緊急支出に該当するものとして雑損控除の対象となる。雑損控除の対象となる雪おろし費用は、豪雪の場合において積雪による家屋の倒壊を防止するために行う、①屋根の雪おろし、②家屋の外周の雪の取り除き、③取り除いた雪の河川等への投棄のため直接要する支出であり、原則として資産の取得費は含まれない。

　雑損控除の対象となる雪おろし費用としては、次のようなものがある。

①　人夫賃

　　雪おろし等のために雇用した人夫（生計を一にする親族及び同一家屋内で生活している親族を除く。）に係る次の支出

　　㋑　支出した賃金等（日当、時間給又は請負の場合の請負金額）

　　㋺　人夫に支払った旅費、除雪用具等の借損料

　　㈢　人夫に食事を供した場合は、その費用

　②　除雪機械等の借上料

　　　雪おろしのために機械類（ブルドーザー、パワーシャベル等）や運搬車両（ダンプ式貨物自動車等）を借り上げた場合の借上料及び借主が負担した燃料費

　　㈲　屋根からおろした雪などを投棄するため、自己が所有するブルドーザーや貨物自動車を使用した場合の燃料費も雑損控除の対象となる。

　③　町内会等が行った雪おろし費用の分担金

　　　個人の家屋の雪おろし等を町内会等が行った場合において、その費用（上記①及び②に掲げる費用に該当するものに限る。）を個人が負担したときの、その分担金

⑹　降灰の除去費用がある場合

　活火山の異常噴火により相当の降灰があった場合において行う降灰の除去のための費用は、被害発生防止緊急支出に該当するものとして雑損控除の対象となる。

　雑損控除の対象となる降灰の除去費用の範囲は、雪おろし費用の場合の①、②及び③の費用に準ずる費用である。

⑺　災害等に関連するやむを得ない支出の控除年分

　災害等に関連するやむを得ない支出をした場合には、その支出の金額は、その支出をした日の属する年分の雑損控除の対象となる。

　しかし、災害等があった年に支出した場合には、総所得金額等の合計額などによる足切計算は1回だけで済むのに対し、災害等のあった年の翌年に支出した場合には、各年分ごとに足切計算が行われるので、納税者にとって不利になることが考えられる。

　そこで、災害等のあった年の翌年3月15日以前に支出したものについ

ては、その災害等のあった年分の雑損控除の対象とすることができるこ
ととされている（所基通72─5）。

第4節　雑損失の繰越控除

　その年において雑損控除を行ってもなお控除しきれない雑損失の金額がある場合には、その控除しきれない金額をその年の翌年以後3年内の各年分の所得金額から控除する（所法71①）。これを「雑損失の繰越控除」という。

　なお、雑損失の金額のうち特定雑損失金額がある場合には、その年に控除しきれない金額をその年の翌年以後5年内の各年分の所得金額から控除する（所法71の2①）。この「特定雑損失金額」とは、特定非常災害（著しく異常かつ激甚な非常災害であって、その非常災害の被害者の行政上の権利利益の保全を図ること等が特に必要と認められるものが発生した場合に指定されるもの）により生じた損失の金額に係るものとされている（所法71の2②、所令204の2②）。

　その年の翌年以後各年分の所得金額から控除するに当たっては、総所得金額、土地等に係る事業所得等の金額、短期・長期譲渡所得の金額、上場株式等に係る配当所得等の金額、一般株式等及び上場株式等に係る譲渡所得等の金額、先物取引に係る雑所得等の金額、山林所得の金額又は退職所得の金額から順次控除する（措通31・32共—4）。

　また、同一年において純損失の繰越控除（所法70）と雑損失の繰越控除が行われる場合には、純損失の繰越控除を先に行う（所令204②）。

第5節　災害減免法による所得税の軽減免除

1　軽減免除の対象及び軽減免除額

　災害により、納税者又はその者と生計を一にする配偶者その他の親族でその年分の総所得金額等の合計額が基礎控除の額に相当する金額以下である者が有する住宅又は家財に被害を受けた場合で、次のいずれにも該当するときは、災害被害者に対する租税の減免、徴収猶予等に関する法律（以下この章において「災害減免法」という。）により、その納税者のその年分の所得税の額について軽減又は免除を受けることができる（災免法2、災免令1）。

① その住宅又は家財につき生じた損害金額（保険金、損害賠償金等により補てんされた金額を除く。）が、その住宅又は家財の価額の10分の5以上であること。

② その被害を受けた年分のその納税者の総所得金額等の合計額（分離課税の譲渡所得については、特別控除後の金額。以下この節において同じ。措令20⑤、21⑦）が1,000万円以下であること。

③ その災害による損失額について雑損控除の適用を受けないこと。

　この場合、軽減又は免除される所得税の額（延滞税、利子税、加算税を除く。）は、次に掲げる場合の区分に応じ、それぞれ次に掲げる金額である（災免法2）。

㋑ 総所得金額等の合計額が500万円以下である場合……所得税の額の全額

㋺ 総所得金額等の合計額が500万円を超え750万円以下である場合……所得税の額の50%相当額

　�）　総所得金額等の合計額が750万円を超え1,000万円以下である場合
　……所得税の額の25％相当額

> （注）1　災害減免法上の「災害」には、震災、風水害等の天災のほか、火災等の人為的災害で自己の意思によらないものを含む。したがって、失火を含むが、自己の放火を含まない（災免通達1）。
> 2　住宅又は家財について生じた損害の額並びにその損害金額がその住宅又は家財の価額の10分の5以上であるかどうかは、被害時の時価による（災免通達8）。

2　雑損控除との関係

　災害減免法による所得税の軽減又は免除は、その災害による損失額について雑損控除の適用を受けた場合には適用を受けることはできない。両者のいずれの適用を受けるかは、納税者が任意に選択できる。

　いずれの適用を受ける方が有利かは、実際にそれぞれの規定を適用して計算してみた結果により判定することになる。なお、雑損控除の適用を受ける場合には、その年において控除しきれない雑損失の金額を翌年以後3年間に繰り越して控除できるのに対し、災害減免法の適用を受ける場合には、損害金額を翌年へ繰り越して控除することは認められないから、一般的には、雑損失の金額が総所得金額等の合計額を超える程度に被害が大きい場合には、雑損控除の適用を受ける方が有利になる。

第6節　雑損控除等の適用を
受けるための手続

1　雑損控除

　雑損控除の適用を受けようとする納税者は、確定申告書に雑損控除に関する事項を記載しなければならない。また、災害等に関連するやむを得ない支出の金額がある場合には、その領収書を確定申告書に添付するか、又は確定申告書を提出する際に提示しなければならない（所令262①）。

2　雑損失の繰越控除

　雑損失の繰越控除の適用を受けようとする納税者は、雑損失の金額が生じた年分の確定申告書に雑損失の金額に関する事項を記載して提出し、その後において連続して確定申告書を提出しなければならない（所法71②）。

　なお、提出された確定申告書に雑損失の金額に関する事項の記載がない場合であっても、確定申告書について更正の請求が行われ、税務署の調査により雑損失の金額があることが明らかにされたときには、確定申告書に雑損失の金額に関する事項の記載があるものとして扱うこととされている（所基通71―1）。

3　災害減免法による所得税の軽減免除

　災害減免法による所得税の軽減又は免除の適用を受けようとする納税者は、その年分の確定申告書に①その旨、②被害の状況、③損害金額を

記載し、提出しなければならない（災免令 2 ）。

〔著者略歴〕

小田　満（おだ　みつる）

　　昭和50年　税務大学校本科卒業
　　昭和56年　税務大学校研究科卒業
　　国税庁勤務通算22年の後、町田・横浜南・板橋の各税務署長を経て、平成19年税理士登録
　　平成22・23年度税理士試験委員
　　平成23〜28年度税理士桜友会専門相談員
　　現在　税理士・行政書士・事業承継コンサルタント

　〔主な著書〕
　『国境を越える個人所得課税の要点解説』（大蔵財務協会）
　『税理士が知っておきたい 事業承継 50のポイント』（大蔵財務協会）
　令和4年版『金融商品種類別の所得税の要点解説』（大蔵財務協会）
　令和5年度版『基礎から身につく所得税』（大蔵財務協会）
　『国税OBによる税務の主要テーマの重点解説Ⅰ・Ⅱ』（大蔵財務協会・共著）
　三訂版『Q&A業種別の特殊事情に係る所得税実務』（税務経理協会）
　令和5年度版『農家の所得税』（全国農業会議所）

〔執筆協力者略歴〕

佐々木　信義（ささき　のぶよし）

　　東京国税局、国税庁税務大学校、国税不服審判所本部等において、審理、審査、訴訟関係等に従事
　　令和元年足立税務署長を最後に退官。同年税理士登録（東京税理士会所属）。令和5年より東京税理士会相談委員(所得税担当)

　〔主な著書〕
　『図解・表解 純損失の繰戻しによる還付請求書の記載チェックポイント』（共著：中央経済社）など

令和5年改訂版　所得税 重要項目詳解

令和5年11月14日　初版印刷
令和5年11月29日　初版発行

不　許
複　製

著　者　　小　田　　　満

(一財)大蔵財務協会　理事長

発行者　　木　村　幸　俊

発行所　　一般財団法人　大 蔵 財 務 協 会

〔郵便番号　130-8585〕

東京都墨田区東駒形1丁目14番1号

(販　売　部)TEL03(3829)4141・FAX03(3829)4001
(出版編集部)TEL03(3829)4142・FAX03(3829)4005
https://www.zaikyo.or.jp

乱丁,落丁の場合は,お取替えいたします。　　　印刷　恵友社
ISBN978-4-7547-3172-4